여래선(如來禪)

선학총서 ❹ 여래선

如來禪

洪修平 · 孫亦平 共著 | 노선환 · 이승모 共譯

운주사

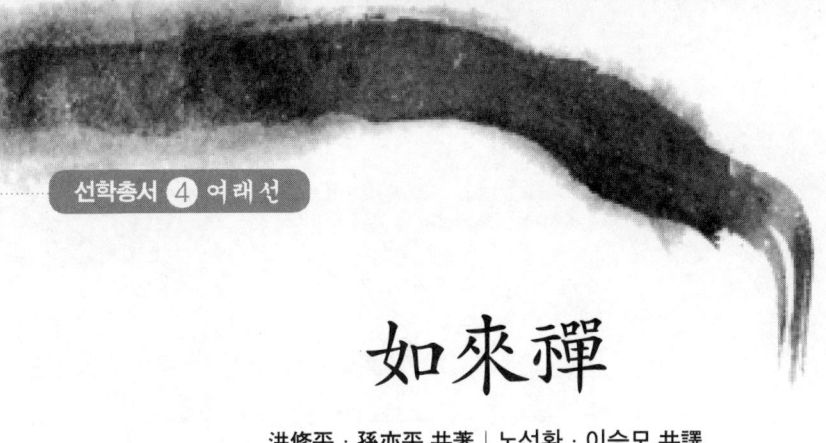

한국어판 서문

『선학(禪學)과 현학(玄學)』의 한국어판이 1999년 한국의 〈운주사〉에서 출판된 이후, 다시 본인의 졸저인 『여래선(如來禪)』을 한국어로 출판하게 되어서 매우 기쁘게 생각한다.

『여래선』은 절강인민출판사에서 1997년에 처음으로 출판되어 나왔고, 1999년 다시 대만의 원명출판사(圓明出版社)에서 번체자로 출판되었다. 오늘, 이 책의 한국어판이 다시 세상에 발표될 수 있게 되어 우리를 매우 고무시켰다. 이런 상황을 볼 때, 우리는 선이 오래된 문화현상이지만, 시공과 민족을 초월하는 매력이 있음을 알게 되었다.

선이 비록 중국 고대문화 중의 진귀한 사유의 꽃이라고 하지만, 그 뿌리는 오히려 인도에 있다. 불법이 동쪽으로 전해질 때, 인도의 대·소승선도 중국으로 전해졌다. 이렇게 전해진 선은 중국문화의 영양분을 섭취하여 가지와 잎이 나날이 무성해져서 중국적 특색을 갖춘 중국선을 길러내었으며, 결국 선으로 종지를 표방하는 선종(禪宗)이 등장하였다. 우리는 흔히, 인도선이 중국에 전입된 후, 끊임없는 중국화의 과정을 겪었다고 말한다. 여래선은 바로 이러한 과정 중에서 출현한 중국 선종의 중요한 발전단계이다. 그것은 이후에 광범위하게 유전된 혜능선의 기본사상과 방법의 중요한 근원이 되었을 뿐만 아니라, 선학이 선종의 단계로 향하고, 인도선이 중국선의 주요 구성부분으로 발전하게 하였다. 이 책의 서술 범위는 선법의 초전에서 선종의 창립에 이르기까지이다. 또한 주로 논의한 것은 보리달마에서 혜능 이전까지의 선이며, 신수 북종선 등을 포괄한다. 우리는 달마선계를 여래선이라 부르고, 혜능선계를 조사선이라고 부르는 것에 그다지 동의하지 않지만, 이 책의 구상과 사람들의 일반적인 규정 등을 감안하여 이 책의 제목을 『여래선』이라고 정하였다.

　우리는 기본 사료에서 출발하여, 거시적인 관점과 미시적인 관점을 결합하여 글을 적어나갔다. 중국과 인도의 문화교류라는 배경 아래서, 우리는 여래선의 중국적 전개 및 조사선의 발전단계와 여래선의 주요 대표인물의 사상과 실천을 논하였다. 또한 같은 배경 아래서 여래선이 중국불교 및 전체 중국의 전통사상과 문화발전에 미친 영향 등을 분석하고 탐구하였다. 아울러 여래선과 능가선(楞伽禪), 여래선과 조사선(祖師禪)의 같은 점과 차이점에 대한 견해도 제기하였다. 우리는 여래선이 인도불교의 대·소승선법을 융합한 것에서부터, 반야와 능가의 공종(空宗)과 유종(有宗)의 이론을 관통한 것에 이르기까지, 신선한 선의 흐름을 열었다고 생각한다. 여래선은 새로운 방식을 통하여, 사람의 생활에 새로운 문화를 가져왔으며, 중국 전통문화의 내용을 풍부하게 하였고, 불교의 중국적 발전을 전개하였다. 또한 여래선 자신도 결국 다채로운 모습을 나타내었으며, 중국불교 발전의 주류가 되는 혜능선종을 분화 발전시켰다. 만약 여래선이 100여 년 동안 힘겹게 창조한 선학이론이 없었더라면, 조사선도 중국문화의 무대 위에서 1000여 년의 시원스러웠던 풍경은 없었을 것이고, 또한 오늘날 선종의 독특한 매력과 풍미의 세계가 없었을 것이다.

　선의 세계화라는 추세에 따라, 우리가 쓴 『여래선』이 사람들의 주목을 받았는데, 다시 이번에는 한국에서 그 빛을 보게 되었다. 이러한 사실은 그 자체로도 우리의 의식을 일깨우는 일이다. 이토록 오래된 선이, 왜 과학기술이 고도로 발달된 현대사회에서 관심을 끄는 것일까? 우리는 선을 일종의 불교문화 현상이라고 여긴다. 그것은 서로 다른 각도에서 인류 자아의 생존문제나 정신적 해탈의 문제를 탐구하고 실천하였으며, 또한 중국문화와 사상 전반에 인생에 대한 학설이 풍부하도록 하였다. 지구상의 인류는 비록 지역과 생활과 문화전통의 전승이 각각 다르지만, 인류가 직면한 인생문제는 모두에게 공통된 것이다.

사람의 일생은 아주 짧은데, 그 가운데에서 인생의 가장 큰 행복은 무엇인가? 어떻게 해야 이러한 행복을 얻을 수 있는가? 중국 선문화(禪文化)는 사람 자신이 인연에 따라 자재하여, 자아의 선(善)한 본성으로 돌아갈 것을 강조하였다. 또한 자아(自我)지혜의 잠재적 능력을 개발하여, 원만한 자심자성(自心自性)이 드러나도록 하였다. 이렇게 해서, 사람이 물욕이 넘치는 사회 속에서 정신상의 일종의 초범탈속(超凡脫俗)의 경계를 유지하게 하였다. 이는 중국 선문화에서 찾을 수 있는 매력이며, 또한 오래된 선이 현대에서 풍미할 수 있는 중요한 원인이라고 생각한다.

역사상으로 볼 때, 선종은 당대(唐代)에 여러 경로를 통하여 한반도로 전입되었다. 한국에 전파되고 발전된 선문화도 『여래선』이며, 이것이 한국의 문화적 기초의 일부를 이루었다고 생각한다. 오늘, 우리를 기쁘게 하는 것은 『여래선』의 한국어판이 김진무, 이승모, 노선환 제군의 노력으로 한국 독자들을 찾아 볼 수 있게 되었다는 것이다. 우리는 한국어판 『여래선』의 출판을 계기로 중한(中韓) 양국의 학술문화 교류가 촉진될 수 있기를 바란다.

끝으로 다시 부연하고자 하는 것은, 『여래선』이 선학총서 중의 한 부분으로 쓰여졌다는 점이다. 따라서 체계와 내용에 있어서 어느 정도의 제한을 받은 것도 사실이다. 여래선으로 보리달마에서 혜능 이전의 선을 개괄하는 것이 가장 적합하다고 생각하지는 않는다. 뒤에 연구를 통하여, 여래선의 내함을 특별히 규정하였다. 즉, 우리들은 여래선을 중국선과 선종 발전단계의 역사적 개념으로 사용하였다. 이렇게 해서,

초기 중국선, 특히 보리달마에서 혜능 이전까지의 일단의 선을 정리하였다. 여기에 대해, 우리는 이 책의 서론 부분에서 언급하였으며, 독자의 이해를 바란다.

2001년 5월 22일
홍씨우핑(洪修平)·쑤언이핑(孫亦平)

차 례

한국어판 서문 · 5

서론 : 중국선과 여래선 · 13

제1장 여래(如來)와 여래선(如來禪) · 23
  1. 여래와 선 25
  2. 선(禪)의 의의 34
  3. 불교선과 여래선 44

제2장 여래선과 중국선의 초기형태 · 65
  1. 중국사회와 선법의 초기전래 67
  2. 좌선수식(坐禪數息)과 신통수심(神通修心) 87
  3. 실상무상(實相無相)과 무상관불(無想觀佛) 104

제3장 여래선과 선의 중국화 · 117
  1. 선(禪)과 심(心) 121
  2. 선(禪)과 지(智) 140
  3. 선(禪)과 교(敎) 159
  4. 선(禪)과 행(行) 173
  5. 선(禪)과 오(悟) 186

제4장 여래선과 조사서래의(祖師西來意) · 201
   1. 중국선풍과 조사서래의(祖師西來意) 203
   2. 이입사행(二入四行)과 안심(安心) 217
   3. 이심전심(以心傳心)과 인심(印心) 230
   4. 조사서래의와 중국선의 새로운 단계 239

제5장 여래선과 능가선(楞伽禪) · 249
   1. 능가사(楞伽師)와 능가선 251
   2. 능가선과 여래선 268
   3. 여래선과 반야선(般若禪) 284

제6장 여래선과 동산법문(東山法門) · 303
   1. 여래선과 달마선(達摩禪) 305
   2. 여래선과 일행삼매(一行三昧) 317
   3. 일행삼매(一行三昧)와 동산법문 330
   4. 중국선종의 창립과 분화발전 344

제7장 여래선과 조사선(祖師禪) · 361
   1. 조사선의 제기와 여래선의 새로운 함의 363
   2. 자사자오(藉師自悟)와 조사선 383

3. 관심간정(觀心看淨)과 북종선 ·· 397
   4. 여래선·조사선과 선문제자 ·· 410

제8장 여래선과 중국 불교문화 · 421
   1. 중국·인도 여래선과 사회문화적 배경 ···································· 423
   2. 여래선과 조사선의 구분 및 그 문화의의 ······························ 428
   3. 여래선과 중국불교 ·· 434
   4. 여래선과 중국문화 ·· 438

주요참고목록 · 443
후 기 · 447
역자후기 · 451

서론 : 중국선과 여래선

　육조혜능(六祖惠能)의 선이 천하에 널리 알려지면서, "선은 모두 조계(曹溪)를 근본으로 한다."1)고 한 이래, 선이라는 말은 마치 혜능 일가의 전용명사처럼 되어버렸다. 선리(禪理)·선취(禪趣)·선미(禪味)·선기(禪機) 및 조사선(祖師禪)·분등선(分燈禪)은 모두 혜능을 대표로 하는 남종선을 말하는 것이다. 그러나 우리가 역사와 마주할 때, 선은 풍부한 내재적 함의를 가지고 있으며, 그 명칭도 다양하다는 것을 발견할 수 있다. 인도에는 외도선(外道禪)과 불교선(佛教禪)이 있으며, 불교선 중에도 소승선(小乘禪)과 대승선(大乘禪)이 있다. 또한 대·소승선 중에도 사선(四禪)·실상선(實相禪)·염불선(念佛禪) 등과 같이 많은 종류가 있다. 인도선은 중국에 전래되어 다시 한국과 일본으로 전파되었다. 이러한 인도불교의 대·소승선은 불법(佛法)이 동쪽으로 이동함에 따라 한대(漢代)에 이미 중국으로 유입되었다. 이는 전통사상 문화와 충돌, 융합하면서 중국적인 특색을 띤 중국선을 형성하였으며, 결국은 불교 종파 중의 하나인 선종(禪宗)을 출현시켰다. 이러한 선종은 혜능 남종선(南宗禪) 이외에도 신수북종(神秀北宗) 등의 다른 종파도 많이 있다. 따라서 선, 특히 중국선을 전면적으로 이해하기 위해서는 혜능 선종 이외의 다른 선종도 이해해야 한다. 혜능 남종선을 예로 들면, 그 내력을 이해하기 위해서는 선의 중국화라는 배경 아래에서,

---

1) 凡言禪, 皆本曹溪.『조계대감선사비(曹溪大鑑禪師碑)』, 유종원(柳宗元).

기타 선과의 비교를 통해서 이해되어야 한다. 또한 그 내력을 이해하는 것은 그 선종의 근본정신을 파악하는 데에도 도움이 된다. 왜냐하면, 혜능선은 분명 중국선의 한 줄기이며, 매우 특출하고 전형적이며, 또한 영향력이 가장 컸던 분파 중의 하나이기 때문이다.

중국선은 비록 인도에서 유래되었지만 인도선과는 다르다. 중국선의 많은 용어와 방법 및 내용은 모두 인도에서 왔지만, 그러한 것들은 모두 중국사회의 역사적 조건과 전통사상 문화의 영향 아래에서 새롭게 변화 발전되었다. 전문용어 중의 어떤 것에는 완전히 새로운 함의가 부여되었으며, 또 어떤 말은 중국에서 새롭게 만들어진 것도 있다. 전자는 여래선(如來禪)과 같은 것이고, 후자는 조사선(祖師禪)과 같은 것이다. 선종 역시 인도불교가 중국화된 산물이지만, 인도에서 선종은 존재하지 않았다.

중국선은 중국불교와 중국문화의 주요 구성부분으로 자리잡아 점점 사람들의 관심을 받았으며, 중국선의 중요 조성 부분인 여래선도 매우 중시되었다.

그러면 무엇을 여래선이라고 하는가? 여래선의 본뜻은 여래(如來)가 얻은 선(禪), 혹은 여실(如實)하게 여래지(如來地)에 들어가는 선이다. 이는 여래의 경지를 증입(證入)한다는 뜻으로, 외도(外道)와 이승보살(二乘菩薩)이 행하는 최상승선(最上乘禪)과 구별된다.『능가경(楞伽經)』2권에, "무엇을 여래선이라고 하는가? 여래지(如來地)에 들어가서 성지상(聖智相)의 세 가지의 기쁨이 머무름을 자각하여, 중생의 부사의(不思議)한 일을 이루는 것을 여래선이라고 한다."[2]고 하였다. 그러나 이러한 여래선의 함의는 중국역사 상에서 아래와 같이 다소 변화되었다.

처음에는 보리달마(菩提達摩)가 전한 선을 여래선이라고 하였다. 남

---

2) 云何如來禪? 謂入如來地, 行自覺聖智相三種樂住, 成辦衆生不思議事, 是名如來禪.

인도의 보리달마는 유송(劉宋) 말기나 소양(蕭梁) 시기에 중국으로 들어와 남천축일승종(南天竺一乘宗)의 선을 전하였다. 이후 그는 중국선종의 동토조사(東土祖師)로 받들어졌다. 그 전승(傳承) 관계는 부처가 심인(心印)을 전한 마하가섭(摩訶迦葉)까지 거슬러 올라간다. 옛날 영산법회(靈山法會)에서, 대범천왕(大梵天王)이 석가모니불(釋迦牟尼佛)에게 금색 바라화(波羅花) 한 송이를 바쳤는데, 석가모니는 이 꽃을 들어 대중에게 보였다〔拈花示衆〕. 대중은 그 뜻을 이해하지 못하여 모두 말이 없었으나, 오직 부처의 대제자 마하가섭만이 마음으로 깨달아 알고서 얼굴에 빙긋이 미소를 띠었다〔破顔微笑〕. 이를 본 부처는 문자를 세우지 않으며〔不立文字〕, 교 밖에 따로 전하는〔敎外別傳〕, 미묘한 법문을 가섭에게 전하였다. 이것이 선문의 유명한 염화미소(拈花微笑)의 고사이다. 선종은 여기에 근거하여 마하가섭을 인도의 초조(初祖)로 받들었다. 이때부터 역대조사는 마음에서 마음으로 전하여〔以心傳心〕 28대 보리달마에 이르렀다. 달마가 중국에 온 이후, 법은 다시 이조혜가(二祖慧可), 삼조승찬(三祖僧璨), 사조도신(四祖道信), 오조홍인(五祖弘忍)에게 차례로 전하여졌다. 이들이 바로 동토오조(東土五祖)이다. 이 중에 도신과 홍인의 선을 동산법문(東山法門)이라고 부른다. 사실 동산법문에 이르러 진정한 선종이 창립되었다고 할 수 있다. 오조홍인의 문하에서 혜능(慧能)과 신수(神秀)가 나왔으며, 선종은 혜능남종과 신수북종의 양대 기본 종파로 분화되었다. 혜능이 선종의 정맥으로 여겨졌으며, 달마 이후 이심전심(以心傳心)으로 이어진 육대조사(六代祖師)라고 불려졌다. 육조혜능 이후 남종은 크게 발전하였다. 혜능 문하에는 하택신회(荷澤神會), 청원행사(靑原行思)와 남악회양(南岳懷讓)의 3대 줄기를 형성하였다. 청원계와 남악계는 다시 더 뿌리를 내려 오가칠종(五家七宗)을 배출하여 전국에 거대한 규모를 형성하였다. 달마에서 혜능에 이르기까지의 선은 처음에 여래선이라고 불려졌다. 예를 들면, 종밀(宗密; 780-841)은 『선원제전집도서(禪原諸詮集都序)』에서 각종 선을 언급할 때, 다음과 같이 말하였다.

> 만약 자심이 본래청정하고, 본래 번뇌가 없으며, 무루지성(無漏智性)이 스스로 갖추어져 있음을 단번에 깨닫는다면, 이 마음이 부처로 나아가, 결국 부처와 다르지 않게 된다. 이러한 내용에 의지하여 닦는 것이 최상 승선(最上乘禪)이다. 또한 이를 여래청정선(如來淸淨禪)이라고도 한다. 또 다른 이름으로 일행삼매(一行三昧), 진여삼매(眞如三昧)라고도 한다. 이것이 모든 삼매의 근본이다. 만약 생각마다 수습(修習)하면, 저절로 점차 수많은 삼매(三昧)를 얻을 수 있다. 달마 문하에서 계속 전해진 것은 바로 이 선이다.3)

여기에서 종밀은 명확하게 달마 문하에서 전한 선을 최상승(最上乘)의 여래선으로 불렀다. 종밀은 화엄종의 5조이다. 그는 스스로 혜능의 제자인 하택신회(荷澤神會)의 제4대 법사(法嗣)라고 칭하였다. 또한 그는 신회를 혜능선의 적전(嫡傳)이라고 여겨서, "신회의 하택종(荷澤宗)은 모두 조계(曹溪)의 법으로, 다른 종지는 없고"4), "달마 원래의 본뜻"5)이라고 보았다. 종밀이 보리달마에서 신회에 이르는 선을 최상승의 여래선이라고 부른 것은 한편으로 달마계 선법을 높임으로써 자신을 높이고자 하는 의도가 반영된 것이다. 다른 한편으로, 이는 아마도 달마계의 선이 가장 초기에 『능가경(楞伽經)』으로 상전(相傳)하였다는 것과 『능가경』의 여래장자성청정심(如來藏自性淸淨心)의 사상 성향을 갖추고 있다는 것과 관계가 있다. 왜냐하면 『능가경』 중에 여래선은

---

3) 若頓悟自心, 本來淸淨, 元無煩惱, 無漏智性本自具足, 此心卽佛, 畢竟無異. 依此而修者, 是最上乘禪, 亦名如來淸淨禪, 亦名一行三昧, 亦名眞如三昧. 此是一切三昧根本, 若能念念修習, 自然漸得百千三昧. 達摩門下, 展轉相傳者, 是此禪也.
4) 全是曹溪之法, 無別敎旨.
5) 達摩遠來之本意.

여래장성(如來藏性)을 증오(證悟)하여 여래법신(如來法身)을 얻는다는 의미가 있기 때문이다. 또 다른 한편으로, 『단경(壇經)』의 기록에 의하면, 혜능도 여래선으로 자신을 표방하였는데, 그는 "온 곳도 없고, 가는 곳도 없으며, 생도 없고 멸도 없는, 이것이 여래청정선이다."6)라는 것을 강조하였다. 이렇기 때문에, 인순법사(印順法師)는 "혜능법문은 사실상 여전히 『능가』의 여래선이다."7)라고 분명히 말하였다.

그러나 혜능 남종이 번성한 이후, 여래선과 조사선은 대립적인 개념으로 사용되었으며, 여래선을 상대적으로 낮게 평가하는 경향이 나타났다.

조사선은 위산영우(潙山靈佑) 문하에서 처음 나타난 것으로 보인다. 『오등회원(五燈會元)』 9권의 기록에 의하면, 향엄지한(香嚴智閑)이 풀을 베다가 깨진 기와조각을 던졌는데, 이것이 대나무에 부딪치는 소리를 듣고 문득 깨달았다고 한다. 앙산혜적(仰山慧寂)은 그를 만나서 깨달음을 검증하였다. 지한(智閑)은 먼저 "작년 가난은 송곳 세울 땅이 없었으나, 금년 가난은 송곳조차 없다."8)는 말로 자신의 깨달음을 표현하였다. 혜적은 이 말을 듣고서 그가 단지 여래선을 깨달았다고 하였다. 지한은 다시 "나에게 하나의 기틀이 있어, 눈을 깜빡여 그대를 보네. 만약 이 뜻을 모른다면, 사미를 부르지 말게나."9)라고 말하였다. 이를 들은 혜적은 비로소 그가 조사선(祖師禪)을 깨달았다고 인증하였다. 이렇게 해서 중국 선사상에는 조사선과 상대되는 여래선이 존재하게 되었다. 이때의 여래선은 그 뜻이 분명히 변화되어 있다.

만약, 혜능이 보리달마의 자교오종(藉教悟宗)을 자사자오(藉師自悟)로 발전시키고, 혜능 이후 남종 중에서 조사(祖師)의 지위가 나날이 높

---

6) 無所從來, 亦無所去, 無生無滅, 是如來淸淨禪.
7) 『중국선종사(中國禪宗史)』, 인순(仁順), 상해서점(上海書店), 1992년, 15쪽.
8) 去年貧, 猶有卓錐之地, 今年貧, 錐也無.
9) 我有一機, 瞬目視伊. 若人不會, 別喚沙彌.

아지며, 참선자는 모두 조사가 서쪽에서 온 뜻[祖師西來意]을 참구하여 부처를 소홀히 한 사실 등에서 살펴본다면, 혜능 이후의 선을 조사선이라고 부르는 것이 잘못된 것은 아니다. 경문에 나타나는 여래선과 서로 비교해 보면, 조사선은 남종의 불립문자(不立文字)·이심전심(以心傳心)·교외별전(敎外別傳)의 특색을 더 잘 나타내고 있다. 바꾸어 말하면, 조사선은 중국선종의 서로 다른 발전단계 및 그 특징을 반영하는 역사적 개념으로 사용할 수 있다. 태허법사는 "어떤 한 특징을 취하여 임시로 명칭을 세우고, 구별하는 부호(符號)로 삼았다."라는 의의 상에서, 혜능 이후의 선종오가(禪宗五家)의 선을 초불조사선(超佛祖師禪)라고 불렀던 것이다. 그러나 위에서 언급한 것처럼, 선문에서 조사선은 최초에 여래선과 구별되어 더 높은 것으로 제시되었다. 또한 조사선은 점차적인 수행에 떨어지지 않으며, 돈오를 바로 요달하는 종문선(宗門禪)을 지칭하게 되었다. 특히 이를 혜능 이후의 남종선이라고 하였으며, 달마가 서쪽으로부터 와서, 조사와 조사가 서로 전한 심법(心法)임을 강조하였다. 반면에 여래선은 곧 교에 의지하여 닦아 증득하고[依敎修證], 직접 심성에 계합할 수 없는 선의 표현에 사용되었다. 또한 여래선은 전통적인 선종 이외의 "여래가 설한 각종 선법"을 넓게 지칭하였다. 이렇게 불려진 선법은 교내문자(敎內文字)일 뿐, 선의 최고 경지가 아니라고 여겨졌다. 이와 같이 최상승의 여래선은 교(敎) 안에서 상전되는, 완전하지 않은 선의 대명사로 일변되었다. 이렇게 해서, 혜능 이후의 조사선만이 교 밖에 따로 전하는[敎外別傳], 지극한 최상승선으로 여겨졌다. 이러한 조사선은 비록 보리달마로부터 전해졌다고 하지만, 사실 혜능 남종선을 전적으로 지칭하는 용어가 되었다. 실질적인 상황에서 보면, 조사선은 남종 문하에서 자신들이 달마조사의 심법을 전수 받은 정통임을 강력히 표방하고, 신수 북종 등 기타 선계를 배척하기 위해 제기되었던 것이다.

그러나 중국선종사에서, 여래선과 조사선의 의미는 통일되어 사용되지 않았다. 특히 근현대 이후, 사람들이 언급하는 조사선은 비록 대부분 혜능이 창시한 남종선을 가리키는 것이지만, 혜능선을 포함하지 않은 것도 있다. 그리고 여래선을 말하면, 대부분 달마 문하에서 전해진 선을 가리킬지라도, 어떤 것은 혜능선을 포함하기도 하고, 어떤 것은 포함하지 않으며, 또 어떤 것은 혜능의 제자인 신회의 선만을 전적으로 가리킨다. 예를 들면, 위에서 언급했던 태허법사는『중국불교의 특질은 선에 있다〔中國佛學特質在禪〕』에서 서로 다른 발전 단계에 따라 달마종문선(達摩宗門禪)을 구분하였다. 즉, 달마에서 혜능에 이르는 선을 오심성불선(悟心成佛禪)10)이라고 하였다. 또한 혜능 이후에서 오가선종(五家禪宗)에 이르는 시기의 선을 초불조사선(超佛祖師禪)이라고 불렀으며, 다시 선종오가선을 월조분등선(越祖分燈禪)이라고 불렀다. 그는 종문선의 제1기인 오심성불선을 여래선이라고 분명하게 지칭하지는 않았지만, 종밀(宗密)이 최상승의 여래선으로 이 시기의 종문선에 대해 행한 비판에 동의하였다. 또한 혜능의 제자 및 그 재전(再傳)의 초불조사선을 논할 때, "종문(宗門)은 이 시기에, 또한 조사선법을 중심으로 삼았으며, 여래선이 조사선을 이루었다."라는 견해를 발표하였다. 분명한 것은 그가 혜능선을 조사선이 아닌 여래선으로 구분한 것이다. 인순법사(印順法師)도, "달마가 전한 선법은 본질이 여래장(如來藏) 법문이다. 여래선은 여래장선이다.", "달마선의 전승이 곧 능가선의 전승이다. …… 홍인의 제자인 조계혜능의 법문도, 실제로 능가(楞伽)의 여래선이다."11)라고 말하였다. 그리고 모종삼(牟宗三) 선생은『여래선과 조사선〔如來禪與祖師禪〕』에서,『역대법보기(曆代法寶記)』의 "신회는 청정선을 파하고, 여래선을 세웠다."12)라는 글에 근거하여 혜능선

---

10) 이는 견성성불선(見性成佛禪), 즉심시불선(卽心是佛禪)이라고도 할 수 있다.
11)『중국선종사(中國禪宗史)』, 인순(仁順), 15쪽, 20쪽.

을 조사선으로, 신회선(神會禪)을 여래선으로 칭하였다. 여기에 대해, 당군의(唐君毅) 선생은 다른 견해를 발표하였다. 그는 당대 종밀이 분류한 것에 비추어서, "신회가 계승한 혜능선은 곧 여래선이다. 종밀은 이것을 조사선으로 분류하지 않았다."13)이라고 생각하였다. 그밖에 두계문(杜繼文) 등의 최근 저작인 『중국선종통사(中國禪宗通史)』에서도 신회가 세운 선의 계통을 여래선이라고 불렀다.

여래선의 함의는 중국불교사와 중국선종사 상에서 끊임없이 변화 발전하였음을 알 수 있다. 불교의 본 뜻에 따르면, 여래선은 외도(外道)와 이승보살(二乘菩薩)이 행하는 제불여래선(諸佛如來禪)과 구별되며, 모든 선 중의 최상승선이다. 중국선종사 상에서 최상승의 여래선은 처음에 보리달마가 전한 선법을 가리켰으며, 이는 혜능선을 포괄하였다. 이후에 여래선은 조사선과 상대적인 폄의어(貶義語)가 되었으며, 여기에 혜능선은 다시 포함되지 않았다. 결국 여래선은 곧 혜능남종의 돈오법문(頓悟法門)을 제외한 나머지의 선을 가리키는 것으로 사용되었다. 그 뒤에 여래선은 혜능선을 포함하기도 하고, 포함하지 않기도 하였으며, 혹은 달마선을 가리키거나 신회선을 전문적으로 지칭하였다. 이와 상응하여 조사선의 내함도 이를 따라 달라진 점이 있었다. 이 책에서 말하는 여래선은 주로 보리달마에서 혜능 이전까지의 선을 가리키며, 그 중에 신수 북종 등의 선계(禪系)를 포함한다.

여래선으로 달마계선을 나타내고, 조사선으로 혜능 남종선을 지칭한다는 견해는 그렇게 적합하지는 않다. 우리도 여래선과 조사선 그 자체의 함의에 대해서 지나치게 억지로 해석하고, 지나치게 구분하여, 이것으로 혜능 전후의 다른 선을 구분하고 평가하는 근거로 삼을 수 없

---

12) 神會破淸淨禪, 立如來禪.
13) 『현대불교학술총간(現代佛敎學術叢刊)』, 제52책, 『선종사상과 역사〔禪宗思想與歷史〕』 참조.

다고 본다. 왜냐하면, 이는 여래선과 조사선을 대립시켜, 조사선을 높이고 여래선을 폄하하는 것이기 때문이다. 즉, 이것은 최초의 선문에 있어서, 어떤 사람들이 고의로 혜능 남종선을 높이기 위해서 사용한 일종의 수단이며, 실제적인 상황을 완전히 반영한 것은 아니다. 혜능 남종의 명심견성(明心見性)과 돈오성불(頓悟成佛)의 선법에서 보면, 『능가경』에 언급된 여래선과 사실 상통하는 부분이 있다. 『단경(壇經)』에서 혜능도 여래선을 인정하였으며, 또한 혜능 시대의 사람들도 확실히 돈오선(頓悟禪)을 여래선이라고 불렀다. 예를 들면, 현각(玄覺)의 『영가증도가(永嘉證道歌)』에, "여래선을 문득 깨달으니, 육도만행이 체(體) 가운데 둥글구나."14)라는 표현이 있다. 조사선이 제시된 이후, 남종 문하가 강조한 것은 여전히 역대 조사의 의법상전(依法相傳)이다. 혜능이 은밀히 전해 받은 보리달마 이래의 이심전심의 심법은 혜능과 보리달마를 하나로 묶어 놓았다. 이와 같이 조사선은 달마가 서쪽에서 와서 전한 것으로 여겨졌기 때문에, 혜능이 줄곧 육조로 높이 받들어진 것이다. 또한 "무엇이 조사가 서쪽에서 온 뜻인가?"15)라는 것도 줄곧 선문 제자들이 즐겨 참구하는 화두 중의 하나였다. 선문 중에서도 혜능선과 달마선을 대립시킨 설법은 한 번도 나타난 적이 없었다. 또한 조사선과 여래선의 함의가 도대체 어떻게 다른가에 대해서도, 선문에서 명확한 정설(定說)이 없었다.

그러나 지금 학계(學界)의 공감대와 선학총서(禪學叢書)의 일관된 계획에 비추어, 우리는 여래선과 조사선을 역사적 개념으로 사용하는 것에는 반대하지 않는다. 이러한 개념의 특정한 함의에 대해서 굳이 한계를 정해야 한다면 다음과 같다. 즉, 그 사용하는 의미가 분명하고, 독자들이 혼란을 일으키지 않는다면, 이러한 개념을 사용해도 된다고

---

14) 頓覺了, 如來禪, 六度萬行體中圓.
15) 如何是祖師西來意?

본다. 따라서, 이 책은 여래선을 주제로 하고, 보리달마에서 혜능 이전까지 일단의 관련 있는 선법에 대해 논술을 전개할 것이다. 이 책의 여래선은 일종의 방편설법(方便說法)에 지나지 않음을 특별히 강조한다. 그것은 단지 중국선과 선종의 발전단계 및 그 특징을 반영하는 역사적 개념으로 사용하였다. 또한 조사선과 상대되는 어떠한 폄하적인 의미도 포함되지 않았다. 이는 지금 학술계에서, 대승불교(大乘佛敎)와 상대되는 의미로 소승불교(小乘佛敎)를 사용하는 것과 같은 개념이다.

이 책에서 서술한 여래선은 중국선사상에 있어서 매우 중요한 단계이다. 이러한 여래선의 중요성은 혜능 남종선의 사상과 방법 및 그 근원에 광범위하게 유전(流傳)되었다는 것이다. 또 다른 중요성으로 여래선은 초기선학이 선종(禪宗)으로 넘어가는 과도기이며, 인도선이 중국선으로 변화하고 발전해 가는 중요한 단계라는 점이다. 우리는 여래선의 논술을 통해서 전체 중국선 및 중국정신문화를 이해하는 데 도움을 줄 수 있기를 바란다.

이상은 이 책의 명칭에 대한 유래이고, 우리가 이 책을 쓰게 된 동기이다.

제1장
여래(如來)와 여래선(如來禪)

여래선은 인도불교의 전적(典籍)인 『능가경(楞伽經)』에서 유래하였으며, 여래와 관계된 선(禪)이다. 그렇다면 여래란 무엇이고, 선(禪)은 또한 무엇인가? 여래선이 중국에서 어떻게 변화하고 발전하였으며, 여래선의 특징과 지위 및 그것이 중국에 미친 영향을 이해하기 위해서는 우선 여래선이 인도불교에서 출현한 사실과 그 함의를 알아보아야 한다. 또한 이것은 반드시 여래와 선으로부터 분별해야 한다.

1. 여래와 선

여래라는 말은 우리에게 그렇게 낯선 말이 아니다. 『서유기(西遊記)』에는 높은 신통력으로 천궁(天宮)을 떠들썩하게 했던 손오공(孫悟空)이 나온다. 그가 한번 재주를 부리면 단번에 십만팔천(十萬八千) 리나 벗어날 수 있었으나, 그는 여전히 여래불의 손바닥을 벗어나지 못하였다. 그러한 법력(法力)이 끝이 없는 여래불(如來佛)이 바로 여기에서 말하고 있는 여래선의 여래이다. 따라서 여래선(如來禪)이란 바로 여래의 선을 말하는 것이다.

그렇다면 무엇을 여래라고 하는가? 여래(如來)는 범어(梵語) Tathā-gata의 의역(意譯)으로, 부처의 10대 명호(名號) 중의 하나이다. 여(如)는 진여(眞如)이고 여실(如實)함이다. 이는 부처가 설한 진실(眞實)되고 여실(如實)한 도리(道理)를 가리키는 것이며, 또한 불교에서 말하는 절대진리(絶對眞理)를 가리키는 것이다. 여래는 여실한 도(道)로 와서 정각을 이룬다. 즉, 여실한 절대진리를 따라서 부처의 깨달음에 도달함을 말한다. 『성실론(成實論)』 1권에, "여래란 여실한 도(道)로 와서 정각(正覺)을 이루기 때문에 여래라고 한다."[1]고 하였다. 또한 『대지도론(大智度論)』 24권에, "여실한 도로 오기 때문에 여래라고 한다."[2]고 하였다. 여래는 사실상 불교의 진리를 체현한 사람이다. 불교에서는 또한 진신여래(眞身如來)와 응신여래(應身如來) 등의 말이 있다. 즉, 여실한 도로 와서 인(因)에서 과(果)에 이르기까지 정각을 이루므로 진신여래라 하고, 여실한 도로 삼계(三界)에 화생(化生)하므로 응신여래라 한다.

부처는 여래 이외에도 아홉 가지의 명호가 더 있다. 첫째는 마땅히 사람과 하늘의 공양(供養)을 받을 수 있는 응공(應供)이고, 둘째는 일체법(一切法)을 정확히 두루 알 수 있는 정편지(正遍知)이며, 셋째는 과거세를 알 수 있는 숙명명(宿命明)과 미래세를 알 수 있는 천안명(天眼明), 그리고 일체의 번뇌를 끊고 대해탈을 얻는 누진명(漏盡明)의 삼명(三明)이 갖추어진 명행족(明行足)이다. 넷째는 팔정도(八正道)를 행하여 세속세계를 잘 초탈하고 열반을 증득하여 들어가는 선서(善逝)이다. 다섯째는 세상의 모든 일을 해결할 수 있는 세간해(世間解)이고, 여섯째는 지극히 높아 위가 없는 사람이라는 무상사(無上士)이며, 일곱째는 설교를 매우 잘하여 세상의 수행자〔丈夫〕를 해탈에 이르도록 이끌어 주는 사람인 조어장부(調御丈夫)이다. 여덟째는 하늘과 사람의 스승인 천인사(天人師)이고, 아홉째는 불세존(佛世尊)인데, 불(佛)은 부처를 지칭하며, 세존은 세상에서 존중받는 사람이라는 뜻이다. 다시 말하면 불세존(佛世尊)은 부처가 바로 세존이고 세존이 곧 부처라는 뜻이다.

---

1) 如來者, 乘如實道來成正覺, 故曰如來.
2) 如實道來, 故名如來.

한 마디로 말하면, 10대 명호는 바로 불교의 이상인격의 신성성과 초월성을 반영한 것이다. 여래는 일면으로 불교의 진리와 이상인격에 대한 추구를 표현한 것이다. 진리와 이상인격에 대한 추구는 불교가 가지고 있는 큰 특징 중의 하나이며, 불타(佛陀)가 불교를 창립한 기본 이념이다. 우리는 불타가 불교를 창립한 실제 과정을 통해서 이러한 점들을 분명하게 알 수 있다.

만약에 위에서 말한 여래가 부처의 10대 명호 중의 하나라면, 부처를 불타(佛陀)라고 하는 까닭은 무엇인가? 그리고 불타가 불교를 창립한 실제 과정은 또 어떠하였는가?

불(佛)은 불타(佛陀)의 간단한 호칭이다. 불타는 범어 Buddha를 음역한 것이며, 의역은 깨달음〔覺〕, 혹은 깨달은 자〔覺者〕이다. 여기서 깨달음은 불교의 진리를 각오(覺悟)하는 것을 말하고, 깨달은 자란 바로 불교의 진리를 깨달은 자를 가리킨다. 불교의 표현에 따르면, 깨달음에는 세 가지가 있다. 첫째는 스스로 깨닫는 자각(自覺)이고, 둘째는 중생들을 깨달음으로 인도하는 각타(覺他)이며, 셋째는 자각과 각타의 행법(行法)을 두루 갖춘 각행원만(覺行圓滿)이다. 불교에서 범부(凡夫)는 이러한 세 가지가 결여되어 스스로 깨달을〔自覺〕 수도 없고 타인을 깨닫게〔覺他〕 할 수도 없다. 그러므로 각행원만(覺行圓滿)은 더더욱 말할 수 없다고 본다. 성문(聲聞)과 연각(緣覺)은 단지 스스로 깨달을 수 있으나 타인을 깨닫게 할 수는 없으며, 각행원만(覺行圓滿)은 당연히 있을 수 없다. 보살(菩薩)은 스스로 깨달을 수 있고 타인도 깨닫게 할 수 있지만, 여전히 마지막 하나인 각행원만(覺行圓滿)이 결여되어 있다. 오직 부처이어야만 세 가지가 모두 갖추어져서 스스로 깨달을 수 있고 타인을 깨닫게 할 수 있으며, 또한 각행원만(覺行圓滿)할 수 있다. 불교에서는 이 세 가지가 완전히 갖추어져야 부처라고 부른다. 이상에서 진리의 추구가 불교 수행에서 매우 중요한 의의를 가지며, 불교의 이상인격은 지혜를 얻고 진리를 터득하는 것을 중요 특징으로 한다는 것을 살필 수 있다. 어떤 사람은 불교를 참됨〔眞〕을 추구하는 종교라고 하여, 불교가 추구하는 해탈을 혜해탈(慧解脫)이라고 하는데, 이것은 매우 합당한 말이다.

처음에는 오직 석가모니(釋迦牟尼)만을 가리켜 불타라고 하였다. 오늘날 석가모니는 역사적인 실존 인물로 확정지어졌다. 그는 불교의 창시자로 성은 고오타마〔喬答摩〕이고 이름은 싯다르타〔悉達多〕이다. 석가는 종족의 이름이고, 모니는 밝은 구슬〔明珠〕이라는 뜻으로 이는 성인에 비유한 말이다. 석가모니는 불교도들이 그를 높여 부르는 호칭이며, 그 뜻은 석가족의 성인이다. 관련 기록에 의하면, 석가모니는 고대 인도북부 카필라국〔지금의 네팔 남부〕의 정반왕(淨飯王)의 아들이었다. 그가 출생한 지 7일이 지나자 생모인 마야(摩耶)부인은 세상을 떠났다. 그 뒤 그는 이모인 마하프라자파티〔摩訶波闍波提〕 부인에 의해서 양육되었다. 그는 천성이 총명하고 용모가 단정하였으며, 어릴 때부터 궁정에서 전통의 바라문(婆羅門) 교육을 받았고, 병법과 무예를 연마하여 문무를 겸비하고 지혜와 용기를 모두 갖춘 왕자가 되었다. 그에게 큰 기대를 가지고 있었던 정반왕은 그를 태자에 보위시켜 왕위를 계승시키고자 하였다. 고대 인도신화에서 전설로 전해 내려오는, 윤보(輪宝)를 굴리며 사방(四方)을 항복시키는 전륜왕(轉輪王)처럼, 정반왕은 태자가 통일천하의 성왕(聖王)이 되기를 희망하였다. 그러나 석가모니 본인은 오히려 사회현실과 인간세상의 무상(無常)함에 관심을 더 가졌기 때문에, 부업(父業)을 계승하여 정치적인 통치자가 되려는 생각은 조금도 없었다. 그는 세속의 고통 속에서 영원히 벗어날 수 있는 극락을 생각하였으며, 정신상의 완전한 초월과 해탈을 추구하였다.

어떻게 자기의 이상을 실현할 수 있을까? 어떻게 해야 해탈의 도(道)를 구할 수 있을까? 이를 위해서, 석가모니는 매일 깊은 사색에 빠졌다. 그는 인생의 고통의 원인과 또한 고통에서 근본적으로 벗어날 수 있는 길과 그 방법을 모색하는 데 전력을 다하였다. 그는 열네 살 때에 가마를 타고 교외로 나들이를 나갔다. 그때 그는 동서남(東西南)의 세 성문을 나가서 사람들의 생로병사(生老病死)에 관한 생생한 광경들을 각각 목격하였으며, 이러한 체험을 통해서 그는 더욱 더 현세(現世) 인생의 무상함과 고통을 생각하게 되었다. 그 후에 그는 북문(北門)을 나갈 때, 출가하여 도를 닦는 사문(沙門)을 만났다. 그는 사문에게서 출가하여 도를 닦아 생로병사의 고통에서 벗어날 수 있는 이치를 들었다. 이 때부터 그는 출가하여 도를 닦아야겠다는 생각이 싹트기 시작하였다. 석가의 이러한 생각에 대해서 정반왕은 매우 불안해하였다. 그는 석가모니의 출가를 막기 위해 최선을 다하였다. 그래서 그에게 각종 편리한 생활조건을 제공하였으며, 인생의 즐거움을 느끼게 하였고, 오로지 그만을 위해서 호화롭고 안락한 '한(寒)·서(暑)·온(溫)'이라는 세 계절의 궁전을 지어 주었다. 게다가 그가 열여섯 살이 되었을 때, 이웃 국가의 공주인 사촌 야소다라[耶輸陀羅]와 혼인시켜서 라훌라[羅睺羅]라는 아들을 낳았다. 그러나 이러한 것으로 인해서 출가하겠다는 석가모니의 결심이 흔들리지는 않았다. 스물 아홉 살의 어느 날 밤, 그는 단호하게 궁정의 행복한 생활을 버리고 부인을 떠나 산림 속으로 들어갔다. 그는 수염과 머리를 깎고 가사를 입고 출가수행의 길로 들어가 해탈의 도를 찾는 데 전심전력하였다.

처음 석가모니는 마가다[摩揭陀] 일대에서 스승을 찾아 도와 선정(禪定)의 수련에 대해서 물었다. 그 후에 그는 나이란자나 강변[尼連河]의 수림(樹林)으로 가서 홀로 고행하였으며, 자기의 육체에 대한 학대를 통해서 정신적인 해탈에 도달하고자 하였다. 그는 6년이나 계속된 고행으로도 아무 것도 얻지 못하였으며, 해탈의 도는 더욱 찾지 못하였다. 그래서 그는 고행의 쓸모 없음을 알게 되었다. 그는 고행을 포기하고 나이란자나로 가서 6년 동안의 묶은 때를 깨끗이 씻어 버리고, 소치는 여인이 공양한 우유〔乳糜〕를 받아 마시고 허약해진 몸을 회복하였다. 그 이후 그는 부근의 핍바라〔華鉢羅〕 나무 아래로 가서 동쪽을 향해 가부좌를 틀고, '만약 무상보리(無上菩提)를 증득(證得)하지 못하면 결코 일어나지 않으리라'고 맹세하였다. 그는 가부좌를 틀고 앉은 후 49일이 지나서 하룻밤 사이에 모든 것을 완전히 깨달아 우주와 인생의 진리〔眞諦〕를 통찰하여 해탈을 얻었다. 이른바 불타, 즉 불교에서 말하는 진리의 각오자(覺悟者)가 되었다. 핍바라 나무는 이 때문에 보리수(菩提樹)라고 불리게 되었다. 따라서 불교 본래의 표현에 비추어 본다면, 불타가 불타로 될 수 있었던 까닭은 그가 우주와 인생의 절대적 진리를 증득(證得)하였고, 또한 인식상의 근본적인 전변(轉變)을 실현하여 정신의 해탈을 실현한 데 있다고 볼 수 있다. 바꾸어 말하면, 석가모니는 여실(如實)한 절대적 진리를 깨달아 불타가 된 것이다.

그렇다면 불타가 보리수 밑에서 깨달은 우주와 인생의 참뜻과 불교가 말하는 절대 진리의 내용은 무엇인가? 일반적으로 불타가 깨달음을 얻은 후에 초전법륜(初轉法輪)[3]할 때, 그의 추종자들에게 널리 설한 사제(四諦)와 팔정도(八正道)를 원시 불교의 기본 교의(敎義)로 여긴다. 석가모니는 35세에 도를 깨달은 이후에 인도 각지에서 교의를 전파하고 설법하였는데, 그의 발자취는 겐지스강의 두 연안에까지 널리 미쳤다. 이러한 그의 설법은 깨달은 이후부터 열반에 이르기까지 45년의 오랜 세월 동안이나 계속되었다. 80세가 되던 해, 그는 세상을 떠났는데, 불교에서는 이를 열반(涅槃)이라고 한다. 석가모니는 열반하던 그 당일에도 제자들을 위해 설법하였다. 즉, 제자들에게 자기가 죽은 이후에도 법을 스승으로 삼아 열심히 정진하도록 하였다. 불타는

---

[3] 석가모니가 깨달음을 얻은 이후에 녹야원(鹿野苑)에서 했던 첫 설법을 가리킨다. 이것은 불교가 정식으로 창립된 것임을 가리키는 지표이다.

일생동안 부지런히 해탈의 도를 추구하였다. 그가 궁정의 안락한 생활을 포기하고 출가를 한 이유는 바로 정신적인 해탈을 추구하기 위해서였으며, 또한 모든 중생이 인생의 고해(苦海)에서 벗어나도록 하기 위함이었다. 그는 평생을 통하여 여실한 도로 와서, 인(因)에서 과(果)에 이르기까지 정각을 이루었으며, 또한 여실한 도로 와서, 삼계의 중생을 교화하고 인도하는 인생의 이상을 실천하였다. 그의 우주와 인생에 대한 대철대오(大徹大悟)는 불교의 이상적인 인격의 모범이 되었다.

석가모니가 열반에 든 이후, 인도에서 불교는 부파불교(部派佛敎), 대승불교(大乘佛敎), 밀교(密敎) 등의 발전단계를 거쳤다. 이러한 각기 다른 단계는 사람들의 정신 신앙상의 필요 등 다양한 원인에 의해서 나타났다. 불교의 불타에 대한 견해는 점점 크게 변화하기 시작하였으며, 불타는 결국 사람들에 의해서 신으로까지 변화되었다.

원시불교 시기에 불타는 단지 진리를 깨달은 사람이었으며, 대중들이 신뢰할 수 있는 지도자였고, 매우 위대한 사람이었다. 그는 신이 아닌 사람이었을 뿐이다. 그가 보통사람과 다른 점은 단지 그의 사상이 정확하고 품격이 높으며, 그가 지혜로운 초인이라는 것이다. 그러나 이러한 생각들은 부파불교 시기가 되면서 바뀌기 시작하였다. 상좌부(上座部)는 대체로 여전히 원시불교의 생각을 고수하여 불타를 신이 아닌 역사적인 한 인물로 생각하였다. 그러나 대중부(大衆部)는 불타를 신격화하는 경향을 나타내기 시작하였다. 그들은 불타가 무한한 수명과 끝없는 법력을 가지고 있다고 보았다. 또한 그들은 불타가 범속(凡俗)과 다르게 삼십이상(三十二相)4)과 팔십종호(八十種好)5) 등의 특수한 모습을 갖추고 있는 초자연적인 신이라고 보았다. 그들은 역사상의 불타는

---

4) 장지상(長指相), 대설상(大舌相), 사십치상(四十齒相) 등의 32가지 뚜렷한 특징.
5) 손가락과 발가락이 둥글고 가늘며 길고 부드러우며, 골절(骨節)이 보이지 않는다. 손톱이 가늘고 길며 윤이 나고 밝고 깨끗하다. 콧날이 매우 길며, 콧구멍이 보이지 않는 것 등의 80가지의 미세하고 은밀하며 보기 어려운 특징.

진신(眞身)이 아니라 세상에서 중생들을 교화시키기 위해서 방편으로 나타낸 육신이라고 생각하였다. 대중부의 이러한 생각은 대승불교에서 더욱 발전하게 된다. 대승불교는 불타를 무한하게 신격화시켜서 그를 초인적인 존재로 보았다. 또한 그를 진여(眞如)의 도(道)로 와서 삼계에서 중생을 교화하고, 신통이 광대하며, 전지전능한 신이어서 과거·현재·미래의 모든 일을 두루 알 수 있다고 묘사하였다. 불교는 사람들이 부처에게 예를 쉽게 올리도록 하기 위해서 불신(佛身)을 신격화시켰다. 이러한 불신(佛身)은 두 개의 몸〔二身〕 혹은 세 개의 몸〔三身〕, 또는 열 개의 몸〔十身〕이 있다고 여겼다. 그리고 불타가 부모의 몸을 빌어 태어난 육신은 단지 불타의 여러 가지 몸이 변한 것 중의 하나일 뿐이라고 보았다. 이 때부터 불타는 석가모니 한 사람만을 지칭하는 것이 아니었다. 불타라는 명칭은 일체를 깨달아 득도하여 각행원만(覺行圓滿)한 사람들 모두에 광범위하게 사용되었으며, 시방삼세(十方三世)에 수없이 존재하는 불타라고 여겼다. 예를 들면, 과거세에는 칠불(七佛)과 연등불(練燈佛)이 있었고, 미래세에는 미륵불(彌勒佛)이 있으며, 동방세계에는 아촉불(阿閦佛)과 약사불(藥師佛)이 있고, 서방세계에는 아미타불(阿彌陀佛) 등이 있다는 것이다.

이렇게 여래는 처음에 석가모니불만을 가리켰지만, 뒤에 모든 불타로 널리 부르는 칭호가 되었다. 예를 들면, 아미타불은 아미타여래라 부를 수 있고, 약사불은 약사여래라 부를 수 있는 것이다. 여래가 바로 불타이고 불타가 바로 여래이기 때문에, 이 둘은 늘 여래불(如來佛)이라고 불려졌다.

그렇다면 여래와 선은 또한 어떠한 관계를 가지고 있으며, 이 둘은 어떤 밀접한 연관이 있는가?

선(禪)은 원래 고대 인도에서 일반적으로 유행하던 일종의 종교수행 방법이다. 이는 늘 정(定)과 함께 불려졌는데, 마음을 한 곳에 집중시켜 조용하고 편안한 상태에 머물도록 하여 특정한 대상이나 이치를 깨닫게 하는 사유수습(思惟修習) 활동이다. 그 운용방법은 비이성적인 심리를 적절하게 통제하여 사람들의 정신활동을 인도하는 것이다. 이러한 수행법은 석가모니의 득도와 불교 창립에 중요하게 작용되었다. 기록에 의하면, 석가모니는 생사의 괴로움의 근원을 끊어버리기 위해서 출가하여 도를 닦았다. 그는 깨달음을 얻어 성불을 하기 전, 수론파(數論派)의 선구자인 아랄라카라마〔阿羅陀迦藍〕와 웃다카라마풋다〔郁陀迦羅摩子〕에게서 선정을 닦은 적이 있다. 그 때 수습한 무소유처정(無所有處定)과 비상비비상처정(非想非非想處定)은 모두 이후에 불교 선정의 핵심내용이 되었다. 석가모니는 나이란자나 강변의 산림에서 선정을 수행할 때, 홀로 나무 아래에서 가부좌를 틀고 몸을 바르게 하고 마음을 가다듬고 깨끗한 마음으로 계율을 지키고 도를 행하였다. 비록 하루에 한 알의 깨와 한 톨의 보리만 먹었어도 선의 즐거움이 음식이 되어 배고프지 아니하고 목마르지 않았다. 그는 눕지도 일어나지도 않았고 비바람을 피하지 않았으며 오랜 기간 동안 선정에 몰입하였다. 그러는 동안에 참새가 그의 머리 위에 둥지를 틀고, 초목이 그의 두 무릎 사이를 휘감아도 그는 이러한 사실을 전혀 느끼지 못하였다. 그는 오로지 자신의 지혜로 우주와 인생을 통찰하고, 생사를 초월한 해탈을 추구하는 데에 전념하였다. 그에게는 오직 불법의 즐거움만이 충만하였다. 그래서 후세에 "참새가 머리 위에 집을 짓고, 갈대 싹이 무릎을 덮는다"[6]라는 아름다운 말이 전해졌다. 석가모니는 최후에 보리수나무 아래에서 무상보리를 증득하여 도를 이루었다. 이는 모두 선정 중에서 실현된 것이다. 이와 같이, 선정은 구도(求道)의 과정에서 매우 중요한 작용을 한다. 그렇기 때문에 불교는 정식으로 창립된 이후에,

---

6) 雀巢筑頂, 蘆芽穿膝.

선정을 흡수해서 해탈을 구하는 중요한 수행방법으로 삼았다. 또한 선정을 불교의 교리교의(敎理敎義)와 연관시켰으며, 이는 불법의 기본 구성성분이 되었다. 인순법사(印順法師)의 연구에 따르면, "불타 시대에는 선을 매우 중시하였다. 오로지 세밀하게 선사(禪思)함은 고대 불제자들이 일상적으로 행하며 지키는 것이었다"[7]라고 하였다. 그 이후 선의 수행은 언제나 불제자들과 함께 하였다.

여기서 다음과 같이 볼 수 있다. 즉, 석가모니는 성불했기 때문에 그는 여래가 되었고 따라서 불교가 창립될 수 있었다. 또한 그가 자기의 논리와 수행방법을 갖춘 것은 모두 선과 끊을 수 없는 인연을 가지고 있기 때문이다. 이처럼 여래와 선은 매우 밀접한 관계를 가지고 있으며, 불교와 선 역시 긴밀하게 연관되어 있다.

그러나 불교 안에서의 선의 의미와 불교 밖에서의 그 의미는 다르다. 불교의 끊임없는 발전에 따라 불교선(佛敎禪)의 내용과 방법도 끊임없이 변화 발전하였다. 여래선은 바로 불교선의 발전과정에서 나타난 것이며, 이는 오직 부처만이 갖추고 있는 최상승의 선이라고 여겨졌다.

2. 선(禪)의 의의

선은 범어 Dhyāna를 음역한 선나(禪那)의 약칭이고, 의역하면 정려(靜慮), 즉 세밀한 마음으로 사유하는 것이다. 예전에는 선을 기악(棄惡), 사유수(思惟修), 공덕총림(功德叢林) 등으로도 의역했다. 불교에서

---

[7] 『설일체유부위주의 논서와 논사 연구〔說一切有部爲主的論書與論師之硏究〕』, 인순(仁順), 혜일강당(慧日講堂; 대만), 1978년, 613쪽.

선의 본래 뜻은 크게 두 가지가 있다. 첫째는 마음을 한 곳에 집중시켜 혼잡하고 어지러운 마음을 평온하게 하는 우일소연(于一所緣), 계념적정(繫念寂靜)이다. 둘째는 정심사려(正審思慮)하여 여실하게 요지(了知)하는 것이다. 즉, 자세히 정확하게 살피고 사유하여 우주와 인생의 진리를 확실하게 아는 것이다. 선수행은 사람들의 심신활동에 대한 제약(制約)과 인도(引導)를 통하여 정신을 집중시켜 잡념을 제거할 수 있고, 또한 외물(外物)과 욕망의 유혹과 장애를 막아낼 수 있다. 따라서 불교적인 요구에 비추어 정확하게 사유하고 관찰하여 불법의 진리를 확실히 깨달을 수 있으며, 무명(無明)과 번뇌를 제거할 수 있고, 범부에서 성인으로 완전히 전화(轉化)할 수 있다. 또한 선수행은 오늘날의 과학조차도 완전히 해석할 수 없는 생리 및 심리적인 변화를 일으킬 수 있다. 즉, 사람의 심신(心身)이 어떠한 평온한 희열을 느낄 수 있으며, 인체의 특수한 기능인 이른바 신통(神通)이 나타나기도 하는 것이다. 일정한 종교 신앙의 체제 아래, 수선자(修禪者)는 종종 어떤 특정한 종교적 신비감을 체험하거나, 특정한 정신세계로의 진입을 느낄 수 있다.

일반적으로 말하면, 선(禪)은 정법(定法)의 일종이며, 정(定) 가운데 포함된다고 할 수 있다. 그러나 엄격하게 말하면, 선과 정은 완전히 일치하지 않는다. 정은 범어 Samādhi를 의역한 것이고, 음역은 삼매(三昧) 혹은 삼마디(三摩地)라고 한다. 『구사론(俱舍論)』 4권에서는 이것을 심일경성(心一境性)이라고 정의하였는데, 이는 곧 '마음을 한 곳에 집중시키면 산란하지 않다'는 뜻이다. 이와 같이 정(定)의 함의는 비교적 넓은데, '일체의 사고를 멈추고 마음을 집중시키는 법'은 모두 정이라 부른다. 불교에서는 정에서 지혜가 나타나며, 정의 수련을 통하여 우주와 인생의 본질적 지혜를 올바르게 깨달을 수 있다고 여긴다. 이러한 의의에서 정(定)은 지(止)라고도 해석하고, 혜(慧)는 관(觀)이라고

도 해석한다. 승조(僧肇)는 『유마경주(維摩經注)』에서, "마음을 연(緣)에 묶는 것을 지(止)라 하고, 분별하여 깊이 요달함을 관(觀)이라고 한다."[8]라고 하였다. 지(止)에 의지해서 관(觀)이 있으며, 진정한 관은 반드시 적연(寂然)해야 하므로 불교에서는 늘 지관(止觀)을 같이 거론하고, 의(意)와 정혜(定慧)를 서로 비슷하게 본다. 따라서 지혜로 마음을 거두어 정에 들고〔攝心入定〕 또한 정(定)으로 관(觀)하여 불교의 진리를 깨닫는다. 그래서 선의 정심사려(正審思慮)는 정(定)을 전제로 한다. 따라서 선은 자체로 정지적정(定止寂靜)의 뜻을 가지게 되므로 정(定)이라는 이름을 얻게 된 것이다. 『대지도론(大智度論)』 5권에, "일체의 선정은 정(定)이라 할 수 있고, 또한 삼매(三昧)라 할 수 있다."[9]라고 하였다. 그렇다고 해서 정이 사유심려(思惟審慮)가 없다는 것은 아니다. 따라서 정을 선이라고는 할 수 없고, 다만 세밀하게 사유하는 정〔靜慮之定〕이어야 선이라고 할 수 있다. 『대지도론』 28권에, "사선(四禪)을 선이라고도 하고, 정(定)이라고도 하며, 또한 삼매라고도 한다. 사선 이외의 나머지 정을 정이라고도 하고, 삼매라고도 하지만, 선이라고는 하지 않는다."[10]라고 하였다. 태허법사(太虛法師)는 『중국불교특질은 선에 있다〔中國佛敎特質在禪〕』에서 "선나(禪那)는 곧 정려(靜慮)의 뜻이므로 바로 정정(靜定) 중에서 사유하고 관찰하는 것이다. 그래서 선나(禪那)를 비록 정이라 할 수 있으나, 정(定) 중에 관이 있고 혜가 있기 때문에, 비로소 선나(禪那)의 특별한 뜻이 된다. 그러므로 선나(禪那)를 선관(禪觀)이라고도 한다."라고 하였다.

정(定)의 중요한 특징은 정심(靜心)과 식려(息慮)이기 때문에, 선(禪)은 정심식려(靜心息慮)의 기초 위에서의 정심사려(正審思慮)를 포괄한

---

8) 繫心于緣謂之止, 分別深達謂之觀.
9) 一切禪定, 亦名定, 亦名三昧.
10) 四禪亦名禪, 亦名定, 亦名三昧. 除四禪, 諸余定亦名定, 亦名三昧, 不名爲禪.

다. 선은 또한 일정한 관상(觀想) 내용을 갖추고 있으며 여실히 요지(了知)하는 혜관(慧觀)의 작용을 가지고 있다. 이렇기 때문에 불교에서 말하는 선은 일반적으로 언급하는 정(定)과 혜(慧), 지(智)와 관(觀)의 두 가지 내용을 모두 포함하고 있다. 그래서 『구사론』 28권에, "모든 정[等持] 가운데, 오직 정려(靜慮)를 섭지(攝支)하고, 지(止)와 관(觀)을 두루 행하여야, 가장 잘 심려(審慮)할 수 있다."[11]라고 하였다. 여기 원문에서 말하는 등지(等持)는 정(定)에 대한 의역 중의 하나이고, 유차(唯此)의 차(此)는 정려(靜慮)를 가리키며 바로 선(禪)을 말하는 것이다. 이는 오직 선(禪)이라고 할 때는, 일종의 정(定)이 지와 관의 양방면의 수행을 동시에 포함하고 있어야 한다는 뜻이다. 여기에서 한편으로는 선을 제정(諸定)의 한 종류로 여기고, 다른 한편으로는 선이 동시에 혜관(慧觀)의 뜻을 갖추고 있다는 것을 강조하고 있다. 그래서 당대의 종밀(宗密)은 『선원제전집도서(禪源諸詮集都序)』에서 명확하게 선을 정혜(定慧)로 해석하였다. 불교 자체에서 보면, 이것은 논리적 근거를 완전하게 갖추고 있다. 이는 결코 일부 사람들이 생각하는 것처럼 한 개인에 의해서 제기된 것이 아니다. 『불학대사전(佛學大辭典)』의 선나(禪那) 항에서는 선을 해석할 때에, "선은 정려(靜慮)가 된다. 정려란 바로 그 체(體)에 붙여진 이름이다. 그 선나의 체(體)는 적정(寂靜)이 되고 또한 심려(審慮)의 용(用)을 갖추고 있으므로 정려(靜慮)라고 한다. 정(靜)은 곧 정(定)이며, 여(慮)는 곧 혜(慧)이다. 정혜(定慧)가 균등한 묘체(妙體)를 선나(禪那)라 한다."라고 하였는데, 이것 역시 선의 뜻에 부합한다.

그러나 불교에서는 실질적으로 선과 정의 본의(本義)를 늘 엄격하게 한정지어 사용한 것이 아니라, 일반적으로 정심관상(靜心觀想)과 같은

---

11) 諸等持內, 唯此攝支, 止觀均行, 最能審慮.

종교수행 활동에 널리 지칭되었다. 특히 중국 불교에서 선과 정은 종종 선정(禪定)으로 함께 불려졌으며, 정신집중과 특정대상의 관상(觀想)을 통하여 깨달음이나 공덕(功德)을 얻는 사유수습(思惟修習) 활동을 나타내었다. 그것의 함의는 더욱 광범위하게 되었으며, 그 작용 역시 매우 중요한 위치로 올려졌다. 예를 들면, 종밀은 『선원제전집도서』에서 다음과 같이 말하였다.

    선정(禪定)의 수행은 가장 신묘하여, 성품 위에 무루지혜(無漏智慧)를 일으킬 수 있다. 일체 묘용(妙用)과 만덕(萬德)과 만행(萬行) 및 신통광명은 모두 정(定)에서 발한 것이다. 따라서 삼승(三乘)의 학인이 성도(聖道)를 구하고자 한다면, 반드시 선을 닦아야 한다. 이것을 떠난 다른 문은 없으며, 이것을 떠난 다른 길은 없다.12)

이는 선정(禪定)이 성도(聖道)를 구하는 유일한 법문임을 강조한 것이다. 중국선종은 바로 선정으로 불교의 모든 수습(修習)을 개괄할 것을 주장하였다.

  한편으로 불교의 선정은 사람의 주관적 영역이 전체 정신세계에 대해서 매우 크게 능동적으로 작용할 수 있음을 명백하게 보여준다. 또한 사람들이 인식주체를 이해하는데 큰 도움이 되며, 인식과정 중에서의 주체와 객체의 상호작용을 전면적으로 고려하고 있다. 만약에 그것을 적절하게 이끈다면 심신의 조화로운 발전에 유리하며, 건강한 정신을 위해서 반드시 필요한 것이다. 만약에 잘 다스리면 심리를 최상의 상태로 조절할 수 있다. 이것은 연구해 볼 만한 가치가 충분히 있는 탐구과제이다. 또 다른 한편으로 불교의 선정은 주로 그 종교적 세계

---

12) 禪定一行, 最爲神妙, 能發起性上無漏智慧. 一切妙用, 萬德萬行, 乃至神通光明, 皆從定發. 故三乘學人, 欲求聖道, 必須修禪, 離此無門, 離此無路.

관을 위해 사용되고, 해탈의 이상을 실현하기 위해 사용된다. 따라서 선정과 관련된 신비한 종교체험은, 선정을 통하여 신이(神異)와 부처의 지견(智見) 등을 개발할 수 있다는 것과 더불어, 심리와 생리 방면의 비정상을 야기할 수도 있다. 이것 역시 특별히 주의할 필요가 있다.13)

역사적으로 보면 선정은 일종의 수행방식으로, 불교에서 처음 시작된 것은 아니다. 그것의 근원은 고대 인도의 요가술[瑜伽術]에 있다. 요가는 범어 Yoga의 음역이며, 의역은 결합(結合), 혹은 상응(相應)이다. 이는 정좌(靜坐)와 호흡 조절을 통해서 자기의 심리활동을 통제하고 정신을 집중시켜 개체의식과 우주정신이 서로 합쳐지는 경지에 도달하는 것이다. 이러한 방법의 출현은 일정한 필연성이 있다. 그 연원은 인류의 생존적인 모순과 곤경에 기인한다. 인류는 끊임없이 계속되어진다. 그러나 개체 존재인 자아는 그렇지 않다. 인류의 능력은 무한하나 개체 존재인 자아의 능력은 유한하다. 유한한 자아가 무한을 마주하고 있을 때 일종의 공포와 불안을 느끼며, 인간은 자신의 초월을 갈망하고 또한 자신의 능력의 한계를 알고자 한다. 인간은 영원을 그리워하며, 현실사회에서 어찌해야 할 바를 모를 때, 늘 신이나 절대적 존재에게 희망을 건다. 유한한 개체는 초월을 실현하기 위해 항상 상상 속에서 무한과 영원을 절대화시켜 숭배의 대상으로 삼는다. 또한 모종의 방식을 통하여 자아를 무한으로 융입(融入)시켜 영원에 이르고자 한다. 동방과 서방, 중국과 인도의 인류 발전의 어떠한 단계에 있어서 모두 요가와 비슷한 수행방법과 사상이 출현하였다. 도와 더불어 하나가 되고[與道爲一], 신과 더불어 상합하며[與神相合], 범과 내가 하나가 되는 것[梵我合一] 등은 그 견해가 비록 다를지라도 구현하는 정신은 서로 비슷하거나 상통하는 것이다. 이것은 인류문화 발전의 어

---

13) 『중국선종통사(中國禪宗通史)』, 두계문(杜繼文), 위도유(魏道儒), 강소고적출판사(江蘇古籍出版社), 1993년, 5쪽.

떤 공통성을 반영하는 것이다.

요가술은 고대 인도에서 매우 이른 시기에 출현하였다. 고고학자들은 인도의 하류에서 출토된 문물 중에서 가부좌를 하고 앉아서 깊은 명상에 잠겨 있는 상태의 신상(神像)이 새겨진 인장을 발견하였으며, 또한 요가좌법을 행하고 있는 각인(刻印)도 발견하였다. 이러한 것들은 B.C 3000년 전에서 B.C 2000년 전 사이의 문물로 여겨지며, 요가실천을 분명하게 보여준 고대의 문물이다. 요가술은 고대 인도의 베다교(吠陀敎; Veda)와 바라문교(婆羅門敎)에 의해 흡수되었다. 이것은 다시 책으로 엮어져 B.C 1000여 년 전에서 B.C 200년 사이에 베다경전과 오의서(奧義書)에 명확하게 기재되었다. 어떤 것은 요가의 각종 방법을 비교적 상세하게 기술하였을 뿐만 아니라 요가에 대한 분류를 진행하였다. 또한 선(禪)과 정(定) 등의 범주를 제기하였으며, 명확하게 선과 정을 요가에 포함시키고 있다. 인도의 역사시 『마하바라타』 가운데 『바가바드기타』(약 2세기 전후에 지어진 책)에는 범아합일(凡我合一)의 해탈의 경지에 도달하기 위해서는 반드시 요가를 수련해야 함을 강조하였으며, 요가실천법에 대해서도 구체적인 묘사를 하고 있다. 예를 들면, 정신집중과 호흡조절 등인데, 이러한 것들의 대부분은 불교가 제창한 선정과 매우 흡사하다. 고대 인도철학 중에서 요가파의 기본 경전인 『유가경(瑜伽經)』 계열에서 요가의 팔지행법(八支行法)을 제시하고 있다. 팔지행법은 금제(禁制), 권제(勸制), 좌법(坐法), 조식(調息), 제감(制感), 집지(執持), 선나(禪那), 삼매(三昧; 定의 음역)의 요가를 수련하는 여덟 단계이다. 그 가운데에 선과 정의 수련이 명확하게 포함되어 있다. 여기에서 우리들은 불교 선정과 고대 인도 요가술이 밀접한 관계가 있음을 분명하게 알 수 있다.

불교와 자이나교와 관련된 전적(典籍)의 내용을 살펴보면, 요가와 선정은 고대 인도의 수많은 종교에 보편적으로 채용되었으며, 민간에서도 광범위하게 유행하였다. 석가모니는 성불을 이루기 전에 우주인생의 참뜻과 인생해탈의 길을 구하기 위해서 선정을 수련하였다. 불교가 창립된 이후에도 선정의 이러한 실천방법이 흡수되었으며, 그것을 계율(戒律)과 지혜(智慧)와 더불어 불교수행의 주요 내용으로 삼았다. 계(戒)·정(定)·혜(慧)의 삼학(三學)은 초기불교에서 수지(修持)하는 모든 내용을 개괄하는 것이 되었다. 대승불교가 흥기한 이후에도 대승 수행의 주요 내용인 육도(六度; 布施, 持戒, 忍辱, 精進, 禪定, 智慧)에 여전히 선정이 포함되어 있다. 불교는 이러한 선정 사상과 내용에 전문적인 해석을 덧붙였으며, 이를 더욱 발전시켰다. 그리고 선을 수행하는 목적과 방법에 대해서도 어느 정도 변화시켰다.

불교가 전통 선정을 발전시키고 변화시킨 것은 여러 방면에서 나타난다. 그것은 대체적으로 아래와 같은 몇 가지로 간단하게 논할 수 있다.

첫째, 불교의 선정은 결코 신통을 획득하는 것이 주된 목표가 아니라, 생사윤회를 초월하는 근본적인 해탈을 추구하는 것이다. 고대 인도에서는 선정을 수련하면 일종의 신통을 얻을 수 있다고 생각하였다. 불교도 선정으로 신통을 일으킬 수 있음을 결코 부정하지 않는다. 불교는 선을 수련하여 신통에 도달하는 것을 다섯 가지로 분류하여 오통(五通)이라 불렀다. 오통은 다음과 같다. 첫째는 몸이 하늘을 날 수 있고 땅 속으로 들어갈 수 있으며 삼계(三界)에 출입할 수 있는 신족통(神足通)이다. 둘째는 육도중생(六道衆生)이 태어나고 죽는 고락의 상황들을 볼 수 있으며, 일체 세간(世間)의 모든 일들을 볼 수 있는 천안통(天眼通)이다. 셋째는 육도중생의 각종 언어와 일체 세간의 각종 소리를 마음대로 들을 수 있는 천이통(天耳通)이다. 넷째는 육도중생이 마음속으로 생각하는 모든 일들을 알 수 있는 타심통(他心通)이다. 다섯째는 자신과 육도중생의 과거·현재·미래 등 모든 세상의 숙명(宿

命)과 일어난 일들을 알 수 있는 숙명통(宿命通)이다. 불교 이전의 수 많은 선정수련자들은 최선을 다해 이러한 신통을 추구하였다. 그러나 불교는 선수행을 불교신앙을 확고히 하고 불교세계관을 확립하는 중요한 수단으로 삼았을 뿐, 결코 신통을 얻는 수단으로 여기지는 않았다. 불교에서 여러 신통을 완전히 배척하지 않은 것이 사실이다. 하지만, 불교는 신통의 획득을 선수행의 주요 목적과 최고의 경지로 여기지 않고, 해탈을 얻는 것을 그 최고의 자리에 올려놓았다. 불전(佛典)의 기록에 의하면, 석가모니 재세(在世) 시기에, 그는 제자들이 마음대로 사람에게 신통을 자랑하는 것을 허락하지 않았다고 한다. 이러한 것은 불교의 근본 신앙과 함께 결부되어 있는 것이다. 왜냐하면 불교에서 보면 신통을 획득한 것과 근본적인 해탈을 얻는 것은 같지 않기 때문이다. 비록 선정수련이 성공하여 천계(天界)에 태어나 천국의 복을 누릴지라도, 그 복이 다하면 다시 인간세계로 내려와 자기가 지은 바의 업인(業因)에 따라 과보(果報)를 받아야 한다. 그렇기 때문에 신통을 목적으로 하는 선은 여전히 세간법(世間法)이다. 불교가 추구하는 것은 세간법이 아니라 출세간법(出世間法)이다. 불교에서 선정을 수련하는 주요 목적은 출세해탈(出世解脫)을 추구하는 것이다. 신통은 기껏해야 선수행을 위한 부산품일 뿐이기 때문에 애써 추구할 필요가 없다고 생각하였다. 이 때문에 불교는 오통(五通) 이외에 또 다른 누진통(漏盡通)을 제기하였다. 그 뜻은 이러한 신통을 얻어서 일체의 번뇌혹업(煩惱惑業)을 끊어버리고 영원히 생사윤회에서 벗어난다는 것이다. 이는 사실상 이미 신통이 아니라 불교의 이상인 해탈이다. 누진통과 오통을 합쳐서 육통(六通)이라 부른다. 불교에서의 전오통(前五通)은 일반 성인들이 모두 선수행을 통해서 얻을 수 있는 것이나, 제육통인 누진통은 오직 해탈한 성인만이 유일하게 얻을 수 있는 것이라고 생각한다. 이렇게 보면 제육통이야말로 선정수련의 목표가 되는 것이다.

둘째, 매우 두드러지는 것으로, 불교는 만법연기(萬法緣起)와 제법무아(諸法無我)의 근본교의에서 출발하여 개체의식〔人〕과 우주정신〔神〕의 실제성을 타파한다. 불교는 선정(禪定)을 무아(無我) 이론의 기초 위에 놓고서, 그 수련이 개체의식과 우주정신의 상합(相合)이 아닌 불교진리를 추구하도록 한다. 여기서 선정은 수행의 목적이 아니라 무상지혜(無上智慧)를 얻어 해탈하는 중요 수단이 되는 것이다.

셋째, 일반적으로 말해서 불교의 선정은 고행(苦行)을 배척한다. 그 이유는 석가모니가 향락(享樂)을 포기하고 집을 떠나 6년 동안 고행하였으나 아무 것도 얻은 것이 없어서, 결국 향락과 고행은 모두 지나치게 극단적인 행위라는 것을 알게 되었기 때문이다. 또한 만약 이 고락(苦樂)에 의지하여 수행한다면 근본적으로 해탈의 목표를 이룩할 수 없다. 오직 이 고락의 양변을 떠난 중도, 즉 어느 쪽으로도 치우침이 없는 중도에 부합하는 종교수행방법을 취해야만 비로소 해탈의 성스러운 경지에 도달할 수 있다. 이 때문에 불교의 선정은 이전의 고행만을 행하는 수련과 거리가 있다.

끝으로, 선정은 불교의 수많은 근본교의, 사상, 학설과 밀접한 관계를 맺고 있다. 그래서 불교선정은 불지(佛智)와 불리(佛理)에 대한 증오(證悟)를 포함한다. 불교선정 그 자체는 항상 불교의 의리(義理) 아래서 진행된다. 이 때문에 불교의 전통 선정에 대한 태도와 발전은 불교 선정과 의리(義理)의 일치성에 충분히 나타나 있다. 동진(東晋) 시대의 유명한 승려 혜원(慧遠)은 불교의 선(禪)과 지(智)의 관계에 대해 그의 견해를 나타내었는데, 이 둘을 서로 돕는 것〔相齊〕이라고 보았다 그는 다음과 같이 말하였다.

선(禪)은 지(智)가 아니면 그 고요함〔寂〕을 다할 수 없고, 지는 선이 아니면 그 비추임〔照〕을 깊게 할 수 없으므로, 곧 선과 지의 핵심은 고

요함과 비추임을 말함이니, 이는 서로 돕는 것이다.14)

선(禪)으로 지혜를 증득하고 이치를 깨달으며, 교(敎)에 의지하여 선(禪)을 밝히고 정(定)을 닦는 도리는 이후 대부분의 불제자들이 실질적으로 이행하고 추구하는 것이 되었다.

위에서 말한 것 이외에, 수행의 형식적인 면에서 본다면, 불교선정은 또 다른 특색을 가지고 있다. 예를 들면, 그것은 더욱 완전한 조직체계를 가지고 있다는 것 등이다.

불교는 이전의 각종 선정과 불교선정을 구별하기 위하여 불교선정 이외의 여러 가지 선을 모두 외도선(外道禪)이라 불렀다. 이러한 선은 기껏해야 종교수행을 위해서 어느 정도의 심리조건을 준비하는 것일 뿐이고, 이것으로 근본적인 해탈을 얻을 수는 없다고 여겼다. 더욱이 어떤 선은 오히려 사람들을 잘못된 길로 인도할 수 있으며, 오직 불교의 선정만이 비로소 열반해탈(涅槃解脫)로 통하는 정확한 수행방법이라고 생각하였다. 사실상 불교선의 종류는 매우 많다. 그것의 함의와 실천방법도 불교의 발전에 따라서 끊임없이 풍부하고 다양해졌다.

3. 불교선과 여래선

불교선(佛敎禪)의 이름은 매우 많으며 분류도 복잡하다. 중국불교에서 선의 분류는 특히 복잡하고 다양하다.

예를 들면, 인도 불전인 『능가경(楞伽經)』은 선을 우부소행선(愚夫所

---

14) 禪非智無以窮其寂, 智非禪無以深其照, 則禪智之要, 照寂之謂, 其相濟也. 『여산출수행방변선경통서(廬山出修行方便禪經統序)』

行禪), 관찰의선(觀察義禪), 반연여선(攀緣如禪), 여래선(如來禪)의 네 가지로 분류하였다. 여기에 대해서는 여래선을 다룰 때 상술하도록 하겠다. 당대(唐代)의 종밀(宗密)은 『선원제전집도서(禪源諸詮集都序)』에서 선을 크게 다섯 가지로 분류하였다. 그는 다음과 같이 말하였다.

> 선(禪)은 얕고 깊음이 있어, 단계가 같지 않다. 다른 생각〔異計〕을 가지고 위를 좋아하고 아래를 싫어하며 닦는 것은 외도선(外道禪)이고, 인과(因果)를 바로 믿고서, 또한 좋아하고 싫어하며 닦는 것은 범부선(凡夫禪)이다. 아공(我空)이라는 편협된 이치를 깨닫고서 닦는 것은 소승선(小乘禪)이며, 아법이공(我法二空)의 진리를 깨닫고서 닦는 것은 대승선(大乘禪)이다. 만약 자심이 본래청정하고, 본래 번뇌가 없으며, 무루지성(無漏智性)이 스스로 갖추어져 있음을 단번에 깨닫는다면, 이 마음이 부처로 나아가, 결국 부처와 다르지 않게 된다. 이러한 내용에 의지하여 닦는 것이 바로 최상승선(最上乘禪)이다. 또한 이를 여래청정선(如來淸淨禪)이라고도 한다. 또 다른 이름으로 일행삼매(一行三昧), 진여삼매(眞如三昧)라고도 한다.15)

헤아리고 집착하며, 기뻐하고 싫어하는 감정으로 닦는 선이 외도선(外道禪)과 범부선(凡夫禪)이다. 아공(我空)의 불교 이치를 깨달을 수 있도록 닦는 선은 소승선(小乘禪)이고, 아공(我空)과 법공(法空)의 불교 이치를 깨달을 수 있도록 닦는 선은 대승선(大乘禪)이다. 자심자성(自心自性)을 단번에 깨닫도록 하는 것이 바로 최상승(最上乘)의 여래선(如來禪)이다. 이것은 모두 불교의 의리(義理)에 근거해서 선을 구분한 것이다. 근대 중국의 태허법사(太虛法師) 또한 중국선을 의교수심선

---

15) 禪則有淺有深, 階級殊等. 謂帶異計欣上厭下而修者, 是外道禪; 正信因果, 亦以欣厭而修者, 是凡夫禪; 悟我空偏眞之理而修者, 是小乘禪; 悟我法二空所顯眞理而修者, 是大乘禪. 若頓悟自心本來淸淨, 元無煩惱, 無漏智性本自具足, 此心卽佛, 畢竟無異. 依此而修者, 是最上乘禪, 亦名如來淸淨禪, 亦名一行三昧, 亦名眞如三昧.

(依敎修心禪)과 오심성불선(悟心成佛禪)으로 구분하였다. 또한 오심성불선(悟心成佛禪)을 초불조사선(超佛祖師禪)과 월조분등선(越祖分燈禪)으로 다시 나누었다.

어떤 사람은 세간법(世間法)과 출세간법(出世間法)의 차이점으로 선을 구분하여, 세간선(世間禪)과 출세간선(出世間禪) 및 출세간상상선(出世間上上禪) 등으로 나누었다. 세간선은 범부가 함께 닦는 사선(四禪)·사공정(四空定)·사무량심(四無量心)을 가리키며, 이 셋을 합하여 십이문선(十二門禪)이라 부른다. 이러한 선을 닦아 왕생(往生)하는 세상이 여전히 생사가 유전되는 세속세계 안에 있기 때문에 세간선이라고 하였다. 출세간선은 불교의 삼승성인(三乘聖人)이 수행하는 멸수상정(滅受想定)을 가리키는 말이다. 이러한 선을 수행하는 자는 삼계(三界)를 벗어날 수 있기 때문에 붙여진 이름이다. 출세간상상선(出世間上上禪)은 바로 제불여래선(諸佛如來禪)을 가리키는 말이다.

또한 어떤 사람은 얕은 뜻에서 심오한 뜻으로 심화하여, 선을 세간선(世間禪), 역세간역출세간선(亦世間亦出世間禪), 출세간선(出世間禪), 비세간비출세간선(非世間非出世間禪)으로 구분하였다. 다시 각 항목을 자세하게 나누었다. 예를 들면, 세간선은 십이문선(十二門禪)을 가리키며 범부와 외도(外道)가 이를 수행하지만 세간(世間)을 벗어날 수 없는 것이다. 역세간역출세간선은 육묘문(六妙門)과 십육특승(十六特勝)과 통명선(通明禪) 삼품(三品)을 포함하고 있다. 부처가 세상에 나타나기 전의 중생들은 이 선을 닦아도 세간을 벗어날 수 없지만, 부처가 세간에 나타나 부처의 설법을 듣고 불법에 의지하여 닦으면 세간을 벗어날 수 있다고 한다. 출세간선은 또한 관(觀)·연(煉)·훈(熏)·수선(修禪)의 네 가지로 자세하게 구분된다. 관선(觀禪)에는 구상(九想), 팔배사(八背捨), 십일체처(十一切處) 등이 있으며, 연선(煉禪)은 바로 구차제정(九次第定)이고, 훈선(熏禪)은 사자분신삼매(獅子奮迅三昧)이며,

수선(修禪)은 삼매(三昧)를 초월하는 것이다. 비세간비출세간선은 범부(凡夫)·외도(外道)·이승(二乘)과 함께 하지 않는 대보살(大菩薩)이 닦는 각종 대승선(大乘禪) 및 구종대선(九種大禪) 등을 가리킨다. 이러한 선을 수행하면 유루무루(有漏無漏)와 세간출세간(世間出世間)의 양변에 얽매이지 않으므로 비세간비출세간선이라고 한다.

만약 대소승불교가 제창(提唱)하는 선법이 각각 다르다는 점에서 본다면, 선을 다시 소승선과 대승선의 두 종류로 분류할 수 있다. 구체적인 실천 방법에서 보자면, 선을 관식(觀息), 관색(觀色), 관심(觀心) 등으로 나눌 수 있다.

한 마디로 말하면 선은 그 기준에 따라서 각각 다르게 분류할 수 있으며, 이러한 분류는 사실 모두 상대적인 것이다. 왜냐하면 불교에서는 여전히 많은 이견(異見)이 있기 때문이다. 예를 들어 위에서 언급하였던 삼종선(三種禪)과 사대류선(四大類禪)을 논하자면, 사실상 불교도 항상 사대류선 중의 역세간역출세간선(亦世間亦出世間禪)을 삼종선 중의 세간선(世間禪)에 귀속시켰으며, 비세간비출세간선(非世間非出世間禪) 중의 구종대선(九種大禪)을 삼종선 중의 출세간상상선(出世間上上禪)에 편입시켰다.

종합적으로 보면, 불교사에서 등장한 각종 선은 대부분 크게 소승선과 대승선의 두 종류로 분류할 수 있다. 우선 여기에 대해 간단히 소개하고 설명하고자 한다.

소승선은 실질적으로 소승불교의 선이다. 이것은 선수행의 실천을 통하여 불교의 진리를 깨닫고자 하는 것이다. 이는 무명(無明)과 욕망을 제거하여 정신상의 해탈을 획득하는 것이다. 소승선은 대부분 비교적 고정적인 내용과 행법(行法)을 가지고 있다. 그것은 주로 심신의 활동에 대한 통제와 인도(引導)를 통해서 호흡을 조절하고 정신을 집중시키는 방법을 채용한다. 또한 불교 지혜의 증오(證悟)에 도달함으로써 불교 세계관의 종교목적을 확립한다. 소승선의 종류도 사선(四禪), 사무량심(四無量心), 사공정(四空定), 팔승처(八勝處), 구차제정(九次第定), 십편처(十遍處) 등으로 상당히 많다.

사선(四禪)은 또한 사정려(四靜慮)라고 부른다. 이는 불교에서 각종 무명혹업(無名惑業)을 다스리는 데 사용하며, 여러 공덕(功德)을 이루는 네 가지의 기본적인 선정이다. 또한 욕계(欲界)를 벗어나, 색계(色界)와 색계의 관상(觀想)과 감수상응(感受相應)으로 들어가는 네 가지의 선정이다. 그 자성(自性)은 심일경성(心一境性)하게 되고, 그 작용(作用)은 심려(審慮)할 수 있게 된다. 수습의 순서에 따라 사선(四禪)의 사유활동형식과 심리상태와 정신세계는 다음과 같이 나누어진다.

첫째, 초선(初禪)이다. 초선을 수행하는 자는 심구(尋求)와 사찰(伺察) 등의 사유활동을 통해서 욕계(欲界)를 싫어하게 되고, 따라서 전에 없던 일종의 정신적인 희(喜)와 락(樂)의 느낌이 생기는 것이다.

둘째, 이선(二禪)이다. 이선은 이름과 글자의 뜻을 사려의 대상으로 삼는 심(尋)과 사(伺)를 단멸(斷滅)시키고, 내심의 신앙을 형성하는 것이다. 이것은 내등정(內等淨)이라고 부른다. 여기에서 얻는 느낌[感受] 역시 희락(喜樂)이다. 그러나 이러한 희락은 결코 이욕(離欲)하여 얻은 것이 아니라, 선정 그 자체에서 나온 것이므로 정으로부터 희락이 생한 것[定生喜樂]이라고 한다.

셋째, 삼선(三禪)이다. 이선의 희락을 버리고 비고비락(非苦非樂)의 행사(行捨)의 경지에 머무르는 것이다. 또한 정확한 기억과 정확한 지혜로 계속 닦아 희(喜)를 떠난 묘락(妙樂)의 느낌을 얻는 것이다.

넷째, 사선(四禪)이다. 이는 삼선의 묘락(妙樂)을 버리고 오직 공덕(功德)의 수양을 생각하는 것이다. 그러므로 사청정(捨淸靜), 염청정(念淸靜)이라고 하며, 일체 희락의 느낌을 모두 버려서 얻는 느낌이기 때문에 또한 불고불락(不苦不樂)이라고 한다.

사선(四禪)을 수행하는 주요 목적은 수선자(修禪者)가 각종 잡념과 욕망을 잘 다스려서 고요히 생각하고 내성(內省)하는 방법을 통하여, 불교의 사제(四諦), 팔정도(八正道), 십이연기(十二緣起)를 깨닫게 하며, 이로써 불교신앙을 확고히 하고 특정한 심리적 느낌〔感受〕을 얻게 하는 데 있다. 이 사선을 수행하는 자는 죽은 후에 욕계를 벗어나 색계 사선천(四禪天)에 태어난다고 한다.

위에서 말한 욕계·색계라는 말은 모두 불교에서 전문적으로 사용하는 용어이다. 불교는 선악응보(善惡應報)의 이론과 선정의 수련에 따라 모든 중생이 처해 있는 세속 세계를 삼계(三界), 즉 욕계(欲界), 색계(色界), 무색계(無色界)로 나눈다. 욕계는 음(淫)과 식(食)의 욕망을 가지고 있는 중생이 처하는 곳이다. 이러한 중생은 불교의 육도윤회(六度輪回)의 천(天), 인(人), 아수라(阿修羅), 아귀(餓鬼), 축생(畜生)과 지옥(地獄)을 포함하며, 그들이 머무르고 있는 세계를 욕계라 한다. 예를 들면, 인류가 살고 있는 사대부주(四大部洲)16) 등이 바로 욕계이다. 색계는 욕계의 위에 있으며, 이미 음(淫)과 식(食)의 두 가지 욕망을 떠난 사람들이 사는 곳이다. 이는 사선천(四禪天)의 십칠종천(十七種天), 즉 초선삼천(初禪三天), 이선삼천(二禪三天), 삼선삼천(三禪三天)과 사선팔천(四禪八天)을 포함하며, 이를 모두 색계십칠천(色界十七天)이라고 부른다. 초선천(初禪天)에서는 인간 세상의 익힌 음식을 먹지 않기 때문에 안(眼)·이(耳)·비(鼻)·설(舌)·신(身)·의식(意識) 중에 비식(鼻識)과 설식(舌識)이 없으며, 다만 안식(眼識), 이식(耳識), 신식(身識), 의식(意識)의 네 가지 식이 일으키는 심구(尋求)와 사찰(伺察)의 사유활동 및 희(喜)와 락(樂)의 두 가지 느낌이 있다. 이선천(二禪天)에는 안식, 이식, 신식의 삼식(三識)조차 없으며, 심구하고 사찰하는

---

16) 수미산(須彌山)을 중심으로 사방에 있는 남섬부주(南贍部洲), 동승신주(東勝神洲), 서우타주(西牛陀洲), 북구로주(北俱盧洲)의 네 주를 말함.

사유활동도 없다. 여기에는 다만 의식(意識)과 환희(歡喜)의 느낌과 비고비락(非苦非樂)의 느낌만 남아서 상응(相應)한다. 삼선천(三禪天)에는 의식과 묘락(妙樂) 및 비고비락의 느낌만이 상응한다. 사선천(四禪天)에는 오직 비고비락의 느낌과 상응하는 의식만이 남아 있을 뿐이다. 무색계는 색계의 위에 있는 것으로 형(形)과 색(色)이 없는 중생이 사는 세계이고, 사천(四天)을 공유하며 사무색천(四無色天)이라 부른다. 이상의 욕계, 색계, 무색계의 삼계(三界)는 모두 생사윤회 가운데 놓여 있는 것으로 불교는 이를 미계(迷界)라고 부른다.

불교는 중생이 만약 선을 수행하지 않거나, 비록 수련을 하더라도 어느 정도의 수준에 도달하지 않으면, 죽은 후에 욕계(欲界)에서 윤회한다고 생각한다. 그러나 사선(四禪)을 수행하면 욕계를 벗어나서 색계에 상응하는 천에 왕생할 수 있다. 더 나아가서 다시 사무색정(四無色定)을 수련하면 죽은 후에 사무색천(四無色天)에 태어날 수 있다.

사무색정(四無色定)은 사공정(四空定)이라고도 부르며 다음과 같다.

첫째, 공무변처정(空無邊處定)이다. 이것은 사선(四禪)의 색상(色想)을 초월하는 것이며, 끝없는 허공을 관상(觀想)의 대상으로 삼는 선정이다. 이 선정을 닦아 이루면 일체의 색상을 버리고 공무변처천(空無邊處天)에 태어날 수 있다.

둘째, 식무변처정(識無邊處定)이다. 이것은 공무변처정의 관상(觀想)을 초월하여 식무변(識無邊)과 상응하는 선정이다. 이 선정을 닦아 이루면 식무변처천(識無邊處天)을 증득(證得)할 수 있다.

셋째, 무소유처정(無所有處定)이다. 이 선정은 식무변처의 관상(觀想)에서 더 초월하여 일체의 무소유(無所有)를 정관(靜觀)하는 것이다. 이 선정을 닦아 이루면 무소유처천(無所有處天)을 증득할 수 있다.

넷째, 비상비비상정(非想非非想定)이다. 이 정(定)을 수행하는 자는 일체 무소유의 상법(想法)조차 모두 버리고 일종의 비유상(非有想)·

비무상(非無想)의 절대 적정(寂靜)의 미묘(美妙)한 경지에 도달할 수 있다.

사무색정(四無色定)은 공(空)을 둘러싸고 전개된다. 사무색정의 수습은 주로 사선 수행의 기초 위에, 나아가 색(色)의 속박(束縛)에 대처하기 위한 것이다. 이는 끝없는 공(空)과 식(識)을 관상 대상으로 삼아 최종 일체의 외경(外境)에 대한 느낌과 생각을 모두 철저하게 제거한다. 이렇게 해서 우주인생의 진제(眞諦)를 깨닫고 준비하기 위한 것이다. 사무색정을 수련하는 자는 죽은 후에 따로 사무색천(四無色天)에 태어난다고 한다.

위에서 말한 색계의 사선에 다시 무색계의 사무색정을 더해서 불교에서는 이를 팔정(八定)이라고 한다.

사선(四禪)·팔정(八定)에서 얻은 경계〔三界〕는 여전히 생사유전하는 세속세계 속에 있다고 여겨진다. 그것들은 근본적으로 번뇌의 미혹을 끊을 수 없으며, 생사의 고통에서 벗어날 수 없다. 설사 수선자가 상응(相應)하는 과보(果報)를 얻어서 천(天)에 태어난다 할지라도, 그것은 이미 업보윤회(業報輪回) 중에서 얻을 수 있는 가장 좋은 과보에 지나지 않는다. 이것도 일단 천상의 복이 다하면 여전히 생사윤회 속으로 떨어져 고통을 받게 된다. 그래서 불교에서 보면, 이러한 선정은 단지 유루(有漏)의 선정이고 세간선정(世間禪定)일 뿐이어서 출세간선(出世間禪)은 아니다. 이러한 종류의 선정을 수련하면 결코 생사윤회(生死輪回)에서 벗어날 수 없으며 해탈을 얻을 수 없다. 동시에 이러한 종류의 선정이 사유형식과 심리과정에 관련되면, 이는 다른 관점과 신앙을 가지고 있는 불교 이외의 각종 교파에 채용될 수 있다. 실제로 그것들은 처음에 불교 이외의 외도(外道)에서 온 것이 확실하다. 따라서 불교는 이러한 선정을 결코 가장 높은 지위에 올려놓지 않는다. 불교는 이러한 선정을 수행해서 색과 욕의 교란에서 벗어나는 것은 단지 그 교의를 받아들여 나아가 기타 각종 선정을 수행하기 위한 기초라고 보았다. 기타 각종 선 가운데 멸수상정(滅受想定)이 중요한 선정인데, 이것은 무루정(無漏定)으로 여겨지며, 불교의 삼승(三乘) 성인(聖人)이 수행하여 얻는 출세간법(出世間法)이다.

멸수상정(滅受想定)은 또한 멸진정(滅盡定)으로도 불려진다. 이것과 위에서 말한 팔정(八定)을 합쳐서 구차제정(九次第定)이라 부른다. 멸수상정이란 일체의 심식(心識)을 멈추고, 모든 생각과 느낌을 완전히 없애는 선정이다. 소승불교는 팔정의 기초 위에 다시 멸수상정을 수련하여 최종적으로 욕(慾)·색(色)·무색(無色) 삼계(三界)의 생사윤회를 철저히 초월하여 열반해탈을 얻을 수 있다고 여긴다. 이로 인해서 멸수상정은 출세간(出世間)의 무루정(無漏定)이 되며, 선정의 극치가 되고, 불교에서 전적으로 닦는 선이 되는 것이다.

불교의 발전 과정 중에서 대승불교의 출현에 따라 대승선(大乘禪)이 나타났다. 대승선은 소승선의 기초 위에서 발전되었으며, 소승선의 많은 내용과 방법을 모두 계승하고 변화 발전시켰다. 예를 들면, 소승선 중의 사념처(四念處)는 수선자가 정신집중의 상태에서 불교의 이치[佛理]에 따라, 몸은 부정(不淨)하고, 느낌은 고통이며, 마음은 무상(無常)하고, 법은 무아(無我)라는 것을 보아야 한다. 이렇게 하여 우주인생에 대한 진실한 견해에 도달하고, 무상(無常), 고(苦), 무아(無我), 부정(不淨)의 불리(佛理)의 인식을 견지해서, 상·락·아·정(常樂我淨)의 네 가지 전도(顚倒)된 견해를 타파할 것을 요구한다. 대승불교도 또한 사념처(四念處)를 수행하지만 공(空)의 이치로 대체되었다. 『법문명의집(法門名義集)』에서 언급하기를, "사념처는 대승과 소승에서 이름이 각각 다르다. 몸이 부정함을 관하고, 느낌이 고통임을 관하며, 마음이 생멸함을 관하고, 법이 무아(無我)임을 관하는 것은 소승의 사념처이다. 몸이 허공과 같음을 관하고, 느낌이 내외로 공(空)함을 관하며, 마음은 다만 이름임을 관하고, 법은 선악이 갖추어져 있으나 얻을 수 없음을 관하는 것은 대승의 사념처이다."17)라고 하였다. 선 수행의 형식상에서 보면, 대소승선은 크게 다른 점이 있다. 소승불교는 자도(自度)가 주가 되며, 회신멸지(灰身滅智), 연행절려(捐行絶慮)가 주요 목표가 된다. 그러므로 선수행자는 늘 시끄러운 속세를 멀리 떠나, 홀로 조용한 산림에 처해서, 일체의 생각을 멈추고 모든 생각을 제거한다. 그러나 대승불교는 오히려 널리 중생을 구제하고 심성(心性)의 청정에서 벗어날 것을 강조한다. 그러므로 세간(世間)에 들어가서도 수선(修禪)에 장애가 없으며, 심지어 모든 곳이 도량(道場)이고 언제 어디서나 마음을 닦을 수 있다고 생각한다. 동시에 소승선과 비교해 보면, 대승선의 범위는 더욱 광범위하여 무량한 삼매(三昧)의 명칭이 있다.

더욱 중요한 것은, 대승선은 더 이상 소승선의 정좌(靜坐) 등과 같은 어떤 고정적인 방법에 얽매이지 않는 것이다. 또한 대승불교의 이론에 따라 알맞게 조정하며, 더 좋은 방법으로 불지(佛智)를 증득하고 불리(佛理)를 깨달아 해탈을 얻고자 한다. 대승선의 중요한 특징 중의 하나가 바로 불리를 관하여 깨닫는 방법과 교의교리(敎義敎理)와의 밀접한 불가분성(不可分性)이다. 이는 불교세계관의 확립이 대승선의 가장 중요한 임무가 된 것이다.

예를 들면, 대승선 중에서 가장 중요하게 여기는 선 중의 하나가 실상선(實相禪)이다. 이것은 대승반야사상을 따라 등장하였으며 반야사상을 위해 사용되었다. 반야사상은 초기 대승불교 가운데에 나타나 만법성공(萬法性空)의 불학사조(佛學思潮)를 주장하였다. 이 사상은 세계의 모든 현상을 인연화합(因緣和合)으로 생겨난 것으로 보았다. 즉, 독자

---

17) 四念處, 大小乘名有異. 觀身不淨, 觀受有苦, 觀心生滅, 觀法無我, 是小乘四念處; 觀身如虛空, 觀受內外空, 觀心但名字, 觀法善惡俱不可得, 是大乘四念處. 『법문명의집(法門名義集)』

적으로 존재하는 실체나 주재(主宰)는 없고 어떠한 규정성(規定性)도 없기 때문에, 모든 것은 허환(虛幻)되고 실재하지 않으며, 가유(假有)이고 진유(眞有)가 아니라고 보았다. 만법이 비록 진실된 존재가 아니더라도, 가유(假有)는 여전히 존재하기 때문에 절대적인 무(無)를 말할 수 없다고 여겼다. 그래서 가유성공(假有性空)이고 비유비무(非有非無)이며, 이것이 바로 제법실상(諸法實相), 즉 우주만법의 진실상(眞實相)인 것이다. 이러한 관점과 선법을 결합하여 선관(禪觀)으로 제법실상의 이치를 증오(證悟)하도록 하는 것이 바로 실상선(實相禪)이다.

실상선은 대승반야실상설(大乘般若實相說)에 의지하는 선관으로, 반야실상(般若實相)을 증오하기 위해 사용하는 것임을 알 수 있다. 이러한 선은 이후에 중국에 전해져 천태종(天台宗)에 의해 크게 빛을 발하였다. 특히 천태종의 실제 창시자인 지의(智顗)는 일심삼관(一心三觀)과 제법실상(諸法實相)을 연계하여 공(空)·가(假)·중(中)의 삼제(三諦)로 제법실상을 설명하였다. 또한 이것으로 선관을 지도하였으며, 일심으로 공·가·중의 삼제(三諦)를 관(觀)하도록 하였다. 이렇게 하여 일심 중에서 제법실상을 관하여 깨닫게 하였으며, 대승선의 의교수심(依敎修心)하는 특색을 구현하였다. 실상선의 출현은 대승반야학이 성행함에 따라 선의 중심이 수지(修持) 형식에서 우주실상(宇宙實相)에 대한 깨달음으로 점점 바뀌고 있음을 보여주고 있다. 수행자는 반야지혜(般若智慧)를 운용하여 직접(直接) 대상과 관조(觀照) 대상을 하나로 합하여, 주체와 객체의 경계가 사라지는 가운데, 우주만법(宇宙萬法)이 모두 공하다는 이치〔一切皆空〕를 체오(體悟)하고, 일종의 정신·도덕 및 미감(美感)상의 대초월을 획득한다.

다시 염불선(念佛禪)의 예를 들어보자. 불교 중에는 열불법문(念佛法門)이 있는데, 소승불교수행법인 십념(十念)의 으뜸이 바로 염불(念佛)이다.18) 또한 오문선(五門禪)에도 염불이 포함되어 있다.19) 불교는 일심염불(一心念佛)로 각종 번뇌를 다스릴 수 있고, 해탈에 도달하거나 죽은 후에 왕생불국(往生佛國)하는 데 도움이 된다고 여긴다. 소승불교에서 말하는 부처는 석가모니불만을 가리키고 부처의 형상 출현을 인정하지 않는다. 따라서 소승불교가 말하는 염불은 대부분 석가모니불에 대한 사념(思念)만을 가리키며, 부처에 대한 사념을 통해서 잡념을 멈추고, 번뇌를 제거하며, 불교의 이치를 깨달아 열반해탈을 증득(證得)하는 것이다. 예를 들면, 『잡아함경(雜阿含經)』 33권에, 불제자가 여래 등 부처의 십대 명호를 염하는 것을 다음과 같이 말하였다. 즉, "성제자(聖弟子)가 이와 같이 염할 때, 탐욕의 마음을 일으키지 않고, 성내고 어리석은 마음을 일으키지 않는다. 그 마음이 바르고 곧으면, 여래의 뜻을 얻고, 여래의 정법을 얻으며, 여래가 얻은 바의 희심(喜心)에 따른다. 희심을 따라 기뻐함이 있게 되고, 기뻐함을 따라 몸이 부드러워지며, 몸이 부드러워짐을 따라 즐거움의 느낌을 알게 되고, 즐거움의 느낌을 알게 됨을 따라 그 마음이 정(定)하여진다. 마음이 정(定)하여지면, 성제자는 거친 중생에 처하여도 걸림이 없고, 법이 막힘이 없는 경지나 열반에 들어간다."[20]라고 하였다. 반면, 대승불교는 시방삼세(十方三世)에 무수한 부처가 있다고 여긴다. 그러므로 무수한 불국(佛國)이 있고, 염불을 통해서 부처의 형상을 볼 수 있을 뿐만 아니라, 죽은 후에 왕생불국(往生佛國)할 수 있다고 보았다. 그래서 대승불교의 염불은 염의 방법이나 염의 대상에 따라 많은 종류가 있다. 염불의 대

---

18) 십념(十念)은 염불(念佛)·염법(念法)·염계(念戒)·염승(念僧)·염시(念施)·염천(念天)·염휴식(念休息)·염안반(念安般)·염신비상(念身非常)·염사(念死)이다.

19) 오문선(五門禪)은 오정심관(五停心觀)으로 그 내용은 두 가지 설이 있다. 일설은 부정관(不淨觀)·자비관(慈悲觀)·인연관(因緣觀)·수식관(數息觀)·염불관(念佛觀)이고, 다른 일설은 부정관(不淨觀)·자비관(慈悲觀)·인연관(因緣觀)·계분별관(界分別觀)·수식관(數息觀)이다.

20) 聖弟子如是念時, 不起貪欲塵, 不起瞋恚愚癡心; 其心正直, 得如來義, 得如來正法, 于如來所得隨喜心, 隨喜已歡悅, 歡悅已身猗息, 身猗息已覺受樂, 覺受樂已其心定, 心定已, 彼聖弟子于凶險衆生中無諸掛閡, 入法流水, 乃至涅槃. 『잡아함경(雜阿含經)』

상에서 보면, 가장 흔히 볼 수 있는 것으로, 아미타불(阿彌陀佛), 미륵불(彌勒佛), 약사불(藥師佛) 등을 염하는 것이 있으며, 그 중 가장 유행하는 것은 아미타불을 염하는 것이다. 특히 중국에서는 당대(唐代)에 정토종(淨土宗)이 창립된 이래 불문(佛門)이나 민간에서 모두 아미타불을 염하는 것이 주가 되었다. 염불의 방법상에서 보면, 대체로 세 가지로 개괄할 수 있다. 첫째, 실상염불(實相念佛)이다. 이는 부처의 법신(法身)이 비유비무(非有非無)하는 중도실상(中道實相)의 이치를 관하는 것이다. 둘째, 칭명염불(稱名念佛)이다. 이는 입으로 부처의 명호를 부르는 것으로 나무아미타불(南無阿彌陀佛)의 염송이 그 예이다. 셋째, 관상염불(觀相念佛)이다. 이는 정좌하여 정(定)에 들어 부처의 여러 아름다운 모습과 그 불국토의 장엄함을 한 마음으로 염하는 것이다. 이렇게 전심염불(傳心念佛)하는 선관(禪觀)과 각종 대승사상이 결합하여 대승불교 중의 또 하나의 중요한 선관인 염불선(念佛禪)이 형성되었다.

　대승불교 중에서 비교적 대표성을 띠는 것이 바로 반주삼매(般舟三昧)이다. 반주삼매는 범어를 간략히 음역한 것으로, 반주(般舟)는 부처를 세운다〔佛立〕는 뜻이다. 그러므로 반주삼매(般舟三昧)는 불립삼매(佛立三昧) 혹은 불현전정(佛現前定)이라고도 한다.『반주삼매경(般舟三昧經)』에서 이러한 선정을 소개할 때, 한편으로 전심염불(傳心念佛)하면 시방의 모든 부처를 눈앞에 나타나게 할 수 있다고 공언하고 있으며, 또 다른 한편으로, 대승불교의 인법개공(人法皆空)을 신봉해야 하는 필요성을 특별히 강조하고 있다. 이는 반주삼매를 얻기 위한 중요 전제라고 보았다. 경(經) 중에 또한 대승반야학의 비유비무(非有非無)의 관점으로 부처를 해석하고 있는데, 부처에 집착하지 않아야 비로소 성불할 수 있다고 여겼다.『관무량수불경(觀無量壽佛經)』도 염불을 말할 때, 이와 비슷한 사상을 보여주고 있다. 즉, 관상염불(觀想念佛)로 제불여래(諸佛如來)가 현전함을 볼 수 있는데, 제불여래도 모두 마음이 드러낸 것[唯心所現]이라는 대승불교의 이치를 깨달을 수 있다고 여겼다. 『문수설반야경(文殊說般若經)』에, '염불선으로 일행삼매(一行三昧)에 들어간다.'는 말이 있다. 이는 선관(禪觀)이 반야공관(般若空觀)을 증득(證得)하는 중요한 방법이라는 것이다. 이러한 의교수선(依敎修禪), 수선명리(修禪明理), 선교결합(禪敎結合)은 대승불교의 중요한 특색이 되었다. 예를 들면, 중국에서 성행한 달마선이나 여래선도 결국은 자교오종(藉敎悟宗)이다. 이는 대승의 안심법문(安心法門)으로 진리를 계오(契悟)하고, 도(道)와 부합하도록 한다. 달마선은 단지 『능가(楞伽)』의 심성(心性)에 의지하여 마음을 깨닫는 것을 더 강조하였다. 또한 달마선은 반야의 실상(實相)과 결합하였으며 언교(言敎)에 따르지 말 것을 강조하였다.

염불선은 이후 중국불교에서 매우 중요한 수선 방법의 하나가 되었으며, 불교의 종교수행 활동에 매우 광범위하게 사용되었다. 동진(東晉) 시기의 여산혜원(廬山慧遠)은 『관무량수불경』에 의지하여 서방아미타불정토(西方阿彌陀佛淨土)의 왕생을 발원하였다. 그는 또한 관상염불(觀想念佛)을 제창하였으며, 염불선(念佛禪)이 서방정토(西方淨土)에 왕생하는 가장 간단명료하고 효과적인 수행방법이라고 생각하였다. 혜원의 강력한 제창은 정토신앙의 남방 전파를 촉진시켰다. 당대(唐代)에 이르러 정토종은 칭명염불(稱名念佛)을 제창하였다. 이 종파는 나무아미타불을 일심으로 염하면 죽은 후에 바로 서방극락세계(西方極樂世界)에 왕생(往生)할 수 있다고 보았다. 이러한 수행방법은 매우 간단하고 행하기가 쉬워서 결사(結社)를 통한 염불 풍조가 매우 빠르게 중국에 성행하기 시작하였다. 이는 "집집마다 아미타, 집집마다 관세음"[21] 이라는 중국 종교문화의 일대 장관을 연출하였다.

---

21) 家家阿彌陀, 戶戶觀世音.

위에서 말한 대소승선은 대부분 불교의 역사발전에 비추어 언급한 것이다. 우리는 선이 풍부한 문화적 함의를 갖추고 있고, 각종 선이 출현하고 발전하여 널리 퍼진 까닭을 사람들의 요구가 풍부하고 다양하기 때문이라고 생각한다. 사람은 기본적인 물질적 욕구 외에도 정신적으로 의탁하고 추구하려는 욕구를 가지고 있다. 이것은 바로 천 백여 년 이래로 사람들이 매일 처세(處世)해 오던 것이었으며, 또한 끊임없이 처세의 방법을 사고하는 중요 원인 중의 하나이다. 어떻게 자아를 인식하고, 자아를 초월하는가? 어떻게 인생을 인식하고, 어떻게 인생을 초월하는가? 어떻게 유한한 생명을 무한한 우주생화(宇宙生化) 중으로 융입시켜서 이를 영원하도록 하는가? 사람의 생존 및 그 의의에 대한 끊임없는 반문이 각 민족문화의 보편적인 화제가 되었다. 선은 바로 고대인도에서 인생의의와 가치관을 탐구하던 일종의 특수한 실천행위와 사유방식이다. 이러한 실천행위와 사유방식은 중국 고대 이래의 수기(守氣)나 현현(玄賢) 등과 어느 정도 닮았거나 근접한 부분이 있다. 또한 이는 인류의 사유(思惟)가 갖추고 있는 모종의 공통성을 나타내고 있으며, 인류의 다원적인 문화 중의 어떤 일원성(一元性)을 반영하고 있다. 지리환경과 문화전통 및 시대풍속이 다르기 때문에 인류의 정신추구도 다양성을 나타내었다. 또한 인류의 일원문화(一元文化) 역시 필연적으로 다원화(多元化)의 경향을 나타내었다. 설령 동일한 민족의 문화일지라도 매우 풍부하고 다채롭다. 선(禪)도 이와 마찬가지인데, 인도선과 불교선은 각각 다양성을 띠고 있어서 그 수선의 방법과 목적에 큰 차이가 존재한다. 불전(佛典)『능가경』은 바로 이러한 의의에서 선을 네 가지로 분류하였다. 그러나 위에서 말한 역사의 발전에 따라서 구분한 대소승선과 약간 다른 점이 있다. 그것은 대승불교 중에서 또 다시 최고의 여래선을 제기한 것이다. 이것은 중국불교의 선과 선학 및 선종에 대해 모두 큰 영향을 미쳤다. 이를 위해서,『능가경』에 언급된 사종선에 대해 간략히 서술하고자 한다.

『능가경』은 세 종류의 다른 한역본(漢譯本)이 있다. 일반적으로 통용되는 것은 남조(南朝) 송(宋)의 구나발타라(求那跋陀羅)가 번역한 4권본이다. 이 4권본은『능가아발다라보경(楞伽阿跋多羅寶經)』이라고 부르며, 선종의 동방 조사(祖師) 보리달마(菩提達摩)가 전불심인(傳佛心印)으로 사용한 경전이 바로 이 번역본이다. 이 경의 2권에서 선을 언급할 때, "무엇이 넷인가? 우부소행선(愚夫所行禪), 관찰의선(觀察義禪), 반연여선(攀緣如禪), 여래선(如來禪)이 그것이다."[22]라고 하여, 사종선이 있음을 제기하였다. 계속해서 불교의 기본교의에 근거하여 다시 사종선의 내용과 수선의 경지에 대해 순서대로 설명을 하고 있다.

무엇을 우부소행선(愚夫所行禪)이라 하는가? 성문(聲聞), 연각(緣覺), 외도수행자가 인무아성(人無我性)의 자상(自相)과 공상(共相)의 근간을 관하여, 무상(無常)·고(苦)·부정상(不淨相)임을 헤아려서 집착하고 으뜸으로 삼는 것을 말한다. 이와 같이 상이 다르지 않다고 관하며, 앞뒤로 나아가, 생각이 없어지지 않는 것을 일러 우부소행선이라고 한다.[23]

우부소행선은 선수행의 가장 낮은 단계이며, 외도수행자(外道修行者)와 불교의 성문(聲聞), 연각(緣覺)의 이승(二乘)이 모두 닦는 선이다. 대소승불교의 차이에서 보면, 대승불교는 인법이공(人法二空), 즉 인(人)과 법(法)이 모두 무아(無我)임을 강조한다. 반면에 소승불교는 인무아(人舞我)에 편중해서 말하며, 사람은 색(色)·수(受)·상(想)·행(行)·식(識)의 오온(五蘊)이 모여서 이루어진 것으로 본다. 즉, 항상되고 자재(自在)하는 주체가 없기 때문에 인공(人空)이라고 하지만, 외재

---

22) 云何爲四? 謂愚夫所行禪, 觀察義禪, 攀緣如禪, 如來禪.
23) 云何愚夫所行禪? 謂聲聞, 緣覺, 外道修行者, 觀人無我性自相, 共相骨鎖, 無常, 苦, 不淨相計著爲首, 如是相不異觀, 前后轉進, 想不除滅, 是名愚夫所行禪.

하는 법의 공성(空性)을 강조하지는 않았다. 소승불교는 인아집(人我執)을 모든 악의 근본으로 생각하여 일체의 오류와 번뇌의 근원이라고 생각하였다. 『구사론(俱舍論)』 29권에, "아집의 힘으로 말미암아, 모든 번뇌가 일어나고, 삼계(三界)의 윤회가 있게 되며, 해탈할 수 없게 되는 것이다."24)라고 하였다. 그래서 소승선은 선관(禪觀)으로 인생의 과거·현재·미래의 삼세인과(三世因果)가 상속하는 과정을 관상(觀想)하여 모든 법이 덧없고〔萬法無常〕, 인생이 고통이며〔人生爲苦〕, 인무아(人無我)라는 불리(佛理)를 깨닫도록 한다. 그리하여 지혜를 증득(證得)하여 무명(無明)과 탐욕(貪慾)을 끊어버리고, 회신멸지(灰身滅智)하여 생사인과(生死因果)를 끊어버린 개인해탈의 경지를 실현하도록 한다. 우부소행선은 아집이 공함을 근간으로 하기 때문에 불교에서는 불도의 입문 단계로 여기나, 이것은 소승선에 포함될 뿐이다. 다음의 관찰의선(觀察義禪)은 인무아(人無我)를 관하고 더 나아가 법무아(法無我)를 관하는 것이다.

> 무엇을 관찰의선(觀察義禪)이라고 하는가? 사람의 자상(自相)과 공상(共相)이 없음과 밖의 도(道)의 자타가 성품을 갖추지 않음을 관하기를 마치고, 다시 법무아(法無我)를 관하여, 그 단계의 상의(相義)가 점차 증진하는 것을 말한다. 이것을 관찰의선이라고 한다.25)

법무아(法無我)란, 사람은 단지 오온(五蘊)으로 화합된 결과이며 공일 뿐만 아니라, 세계의 일체법도 모두 각종 인연화합으로 이루어진 것임을 말하는 것이다. 이 모든 것들은 끊임없이 변천하는 과정 중에 있어서 항상하는 실체가 없으므로 공이라고 한다. 『유가사지론(瑜伽師

---

24) 由我執力, 諸煩惱生, 三有輪回, 無容解脫.
25) 云何觀察義禪? 謂(觀)人無我自相共相, 外道自他俱無性已, (再)觀法無我, 彼地相義, 漸次增進. 是名觀察義禪.

地論)』 93권에, "법무아는, 곧 모든 인연으로 생하는 제행(諸行)의 성질이, 참다운 내가 없다는 것으로, 이는 무상하기 때문이다."26)라고 하였다. 대승불교는 인법개공(人法皆空)을 강조한다. 그 경지는 단지 인공(人空)을 설한 소승보다 한 단계 더 높은 것이다. 그래서 관찰의선은 불교에서 전문적으로 수행하는 선으로 여겨지며, 대승선에 속한다. 그러나 이러한 선이 비록 인법이공(人法二空)의 인식에 도달했더라도 여전히 인식함과 관상함이 있다. 그래서 『능가경』에 다시 제3종선인 반연여선(攀緣如禪)을 제기하였다.

　　무엇을 반연여선(攀緣如禪)이라고 하는가? 이무아(二無我)의 망상조차 헛되이 생각하고, 여실히 망상을 일으키지 않음에 처하는 것을 일러 반연여선이라고 한다.27)

반연여선(攀緣如禪) 중의 여(如)는 바로 진여(眞如)이다. 진여의 뜻은 불교가 생각하는 우주세계의 진실한 모습과 진실한 성질을 가리킨다. 이는 절대적으로 변하지 않는 영원한 진리 혹은 본체적 의의를 갖고 있다. 반연여선은 인법(人法)의 이무아(二無我)를 관할 때, 다시 이무아(二無我)라는 생각을 하지 않는 것이다. 이는 관상(觀想)으로 하여금 다시는 유와 무의 상대적인 경지에 머물지 않게 하며, 무상(無相)의 실상(實相)과 함께 하고, 언상(言相)을 초월한 진여(眞如)와 서로 결합한다. 이러한 경지는 분명 관찰의선보다 더 진일보한 것이다. 이러한 선의 수행은 적정(寂靜)한 경계를 얻는 것이라고 하며, 이는 대승선 중의 상승선이다. 다음으로, 제4종선은 바로 여래선(如來禪)이다.

---

26) 法無我者, 謂卽一切緣生諸行性・非實我, 是無常故.『유가사지론(瑜伽師地論)』93권.
27) 云何攀緣如禪? 謂妄想二無我妄想, 如實處不生妄想, 是名攀緣如禪.

무엇을 여래선이라고 하는가? 여래지(如來地)에 들어가서 성지상(聖智相)의 세 가지의 기쁨이 머무름을 자각하여, 중생의 부사의(不思議)한 일을 이루는 것을 여래선이라고 한다.28)

여기서 여래선은 선수행의 가장 높은 경지로 여겨진다. 그 뜻은 여래가 얻은 선〔如來所得之禪〕, 혹은 여실하게 여래지에 들어가는 선〔如實入如來地之禪〕이다. 이는 여래의 경지, 즉 외도(外道)와 이승보살(二乘菩薩)이 행하는 것과 구별되는 최상승선(最上乘禪)에 증입(證入)한다는 것이다. 불교에서 여래선은 대승선 중의 상상승선(上上乘禪)이며, 유일하게 제불여래(諸佛如來)만이 갖추고 있는 선이다.

『능가경』의 전체 사상체계에서 보면, 경(經)에서 제기한 여래선과 여래장자성청정심(如來藏自性淸淨心)의 사상은 밀접한 관계가 있다. 인도불교의 전개 중에서 대승불교도 각기 다른 발전단계가 있음을 알고 있다. 가장 먼저 출현한 것은 일체개공(一切皆空)을 설한 반야학(般若學)이며, 그 후에 용수(龍樹)와 제바(提婆)계통에서 제기한 중관반야학파(中觀般若學派)가 있다. 이어서 일체중생은 모두 불성을 가지고 있으며 모두 성불할 수 있다는 여래장(如來藏)-불성론사상(佛性論思想)이 일어났다. 불생불멸(不生不滅)의 여래장은 일체중생의 성불의 근거가 되고, 여기에는 또한 아(我)의 함의가 있다. 이것과 진여법성(眞如法性) 혹은 자성청정심(自性淸淨心)이 연계될 때, 일종의 정신적 실체의 뜻을 갖는다. 이것과 불교의 기본 이론인 무아설(無我說)은 서로 위배된다. 이 때문에 여래장은 아주 빠르게 아뢰야식(阿賴耶識)을 일체법의 의지처로 삼는, 무착(無著)과 세친(世親)의 유식학으로 대체되었다. 그리고 『능가경』은 여래장과 아뢰야식의 두 설에 대해 어느 정도 조화를 이룬 경전이다. 이 경에서는 여래장의 본성이 곧 진여(眞如), 여래장심(如來

---

28) 云何如來禪? 謂入如來地, 行自覺聖智相三種樂住, 成辦衆生不思議事, 是名如來禪.

藏心)이기 때문에 여래장자성청정(如來藏自性淸淨)이라고 칭하였다. 그러나 자성이 청정한 여래장은 줄곧 거짓과 악습으로 훈습되고 번뇌에 물들어져, 곧 일체법을 생기(生起)하는 아뢰야식(阿賴耶識)을 이루게 되었다. 이렇게 해서, 일체의 선불선(善不善)의 원인이 된 것이다. 이러한 사상과 연관된 것이 『능가경』에서 설한 여래선이다. 이는 바로 여래장성(如來藏性)을 체오(體悟)하여 여래법신(如來法身)을 증득(證得)한다는 뜻을 갖고 있다. 바로 이렇기 때문에 보리달마(菩提達摩)가 중국에 와서 선을 전할 때, 4권본『능가경』을 받들었으며, 이것으로 교를 빌려 종지를 깨닫게〔藉敎悟宗〕하였다. 한편 그는, "중생에 동일한 진성(眞性)이 있지만, 객진(客塵)이 허망하게 가리고 있어, 그것이 나타나지 못함을 깊게 믿을 것"29)을 요구하였다. 또한 선수행을 통해서 거짓을 버리고 참됨으로 돌아가 해탈을 얻게 될 때, 사람들은 달마의 선법과 여래선을 아주 쉽게 연관지었다. 위에서 언급하였듯이, 종밀은 선을 다섯 가지로 분류하면서 여래선을 최상승선이라 칭하였다. 그는 동시에, "이것은 일체 삼매의 근본이다. 만약 생각마다 수습(修習)하면 저절로 백천삼매를 점차 얻을 수 있다. 달마 문하에서 전전상전(展轉相專)한 것은 바로 이 선이다."30)라고 명확하게 말하였다.

  달마선과 달마 문하에서 발전하여 전해진 선이『능가경』에 언급된 선과 완전히 일치하지 않음은 당연하다. 왜냐하면 그것들은 인도선의 씨앗이 중국의 토지 위에 뿌리를 내리고 발아해서 자라나서 중국적인 특색을 띠고 있기 때문이다. 보리달마에서 혜능 이전까지의 여래선은 인도선에서 근원하여 중국 전통문화 중에서 발아한 선이며, 불교가 중국화 과정을 겪으면서 형성하고 발전한 것이다. 이 때문에 달마계통의

---

29) 深信含生同一眞性, 但爲客塵妄覆, 不能顯了.
30) 此是一切三昧的根本, 若能念念修習自然漸得百千三昧. 達摩門下, 展轉相專者, 是此禪也.

여래선의 특징을 이해하려면 마땅히 인도선을 이해해야 하고, 중국의 사회문화 속에서 다시 탐구해야 한다. 이를 위해서 우리는 다음 장에서, 중국선(中國禪)과 중국화(中國化) 불교의 전개 및 인도선에서 중국선에 이르기까지의 달마계 여래선에 대해 논술하고자 한다.

제2장
여래선과 중국선의 초기형태

달마계의 여래선을 역사의 긴 흐름 위에서 고찰할 때, 그것은 인도선이 중국화된 결과라는 것을 발견할 수 있다. 양한(兩漢)이 교체될 무렵에 불교가 처음 중국에 들어왔다. 이 때, 대소승불교가 잇달아 들어왔으며 그 선법도 함께 들어왔다. 안세고(安世高)가 먼저 소승선법을 전하였고, 그 후에 지루가참(支婁迦讖)이 대승선법을 전하였다. 그들이 중화(中華) 대지에 뿌린 선의 씨앗은 달마가 중국에 와서 선을 전할 때를 위한 기초와 조건을 준비해 주었다. 또한 중국의 사회와 문화는 각종 선이 중국 땅에 뿌리를 내리고 발전하며, 활발한 학술사상과 중국적 특색을 갖춘 선이 형성되는 데에 풍부한 토지조건을 제공하였다.

1. 중국사회와 선법의 초기전래

모든 민족은 독특한 인생이상, 생활목표, 가치관을 가지고 있으며, 각기 다른 민족적 기질을 보여주고 있다. 설령 같은 민족이라고 하더라도 시대와 생활지역의 차이 때문에 다른 문화풍토와 특색을 형성하기 마련이다. 이러한 각기 다른 문화기질은 종교 등 문화형태를 통해 다양하게 표현된다. 헤겔은 "그 민족의 기질은 분명히 다른 민족과 다르며, 한 민족의 도덕, 정치체계, 예술, 종교와 과학 모든 방면에서 민족기질의 독특한 점을 느낄 수 있다."[1]라고 말하였다. 이렇게 보면 선

---

1) 『종교학도론(宗敎學導論)』, 막스뮬러, 상해인민출판사(上海人民出版社), 63쪽.

도 그 전파와 발전과정 중에서, 다른 지역과 다른 민족의 문화를 흡수하였음을 알 수 있다. 또한 자기 종교의 교의(教義)에 따라서 각양각색의 풍격(風格)과 많은 종파를 형성하였음을 살필 수 있다. 즉, 다른 지역, 다른 민족의 종교신앙과 종교실천의 요구에 부응함으로써 그 다른 민족의 기질을 체현하였음을 알 수 있다. 선은 인류가 배양한 사유의 꽃이며 그 종류도 다양하다. 인도선은 외도선과 불교선으로 구분되고, 불교선은 다시 소승선과 대승선으로 나누어진다. 대승선이라고 하더라도 염불선과 실상선 등으로 각기 다르다. 중국선은 인도선에서 유래되었으며, 동시에 중국 사회문화의 분위기 속에서 수많은 선학유파와 선맥(禪脈)을 형성하였다. 안반선(安般禪), 반야선(般若禪), 능가선(楞伽禪), 천태선(天台禪), 화엄선(華嚴禪)이 나타났으며, 더 나아가 선을 으뜸으로 삼는 선종(禪宗)까지 출현하였다. 그리고 선종 중에는 홍인(弘忍)의 동산법문선(東山法門禪), 법융(法融)의 우두선(牛斗禪), 신수(神秀)의 북종선, 혜능(惠能)의 남종선이 있다. 역사발전의 시각에서 보면, 선종은 다시 여래선(如來禪), 조사선(祖師禪), 월조분등선(越祖分燈禪) 등으로 구분할 수 있다. 육조혜능의 문하에서 나왔다고 하더라도, 그 선법과 선풍의 차이 때문에 마조선(馬祖禪), 석두선(石頭禪), 임제선(臨濟禪) 등으로 또 분류할 수 있다. 여기에서 우리는 선에 내포된 그 함의가 매우 풍부함을 알 수 있다. 이는 선 그 자체가 가지고 있는 풍부한 문화적 정서와 관계가 있으며, 또한 선 그 자체가 가지고 있는 임기응변적 사변의 특징이 구체적으로 드러나 있다.

　불교선(佛敎禪)은 불지(佛智)를 증득함으로써 사람과 사물의 본성을 철견(徹見)하는 일종의 사유수습 활동이다. 이는 양한(兩漢) 시기에 불교가 동쪽으로 이동함에 따라 중국에 전래되었다. 양한 시기의 중국사회는 불교와 불법이 동쪽으로 이동하는데 적당한 조건을 제공하였다. 또한 이 시기의 전통적인 사상문화도 선종의 전파와 발전에 기초를 제공하였다.

　서한(西漢) 초, 한무제는 흉노(匈奴) 등의 침입을 막기 위해서 장건(張騫)을 서역(西域)에 파견하였다. 이를 계기로 중국과 서역의 교통이 공식적으로 개척되어서 중서(中西) 관계의 물길이 트이게 되었다. 이때부터 한나라와 서역의 정치와 경제 및 문화교류는 세상에 널리 이름이 나 있는 실크로드를 통해서 끊임없이 이루어졌다. 이는 분명 불교가 동쪽으로 전해지는 길을 마련해 준 것이었다.

　양한 사회의 동요는 불교의 전파와 발전에 적당한 사회적 조건을 제공하였다. 양한 말, 토지수탈과 통치계급 내부의 알력으로 인하여 각종 사회계급의 모순이 나날이 악화되어 갔으며, 이로 인해서 대규모 농민봉기가 폭발하였다. 이러한 농민봉기를 진압한 공으로 황제가 된 유수(劉秀)는 동한(東漢) 왕조를 건립하였다. 막강한 대지주계급의 이익을 대표하였던 동한 왕조도 서민백성과의 모순이 첨예하게 대립되었다. 한 화제(和帝) 이후 외척(外戚)과 관리들이 권력을 독점하여 동한 왕조는 나날이 부패해 갔으며, 농민에 대한 압박과 찬탈은 더욱 심해졌다. 백성들은 송곳을 꽂을 만한 땅도 없었으며, 생활은 도탄에 빠지게 되었다. 관리의 압박이 극에 달하면 민중의 봉기가 일어나기 마련인데, 결국 황건(黃巾) 농민 대봉기가 폭발하였다. 봉기는 비록 진압이 되었지만, 동한 왕조는 이름만 남아 있는 유명무실한 왕조가 되어 버렸다. 중원 일대는 계속해서 군웅할거(群雄割據)의 시대로 들어갔으며 해마다 혼전(混戰)의 국면이 계속되었다. 설상가상으로 자연재해까지 끊이지 않아, "백골이 온 들판에 즐비하고, 천 리 안에 닭 우는 소리가 없었다."2)는 표현처럼 매우 황량한 상황이었다. 전쟁과 암흑의 사회는 백성들에게 심한 재난을 가져다 주었을 뿐만 아니라, 사람들은 인생의

---

2) 白骨露于野, 千里無鷄鳴. 조조(曹操)의 『호리행(蒿里行)』

무상함과 만사만물(萬事萬物)이 영원하지 않고, 행복한 이상에 이르지 못하는 현실생활의 어려움 등을 생각하게 되었다. 사람은 현실 세계 위로 던져져서 선택의 여지없이 세계와 부딪쳐야 했는데, 이러한 현실 앞에서 사람들은 조금씩 동요하기 시작하였다. 배가 고파서 사람이 사람을 먹고, 죽은 자가 태반인 참혹한 현실에 직면하여, 사람들은 보편적으로 자신의 생사(生死)와 화복(禍福) 문제에 관심을 가지게 되었다. 이러한 자기 생존에 대한 걱정과 두려움은 사람들의 눈길을 종교로 돌리게 하였다. 사람들은 그 중에서 인생문제를 해결할 수 있는 답안을 찾고, 인생이 행복할 수 있는 출로를 찾으며, 상제(上帝)의 신령한 보호를 희망하였다. 이렇게 혼란한 시기에 들어온 불교는 천당지옥(天堂地獄)과 윤회응보(輪回應報)의 이론으로 사람들에게 모종의 심령적인 만족과 정신적 안위를 가져다 주었다. 이렇기 때문에 당시 사회에서 불교가 빠르게 전파되고 발전한 것이다.

  중국고대의 통치자들은 대부분 "성인(聖人)은 신도(神道)로써 교(敎)를 세우고, 천하를 이롭게 한다."[3]는 것을 믿었다. 백성들이 불교에서 정신적 안위를 구할 때, 오늘의 임금이 내일은 죄인이 되는 현실에 직면한 통치자도 불교가 자신의 풍전등화 같은 정권에 대해 기여해 줄 것을 희망하였다. 중국 역사상 처음으로 불교를 신봉한 황제는 동한 말 황실의 붕괴를 초래하였던 한 환제(桓帝) 유지(劉志)였다. 한 환제는 멍청하고 어리석었으며, 흉폭하고 잔악하며, 늘 주색에 빠져 방탕한 생활만을 일삼던 군주였다. 그는 제위시기에 환관(宦官)을 신임하고 무고한 사람을 마구 죽여서, "혹독한 역병(疫病)이 여기로부터 일어났다."[4]라고까지 하였다. 그는 기울어 가는 조정을 회복시키기 위해 궁중에서 부처와 노자를 모셔 신령한 도움을 구하고자 하였다. 그러나

---

  3) 聖人以神道設敎, 而天下服矣.『주역(周易)・관괘(觀卦)』
  4) 淫厲疾疫, 自此而起.『후한서(後漢書)・양해전(襄楷傳)』

현실사회에서 종교에 의지해 정치체계를 보호하려는 것은 근본적으로 실행 불가능한 것이 역사적 사실이다. 한 환제의 불교 숭배는 결코 한 왕조의 쇠망(衰亡)을 막을 수 없었으며, 그 자신도 주색에 빠진 방탕한 생활 때문에 서른 여섯 살의 젊은 나이로 생을 마감하였다. 그러나 통치자의 불교에 대한 긍정적인 태도는 불교가 중국에서 통치자와 일부 상층인들의 지지를 받을 수 있도록 하였으며, 황실과 귀족 중에 퍼지게 하였다. 이것은 공식적으로 불교의 중국 전파를 촉진시켰다.

하나의 문화가 발생하고 전파되려면, 우선 사람과 그 사회의 요구에 부응해야 한다. 당시 사회의 상하층 사람들은 서로 다른 이익에서 출발하여 종교로 함께 나아가고 있었다. 이러한 현실은 불교와 선이 중국에서 전파되기 위한 적당한 문화적 토양을 제공하였다. 그리고 한대 이후의 발전된 중국문화도 불교와 선이 동으로 전해져 새롭게 구성되는 조건이 되었다.

한 무제가 백가(百家)를 배척하고, 오직 유학(儒學)만을 존중한 이후, 관방유학(官方儒學)의 금문경학(今文經學)은 나날이 번잡해지고 저속해졌으며, 끊임없이 참위(讖緯)를 미신화하였다. 이러한 종교화, 신학화(神學化)된 관방경학(官方經學)은 동한 후기가 되면서 점점 통치적 지위를 유지하지 못하고 독존적 지위가 흔들리기 시작하였다. 따라서 사상영역 안에서 한차례 비교적 활발한 상황이 나타났으며, 선진제자(先秦諸子) 학설이 잇달아 일어났다. 그리고 양한(兩漢) 경학의 종교화, 신학화의 경향은 사상문화 영역에서 신선방술(神仙方術)이 성행하고 도교가 형성되도록 추진작용을 하였다. 이런 점도 소홀히 할 수 없는 부분이다. 신선방술의 성행과 도교의 형성도 불교의 전파와 발전을 위해서 새로운 길을 열어주었다.

중국의 신선방술과 미신은 역사가 유구하다. 양한 시기가 되었을 때, 천제(天帝)·귀신(鬼神)·선조(先祖)에 대한 숭배와 제사(祭祀)·복서

(卜筮)・망기(望氣)・풍각(風角) 등의 각종 방술이 사회에서 널리 유행하였다. 특히 통치자의 직접적인 창도 아래, 한동안 장생불사(長生不死)의 신선방술이 매우 성행하였다. 『한서(漢書)・예문지(藝文志)』에 의하면, 당시에 "방술가(方術家) 36인"[5], "수술가(數術家) 190인"[6]이 있었다고 한다. 적지 않은 방술사(方術士)들이 조정에 들어가 관리가 되었으며, 현령(縣令)이나 태수(太守)에서 사도(司徒)나 사공(司空)에 이르기까지 다방면에서 활동하였다. 이러한 상황은 필연적으로 방술을 더욱 성행하게 하였다. 동한 말에 이르러 선진 도가사상이 활발해지면서 황로학(黃老學)이 숭상되고 노자가 교주로 신봉되었다. 이렇게 음양오행(陰陽五行)과 귀신방술(鬼神方術)을 융합한 도가사상이 점점 형성되었다. 도교의 인생이상은 각종 도술의 수행을 통하여 장생불사(長生不死)하고 신선이 되는 것이다. 도교의 호흡토납(呼吸吐納) 등의 많은 수도방법은 대부분 섭심입정(攝心入定)의 선수행과 닮은 점이 있다. 또한 초기 도교의 교의와 이론은 비교적 간단하였으며, 의궤(儀軌)와 계율(戒律)도 완전하지 않았다. 그래서 여러 면에서 비교적 완전한 체계를 갖추었던 불교의 유입에 대해, 도교는 비교적 환영하는 태도를 취하였다. 처음에 도교는 불교를 자기와 같은 종류의 종교라고 생각하였다. 이러한 이유 때문에 최초에 유입된 불교, 특히 소승불교는 일종의 도술로 이해되어 사회에서 유행되었다. 이것은 처음 전래된 불교선학이 중국에서 뿌리를 내리고 발전하는데 매우 유리하게 작용하였다.

위에서 잠깐 언급한 황로학(黃老學)과 불교선학(佛敎禪學)의 관계를 다시 살펴보기로 하겠다. 일반적으로 불교의 초전에 대해 말할 때, 한대(漢代) 불교는 당시 사회에서 유행하던 황로방술(黃老方術)에 의지해서 중국에 널리 퍼졌다고 이야기한다. 사실 불교가 당시에 일종의

---

[5] 『한서(漢書)』, 860권.
[6] 앞의 책, 2528권.

방술로 간주되었던 이유는 대체적으로 불교의 선학 때문이다. 불교가 중국에 들어와서 처음 전래된 것은 소승의 선수학(禪數學)인데, 그 사상과 수행법에서 중국의 황로방술과 일치하는 부분을 찾을 수 있다. 중국에 와서 신을 전한 사람과 중국불교도들의 공통된 노력으로, 불교는 결국 황로방술에 의지하여 중국에 뿌리를 내리고 전파하고 발전하는 기초를 다지게 되었다.

황로학은 원래 도교 유파 중의 하나이다. 황(皇)은 황제(皇帝)를, 노(老)는 노자(老子)를 가리킨다. 황제는 전설로 전해지는 중화민족의 선조이고, 노자는 춘추시기의 사상가이며 도가학파의 창시자이다. 황제와 노자를 창시자로 받드는 황로학파는 전국(戰國)시기에 일어나서 서한(西漢)시기에 성행하였다. 이는 주로 도가의 청정무위(淸靜無爲)에 의한 무위의 정치를 베풀 것을 제창하였다. 한 초의 통치자는 사회적으로 가벼운 부역과 적은 조세로 백성과 더불어 편안할 수 있는 정책을 추진하였다. 이때 정치적으로는 황로도가의 사상을 숭상하여 무위정치를 시행하였다. 그래서 역사상 그 유명한 문제(文帝)와 경제(景帝)의 정치〔文景之治〕가 나타났던 것이다. 한 무제가 유학만을 받들게 되자 황로학은 민간으로 스며들었다. 그 뒤의 방사(方士)와 도사(道士)들은 황로(黃老)를 신으로 숭배하였다. 또한 그들은 도가사상 중에 존재하던, "오곡을 먹지 않고, 바람과 이슬을 마시며, 구름을 타고, 용을 부리는"[7] 등의 신선사상을 흡수하여 동한(東漢) 시기가 되었을 때, 황로학은 황로도술(黃老道術)로 일변하였다. 또한 사회에서 유행하던 신선방술과 융합하여 황로를 숭상하고, 신선을 믿는 사회풍조를 형성하였다. 그리고 막 중국에 유입된 불교, 특히 소승 안반수의(安般守意)의 수식선관(數息禪觀) 등이 추구하는, "생각을 멈추고 욕심을 버려, 무위로

---

7) 不食五穀, 吸風飮露, 乘雲氣, 禦飛龍. 『노자(老子)·소요유(逍遙遊)』

돌아가는 것"8)은 이론상에서 황로도가의 청정무위의 사상과 일치하는 것으로 여겨졌다. 그 수행방법도 수기(守氣)나 수일(守一) 등의 호흡토납(呼吸吐納)의 신선도술과 비슷하다고 여겨졌다. 더욱이 불교 선수행으로 얻게 되는 신통의 경지도 전통적인 신인(神人)이나 선인(仙人)과 서로 통한다고 생각하였다. 그리고 초기 중국불교의 선학도 "선의 쓰임은 드러내는 것이고, 신통에 속한다."9)는 것을 강조하였다. 또한 "안으로 희락을 넘고, 밖으로 길흉(吉凶)을 모두 뿌리치며, 첩첩 산중에서 요괴를 물리치고, 신승(神僧)이 절벽에 있음을 본다."10)는 것이 선업(禪業)의 수승(殊勝)함으로 여겨졌다. 이처럼 불교가 당시에 황로도술의 한 종류로 여겨진 것은 아주 자연스러운 일이다. 역사의 기록에서 보면, 동한(東漢) 시기의 사람들은 항상 불교와 황로를 병행하였다. 예를 들면 다음과 같다. 초왕(楚王) 유영(劉英)은 "황로(黃老)의 미언(微言)을 암송하였으며, 불타의 사당을 숭상하였고"11), "만년에는 더욱 황로를 좋아하였으며, 불타를 배웠고, 경건하게 제사를 지냈다."12)라는 것이다. 또 한 환제(桓帝)도 궁중에서, "황로와 부처의 사당을 세웠다."13)는 것 등이다. 당시 일부 불교도들은 일부러 황로신선방술에 의지해서 사람들이 불교를 중국도술의 일종으로 여기게 하여 외래종교라는 사실을 망각하게 하였다. 예를 들면, 중국에 전래된 한역경전인 『사십이장경(四十二章經)』에서는 부처를 가볍게 움직이며 하늘을 날 수 있는 신선으로 묘사하였다. 또한 소승불교 수행의 가장 높은 경지인 아라한(阿羅漢)은 "하늘을 날고 변화할 수 있으며 수명(壽命)이 매우 길

---

8) 息意去欲而歸於無爲.
9) 禪用爲顯, 屬在神通.
10) 內逸喜樂, 外抵妖祥, 擯鬼魅於重巖, 睹神僧於絶石.『고승전(高僧傳)·습선편총론(習禪篇總論)』
11) 誦黃老之微言, 尙浮屠之仁祠.'『후한서(後漢書)·초왕영전(楚王英傳)』
12) 晚節更喜黃老, 學爲浮屠, 齊戒祭祀. 앞의 책.
13) 立黃老浮屠之祠.『후한서(後漢書)·양해전(襄楷傳)』

다."14)라고 묘사하였다. 그리고 중국사람이 편찬한 최초의 불교 소개서인 『모자이혹론(牟子理惑論)』에서도 도가 신선가(神仙家)의 말로 부처를 해석하였는데, "부처는 도와 덕의 으뜸이며, 신명(神明)의 근본이다."15)라고 여겼다. 또한 "홀연히 변화할 수 있으며, 몸을 분산시킬 수 있고, 불 위를 걸어도 타지 않으며, 칼날 위를 걸어도 상처입지 않는다."16)라고 하였는데, 이러한 것들은 선선도술사들이 말하는 신인(神人)이나 진인(眞人)과 매우 비슷하였다.

불교는 일종의 특수한 종교문화 현상이다. 이는 교의학설(敎義學說)과 번잡한 청규와 계율, 의궤(儀軌)제도, 승려조직, 감성적 체험과 교주숭배, 신령(神靈) 등의 복잡한 내용을 포함하고 있다. 불교의 전체 학설은 인생이 고통이라는 것을 밝히고, 사람이 어떻게 하면 고통에서 벗어날 수 있느냐는 문제를 논증하는 것이다. 불교는 항상 불법을 신(信)·해(解)·행(行)·증(證)의 사법(四法)에 귀납시켰다. 신(信)은 교의(敎義)를 믿는 것이며, 해(解)는 의리(義理)를 깨닫는 것이다. 또한 행(行)은 교리(敎理)에 의거해서 수행하는 것이며, 증(證)은 수행을 통하여 해탈의 성스러운 경지를 증득하는 것이다. 이러한 사법(四法)은 모두 중생의 해탈추구를 둘러싸고 전개되는 것이다. 그 핵심은 해탈의 방법인 행법(行法)을 구현하는 것에 있으며, 이 행법이 바로 수도(修道)이다. 수도는 불교의 실천활동으로, 이는 신앙에서 해탈에 이르는 매개체로 통한다. 소승불교는 이것을 계(戒)·정(定)·혜(慧)의 삼학으로 개괄하였다. 계(戒)는 지계(持戒)로, 계율을 지키는 것이다. 지계의 근본정신은 신도들이 악을 행하지 않도록 하는 것이며, 선행을 닦아서 도덕을 함양하고 인생을 깨닫게 하는 것이다. 정(定)은 선정수행을 가

---

14) 能飛行變化, 曠劫壽命.
15) 佛乃道德的元組, 神明之宗緖.
16) 恍惚變化, 分身散體, 蹈火不燒, 履刃不傷.

리키며, 수행자가 마음을 한 곳에 집중시켜서 불리(佛理)를 관하여 깨닫고, 정욕(情慾)을 제거하여 번뇌를 다스리는 것이다. 혜(慧)는 지혜(智慧)를 증득(證得)하는 것으로, 수행자는 지혜로 무명과 번뇌를 단멸시켜서 궁극적인 해탈을 획득하는 것이다. 반면에 대승불교의 행법(行法)은 육도(六度)가 핵심이다. 이는 생사의 차안(此岸)에서 해탈의 피안(彼岸)에 도달할 수 있는 여섯 가지의 방법과 노선이다. 그 내용은 보시(布施), 지계(持戒), 인욕(忍辱), 정진(精進), 선정(禪定), 지혜(智慧)이다. 불교의 수행과 실천 중에서, 각종 방법은 모두 서로 연관되어 있다. 계정혜(戒定慧)를 예로 들어보면 다음과 같다. 즉, 계에 의지해서 정을 일으키고, 이러한 정에서 혜가 발하는 것이다. 다시 혜가 공(空)에 임할 때, 겁의 파도가 사라지며, 이렇게 하여 생사윤회의 고통에서 벗어날 수 있는 것이다. 선정은 불교 수행방법의 일종이며 각종 행법 중에서 매우 중요한 작용을 한다.

앞에서 말했던 것처럼, 선은 원래 고대 인도에서 매우 유행했던 종교 수행방법의 일종이며, 늘 정과 함께 불려졌다. 그것은 마음을 한 곳에 집중시켜서 고요한 생각의 상태에 처하게 하여, 특정한 대상이나 의리(義理)를 관하여 깨닫는 사유수습 활동이다. 불교는, 선정을 수행하면 비교적 효과적으로 자신의 정서와 심리활동을 통제할 수 있다고 본다. 또한 외부세계의 갖가지 유혹과 간섭을 제거하고, 구체적인 목표에 생각을 집중하여 번뇌를 다스려서 어리석음에서 지혜로, 더러움에서 깨끗함으로, 악함에서 선함으로 전환할 수 있다고 생각한다. 그래서 불교는 선정의 수행을 매우 중시하였으며, 그것을 전개하는 과정에서 소승선과 대승선 등의 각각 다른 선법을 형성하였다. 인도불교가 동쪽으로 전해짐에 따라서 생명력이 매우 강한 선의 종자도 그것을 따라서 중국에 들어왔다.

선의 종자가 중국대지에서 뿌리를 내리고, 싹을 틔우고, 꽃을 피워

열매를 맺으려면, 반드시 중국 사회에서 문화적 토양을 제공해야 한다. 당시 중국 사회에는 선종이 성장할 수 있는 적합한 문화적 토양이 있었다. 위에서 말한 것처럼, 한대(漢代)의 사회와 문화는 불교가 전파되고 발전하는데 적당한 조건을 제공하였다. 이밖에도 유구한 중국 문화 전통 중에서 불교선이 중국에 전파되고 널리 퍼질 수 있었던 내재적 동기를 엿볼 수 있다.

중국 전통문화는 풍부한 이론과 학설을 가지고 있을 뿐만 아니라, 불교의 선정과 비슷한 수행방법을 갖추고 있다. 만약 전통문화를 깊숙이 들여다보면, 중국의 선진문화(先秦文化) 가운데, "정신을 모아 기운을 지키고[凝神守氣], 잡념을 제거하며[摒棄雜念], 자심을 돌이켜 살펴[反觀自心], 대도를 깨닫는다[體悟大道]." 등의 사상이 존재함을 살필 수 있다. 이는 편안한 정신적 소요(逍遙)와 인간 번뇌의 해탈을 추구하여 모종의 경지에 도달하는 각종 수행방법이다.

다음으로 도가문화(道家文化)를 예로 들어보자. 도가문화는 자연에 따르고, 행함이 없으면서도 행하지 않음이 없음[無爲而無不爲]을 강조한다. 또한 "허정(虛靜), 염담(恬淡)과 적막(寂寞) 무위(無爲)는, 천지의 기준이며, 도덕의 실질(實質)이다."17)라고 생각하였다. 이를 위해서 노자는 "잡념을 버리고 깊이 관조한다."18)라고 하였고, "욕심의 출구를 막고, 욕심의 문을 닫는다."19), "허(虛)의 지극함에 이르고, 정(靜)의 돈독함을 지킨다."20)고 주장하였다. 천지만물의 갖가지 변화를 조용히 관찰하는 가운데, 자연무위(自然無爲)의 도(道)를 꿰뚫고, "행하지 않아도 알고, 보지 않아도 파악하며, 행하는 것이 없지만 저절로 이루어진다."21)는 경지에 도달할 것을 희망하였다. 또한 장자는 좌망(坐忘), 수

---

17) 虛靜恬淡, 寂寞無爲者, 天地之平而道德之至也. 『장자(莊子)・천도(天道)』
18) 滌除玄覽. 『노자(老子)』 제10장.
19) 塞其兌, 閉其門. 앞의 책, 제52장.
20) 致虛極, 守靜篤. 앞의 책, 제16장.

일(守一), 심재(心齋), 수신(守神) 등을 제기하였다. 그는 기(氣)의 운행을 파악하여, 정신을 집중시켜서 인간의 의식활동을 통제할 것을 주장하였다. 그는 다시 무물(無物), 무정(無情), 무대(無待)의 사려(思慮)를 통해서 "심지(心志)를 운용하여, 정신을 집중한다."22)라고 주장하였다. 따라서 사회·정치·도덕을 벗어나고, 인류문명의 성취를 버리며, 감정의 욕구를 깨끗이 씻어버려서, 내면의 정신세계로 돌아와, 정신을 집중시켜 절대적이고 순수한 자아를 단단하게 지킬 것을 제기하였다. 다시 자아의 동일함에서 자아와 만물이 일치함을 끌어내어, 대통(大通)과 같은 좌망(坐忘)에 도달할 것을 주장하였다. 이때 보잘것없는 자아의 마음이 전체세계를 포용하여 어떠한 사물에도 집착하지 않으며, 자아는 천지만물과 혼연일체를 이룬다. 이러한 "홀로 천지 정신과 왕래하는"23) 경지와, 선(禪)의 "삼계(三界)가 혼연히 일어나서, 모두 일심(一心)으로 돌아간다."24)는 것과 "도와 더불어서 부합하고, 적연(寂然)하여 함이 없다."25)는 것 등은 매우 비슷하다. 이는 심신의 조절을 통해서 정신적으로 번잡한 세계를 벗어나 대도(大道)를 깨닫게 하는 것이다. 자신이 자기의 마음을 가지고 있는 것이며, 또한 자기의 생활을 가지고 있는 것이고, 모든 세계를 가지고 있다는 것이다. 결국은 모든 세계가 자기 자신이라는 것이다. 이것은 생명의 현실이며 세계의 본질이기 때문에 선택의 여지가 없다. 선(禪)이 도(道)이고 도가 선이며, 선과 도는 자연이고 마음이다. 그렇다면, 마음이 자연을 따르게 하면 되는 것이다. 또한 『장자(莊子)·달생(達生)』에 의하면, 순수한 기운을 지키는 것[純氣之守]을 통하여, "세상에 섞이어도 장애됨이 없고, 불 위를

---

21) 不行而知, 不見而名, 不爲而成. 앞의 책, 제47장.
22) 用志不分, 乃凝于神.『장자(莊子)·달생(達生)』
23) 獨與天地精神往來.『장자(莊子)·천하(天下)』
24) 三界混起, 同歸一心.『달마대사혈맥론(達磨大師血脈論)』
25) 與道冥符, 寂然無爲.『속고승전(續高僧傳)·보리달마전(菩提達摩傳)』

걸어도 뜨겁지 않으며, 만물의 위를 거닐어도 두렵지 않다."26)는 지인
(至人)의 경지에 도달할 수 있다. 이것은 한위(漢魏) 시기 불교의 수식
선관이 추구하던, "멀리서도 보지 못하는 것이 없으며, 들어서 분별하
지 못하는 것이 없다."27)는 신통(神通)과 완전히 통하는 것이다. 이처
럼 서로 비슷하고 상통하는 문화는 선이 동쪽으로 전래되는데 매우 유
리한 조건을 제공하였다.

　도가문화(道家文化)는 자연을 강조한다. 이와 달리 유가문화(儒家文
化)는 인륜(人倫)관계를 강조하였으며, 내성외왕(內聖外王)을 이상인격
으로 보았다. 이것은 마치 선(禪)과 매우 거리가 있는 것으로 보이지
만, 유가도 선과 비슷한 점을 가지고 있다. 즉, 천인합일(天人合一) 이
론의 기초 위에, 진심(盡心)과 사성(思誠)의 수심양성(修心養性)을 통
해서 성인의 인격을 이룰 것을 주장하는 사유형식이다. 맹자(孟子)는
"그 마음을 다하는 것이, 그 성(性)을 아는 것이고, 그 성을 알면, 하늘
을 알게 된다. 그 마음을 지키고, 그 성을 기르는, 이것이 하늘을 받드
는 것이다."28)라고 말하였다. 또한 "성(誠)을 생각함은, 사람의 도이
다."29)라고 여겼다. 그는 자신을 돌이켜보고, 마음을 지켜 성을 기르는
것을 통해서 "자기를 돌아보아 참되고",30) "만물이 모두 내 안에 갖추
어지는"31) 경지에 도달할 것을 주장하였다. 『중용(中庸)』에서도 "성
(誠)은 하늘의 도이고, 성에 이르는 것은 사람의 도이다."32)라는 견해
를 제기하였다. 당대(唐代)의 이고(李翶)는 『부성서(復性書)』를 써서

---

26) 潛行不窒, 蹈火不熱, 行乎萬物之上而不慄.
27) 無遠不見, 無聲不睹.
28) 盡其心者, 知其性也;知其性, 則知天矣. 存其心, 養其性, 所以事天也.『맹자(孟子)・진
　　심상(盡心上)』
29) 思誠者, 人之道也.『맹자(孟子)・이루상(離婁上)』
30) 反身而誠.『맹자(孟子)・진심상(盡心上)』
31) 萬物皆備于我. 앞의 책.
32) 誠者, 天地之道, 誠之者, 人之道也.

맹자와 『중용』의 사상을 진일보 발휘하였다. 그는 "성(誠)이란 성인(聖人)의 성품이다. 적연(寂然)하여 움직임이 없고, 광대하며 청명(淸明)하다. 천지에 비추어 감응하고 천하가 통하는 까닭에, 가고 멈추고 말하고 침묵함에 있어서, 지극(至極)함에 처하지 않음이 없다."33)라고 하였다. 그는 사려하지 않는 허심(虛心)과 정(情)을 제거하는 본성 회복〔復性〕의 공부를 통해서 마음이 고요해지고, 천지에 밝게 비추는 지성(至誠)의 경지에 도달할 수 있다고 생각하였다. 선진(先秦)의 『순자(荀子)』 중에도 허일이정(虛壹而靜)라는 말이 있다. 허(虛)는 이미 가지고 있는 앎을 버려, 이것이 새로운 지식의 흡수를 방해하지 않도록 하는 것이다. 일(壹)은 오직 하나이며, 하나에 집중하는 것이고, 다른 사물을 본다고 해서 마음이 흐트러지지 않는 것이다. 정(靜)은 마음을 편안히 하는 것이며, 허튼 생각으로 정확한 지려(知慮)를 어지럽히지 않는 것이다. 순자(荀子)는 허일이정을 통해서 사람의 심리와 인식활동을 조절하고 통제하고자 하였다. 즉, 허심(虛心), 전일(專一), 냉정(冷靜)으로 사물을 관찰하여, 천지에 통하고, 큰 이치를 꿰뚫어 보는 대청명(大淸明)의 경지에 도달할 것을 주장하였다. 유가의 심성수양은 "자기를 바르게 한 후에 남을 바르게 하고, 나를 이룬 후에 외물(外物)을 이룰 것"34)을 요구하였다. 즉, 자아의 수양을 통해서 개인의 좋은 품성을 사회에 미치게 하고, 정치에 적용하도록 하는 것이다. 이것은 『대학(大學)』에서 제기한, "사물에 나아가 앎을 궁구하고, 뜻을 다하여 마음을 바르게 하며, 자신을 닦고 가정을 다스리고, 국가를 다스려서 천하를 태평하게 한다."35)라는 인생이상이다. 유가는 천지인(天地人)의 근원이 모두 같다는 사상구조 아래에서 수심양성(修心養性)을 진행하고, 사람

---

33) 誠者, 聖人之性也, 寂然不動, 廣大淸明, 照乎天地, 感而遂通天下之故, 行止語默, 無不處于極也.
34) 正己正人, 成己成物.
35) 格物致知, 誠意正心, 修身齊家, 治國平天下.

의 주체성을 고양(高揚)하였다. 또한 일종의 주체정서와 외부세계 환경에 의해 방해받지 않는 심리상태와 정신경지를 중시하고 배양하였다. 이러한 수양방법은 선의 중국화와 그것이 중국에서 전파되고 발전할 수 있는 가능성을 제공하였다. 그리고 선의 중국화는 또한 송명신유학(宋明新儒學)의 주일(主一), 거경(居敬), 주정(主靜), 사성(思誠)의 위도위학(爲道爲學)의 방법을 위한 사상자료를 제공하였다. 중국과 외국의 이질문화는 서로 통하고 서로 비슷한 점이 있기 때문에 융합되고 상호 보완될 수 있었다. 문화라는 것은 이처럼 융합되고 보충되어 서로 영향을 미치면서 끊임없이 발전하는 것이다. 그래서 보다 넓은 문화배경 아래서 보면, 불교선이 중국에서 흥성하고 발전한 것은 결코 우연이 아니다.

그러나 외래문화가 이민족의 땅에서 자리를 잡기 위해서는 반드시 언어문자의 전환을 거쳐야 하며, 또한 이는 사람들의 구체적인 활동을 통해서 추진되어야 한다. 중국과 인도는 서로 다른 언어문화 계통에 속해 있다. 인도의 불교가 유구한 역사를 가진 화하문명(華夏文明)의 나라로 전파되기 위해서는 반드시 언어문자의 전환을 실현하여야 했다. 그래야만 중국인들이 불교를 이해할 수 있고 받아들일 수 있었기 때문이다. 역사를 돌이켜 보면, 우리들은 불교의 전파와 불전의 한역이 거의 같은 시기에 진행되었음을 살필 수 있다.

불교가 처음 전래된 지표가 되는 한 명제(漢明帝)의 감동적인 꿈과 영평전법(永平傳法)의 전설은 백마(白馬)가 경전을 싣고 온 것과 축마등(竺摩騰)이 번역한 『사십이장경(四十二章經)』의 이야기와 연관이 있다고 여겨졌다. 현존하는 자료에서 보면, 처음 중국에 온 불교도들은 모두 불경의 번역을 중시하였으며, 동한(東漢)시기의 불사(佛事) 활동은 불경의 번역이 위주가 되었다.

당시의 번역자들은 대부분 외국에서 온 승려였다. 역경(譯經)한 대사(大師)는 안세고(安世高), 안현(安玄), 지참(支讖), 축삭불(竺朔佛) 등이다. 이들은 모두 한말 항제(恒帝)와 영제(靈帝)가 교체되는 무렵 낙양(洛陽)에 들어왔다. 이들은 불교 전적(典籍)을 대량 번역하였으며, 선경(禪經)의 여러 부를 포함해서 소승선법과 대승선법을 중국에 소개하였다. 얼마 이후, 한 영제(漢靈帝)와 헌제(獻帝) 때에 지요(支曜), 강거(康巨), 강맹양(康孟樣) 등이 낙양에 와서 역경(譯經) 작업에 종사하였다. 역경 대사들의 운집(雲集)으로 낙양은 당시 불교의 중요 거점지가 되었다. 또한 불교도들의 유동(流動)에 따라서 불교는 중원과 제초(齊楚) 강회(江淮)36) 사이의 광대한 지역에 전파되었다. 중국사회의 상류에서 유행하던 황로신선방술에 영합(迎合)하고, 중국사람들의 구미와 요구를 만족시키기 위하여, 초기에 중국으로 와서 선법을 전파한 일부 불교도들은 선경(禪經)을 번역해서 소개할 때, 어느 정도 도가 신선가의 전문용어를 채용하였다. 예를 들면, 불교의 선정(禪定)을 도가의 수일(守一)로 번역하였으며, 선정을 통해서 도달하는 경지를 중국의 신선득도(神仙得道)와 같은 것으로 본 것 등이다. 또한 종종 도술의 의술(醫術)을 빌려서 대중들의 마음을 사로잡았으며, 선법으로 일으킬 수 있는 신비한 기능을 가지고 신도들과 교제하면서 불교의 영향력을 점점 넓혀 나갔다.

예를 들면, 가장 먼저 중국에 와서 선경을 번역 소개한 소승 선사인 안세고는, "외국의 전적(典籍)에 두루 통하였고, 음양오행(陰陽五行), 점술(占術), 추수(推數)의 변화를 모두 궁구하였다. 아울러 의술에 정통하여서, 침을 잘 놓고 맥을 잘 짚었다. 얼굴색을 보고 병을 알았으며, 약을 투여하면 반드시 나았다. 또한 새나 짐승이 와서 울면, 그 소리를 듣고 마음을 알았다."37)고 한다. 서역에 있을 때의 어느 날, 안세고는

---

36) 양자강과 회수(淮水), 지금의 강소성(江蘇省)과 안휘성(安徽省) 일대.
37) 外國典籍, 莫不該貫, 七曜五行之象, 風角雲物之占, 推步盈縮, 悉究其變. 兼洞曉醫術,

한 무리의 제비 떼가 날아가면서 서로 말하는 것을 듣고서, '보낸 음식이 곧 도착할 것이다.'고 하였다. 과연 얼마 지나지 않아서 음식이 도착하였다. 그 후, 안세고는 중국에 왔으며, 한말의 혼란을 피하기 위해 강남으로 남하하였다. 그는 여산(廬山)에 있을 때, 배를 타고 호신묘(湖神廟)를 지나게 되었다. 전하는 말에 의하면, 이 절의 묘신(廟神)은 안세고와 전생에서 함께 출가하여 수도한 동료라고 하였다. 그는 보시(布施)를 좋아했으나, 성격이 포악하여 죽은 후에 호수를 지키는 호신(湖神)이 되었다. 그러나 그는 포악한 성격 때문에 이무기[大蟒]로 살아가는 과보를 받게 되었다. 안세고는 전생에, "만약 득도하면, 반드시 서로 제도시킬 것"38)을 약속하였다. 이때의 언약을 이행해서 안세고는 그를 제도시켰다. 해질 무렵 한 소년이 배를 타고서, 안세고 앞에 무릎을 꿇고 앉아, 주원(呪願)을 받고 나서 홀연히 사라졌다.39) 안세고는 방금 그 소년이 바로 과보를 받고 이무기가 된 호신(湖神)이며, 지금 그는 이무기의 악형에서 벗어났다고 대중들에게 이야기해 주었다. 『고승전(高僧傳)』 1권 「안세고전(安世高傳)」에서 볼 수 있는 이러한 신비로운 색채가 충만한 이야기는 당연히 많은 사람들을 매료시킬 수 있었다. 또한 안세고가 전한 소승선학과 수많은 선 수행법은 모두 당시 사회에서 유행하던, 토납양기(吐納陽氣) 등의 선선 도술과 매우 비슷하였다. 이러한 이유로 인해서 선학은 비교적 쉽게 전파될 수 있었다.

또 예를 들면, 안세고계의 소승선수(小乘禪數)의 학을 계승하고 발휘한 삼국시기 동오(東吳)의 유명한 승려 강승회(康僧會)도 "천문을 두루 통섭하였다."40)고 하였다. 당시 강남에서는 "처음에는 대법(大法)이

妙善針脈, 睹色知病, 投藥必濟, 乃至鳥獸鳴呼, 聞聲知心. 『출삼장기집(出三藏記集)』 13권, 「안세고전(安世高傳)」.
38) 若得道, 必當相度.
39) 暮有一少年上船, 長跪(世)高前, 受其咒愿, 忽然不見. 『고승전(高僧傳)』 1권, 「안세고전(安世高傳)」

흐려져서, 교화가 온전하지 못하였다."41)고 하였으며, 불교가 처음 전래될 때는 사람들의 불교에 대한 이해가 없었다. 이러한 상황 아래, 강승회는 결코 심오한 불리(佛理)가 아닌 도술(道術)을 빌어서 전교하였다. 그는 감성직관(感性直觀)의 신비한 효과를 사용해서 사람의 마음을 움직였고, 특히 통치자의 마음을 움직여서 불교의 영향을 크게 넓혔다. 한번은 오왕 손권(孫權)의 지지를 얻기 위해서 강승회는 불사리(佛舍利)를 예청(禮請)하는 의식을 행하였다. 당시에 손권이 그에게 "불교는 어떤 영험이 있는가?"42)라고 묻자, 그가 "여래가 입멸하실 때, 천 개가 넘는 사리가 나와, 신령스런 빛을 뿜었습니다. 또한 옛날 아육왕은 탑을 지어 팔만 사천 개가 되었습니다. 이렇게 탑사가 흥한 것은 사리가 있음을 나타내는 것입니다."43)라고 답하였다. 손권은 그다지 믿지 않았고 허망하고 터무니없는 소리라고 생각하였다. 그는 오히려 강승회에게, "만약 사리를 얻을 수 있다면, 마땅히 탑을 지을 것이다. 그렇지 않고 거짓이라면, 벌을 내릴 것이다."44)라고 말하였다. 강승회는 "재계한 후 고요한 장소에서, 동병(銅甁)에 향을 태우고 예청하였다."45)고 하였으며, 삼칠일이 지나자 과연 병에 불사리가 나타났다고 한다. 다음날 손권은 아침조회 때, 오색찬란하게 빛나는 병을 보고서 탑복하여, 바로 절을 짓고 탑을 세웠다. 이것이 강남에서 절을 지은 시초이기 때문에 건초사(建初寺)라고 불려졌다. 이렇게 해서 강남에 불법이 점점 흥하게 되었다.46)

---

40) 天文圖緯, 多所綜涉.
41) 初染大法, 風化未全.
42) 有何靈驗?
43) 如來遷迹, 忽逾千載, 遺骨舍利, 神曜無方, 昔阿育王起塔, 乃八萬四千. 夫塔寺之興, 以表遺化也.
44) 若能得到舍利, 當爲造塔, 如其虛妄, 國有常刑.
45) 潔齋靜室, 以銅甁加凡, 燒香禮請.
46) 『고승전(高僧傳)』 1권, 「강승회전(康僧會傳)」

사실상 불교선법과 전통 신선도술은 일종의 수행활동이지만, 전적으로 동일한 것은 아니다. 선법은 심신의 조절을 중시하며, 특히 심리를 조절하고 통제하여 정신상의 해탈을 추구하는 것이다. 선사(禪師)는 수행과정 중에서 관심(觀心)이나 관경(觀境)을 통해서 주의력을 고도로 집중시키고 예정된 사로(思路)를 따라서 어떠한 경지에 도달하도록 한다. 따라서 많은 심리적, 생리적 변화를 일으키거나, 보통 때와 다른 환각이나 신비한 작용이 나타나기도 한다. 이와 동시에, 상상력이 극도로 발휘되며, 정신적인 큰 자유를 얻고, 심리적인 일종의 초월을 실현한다. 중국의 신선도술은 선법의 정신초월과 대조적으로 재화(災禍)에서 벗어나고 생명을 연장시키는 것이 주요 특징이다. 신선이 되고 득도를 해서 천당에 오르는 것도 비록 소요(逍遙)와 자유의 경지에 도달하는 것이지만, 여전히 장생(長生)이 전제가 되며 불사(不死)가 기준이 된다. 이것은 불교선정이 근본적으로 생사윤회에서의 해탈을 추구하는 것과 분명히 다르다. 그러나 불교선정과 신선도술은 어떤 신비성과 초월성을 가지고 있으며, 수행방법과 수행결과는 표면상으로 보면 아주 비슷하다. 특히 소승선법과 도술(道術)은 더욱 더 그렇다. 그래서 비록 초기 선사들이 최선을 다해서 세상에 드러낸 수선지주(修禪持咒)로 이룬 신통묘용(神通妙用)이나 신덕감응(神德感應)은 선의 진정한 정신이 결코 아니다. 그러나 이러한 선구자들의 노력은 불교가 중국문화의 무대에 등장하기 위한 기초를 견고히 했을 뿐만 아니라, 선이 중국에서 뿌리를 내리고 중국불교의 특징을 형성하는데 중요한 원인을 제공하였다.

태허법사(太虛法師)가 '중국불학의 특징이 선에 있다.'고 말할 때, 다음의 두 가지 특징을 들었다. 첫째, 처음 중국에 와서 불교를 전한 사람의 몸차림과 풍격 및 그들의 수선지주(修禪持咒)로 이룬 신통묘용(神通妙用)의 흡인력은 중국인들이 심오하고 신비한 불법을 탐구하도록 하였다. 이 때 학인은 모두 선 가운데서 참구하여 중국불학의 특징이 선에 있게 되었다. 둘째, 중국의 문인과 사대부는 간결하고 종합적인 심오한 도리를 숭상하였으며, 품행이 청렴하고 고상하며 고요하였다. 선비들의 이러한 습속은 선정수련에 적당하였으며, 이렇게 하여 중국불학의 특징이 선에 있게 되었다. 만약 외국에서 와서 선을 전파하는 사람의 풍격과 도술만을 숭배한다면, 그것은 일종의 신주감응(神呪感應)적인 신앙(信仰)으로 변할 것이다. 그러나, 중국에 원래부터 있던 선비들의 습속이 있었기 때문에, 비로소 중국 특유의 맑은 선풍을 형성할 수 있었다.47) 이상과 같은 분석은 매우 일리가 있다. 초기 선사들이 제시한 갖가지 선의 종류는, 중국에 와서 교를 전하는 승려와 중국사대부 및 민중이 함께 심혈을 기울여 노력한 결과로 점점 싹을 틔우고 열매를 맺기 시작하였다. 여래선도 이러한 과정 중에서 형성되고 발전될 수 있었다. 중국 내외 인사들의 공통된 노력으로 인도선은 중국화의 길을 걷게 되었으며, 대소승불교가 중국에서 전파되고 발전할 수 있게 되었던 것이다. 불교의 중국화라는 배경 아래 차츰 성숙하게 된 중국선은 결국 중국불교의 대명사가 되었다.

  인도에서의 선은 단지 사유수습 활동의 일종이었으나, 중국불교에서 그것은 확실한 생활방식이 되었다. 중국선에 줄곧 방술(方術)과 신통(神通)이 존재하였지만, 결코 중국선의 주류가 되지는 못했다. 중국선은 자연에 따르는 생활 중에서 줄곧 궁극적 관심으로 향하였다. 그것은 또한 사람이 주체가 되는 세계를 형성하였으며, 심리상에서 현실세계를 벗어나 본래의 참된 존재로 나아가게 하였다. 이것이 바로 마음으로 나아가는 것이 곧 부처로 나아가는 것[卽心卽佛]이다. 중국선은 인도선의 정신을 유지하면서 여기에 중국문화의 특색을 첨가하였다.

---

47) 『불학입문(佛學入門)』, 태허, 절강고적출판사(浙江古籍出版社), 1990년, 8-11쪽.

이는 유교와 도교 등의 전통문화의 영향 아래에서 전파되었으며, 유·도(儒道) 등의 문화와 서로 부딪치고 융화, 흡수되면서 끊임없는 중국화의 과정을 겪었다. 대체적으로 말하면, 이러한 과정은 중국선의 초기 선경(禪經) 번역에서부터 시작하여 혜능 남종선이 출현하기까지이다.

일반적으로 양한(兩漢) 시기에 경전이 서역에서 중국내륙으로 전해졌으며, 동한(東漢) 말부터 불전(佛典)이 대량으로 번역되기 시작한 것으로 알고 있다. 가장 먼저 중국에 와서 역경하여 전한 사람은 안세고(安世高)와 지루가참(支婁迦讖)이다. 그들은 소승에서 말하는 일체유부(一切有部)의 이론과 대승반야학을 분별해서 동시에 소개하였다. 또한 여러 부의 선경(禪經)을 번역하였고 대·소승선을 중국에 소개하였다. 안세고가 전한 소승선학의 이론과 선수행 방법은 당시 사회에서 유행하고 있던 신선도술과 매우 비슷하였으므로 중국에서 가장 먼저 유행하게 되었다. 대승반야학과 선학은 위진현학(魏晋玄學)이 성행하면서 비로소 유행하게 되었다. 초기에 전해진 대·소승선학은 중국사람들이 불교선학을 전면적으로 이해할 수 있게 하였다. 또한 이후 달마여래선의 전개에 견고한 기초를 제공하였으며, 중국화된 선학종파가 창립되는데 좋은 조건이 되었다.

2. 좌선수식(坐禪數息)과 신통수심(神通修心)

인간의 세계는 풍부하며 그 추구하는 것도 다양하기 때문에, 해탈의 도를 추구하는 선법 및 그 이론 기초도 각양각색이다. 선의 실제 수습에 있어서, 선사들은 기대하는 목적에 도달하기 위해서, 하나 혹은 여러 가지 선경(禪經)을 이론지침서로 삼았으며, 비교적 계통적인 수행방법을 형성하였다. 선수행 중에서 특수한 종교적 체험을 얻고, 또한 심신의 안정을 보장하기 위해서 중국선은 줄곧 사자전수(師資傳授)를 중시하였으며, "스승이 없으면 득도를 이룰 수 없다."48)고 생각하였다. 한대(漢代)에 번역된 『반주삼매경(般舟三昧經)』에서는 "스승을 모시고, 스승을 공경하고 공양하며, 부처와 같이 여겨야 한다. 스승을 부처와 같이 여기지 않는 자는, 삼매(三昧)를 얻기 어렵다."49)라고 말하였다. 이러한 사상은 중국선의 발전에 큰 영향을 미쳤다. 이후 중국에는 스승을 통하여 스스로 깨닫는[藉師自悟] 조사선(祖師禪)이 출현하였는데, 이는 모두 위의 사상과 서로 통하는 것이다. 이러한 스승으로부터 계통을 이어받아 전하는 사승상전(師承相傳)의 강조는 이후 달마계와 여래선의 형성과 중국선종의 창립을 야기하였다. 이뿐만 아니라, 선이 중국에 전해져 점점 다른 계파를 형성하도록 하였다.

중국에서 가장 먼저 유행한 선은 『안반수의경(安般守意經)』 등을 주요 지침으로 하는 안세고 계통의 소승선수(小乘禪數)의 학이다. 이 계통의 선법을 처음 번역해서 전한 사람인 안세고는 이름이 청(淸)이며, 원래 안식국(安息國)의 태자(太子)였다. 『출삼장기집(出三藏記集)』 13권 「안세고전(安世高傳)」에 따르면, 그는 어려서부터 효성이 지극하여 정성을 다해서 부모를 공양하였고, 벌레도 사랑하는 착한 마음을 가지고 있었다. 그는 말과 행동이 솔직하고 단정하였으며, 법규를 잘 지키고 또한 총명하고 현명하여 학문에 뜻을 두고 전력을 다해서 공부하기를 좋아하였다. 그래서 그는 젊어서부터 각종 학문과 방술에 정통하였으며, 서역에서 매우 높은 명예를 누렸고 이웃국가에서도 그를 위인으로 존경하였다. 후에 왕이 죽자, 마땅히 그가 제위를 물려받아야 했다.

---

48) 無師道終不成. 승예(僧叡)의 『관중출선경서(關中出禪經序)』
49) 當敬于師, 承師供養, 視當如佛. 視善師不如佛者, 得三昧難.

그러나 그는 고공(苦空)을 깊이 깨달았고, 명성을 매우 싫어하였으며, 인간세상의 덧없음을 간파했기 때문에 제위를 계승하고 싶은 생각이 추호도 없었다. 복상(服喪)을 끝낸 후 국가를 삼촌에게 넘겨주고 자신은 출가수도의 길로 들어섰다. 그는 각고 끝에 공부하여 재능과 지혜가 특출하게 되었으며, 불교의 아비담학(阿毗曇學)과 소승선학에 정통하였다. 그는 각지를 두루 다니면서 도처에 법을 전하였으며, 동한(東漢) 환제(桓帝) 건화(建和) 2년(148)에 중국 낙양에 왔다. 중국에 온지 얼마 지나지 않아 그는 중국어를 통달했으며, 불법을 전하는 것을 자기의 임무로 삼고 불경 번역작업을 시작하였다. 동한 영제(靈帝) 건녕(建寧; 168-172)에 이르기까지 20여 년 사이에 그는 불전 30여 권을 번역하였다. 그 중의 대부분은 소승에 속하는 것으로, 적지 않은 것이 소승선법을 소개하는 것이었다. 그 중 현존하는 선경이『음지입경(陰持入經)』,『불설대안반수의경(佛說大安般守意經)』,『선행법상경(禪行法想經)』과『도지경(道地經)』 등이다. 안세고가 번역한 경전은 "뜻이 분명하고, 문자의 쓰임이 바르며, 논변이 화려하지 않고, 소박하나 거칠지 않다."50)라고 하여 후세 사람들의 호평을 받았으며, 당시의 모든 번역 중에 으뜸이라는 명예를 안게 되었다. 총체적으로 보면 안세고가 번역한 경전은 직역에 치우친 것이다. 한역불경의 초기 단계였기 때문에, 어떤 부분은 사람들이 비교적 이해하기 어려웠다는 사실은 부인할 수 없다. 그러나 그가 소승선법에 정통하고 있었고, 중국어에 능통했기 때문에, 수일(守一) 등의 중국 전통문화의 전문적인 용어를 빌려서 선법을 비교적 상세하게 설명할 수 있었다. 또한 기본적으로 충분히 선경(禪經)의 원뜻을 정확하게 표현해 낼 수 있었고, 인도불교가 중국에 들어와서 중국화의 길을 걸을 수 있도록 하였다.

---

50) 義理明析, 文字允正, 辯而不華, 質而不野.

안세고는 주로 소승불교의 설일체유부(說一切有部)의 이론을 번역하여 소개하였다. 설일체유부는 인도 부파불교의 영향을 비교적 많이 받은 종파이다. 인도불교는 석가모니가 열반에 든 이후 100년에서 400년 사이에 분열이 일어났다. 가장 먼저 정통파의 상좌부(上座部)와 자유파의 대중부(大衆部)로 나누어졌다. 사료에서는 이것을 불교의 근본분열(根本分裂)이라고 하였다. 그 후에도 계속해서 여러 차례의 분열이 일어났는데, 이것을 지말분열(枝末分裂)이라고 한다. 설일체유부는 정통파인 상좌부에서 분화되었다. 이는 삼세실유(三世實有), 즉 과거와 현재와 미래가 실유함을 강조하였다. 또한 법체항유(法體恒有), 즉 모든 법은 생멸변화(生滅變化)가 있는 유위법(有爲法)이 생멸변화가 없는 무위법(無爲法)을 포함하며, 이는 모두 실체(實體)가 있다고 보았다. 여기에서 출발하여 설일체유부는 불교의 모든 교법이 그 체(體)가 실재하는 진실된 존재로 여겼다. 이러한 관점은 안세고가 전한 선법의 특징 위에서 체현되었다. 안세고 선법의 특징은 선수행의 형식과 선경에 대한 집착을 중시하고, 불교의 명상(名相) 개념에 대한 분석을 통하여 선수행의 실천상의 요구를 제기하는 것이다.

안세고 계통의 선학사상을 대표하는 것은 『음지입경』과 『안반수의경』이다. 그 내용은 계(戒)·정(定)·혜(慧)를 통해서 각종 혹업(惑業)을 다스리는 것이다. 또한 선정의 수행을 통해서 인생은 덧없는 것이고[非常], 고통스러운 것이며[苦], 내가 아니고[非身], 깨끗하지 않다[不淨]는 인식을 얻는 것이다. 이렇게 해서 생사를 벗어나 해탈을 얻고, 사람의 생존 상황에 대해 세심한 관심을 표현하였다. 두 경전의 다른 점을 들어보면 다음과 같다. 우선, 『음지입경』은 명상(名相) 개념의 분석과 연역에 편중하였다. 이 경은 사제(四諦), 오온(五蘊), 십이인연(十二因緣), 삼십칠도품(三十七道品) 등의 불교 기본개념의 분석을 통해서 선법의 기초이론을 표현하였다. 다음으로, 『안반수의경』은 사람의 의식활동의 통제를 더 중시하였다. 안반수의(安般守意)라고 하는 이 선법의 구체적인 논술을 통해서 불교사상을 나타내었으며, 사람들이 불교의 가르침에 따라서 실질적인 선수행을 할 수 있도록 인도하였다. 이 두 경전이 나타내는 선정은 한위양진(漢魏兩晉) 시기에 선을 수행하는 사람들의 주요 선법이 되었으며, 이 두 경전은 사람들이 선을 수행하는 중요한 이론 근거가 되었다.

『음지입경』은 불교의 기본개념인 음(陰)·지(持)·입(入)51)에 대한 분석을 통해서, 사람은 실아(實我)가 없으며, 우리가 살아가고 있는 세계는 무상(無常)한 것이고, 인생의 본질은 고통(苦痛)이라는 것을 설명하고 있다. 따라서 선정의 수행을 통해서 아집(我執)을 타파하고 탐욕(貪欲)을 제거하여 고통스러운 세상〔苦海〕에서 벗어날 것을 요구한다. 경 중에서는 사제(四諦)와 오온(五蘊)의 도리를 명료하게 밝히지 않고 있다. 이를 인생 고해(苦海)의 각종 혹업(惑業)으로 전락시켜 치(痴), 애(愛), 탐(貪), 에(恚), 혹(惑), 수(受; 取), 경(更; 觸), 법(法), 색(色) 등의 9가지로 귀결시켰다. 또한 이 9가지의 혹업에 대해 지(止), 관(觀), 불탐(不貪), 불에(不恚), 불치(不痴), 비상(非常), 위고(爲苦), 비신(非身), 부정(不淨)의 9가지 대치방법을 제기하였다. 경 가운데의 수많은 혹업 중에서 치(痴; 불교의 이치를 알지 못하면, 불교의 가르침에 따라서 인생의 본질을 인식하지 못한다)와 애(愛; 물욕과 정욕에 대한 집착)가 가장 근본이 된다. 이것을 중생이 생사고해로 빠져드는 근본적인 원인이라고 제기하였으며, 두 가지 모두 근본적인 죄악이라고 보았다. 이러한 죄악은 지(止)와 관(觀)으로 다스리도록 하였다. 또한 불교선정의 수행을 통해서 불교의 이치에 대한 깨달음에 도달할 것을 요구하였다.

대부분의 종교는 일반적으로 금욕주의적인 경향을 갖추고 있어서

---

51) 이후의 역경에서, 음(陰)은 온(蘊)으로, 지(持)는 계(界)로, 입(入)은 처(處)로 번역됨.

육체적인 향락을 추구하는 것이 인생고통의 근원이라고 생각한다. 이러한 예로는 인도교의 유가파(瑜伽派)와 베단타파〔吠檀多派〕가 있다. 극단적인 종교와 종파는 심지어 교의상으로 신도들의 엄격한 금욕과 고행을 규정하고 있다. 중세기 서방 기독교의 교부(敎父)와 스콜라철학도 정욕이 모든 악의 근원이라고 널리 표명하고 금욕을 주장하였다. 결국, 불교도 사람의 욕망을 배척한다. 소승불교의 해탈관은 금욕주의의 기초 위에서 이루어진 것이다. 소승불교는 인생이 고통〔苦〕이고, 고통이 발생하는 까닭은 색(色)·수(受)·상(想)·행(行)·식(識) 오음(五陰; 蘊)의 화합으로 사람이 만들어졌기 때문이라고 여긴다. 또한 색은 물질의 현상에 속하고, 수·상·행·식은 정신현상에 속한다. 이러한 오음(五陰)이 적당한 조건 아래서 화합하여 사람이 만들어진다고 보았다. 사람은 물질과 정신, 몸과 마음의 통일체이다. 사람이 태어남은 비록 인과윤회(因果輪回)에 의해서 이루어지지만, 현실적인 면에서 본다면, 직접적인 원인은 남녀의 양성(兩性)관계에 있다. "육욕(六欲)이 일어나서, 몸에 생명이 심어지고, 이를 따라 형체를 받게 된다. 지금의 뭇 생명들은 모두 그렇게 이루어졌다."52) 그리고 남녀의 양성관계가 발생할 수 있는 원인은 사람들의 무명(無明)과 치애(痴愛)에 기초하여 생겨나는 정욕(情欲)53) 때문이다. 그래서 불교는 속세를 떠나 출가할 것을 주장하며 신도들의 독신 금욕생활을 주장한다. 이렇게 해서 생사를 일으키는 고통의 원인을 철저하게 단멸하여, 생사윤회를 벗어난 해탈을 얻도록 한다. 안세고가 번역해서 소개한 소승선법도 바로 이러한 것에서 출발하며, 교에 의지하여 선을 닦아〔依敎修禪〕치(痴)와 애(愛)를 다스릴 것을 강조하였다.

---

52) 六欲興, 卽身栽生, 隨行受形. 今之群生皆行使然.『음지입경주(陰持入經注)』
53) 욕계중생(欲界衆生)이 일으키는 사욕(四欲) 중의 하나이다. 사욕은 정욕(情欲), 색욕(色欲), 식욕(食欲), 음욕(淫欲)이다.

소승선이 제기한 각종 선 수행법의 목적은 치(痴)와 애(愛) 등의 번뇌의 사슬을 끊어버리고 지혜를 증득하며, 내심으로 회귀함으로써 세계를 떠나고, 해탈을 실현하기 위한 것이다. 지(止)와 관(觀)은 각종 번뇌를 다스리는 중요한 방법으로 여겨지기 때문에, 『음지입경』에는 지관을 함께 행할 것을 특별히 강조하여, 지관의 수행을 최종적으로 지혜의 획득에 집중시키고 있다. 경 중에서, "모든 천하의 사람은 두 가지의 병이 있다. 무엇이 두 가지인가? 하나는 어리석음[痴]이고, 또 하나는 애욕[愛]이다. 이 두 가지 병이 있기 때문에, 부처는 두 가지 약으로 다스린다. 무엇이 두 가지인가? 하나는 지(止)이고, 또 하나는 관(觀)이다. 이 두 가지 약을 쓴다면, 두 가지 병이 낫는 것을 스스로 알 수 있다. 다시 애욕을 탐하지 않게 되고, 마음이 해탈을 얻게 된다. 어리석음이 걷혀, 지혜를 따라 해탈을 얻게 된다."54)는 것을 제기하였다. 이는 각종 잡념을 멈추고 지혜로 관조(觀照)하여, 사람이 생사윤회의 각종 인과관계에 있음을 요달하는 것이다. 이는 또한 과거·현재·미래 삼세의 인과가 서로 계속되는 도리를 깨닫는 것이다. 다시 부정성(否定性)의 직각사유를 운용하여 자아의 실체에 대한 집착을 타파하고, 무명(無明)과 애욕(愛欲)에서 해탈함을 말한다. 『음지입경』은 또한 오로지 네 가지 전도(顚倒)에 대한 분석을 통해서 혜(惠)의 내용을 명시하였다. 즉, 상(常)·락(樂)·아(我)·정(淨)의 네 가지 전도(顚倒)를 다스려서 획득한, 비상(非常)·고(苦)·비신(非身)·부정(不淨)의 네 가지 관념이 혜(慧)의 체현이라고 여겼다. 이러한 혜를 위하여 행해지는 각종 선수행 활동이 의지하는 선정이 바로 사선(四禪)이라고 생각하였다. 선수행을 통해서 불교의 정확한 관점으로 오음(五陰)을 관찰하면, 아견

---

54) 一切天下人有二病, 何等爲二? 一爲痴, 二爲愛. 是二病故, 佛現二藥. 何等爲二? 一爲止, 二爲觀. 若用二藥, 爲愈二病, 令自證. 貪愛欲不復貪, 令意得解脫. 痴已解, 令從慧得解脫.

(我見)을 끊어 버릴 수 있으며, 따라서 사상의 근본적인 전변을 완성하여 해탈을 실현할 수 있다고 보았다.

안세고계의 선법은 소승에 속한다. 소승불교의 가장 높은 이상적인 경지는 회신멸지(灰身滅智)이며, 이는 실질적으로 현실인생 및 세간에 대한 철저한 부정이다. 그렇기 때문에 일체세간(一切世間)을 끊어버리기 위해서 반드시 음지입(陰持入)을 끊어버려야 한다. 철저하게 음지입을 끊어버릴 때, 바로 해탈의 광명을 얻는 것이다.

『음지입경』은 이론적으로 욕심을 떠나고 고통을 없애야 하는 필연성과 가능성을 설명하고 있다. 그래서 선수행의 구체적인 행법(行法)에 대해서는 설명이 많지 않고, 지관(止觀) 중의 관(觀)에 비교적 편중되었다. 안세고가 번역한 또 다른 선경(禪經)인 『안반수의경(安般守意經)』은 안반선법(安般禪法)의 구체적인 설명을 통해서 지(止)를 더욱 더 부각시켰으며, 사람의 의식활동을 통제하는 종교실천 활동을 강조하였다.

안반수의는 수식관(數息觀)의 다른 뜻이다. "안(安)은 입식(入息)이라고 하며, 반(般)은 출식(出息)이라고 한다."55) 안반수의는 들숨과 날숨을 세어서 심의(心意)를 지켜 머무르게 하여 어지럽지 않게 하는 것이다. 소승불교는, 의념(意念)이 일어나서 육신의 생멸(生滅)이 있고, 사람의 행위에 선악이 있으며, 법이 생긴다고 보았다. 『안반수의경』 중에, "본래 의념을 일으켜서, 만물이 생사로 향하는 것이다. 모두가 본래 의념을 좇아서 일어난다. 따라서 의념이 있으므로, 오음(五陰)이 있는 것이다."56)라고 말하였다. 또한 "선악의 인연이 일어나서 곧 다시 멸하고, 또한 몸과 기(氣)가 생멸한다. 의념하면 곧 생하고, 의념하지 않으면 곧 멸한다. 따라서 의념과 몸은 같다. 이것이 생사를 단멸하는

---

55) 安名爲入息, 般名爲出息.
56) 本起著意者, 謂所向生死萬物, 皆本從意起, 便著意, 便有五陰.

도이다."57)라고 말하였다. 그래서 선을 행하고 악을 버리며, 생사를 끊어버리고, 고해(苦海)에서 벗어나기 위해, 생각을 지키는 수의(守意)가 매우 중요한 것이다. 이러한 수의(守意)의 방법으로, 경 중에서는 수식(數息)을 제기하고 있다.

　수식관(數息觀), 부정관(不淨觀), 자비관(慈悲觀), 인연관(因緣觀), 계분별관(界分別觀)을 함께 오정심관(五停心觀)이라 부른다. 소승선법의 체계 중에서 이들은 선수행의 초보단계에 속한다. 그러나 안세고가 번역한 『안반수의경』에서는 오히려 이것과 해탈의 실현을 함께 연관지어 논술하고 있다. 경에서, "안반수의는 마음을 다스려 무위〔無爲; 涅槃〕를 얻는 것이다."58)라고 말하였다. 그 뜻은 수식(數息)의 선정을 통해서 의념(意念)을 통제하고 최종적으로 열반해탈의 경지에 도달한다는 것이다. 그래서 경에서는 수식(數息)은 수의(守意)와 달라서, 육사(六事; 數息, 相隨, 止, 觀, 還, 淨)를 함께 갖추어야 비로소 진정한 수의(守意)라고 부를 수 있음을 강조하였다. 이 육사(六事)의 첫 번째 단계인 수식(數息)은 수선의 과정 중에서, 호흡을 헤아리는 것에 주의력을 집중하고, 반복해서 1에서 10까지 세는 것이다. 이로 인해서 정신상태와 생각을 안정시켜 나가고, 점차 상수(相隨)의 단계로 넘어가는 것이다. 두 번째로 상수(相隨)는 수식의 단계에서 호흡의 출입을 따르는 단계로 넘어가는 것이다. 즉, 이는 숨을 내쉬고 들이마시는 호흡의 순환에 집중하는 것이다. 세 번째의 지(止)는 코끝에 의념을 멈추도록 하는 것이다. 즉, 이는 호흡의 순환에 따르는 단계에서 코끝에 주의력을 머물게〔止〕하는 것이다. 이때에 사람의 생각은 어떤 외부 사물의 간섭을 받지 않게 된다. 네 번째의 단계인 관(觀)은 오음(五陰)을 관하도록 하는 것이다. 즉 이는 몸을 관하여서 비상(非常), 고(苦), 공(空), 무아

---

57) 謂善惡因緣起便復滅, 亦謂身亦謂氣生滅, 念便生, 不念便死, 意與身等同, 是謂斷生死道.
58) 安般守意, 名爲御意至得無爲也.

(無我)의 이치를 깨닫는 것이며, 이렇게 해서 다음 단계인 환(還)으로 넘어간다. 다섯 번째인 환(還)은 몸의 일곱 가지 악함을 버리는 것[棄身七惡]과 오음을 돌이키는 것[還五陰]을 포함한다. 즉 살생[殺], 도둑질[盜], 음탕함[淫], 거짓말[妄言], 이간질[兩舌], 욕함[惡口], 꾸미는 말[綺語]의 칠악(七惡)을 버리고, 인생에 대한 탐애(貪愛)를 끊어 버릴 수 있는 것이다. 마지막 단계인 정(淨)은 무욕(無欲)과 무상(無想) 및 오음(五陰)을 받지 않는 경지에 도달하는 것으로, 이 정(淨)은 바로 무위(無爲)이다. 안세고는 열반(涅槃)을 무위(無爲)로 번역하였는데, 이는 그가 노장 도가의 개념을 차용하였음을 반영하는 것이다. 그리고 그는 육사(六事)의 고리를 끊어버리고, 무명(無明)과 애욕(愛欲) 및 여기에서 발생하는 각종 악행을 다스려서, 마지막으로 불교의 깨달음에 도달하고자 하였다. 이러한 내용은 그가 전한 선법이 점오(漸悟)의 경향을 구비하고 있음을 반영하는 것이다.

『안반수의경』은 마지막으로 좌선수식(坐禪數息)을 명확하게 주장하였는데, "좌선하여 호흡을 염(念)하고, 그쳐서 곧 관하며, 관을 그쳐서 다시 호흡을 행한다. 사람이 도를 행함은, 마땅히 이것으로써, 상법(常法)으로 삼아야 한다."59)라고 하였다. 여기에서 중국 선학사상 좌선(坐禪)이란 용어가 처음 등장한다. 좌선수식에서 언급하는 수식관(數息觀)의 수습은 반드시 "조용한 산야(山野)의 한적한 곳에서", 홀로 결가부좌(結跏趺坐)하여 좌선하는 것으로, 즉 몸을 가다듬고 호흡을 조절하며, 고요히 앉아서 생각하는 것이다. 좌선수식은 간단하고 행하기 쉬우며, 그 방법 또한 도가의 방사(方士)들이 제창하는, 양기를 들이쉬고 내쉬는 것과 비슷한 점이 있었다. 그래서 이는 초기 선수행의 중요한 형식이 되었을 뿐만 아니라, 반드시 공부해야 하는 과목이 되었다. 또

---

59) 坐禪念息, 已止便觀, 觀止復行息. 人行道, 當以是爲常法也.

한 이것은 한위(漢魏) 이래의 중국 도교와 유교 중에서 보편적으로 존재하게 되었고, 수도(修道)나 수심양성(修心養性)의 중요한 방법이 되었다. 오늘날 심신의 건강을 위해서 수많은 사람들이 즐겨 행하는 기공 등의 활동에서도 좌선수식의 흔적을 볼 수 있다. 이와 마찬가지로 그것은 여래선에도 영향을 미쳤다. 여래선은 비록 좌선을 중시하지는 않지만, 초조달마(初祖達摩)의 소림사 면벽 9년에서부터, 오조홍인(五祖弘忍)이 낮에는 노동하고 밤에는 좌선한 것과 신수(神秀)의 조신조식(調身調息), 배경관심(背境觀心)에 이르기까지, 모두 좌선의 이러한 형식을 버리지 않았다.

안세고가 전한 선은 이론과 행법을 병행하고, 지(止)와 관(觀), 정(定)과 혜(慧)를 동시에 겸비하여, 교에 의지하여 선을 닦을 것(依敎修禪)과 선으로 이치를 깨달을 것(以禪悟理)을 주장하였다. 이것은 이후 달마선의 자교오종(藉敎悟宗)에도 상당한 영향을 미쳤다. 그러나 안세고가 전한 선법이 강조하는, 이치를 깨닫는(悟理) 핵심은 사제(四諦)와 십이인연(十二因緣)이다. 이러한 선(禪)과 수법(數法)이 서로 결합된 특징은 이후의 언교(言敎)에 따르지 않고, 안심(安心)과 오심(悟心)을 강조하는 달마선과 구별되었다.

일반적으로 종교는 초인이나 초자연적인 신령한 존재를 내세우며, 초인과 초자연적인 역량으로 자연법칙을 초월하는 일이나 사물을 만들 수 있다고 주장한다. 불교도 예외는 아니다. 신통을 드러내는 것도 불교도들이 자신을 신화(神化)시키고 신도를 끌어들이는 중요한 수단이 되었다. 불교의 선관을 수행하는 최종목적은 불리(佛理)를 깨닫고, 해탈을 얻는 것이다. 일부 중국인의 눈에는 이러한 정신적 승화(升華) 과정 중에 나타나는 여러 가지 신통이 도교의 육체장생(肉體長生)보다 더 오묘한 것으로 보였다. 그래서 소승불교가 처음 중국에 전래되었을 때는 일종의 신선방술로 받아들여졌다. 신선방술을 수행하는 자는 장생을 구하거나 신통을 얻고자 하였다. 이로 인해서, 안세고가 전한 선은 비록 지관(止觀)을 병행하는 것이 주가 되지만, 사회상의 도가신선사상과 숨을 들이쉬고 내쉬는 호흡토납(呼吸吐納) 등의 방술의 영향을 받아, 응심입정(凝心入定)과 좌선수식(坐禪數息)을 통해서 얻을 수 있는 신통에 더욱 더 편중하여, 당시 사람들의 정신적 요구에 부합하였다. 특히『안반수의경』은 선정을 수행하면 생사를 끊을 수 있고 신족(神足)을 얻을 수 있는 것 등을 선전하였다. 또한 "의(意)가 있어 염(念)이 일어나게 되고, 염(念)이 없으면 죽게 된다. 신족(神足)을 얻는 자는 날을 수 있기 때문에, 생과 사를 끊었다고 말하는 것이다."60)라고 강조하였다. 비록 선수행을 신통법술(神通法術)로 간주했지만, 소승선의 본의에 완전히 부합하지 않는 것은 아니다. 또한 어떤 사람은 안세고가 번역한 선경(禪經)에서 제창하는 신통성선(神通成仙)의 사상과 안세고의 사상체계는 일치하지 않는다고도 하였다. 이는 아마 후세 사람의 주석(註釋)이 경문(經文) 중으로 섞여 들어갔을 것으로 보여진다. 그러나 이것이 사실이라 하더라도, 중요한 것은 적어도 중국인이 신선방술의 각도에서 불교의 선법을 이해하고 받아들였다는 것이다. 안세고가 전한 소승선수(小乘禪數)의 학문이 처음 중국사회에 영향을 미친 것은 결코 그 선리(禪理)가 아니다. 그것은 좌선수식(坐禪數息)의 선법 및 신통이었다. 심지어 중국에서 처음 유행한 안반선(安般禪)이 사회에 영향을 미친 것은 바로 신통이라고 말할 수 있다.

안세고는『안반수의경』을 번역한 이후, 스스로 수행하였으며, 다른 사람에게 수행을 가르쳤다. 예를 들면, 태허법사는 "안세고는 선정을 닦아서 여러 신통을 일으켰으며, 지혜도 또한 뛰어나서, 사람들이 그를 믿고 따르도록 하였다. 이 경은 당시 수선의 기본법이 되었다."61)라고

---

60) 意有所念爲生, 無所念爲死, 得神足者能飛行故, 言生死當斷也.
61) 『불학입문(佛學入門)』, 태허(太虛), 12쪽.

말하였다. 그가 전한 수의섭심(守意攝心)의 특징이 있는 소승 안반선법(安般禪法)은 당시 세상에 널리 퍼지게 되었을 뿐만 아니라, 이후에도 계속해서 발전하게 되었다. 그가 강조한 지관(止觀)을 병행하는 것과 신통을 선전하는 것 등의 사상 특징 및 좌선 등의 행법은 여래선과 전체 중국불교가 발생하는데 상당한 영향을 미쳤다. 삼국 동오(東吳)의 유명한 승려인 강승회(康僧會)와 동진(東晋)의 석도안(釋道安) 등은 이 계통 학설을 계승하고 발전시켰다. 동진의 중요한 불학가인 석혜원(釋慧遠)과 축도생(竺道生) 등도 그 영향을 깊이 받았다. 여기에서 강승회와 그것이 후세의 여래선에 미친 영향을 한번 알아보기로 하겠다.

강승회(?-280)는 본적이 강거(康居)이고, 천축(天竺)에서 살았으나, 그의 부모가 장사를 하였기 때문에 교지(交趾)로 이사하였다. 그가 10살 때 부모가 별세하였으며, 상례(喪禮)를 마치고 출가수도하였다. 오(吳) 적오(赤烏) 10년(247)에 그는 건업(建業; 지금의 江蘇 南京)에 도착하여, 경을 번역하고 교를 전하는 활동에 종사하였다. 이와 관련된 기록에 의하면, 강승회는 안세고의 제자인 남양한림(南陽韓林), 영천피업(穎川皮業), 회계진혜(會稽陳慧) 등으로부터 수학하였다. 또한 진혜를 도와서『안반수의경』을 주해(註解)하였으며, 소승안반선을 한층 더 부각시켰다. 이는 주로 두 가지 방면에서 나타나고 있다. 하나는 신통의 부각이고, 다른 하나는 명심(明心)의 강조이다.

위에서 안세고가 전한 안반선은 신선도술의 일종으로 여겨졌으며, 한위(漢魏) 시기에 세상에 널리 퍼지게 되었다. 또한 선사의 선수행 중에 나타나는 각종 신통도 불교에서 중시되었으며 더욱 널리 알려졌다. 예를 들면, 『고승전(高僧傳)』 1권에서 안세고는 "이치를 궁구하여 성(性)을 다하고, 스스로 연업(緣業)을 식별하였다. 신이(神異)한 일들이 많아, 다 헤아릴 수 없다."[62]라고 말하였다. 이러한 기풍의 영향을 받아 강승회는 안반선법(安般禪法) 중에서 신통과 관계되는 내용을 특히 중시하고 더욱 부각시켰다. 그는 "가볍게 일어서고 날아오를 수 있으며, 물 위를 걸을 수 있고, 몸을 나누고 흩어지게 할 수 있으며, 무궁무진하게 변화할 수 있는 것"63) 등의 신통을 선수행의 이상경지로 여겼다. 그는 심지어 안반선을 수행하기만 하면 숨어서도 분별하지 못하는 것이 없으며, 멀리 있어도 보지 못하는 것이 없고, 어떠한 소리라도 듣지 못하는 것이 없는 경지에 도달할 수 있다고 보았다. 나아가서 "하늘과 땅을 다스리고, 수명을 길게 하며, 신덕(神德)을 드날리고, 천병(天兵)을 무너뜨리며, 삼천세계를 움직이고, 모든 국토를 옮긴다."64)는 등의 신기한 초인적인 힘을 얻을 수 있다고 생각하였다. 이것은 자연과 사회의 압박을 받고 있는 사람들에게 아주 큰 흡인력을 갖고 있었다. 그래서 수많은 사람들이 안반선에 대해서 흥미를 나타내었고, 속세에서 이것을 배우는 사람들이 많아졌다. 따라서 어느 정도 특수한 기능을 가지고 있는 선사들은 세상사람들의 지극한 존경을 받았다. 동진(東晋)의 도안(道安)은 비록 신통으로 보통사람들의 귀와 눈을 유혹하지는 않았지만, 여전히 안반선을 수행하는 자는 "발을 들어 대천(大千)을 움직이고, 손을 뻗어 해와 달을 어루만지며, 세게 불면 철위산(鐵圍山)이 날아가고, 가볍게 불면 수미산(須彌山)이 춤을 춘다."65)고 선양하였다. 그의 제자 혜원(慧遠)도, "보살이 신통이 없다면, 날개 없는 새가 멀리 높게 날아다니지 못하는 것과 같아, 중생을 널리 교화하여 불국토(佛國土)를 정화(淨化)할 수 없다."66)고 생각하였다. 여기에서, 사람들이 불교의 신통을 매우 중시했음을 알 수 있다. 이는 여래선

---

62) 窮理盡性, 自識緣業, 多有神迹, 世莫能量.
63) 輕擧騰飛, 履水而行, 分身散體, 變化萬端. 『육도집경(六度集經)·선도무극장(禪度無極章)』
64) 制天地, 住壽命, 猛神德, 壞天兵, 動三千, 移諸刹.『안반수의경서(安般守意經序)』
65) 擧足而大千震, 揮手而日月捫, 疾吹而鐵圍飛, 微噓而須彌舞.『안반주서(安般注序)』
66) 菩薩無神通, 猶鳥之無翼, 不能高翔遠游, 無由廣化衆生, 淨佛國土.『대승대의장(大乘大義章)』

에도 심각한 영향을 미쳤다. 하지만, 여래선은 신통을 중시하지 않았으며, 심지어 "부처도 신통은 없다. 다만 무심(無心)으로 일체법을 통달할 수 있을 뿐이다."67)라고 여겼다. 그러나 달마(達摩)가 갈대 잎을 타고 강을 건너고, 혜가(慧可)가 눈 위에서 자기의 팔을 자른 이야기 등은 여전히 사람들의 입에 널리 오르내리면서 사회에 큰 영향을 미쳤다.

다른 한편으로, 강승회도 사선(四禪)과 안반선법의 육사(六事)를 배합하여, 안반수의의 과정과 요구를 계통적으로 논술하였다. 이와 동시에, 그는 신통을 추구하는 것에서 마음을 밝히는 것[明心]으로 방향을 바꾸었다. 마음의 작용에 대해서는 안세고가 번역한 선경(禪經)과 주석에서 이미 제기되었다. 예를 들면, 『음지입경주(陰持入經注)』에서는, "마음이 선(善)을 생각하면 선법(善法)이 일어나고, 악한 생각이 일어나면 악법(惡法)이 일어난다. 그래서 마음이라는 것은, 모든 법의 근본이다."68)라고 하였다. 여기의 마음은 외부 환경에 대한 관상(觀想)을 주로 가리킨다. 강승회는 이것을 한 층 더 부각시켰다. 그는 『법경경서(法鏡經序)』에서, "마음이란, 모든 법의 근원이며, 선악(善惡)의 근원이다. 같은 곳에서 나와 이름이 다르며, 화복(禍福)이 나누어진다."69)라고 제기하였다. 여기서, 그는 모든 사람의 마음은 본래 밝고 깨끗한 것[明淨]이나, 본래의 깨끗한 마음이 색(色)·성(聲)·향(香)·미(味)·촉(觸)·법(法) 등 외경(外境)의 미혹을 받게 되면, 곧 수많은 더러운 생각이 일어나서 청정한 마음이 오염된다고 보았다. 따라서 사선육사(四禪六事)의 선법을 수지(修持)하여 깨끗한 마음을 다시 회복하며, 이로써 이상적 경지에 도달할 수 있다고 여겼다. 『안반수의경서(安般守意

---

67) 佛亦無神通也, 但能以無心通達一切法爾. 『오등회원(五燈會元)』 2권.
68) 心念善卽善法興, 惡念生卽惡法興. 夫心者, 衆法之本也.
69) 心者, 衆法之源, 臧否之根, 同出異名, 禍福分流.

經序)』에서, 그는 거울을 닦는 것[磨鏡]으로 마음을 밝힘[明心]을 매우 구체적으로 비유하였다. 즉, 깨끗한 마음이 오염되는 것은 마치 맑은 거울이 흙먼지 속에서 더러운 때로 뒤덮이는 것과 같다고 보았다. 만약 훌륭한 스승이 제자에게 오염된 거울을 세밀하게 닦도록 한다면, 거울의 때와 먼지가 사라질 것이다. 따라서 거울의 원래 밝고 깨끗함을 회복하여 사람의 모습을 뚜렷하게 비출 수 있으며 세밀한 것까지 살필 수 있다. 사람의 마음과 거울은 서로 비슷하며, 명심(明心)의 수행을 통해서 잡념을 없앨 수 있고, 마음에 묻은 때를 제거하여 밝고 깨끗한 마음을 회복할 수 있다. 일단 깨끗한 마음이 회복되기만 하면, 사람은 능히 일체의 지혜를 얻을 수 있으며, 일체의 신통을 얻을 수 있다. 강승회는 또한 지관(止觀)의 병행을 주장하였다. 그는 지(止)를 마음을 밝히는[明心] 공부로 간주하였으며, 본래의 깨끗함이 외부의 먼지로 인해서 오염되기 때문에, 지(止)를 통해서 그 본연을 회복할 필요가 있다고 보았다. 밝은 마음이 일으키는 신통은 관(觀)의 내용이 된다. 이는 마치 밝은 거울과 같아서, 멀어도 보지 못함이 없고, 또한 모든 사물을 비출 수 있다. 청정심(淸淨心)에 대한 강조는 소승선학이 대승 유심법문(唯心法門)으로 통하는 길을 열었으며, 중국 여래선의 출현에 중대한 영향을 미쳤다. 보리달마의 안심(安心), 동산법문(東山法門)의 수심(守心), 신수북종의 때때로 부지런히 털고 닦는다[時時勤拂拭]는 관심(觀心)에 이르기까지, 모두에 이러한 영향이 미치고 있음을 살필 수 있다. 강승회가 신통(神通)을 중시하고 수심(修心)을 부각시킨 것은 중국선이 안세고 계통의 소승에서 지참(支讖) 계통의 대승으로 향하는 과도기를 나타내는 것이다. 그리고 한편으로 이것은 중국선의 발전 추세를 반영하는 것이다.

　그밖에 강승회는 수선(修禪)이 "더럽고 탁함을 버리고 맑고 깨끗한 덕을 이루는 것이다."[70]라고 강조하였다. 또한 선정을 통해서, "그 마음을 단정히 하고, 그 뜻을 하나로 모으며, 중선(衆善)을 모아 마음에 두고, 모든 더러운 악(惡)을 생각하여 선(善)으로써 소멸시킨다."71)는 것을 요구하였다. 또한 만약에 "선과 악을 모두 버려서, 마음이 선을 생각하지 않으면, 또한 악도 존재하지 않는다. 마음 속이 밝고 깨끗함이, 마치 유리구슬과 같다."72)는 경지에 도달하면, 각종 신통을 일으킬 수 있다고 생각하였다. 수선명심(修禪明心)과 개인의 도덕적 함양을 연관지으면, 명심(明心) 중의 도덕화 경향이 더욱 뚜렷해진다. 이것과 강승회가 혼신을 다해 널리 전한, 대승불교의 도인도세(度人度世)의 자비정신은 일치한다. 이것은 마찬가지로 이후 여래선의 출현에 상당한 영향을 미쳤다.

당연히 총체적으로 보면, 소승 안반수의선(安般守意禪)은 조식(調息), 지의(止意), 정신집중(精神集中)으로 무욕무념(無欲無念), 징명예지(澄明睿智)의 경지에 도달할 것을 제창하였다. 그것이 편중된 것은 여전히 스스로 그 뜻을 깨끗이 하고[自淨其意], 스스로 닦고 스스로 증득하여[自修自證] 자아의 해탈을 추구하는 것이다. 또한 주로 강조하는 것은 "산택에 은거하여, 돌을 베개 삼고 흐르는 물에 세수하며, 온 마음으로 때를 씻으니, 신(神)과 도(道)가 함께 갖추어져 있다."73)라는 자리(自利)이다. 이는 아직, "여래지(如來地)에 들어가서 성지상(聖智相)의 세 가지의 기쁨이 머무름을 자각하여, 중생의 부사의(不思議)한 일을 이룬다."74)는 여래선에 속한 것은 아니었다. 그러나 안세고 계통의 선법은 사회문제를 개인의 인식문제로 귀결시켰으며, 사회문제의

---

70) 去穢燭之操就淸白之德.『안반수의경서(安般守意經序)』
71) 端其心, 壹其意, 合會衆善內著心中, 意諸穢惡, 以善消之.
72) 善惡皆棄, 心不念善, 亦不存惡, 心中明淨, 猶琉璃珠.『육도집경(六度集經)·선도무극장(禪度無極章)』
73) 隱處山澤, 枕石漱流, 專心滌垢, 神與道俱.『법경경서(法鏡經序)』
74) 入如來地, 得自覺聖智相三種樂住, 成辦衆生不思議事.

해결을 주관인식의 전변(轉變)으로 귀결시켰다. 그리고 선수행을 할 때 좌선의 형식을 취한 것 등은 이후 여래선이 출현하는데 큰 영향을 미쳤다. 안세고가 발휘한 응심입정(凝心入定)과 좌선수식(坐禪數息)은 보리달마가 중국에 와서 이입사행(二入四行)의 대승 안심선법(安心禪法)을 전하기 위한 준비 작업이 되었다. 선법의 목적을 사람의 궁극적인 해탈로 보는 강승회의 명심설(明心說)은 여래선의 수심론(修心論)에 새 길을 열어주었다. 그리고 안세고 계통의 선학을 계승하였고, 반야학자로도 유명한 도안(道安)과 혜원(慧遠) 등은 반야공관(般若空觀)으로 선법을 회통하여 여래선의 출현을 위한 기초를 더욱 견고히 하였다.

3. 실상무상(實相無相)과 무상관불(無想觀佛)

한대(漢代)에 안세고와 함께 이름을 드날렸던 사람은, 대월씨국(大月氏國)에서 온 승려 지루가참(支婁迦讖)이다. 그의 이름을 줄여서 지참(支讖)이라고 부른다. 그는 안세고보다 조금 늦게 중국에 왔으며, 중국 불교사상 처음으로 대승반야학(大乘般若學)과 대승선법(大乘禪法)을 중국에 전한 승려이다. "만약 안세고가 전한 불교 소승학설이, 당시 모종의 염세적인 사람들과 투합하고, 현실적인 비관주의의 수요를 초탈하였다고 말한다면, 지루가참이 전한 불교 대승학설은, 정신상의 자아 안위(安慰)로써, 변화하는 사회조건의 혼세주의(混世主義)의 수요에 순응한 것이다. 불교가 전하여 들어간 이 두 사조는, 모두 한말(漢末) 사회의 큰 변화가 원인이다."[75]

---

75) 『중국불교사(中國佛教史)』 제1권, 임계유(任繼愈) 주편(主編), 중국사회과학출판사(中國社會科學出版社), 1981년, 315쪽.

『출삼장기집(出三藏記集)』 13권 「지참전(支讖傳)」에 의하면, 지참은 "품행이 돈독하고 깊었으며, 성품이 활달하고 영민하였다. 법과 계를 받아 지녀서, 열심히 정진한 것으로 유명하였다. 여러 경전을 암송하였으며, 법을 선양하는 데에 뜻을 두었다. 한 환제(桓帝) 말에, 낙양으로 들어갔으며, 영제(靈帝) 광화(光和)와 중평(中平) 사이에(178-189), 오로지 호문(胡文)만을 번역하였다."76)라고 하였다. 이후의 행방은 모른다. 지참은 낙양(洛陽)에 있을 때의 10여 년 동안 계속해서 불경 14부 27권을 번역하였다. 그가 번역한 것은 대부분 대승불교의 경전이며, 그 중에 제법성공(諸法性空)77)을 널리 언급한 『도행반야경(道行般若經)』과 대승선법을 소개한 『수능엄삼매경(首楞嚴三昧經)』, 『반주삼매경(般舟三昧經)』 등이 있다. 지루가참이 번역해서 소개한 선은 대승반야학의 가르침인 대승선이기 때문에, 대승반야선이라 부를 수 있다.

대승반야학은 인도불교에서 가장 먼저 출현한 대승불교학설이다. 그것의 중심 내용은, 세계만물은 모두 인연(因緣)으로 화합되었으며, 항상 변하지 않는 자성이나 실체가 없다는 것이다. 그렇기 때문에, 모든 것은 허황하고 비현실적인 것이며, 만법이 모두 공(空)이라는 도리를 인식하고, 우주의 진실된 모습을 파악하여 해탈할 수 있다는 것이다. 우주의 진실된 모습을 파악하기 위해서는 반드시 반야(般若)에 의해야 한다. 반야는 범어의 음역(音譯)이며, 의역은 지혜(智慧)이다. 이것은 불교가 말하는, 만법성공(萬法性空)을 관오(觀悟)하고 성불할 수 있는 일종의 지혜(智慧)이기 때문에, 중국의 불학가들은 성지(聖智)를 사용해서 그것을 표현하여 세속에서 말하는 지혜와 구별하였다. 반야는 대승의 육도(六度) 가운데 하나이다. 육도는 보시(布施), 지계(持戒), 인욕

---

76) 操行淳深, 性度開敏, 稟持法戒, 以精勤著稱. 諷誦群經, 志存宣法. 漢桓帝末, 游于洛陽, 以靈帝光和, 中平之間(178-189), 傳譯胡文.
77) 지참은 제법본무(諸法本無)로 번역하였다.

(忍辱), 정진(精進), 선정(禪定), 반야(般若)의 6가지로, 생사의 차안(此岸)에서 해탈의 피안(彼岸)에 도달할 수 있는 방법 혹은 노선이다. 육도 중의 하나인 반야는 반야바라밀다(般若波羅蜜多)를 간략하게 부르는 것이다. 반야바라밀다도 범어의 음역이며, 그 뜻은 지혜로 피안에 이른다는 말이고, 지도(智度)라고 간단하게 부른다. 이것은 반야지혜(般若智慧)를 통해서 불법의 진리를 관오(觀悟)하고, 우주의 실상을 파악하여 열반 해탈의 피안에 도달할 수 있다는 것이다.

반야의 주요 특색은 제법실상(諸法實相)을 관오(觀悟)하는 것이며, 반야학의 기본이론은 만법성공(萬法性空)이다. 지참이 번역한 『도행반야경』은 노장 도가사상의 영향을 받았고, 본무(本無)를 사용해서 성공(性空)을 표현하였다. 경에서는 일체가 모두 본래 없음〔一切皆本無〕을 반복해서 강조하였고, 본무(本無)조차도 본래 없는 것〔本無〕이며, 심지어 부처와 불법도 모두 본래 없는 것이라고 말하고 있다. 『반야경(般若經)』이 일체를 타파하는 것은, 이러한 타파를 통해서 불교에서 말하는, 초언절상(超言絕相)하고 집착할 수 없는 진리를 나타내기 위함이다. 이것은 반야학 특유의 파사현정(破邪顯正)하는 차전(遮詮)의 방법이다. 즉, 부정을 통해서 긍정에 도달하지만, 어떤 것도 직접적으로 긍정하지 않는 것이다. 『반야경』에서 말하는 공(空)은 만법이 존재하지만, 이러한 만법은 진실한 실체가 아니기 때문에 집착할 수 없다는 것이다. 만법성공의 진리는 단지 만법의 진실성에 대한 부정 가운데에 존재하며, 만법을 떠나서 따로 독립적인 존재가 있다는 것은 아니다. 『반야경』에 다음과 같은 말이 있다. 즉, 색(色)과 공(空)은 둘이면서 하나이고, 색의 가유(假有)를 인식하는 것이 바로 성공(性空)의 진리를 파악하는 것이며, 또한 세속의 사견(邪見)을 타파해야 비로소 불교의 정견(正見)을 획득할 수 있다는 것이다. 그리고 불교의 정견도 단지 세속적 인식에 대한 부정 가운데 존재하며, 어떤 생각과 집착, 설령 공에 대한 집착이라고 하더라도 그것은 공관(空觀)의 요구에 부합하지 않는다. 이러한 일체에 대한 부정을 통해서 불교진리를 나타내는 사유방식은 반야선관(般若禪觀)의 출현에 깊은 영향을 미쳤다. 이러한 만법성공의 이론은 반야선(般若禪) 사상의 기초가 되었다. 반야선은 반야성공(般若性空)의 가르침에 따라 수행하는 선이며, 선수행의 목적도 반야의 사상을 파악하는 데 있고, 제법성공(諸法性空)의 우주실상(宇宙實相)을 증오(證悟)하는 데에 있다. 중생을 구제하고 미래에 부처가 되려는 뜻을 세우고, 대승육도를 수행하는 것을 보살행(菩薩行)을 닦는다고 한다. 육도(六度) 중에서 반야의 지혜가 핵심으로 여겨진다.

　대승불교는 소승불교와 다른 중요한 점이 하나 있다. 즉, 대승불교는 석가모니를 신통광대하고 전지전능하며 대자대비(大慈大悲)하고 법력이 끝이 없는 가장 높은 인격신(人格神)으로 신화한 것이다. 또한 시방삼세(十方三世)에 부처가 존재하지 않는 곳이 없으며, 사람들은 모두 부처가 될 수 있다고 생각하는 것이다. 동시에 대승불교는 소승불교가 단지 개인의 해탈을 중시하고, 개인의 이로움을 중시하지만, 대승불교는 널리 중생을 구제한다고〔普度衆生〕 여긴다. 이는 마치 큰 차나 큰 배처럼, 중생들을 싣고 생사윤회하는 차안(此岸)에서 해탈의 피안(彼岸)세계에 도달할 수 있다. 또한 스스로를 이롭게 할 뿐만 아니라 남을 더욱 이롭게 하고, 스스로를 구제할 뿐만 아니라 중생을 구제한다고 생각하였다. 이렇기 때문에, 대승불교의 가장 높은 경지는, 보살이 되어 세간에 남아 중생들의 일체 고난을 없애고 세간의 중생들을 모두 제도하는 것이며, 최후에 자신도 비로소 부처가 되는 것이다. 지참이 번역한『도행반야경』은 부처가 주관한 법회를 통해서 수보리(須菩提)가 부처의 위탁을 받고 모든 천신(天神)과 용신(龍神)을 향해서 행한 설법이다. 이는 어떻게 보살행을 수행하고, 어떻게 대승의 임무를 완수하며, 어떻게 자각(自覺)하고 각타(覺他)를 성취하여 성불할 수 있는가를 설명하고 있다. 경에서는 특별히 반야를 부각시키고 있다. 모든 공덕 중에서 오직 반야가 가장 크며, 반야지혜만이 모든 대중이 일체지(一切智)를 성취하여 성불할 수 있다고 여긴다. 육도 중에서 반야를 최상으로 삼기 때문에, "보시하고 지계하며 인욕하고 정진하여, 일심으로 모든 경교를 전하는 것은, 보살대사(菩薩大士)가 반야바라밀을 행하는 것에 미치지 못한다."[78]고 하였다. 이것은 무엇 때문인가? 이는 다른 수행이 반야의 가르침 아래서 진행되기 때문이다. 이처럼 반야학을 따라서 발전한 대승선법에는 반야가유성공(般若假有性空)의 이론이 녹아들게 되었다.

그렇다면 어떻게 반야학의 가르침 아래 선정을 수행할 것인가? 지참은 『도행반야경』과 함께 번역한 『반주삼매경』과 『수능엄삼매경』에서, 대승선법에서 가장 대표가 되는 두 선법인 반주삼매(般舟三昧)와 수능엄삼매(首楞嚴三昧)를 소개하여 반야선의 특색을 충분히 반영하였다.

수능엄삼매는 대승의 가장 중요한 선관 중의 하나이다. 이것이 중시하는 것은 어떻게 하면 선수행을 통해서 반야에 부합하는 인식에 도달하여, 보살이 되고 성불할 수 있는가 하는 것이다. 이 선은 대승의 불법을 통섭하며 불가사의한 신비한 역량을 구비하고 있다고 한다. 수능엄(首楞嚴)은 건행(健行; 힘찬 걸음걸이가 마치 나는 듯하며, 쉽게 성불할 수 있다)[79], 건상(健相; 그 性이 견고하여, 모든 악귀들이 해를 끼칠 수 없는 자)[80]의 뜻이다. 수능엄삼매(首楞嚴三昧)는 범어의 음역이며, 의역은 건행정(健行定)이나 건상삼매(健相三昧)라고 번역할 수 있다. 그것은 용자(勇者; 보살을 가리킴)에 도달하는 일종의 선이기 때문에, 용복

---

78) 以布施持戒忍辱精進一心分布請經教人, 不及菩薩大士行般若波羅蜜. 『도행경(道行經)·공덕품(功德品)』
79) 健步如飛, 易于成佛.
80) 其性堅固, 諸魔無能壞者.

정(勇伏定) 혹은 용건정(勇健定) 등으로도 번역된다. 수능엄삼매의 수행은 소승안반선이 규정하는 좌선조식(坐禪調息)을 하고, 특정한 대상을 관찰하며 특정한 사유를 진행하는 것 등의 방법과 구별되며, 그것은 사람들이 주체와 객체의 교류를 중단하고 깊은 사유를 통하여 걸림 없는 지혜를 증오하고, 그리하여 신통과 대멸(大滅)에 들어 영원히 멸하지 않는 경지에 도달할 것을 강조한다. 경 중에, "수능엄삼매는, 일사(一事) 일연(一緣) 일의(一義)로 알 수 없다. 일체의 선정, 해탈, 삼매, 신통여의(神通如意), 걸림없는 지혜가 모두 수능엄 중에 융섭되어 있다."81)라고 하였다. 선수행에서, 깊은 사유를 통하여 정신을 집중하고 신불(神佛)과 교류할 때에 신통이 뜻대로 통한다. 그래서, "몸이 모든 불국(佛國)에 두루 미치고, 부처의 일체 신력(神力)으로, 무량한 중생이 모두 이익을 얻을 수 있도록 한다."82)고 말하였다. 이와 동시에 경에서, 또한 부처와 각종 신력(神力)이 내재된 일체법(一切法)을 포함한 모든 것은 사람들의 허황한 분별의 산물이므로 집착해서는 안 된다고 하였다. 즉, "일체 제법은 모두 공하여 환(幻)과 같다. 모든 것은 화합을 좇아서 존재하므로, 만든 자가 없다. 모든 것은 기억을 좇아서 분별하여 생기(生起)한 것이다."83)라고 하였다. 이러한 일종의 비유비무(非有非無)의 반야인식에 부합하는 것은 일반 사람들이 도달할 수 없다고 제기하였다. 그래서 경에서 수능엄삼매(首楞嚴三昧)는 결코 일반 사람들이 쉽게 획득할 수 있는 것이 아니며, 비록 보살이라고 하여도 반드시 십지보살(十地菩薩)에 오른 사람만이 비로서 획득할 수 있다고 하였다. "수능엄삼매는 초지(初地), 이지(二地), 삼지(三地), 사지(四地), 오지(五地), 육지(六地), 칠지(七地), 팔지(八地), 구지(九地)의 보살은

---

81) 首楞嚴三昧, 不以一事一緣一義可知, 一切禪定解脫三昧神通如意無礙智慧, 皆攝在首楞嚴中.
82) 一身能遍至無余佛國, 能以佛一切神力, 無量衆生皆得饒益.
83) 一切諸法, 皆空如幻, 從和合有, 無有作者; 皆從憶想分別而起.

얻을 수 없다. 오직 십지(十地)에 오른 보살만이 얻을 수 있는, 이것이 바로 수능엄삼매이다."[84] 십지보살이 만약 이와 같은 삼매를 얻는다면, 일체의 불가사의한 신통을 가질 수 있으며, 생사를 초월한 열반의 영원한 즐거움을 획득할 수 있다. 또한 "이 모든 것이 반열반(般涅槃)에 나타날 수 있으며 영원히 멸하지 않는다. 또한 모든 형색(形色)을 드러내나 그 색상(色相)을 무너뜨리지 않으며, 모든 불국토(佛國土)를 두루 다녀도 국토에 분별함이 없다."[85]라고 하였다.『수능엄삼매경』이 널리 설하는 선정을 통해서 획득하는 신통과 영원불멸의 사상 등은, 중국사람들이 희망하는 장생성선(長生成仙) 등의 사상과 매우 잘 어울린다. 이렇기 때문에, 한진(漢晋) 시기에 한 차례 크게 유행한 것이다. 지참(支讖)의 초역(初譯)에서 동진(東晋) 구마라집(鳩摩羅什)의 재역(再譯)에 이르기까지 200여 년 사이를 전후해서 700여 종의 다른 한역본이 나온 것은 중국사람들의 선경(禪經)에 대한 중시를 반영하는 것이었다.

그러나 다음과 같은 점에 주의해야 한다. 즉,『수능엄삼매경』중의 '일체가 모두 환화와 같다〔一切皆如幻化〕.'는 유(類)의 사상은 한위(漢魏) 시기에 중시 받지 못했다는 점이다. 이러한 사상은 위진(魏晋) 시기에 이르러 현학(玄學)과 반야학(般若學)이 흥기한 후에, 비로소 사람들의 주의를 받기 시작하였으며, 또한 여래선의 발생에 깊은 영향을 미쳤다는 점이다. 여래선은 반야의 일체를 타파하는 '부정의 방법'을 빌려서, 초기 소승불교의 형식화 경향을 배척하였다. 또한 좌선수식(坐禪數息)의 구속에서, 근본상의 부처의 마음과 조사의 뜻〔佛心祖意〕에

---

84) 非初地, 二地, 三地, 四地, 五地, 六地, 七地, 八地, 九地菩薩之所能得, 唯有住在十地菩薩, 乃以得是首楞嚴三昧.
85) 皆能出現于般涅槃而不永滅, 示諸形色而不壞色相, 遍游一切諸佛國土而于國土無所分別.『대정장(大正藏)』15권, 629~645쪽. 지참이 번역한『수능엄삼매경(首楞嚴三昧經)』은 이미 존재하지 않으며, 이상의 인용문은 뒤의 구마라집(鳩摩羅什)의 번역본을 참고한 것이다.

대한 깨달음으로 점점 바뀌어 갔다. 이것은 시대를 달리하는 사람들이 대승선법을 서로 다르게 이해하고 받아들였음을 반영하는 것이며, 또한 중국선이 발전한 자취를 나타내는 것이다.

어떤 종교이든지, 본질상의 특징은 초인간적인 역량[神]을 믿는 것이다. 이렇게 해서, 인간의 문제를 최종적으로 신에게 위임하고, 피안세계(彼岸世界)에 도달함을 인생의 이상으로 여긴다. 이로 인해서 종교수행방법의 독특한 점은 사람들이 신과의 교류를 희망하고, 신의 보호와 축복을 받기를 바라며, 혹은 신의 역량을 빌려서 해탈을 얻기를 희망하는 것이다. 초기 유가선정(瑜伽禪定)이 추구한 범아합일(梵我合一)과 대승불교선정이 추구한 반야실상(般若實相)에 대한 깨달음은 근본적으로 말하면, 사람들이 작은 나[小我]의 유한(有限)을 초월해서 큰 나[大我]의 무한(無限)으로 돌아가는 것이다. 이 둘의 관점은 단지 대아(大我)에 대한 이해와 해설이 서로 다를 뿐이다. 대승반야학은 만법성공(萬法性空)으로 부처와 보살을 포함한 일체의 법을 타파한다. 이러한 사상의 가르침 아래 있는 대승선이 어떻게 사람과 신의 관계를 소통할 수 있겠는가? 지참이 번역한 또 다른 선경인『반주삼매경』은 여기에 대해서 구체적으로 설명하고 있다.

반주삼매는 대승반야선의 대표적인 선 중의 하나이다. 이는 전심염불(專心念佛)을 통해서 시방의 모든 부처를 눈앞에 나타내는 선정이다. 반주삼매는 범어의 음역이며, 반주(般舟)는 출현(出現), 불립(佛立)이라는 뜻이다. 이렇기 때문에 반주삼매는 불립삼매(佛立三昧) 혹은 불현전정(佛現前定)이라고 의역할 수 있다. 『반주삼매경』은 이 선정을 소개할 때, "삼매는 시방 제불을 모두 눈앞에 나타나게 하는 것이다."[86]라고 하였다. 이 삼매를 행하면, 선수행자들은 모두 무량한 공덕을 얻을 수

---

86) 有三昧, 名十方諸佛悉在前立.

있고, 장수할 수 있을 뿐만 아니라 뛰어난 재능을 얻으며, 단정하고 아름다운 용모를 얻을 수 있고 하였다. 또한 평범한 사람들이 갖지 못한 여러 가지 신통을 얻을 수 있다고 하였다. 그 신통을 예를 들면, "신족(神足)을 얻어서 여러 불국토를 거닐 수 있고, 부처의 성스러운 성품을 얻어서, 모든 경의 법을 수지(修持)하며, 모두 요지(了知)하여 잊지 않는다."87)고 하였다. 심지어, "공(功)을 세워 가득하여, 스스로 부처를 이루고, 위신(威神)이 무량함에 이른다. 부처의 경계를 이루어, 국토를 장엄한다."88)라고 하였다. 또한, "이 세간에서 시방의 무수한 불국토를 볼 수 있다. 그 가운데 인민(人民), 천룡(天龍), 귀신(鬼神) 및 유동하는 생명류가 있음을 볼 수 있으며, 선과 악이 돌아가고 모이는 모든 것을 요달하여 안다."89)라고 하였다. 이러한 삼매를 얻기 위해, 경에서는 "홀로 가만히 서방의 아미타불을 염하는"90) 수행법을 제기하였다. 만약 일심으로 서방 아미타불을 염하여, "하루 낮 하루 밤 혹은 칠일 낮 칠일 밤"91)이 지나면, 곧 아미타불이 눈앞에 나타남을 볼 수 있고, 또한 죽은 후에 아미타불국에 태어날 수 있다고 하였다. 이 선정은 끊이지 않고 늘 염불할 것을 강조하기 때문에 후세의 천태종(天台宗)은 이러한 삼매를 상행삼매(常行三昧)라고 하였다. 『반주삼매경』은 중국역사상 처음으로 아미타불 정토신앙을 중국에 전하였다. 이러한 신앙과 불립전(佛立前)의 선정이 결합되어, 염불을 통하여 관념(觀念)하는 가운데 신을 만들고, 또한 신과의 소통을 이루었으며, 따라서 신의 숭배를 창도(唱導)하고, 또한 신[佛]의 역량을 빌려서 해탈을 얻고자 하였다. 반주삼매가 제창한 염불은 이후 중국에서 타력(他力)에 의지하여 해탈

---

87) 得神足遍至諸佛土, 得佛聖性, 諸經法悉受持, 皆了知而不忘.
88) 功立相滿, 自致成佛, 威神無量, 成佛境界, 莊嚴國土.
89) 于此間見十方無數佛土, 其中人民天龍鬼神及蠕動之類, 善惡歸趣皆了知.
90) 獨一處止念西方阿彌陀佛.
91) 一日一夜若七日七夜.

을 얻는 아미타불 정토신앙의 새로운 길을 개척하였다. 그렇지만 이것이 이후의 여래선에 미친 영향은 바로 우상숭배를 없애고, 계오심성(契悟心性)하는 기연(機緣)을 제공한 것이다. 내부적인 관건은 『반주삼매경』이 동시에 신양한 반야사상(般若思想)에 있다.

반주삼매가 비록 염불의 제창을 종교적인 실천으로 여기지만, 중요한 특징을 하나 가지고 있다. 그것은 대승반야학의 가유성공(假有性空)의 교의로 염불을 통섭(統攝)하고, 반야공관의 가르침 아래서 실질적인 수행을 하도록 요구하는 것이다. 따라서 염불을 통해서 깨닫게 되는 모든 부처와 여래는 사람의 마음이 나타낸 불리(佛理)인 것이다. 사람들이 염불과 염불로 보여지는 것에 대해 집착하는 것을 방지하기 위하여, 『반주삼매경』은 전심(專心)으로 염불을 하면, 시방제불(十方諸佛)이 눈앞에 나타날 수 있다고 선양하였다. 동시에 대승반야학의 비유비무(非有非無), 만법성공(萬法性空)의 관점으로 부처를 해석하고 있다. 즉, 염불과 염불로써 보여지는 것은 근본적으로 말하면, 자기 마음(自心)의 작용일 뿐이라는 것이다. 오직 부처에 집착하지 않고 반주삼매의 수행을 통해서 염(念)과 소염(所念), 견(見)과 소견(所見)이 환화(幻化)된 것임을 깨달아야만, 비로소 부처의 지혜를 증득(證得)할 수 있고, 각오성불(覺悟成佛)을 할 수 있다고 보았다. 이것은 대승 반야학이 세속의 일체의 인식을 타파하는 부정식의 사유방식이 염불선관 중에서 구체적으로 운용된 것이다.

대승반야학은 연기론(緣起論)을 선양하여, 우주만법과 사람은 모두 인연(因緣)이 화합하여 생겨난 것으로 여긴다. 이 세계의 만사만물(萬事萬物)은 갖가지 모양과 색깔을 가지고 있는 것으로 보이지만, 사실은 인연이 화합하여 만들어진 환영(幻影)과 가상(假相)으로, 자성이 없다. 이것이 바로 성공(性空)이다. 사람들이 마음을 일으켜 생각하고 헛되이 집착하여서 가유(假有)를 참으로 여기는 것이다. 이처럼 집착의 유무는 대승반야선이 해탈 여부를 가늠하는 표준이 되었다. 만약에 생각이 있으면 잡착이 있게 되어 해탈을 이룰 수 없다. 설령 견불(見佛)에 집착한다고 할지라도, 그것은 어리석은 마음이 있는 표현이다. 경에서는 염불로 보여지는 시방제불(十方諸佛)을 꿈에서 보는 것으로 비유하고 있다. 여기에서 나아가 반야선은 사람들이 선정을 수행하여 망념(妄念)을 소멸시키고 일체개공(一切皆空)의 인식에 도달할 것을 요구한다. 경 가운데에, 보살은 불력(佛力), 삼매력(三昧力), 본공덕력(本功德力)을 가지고서, 반주삼매 중에서 보고자 하는 부처가 있으면 어떤 곳의 부처라도 볼 수 있다고 예를 들어 설명하고 있다. 그러나 이러한 봄〔見〕은 마음으로 생각하는 것일 뿐이다. "예를 들면, 사람이 젊어서는 단정하게 하여, 좋은 옷을 입고, 스스로 그 모습을 보기 좋아한다. 그래서 거울, 참기름, 깨끗한 물, 수정에 스스로를 비추어 본다. …… 거울, 참기름, 물, 수정은 깨끗하기 때문에, 스스로 그 그림자를 볼 수 있을 뿐이다. 그림자는 그 안에서 나올 수도 없고, 또한 밖에서 들어갈 수도 없다."92) 이 말은 보여지는 부처란 결코 자기의 마음 밖에 있는 것이 아니며, 자심이 청정한 상태에서 스스로 관조(觀照)한 것임을 나타낸다. 이러한 관조는 근본적으로 말하면, 물에 비친 달, 거울에 비친 꽃과 같아서, 진실된 존재가 아니다. 모든 것이 꿈과 환이어서 실재하지 않음을 인식하고, 마음이 어떤 생각도 일으키지 않는 염공(念空), 무상(無想)일 때, 반야공관(般若空觀)의 요구에 도달하는 것이다. 이것은 동시에 반주삼매(般舟三昧)의 요구이기도 하다. 이러한 반주삼매는 줄곧 대승반야사상으로 일관하였다. 그것은 반야공관의 가르침 아래 수행을 실천하며, 또한 이를 통해서 반야사상을 한층 더 명백히 하였다. 그것은 실질적으로 반야공관을 증오하는 일종의 방법임을 알 수

---

92) 譬如人年少端正, 著好衣服, 欲自見其形. 若以持鏡, 若麻油, 若淨水水精, 于中照自見之. …… 以鏡麻油水水精淨故, 自見其影耳. 影不從中出, 亦不從外入.

있다.

　모든 것이 공하다[一切皆空]고 한다면, 염불도 공이고, 염불로 볼 수 있는 부처도 공이며, 최후의 성불도 공이다. 이와 같은 추론은 불교가 이론적으로 자기의 신앙과 학설 및 수행방법의 존재적 의의를 근본적으로 부정하는 것은 아닐까? 이를 위해서 반야선은 파사(破邪)와 현정(顯正)을 운용한다. 이와 동시에 만법성공(萬法性空), 즉 일체는 마음을 따라서 존재하며, 부처도 마음이 생각하여 만들어낸 것임을 특별히 강조하였다. 이것은 외부에서 추구하려는 사람들의 눈길을 내심으로 돌아오게 하였으며, 자기의 마음속에서 정신적 해탈의 길을 찾도록 하였다. 『반주삼매경』에서 다음과 같이 말하였다. 즉, "부처는 어디에서 왔는가? 나는 어디에 이르게 되는가? '부처는 온 곳이 없고, 나도 이르는 곳이 없다'고 스스로 생각한다. '욕처(欲處), 색처(色處), 무색처(無色處), 이 삼처(三處)의 의념을 지을 뿐이고, 내가 염(念)하는 바는 곧 보게 된다'고 스스로 생각한다. 마음이 부처를 짓고, 마음이 스스로 보며, 마음이 부처의 마음이고, 부처의 마음이 나의 몸이다. 마음이 부처를 보고, 마음은 그 마음을 스스로 알지 못하고, 마음은 그 마음을 스스로 보지 못하며, 마음이 생각함이 있으면 어리석은 마음이 되고, 생각함이 없는 것이 열반이다."93)라고 하였다. 반야선이 반야성공(般若性空)을 부각시키면서 제기한 심시불심(心是佛心), 심즉불(心卽佛) 및 무상시열반(無想是涅槃) 등은 외재적인 좌선에 집착하는 소승안반선(小乘安般禪)에서 내재적인 마음의 해탈을 중시하는 대승여래선으로 발전하는 계기를 제공하였다. 반야선은 삼계에서 부처에 이르기까지, 모든 것은 자신의 마음이 만들고 의식이 만든다는 것을 제기하였다. 이는

---

93) 佛從何所來? 我爲到何所? 自念佛無所從來, 我亦無所至. 自念欲處色處無色處, 是三處意所作耳, 我所念卽見. 心作佛, 心自見, 心是佛心, 佛心是我身. 心見佛, 心不自知心, 心不自見心, 心有想爲癡心, 無想是涅槃.

여래선이 선의 중심을 안심법문(安心法門)에 두고, 마음[心]을 중심으로 이론과 실천을 전개하는 데에 길을 열어주었다.94) 우리들은 뒤의 도신(道信)이 『문수설반야경(文殊說般若經)』의 일행삼매(一行三昧)를 회통하여 형성한 안심방편법문(安心方便法門) 중에서 이러한 염불사상의 영향을 분명하게 살필 수 있다.

지참이 번역한 선경은 한대(漢代)의 사회에 그다지 크게 영향을 미치지 못했지만, 위진(魏晉) 시기가 되어서 그 빛을 크게 발하였다. 위(魏) 정시(正始; 240-249) 이후, 중국 현학의 성행으로 현풍(玄風)이 크게 유행하였다. 불교 반야학의 가유성공(假有性空)의 이론은 노장현학(老庄玄學)의 담무설유(談無說有)의 사상적 특징과 서로 일치하는 부분이 있었다. 반야학은 이를 따라 번성하였으며, 또한 현학과 합류하여 일대를 풍미한 유명한 학파가 되었다. 이와 동시에 대승반야학의 이론이 점점 풍부해져 중국선학의 발전 방향에 지대한 영향을 미쳤다. 선의 형식화 경향은 충격을 받고 수정되었다. 따라서 선의 중심은 형식을 중시하는 것에서 우주 실상에 대한 깨달음으로 점점 방향을 바뀌게 되었다. 남북조(南北朝) 불성론이 홍기한 이후, 실상과 자심자성(自心自性)은 합일의 방향으로 나아갔다. 선수행의 내용도 자성본각(自性本覺)의 기초 위에서, 주로 자성자오(自性自悟)가 되었으며, 형식상 수연이행(隨緣而行)의 경향이 출현하였다. 여래선은 바로 이러한 배경 아래에서 점차 전개되었다.

---

94) 『대정장(大正藏)』 제13권, 897-902쪽. 이상의 인용문은 지참(支讖)이 번역한 『불설반주삼매경(佛說般舟三昧經)』에서 볼 수 있다.

제3장
여래선과 선의 중국화

불교가 신의 수행을 중시하는 까닭은, 선수행을 통해서 번뇌를 극복하고, 심신을 안정시킬 수 있으며, 또한 허황된 유혹을 없애고, 지혜를 일으킬 수 있다고 생각하기 때문이다. 선이 중국에 유입된 이후 사람들은 끊임없이 탐구하였다. 선은 어떻게 마음을 의지처로 삼고, 어떠한 교리로 가르치는가? 또한 어떻게 불교의 독특한 지혜를 획득하며, 실질적인 수행은 어떻게 하는가? 이러한 것들은 모두 초기의 중국선 그 자체가 독립적이고 안정적인 성격을 형성하지 못하였음을 표명해준다. 또한 그것은 분명히 내용과 형식에 의지해서 전개되었으며, 불교의 중국화 과정 중에서 점점 성숙해갔다는 것을 나타낸다.

역사를 살펴보면, 선은 중국에서 끊임없이 변화 발전하였다. 대·소승선이 동한(東漢) 말에 이미 중국으로 전입되었으며, 중국사회에 유행한 신선도가의 호흡토납(呼吸吐納)의 영향을 받았다. 당시 실제로 널리 알려진 것은 주로 소승안반선(小乘安般禪)이었다. 소승안반선이 비록 지(止)·관(觀)의 병행을 주장하지만, 실질적인 영향을 미쳤던 것은 오히려 주로 응심입정(凝心入定)과 좌선수식(坐禪數息)의 형식과 방법이다.

소승안반선의 주창자인 안세고와 강승회 등은 모두 경을 번역하여 선관과 선법을 소개하는 데 치중하였다. 그렇기 때문에 그들도 비록 실질적인 수지(修持) 활동을 하였다고 하더라도, 전문적으로 수행한 사람들은 아니었다. 그래서 한위(漢魏) 시기 전체를 살펴보면, 당시 중국에서 선수행의 풍토는 그다지 크게 성행하지 않았다.

대승반야학이 번성함에 따라서, 선법은 점점 대승의학(大乘義學)과 서로 결합하는 길로 나아갔다. 도안(道安)·혜원(慧遠) 등이 반야와 선관을 회통하였으며, 구마라집(鳩摩羅什)과 그 제자들이 반야선을 널리 전하였다. 이러한 점들은 선과 지혜를 함께 운용하는 것이 시대 풍조가 되도록 재촉하였다.

위진(魏晉) 이후 각종 선경이 계속 번역되어 나온 것도 의교수선(依敎修禪)을 위해서 한층 더 나은 방편을 제공하였다. 축도생(竺道生) 등의 심성론(心性論)에 대한 발휘는 자심의 진성(眞性)에 직접 계합(契合)하는 선의 형성에 견고한 기초를 제공하였다. 선을 통달한 불타발타라(佛陀跋陀羅)는 대승선법을 계통적으로 소개하여 중국 선학을 전문화시켰다. 불타발타라 이후, 승조(僧稠)·승실(僧實) 등의 고행선은 결국 선수행의 풍조를 중국 전역에 크게 성행시켰다.

불교의 중국화와 동시에 전개된 선의 중국화는 선과 선수행의 내재적 의미를 계속 넓혀갔으며, 선학(禪學) 중의 심성(心性)을 점차 두드러지게 하였다. 또한 선과 선수행도 점점 원래의 좌선입정(坐禪入定)의 울타리를 벗어나 관심(觀心)하고 수심(守心)하며 인연에 따라 안심〔隨緣安心〕하는 경향을 띠게 하였다. 지참의 심작불(心作佛)에서 강승회의 명심(明心)에 이르기까지, 다시 승조의 수심(修心)과 승실의 조심(雕心)에 이르기까지, 모두 마음 공부(功夫)를 강조하였다. 이들은 모두 선학이 심종(心宗)으로 발전해 가는 과정을 보여주는 것이다.

불교의 중국화가 끊임없이 진행되는 가운데, 선(禪)과 심(心), 선과 지(智), 선과 교(敎), 선과 행(行), 선과 오(悟) 등은 서로 다른 방면으로 교차하며 발전하였다. 이러한 가운데, 중국선풍이 점점 형성되었고, 여래선도 이와 같은 풍조 아래 선의 중국화와 함께 전개되었다.

1. 선(禪)과 심(心)

선과 마음은 줄곧 끊을 수 없는 인연을 가지고 있다. 인도불교의 수선(修禪)이 마음의 해탈을 얻는 것에서, 중국 여래선의 안심(安心)·수심(守心)과 관심(觀心) 및 남북선종의 마음의 종교에 이르기까지, 모두 마음을 둘러싸고 전개되는 것이다. 그러나 소승선의 식심(息心)·전심(專心)과 대승선의 수심(修心)·안심(安心)은 차이점이 있다. 이런 차이점은 선법의 방법상에서 구체적으로 나타날 뿐만 아니라, 선법이 의지하는 선학의 이론상에서도 드러난다. 이러한 차이점은 모두 마음을 다르게 이해했기 때문이다.

불교에서, 생명의 주체가 되는 마음의 함의는 비교적 복잡하다. 그것은 사람의 정신현상과 심리활동을 가리키는 것이며, 또한 심성(心性)과 심체(心體)를 가리키는 것이다. 당대(唐代)의 승려 종밀(宗密)은 『선원제전집도서(禪源諸詮集都序)』에서, 불교경전 중의 마음에 대한 다른 이해를 전문적으로 언급하였다. 그는 "여러 경전에서, 헐뜯는 마음은 도적이므로 다스려 소멸시켜야 한다거나, 혹은 찬탄하는 마음은 부처이므로 권하여 수습(修習)하도록 한다. 혹은 착한 마음과 악한 마음, 깨끗한 마음과 더러운 마음, 탐내는 마음과 성내는 마음, 사랑하는 마음과 동정하는 마음이라고도 한다. 혹은 외경(外境)에 의탁하여 마음이 생(生)한다고 하거나, 마음이 외경을 생한다고도 한다. 혹은 적멸(寂滅)을 마음이라고도 하며, 연려(緣慮)를 마음이라고도 한다. 이처럼 각각 서로 다르다."[1]라고 하였다. 종밀은 이러한 각종 견해는 사실 마음을 다르게 표현했을 뿐이라고 보았다. 그는 불교에서 말하는 마음의 함의

---

1) 諸經或毀心是賊, 制令斷除; 或贊心是佛, 勸令修習; 或云善心惡心, 淨心垢心, 貪心瞋心, 慈心悲心, 或云托境心生, 或云心生於境, 或云寂滅爲心, 或云緣慮爲心, 乃至種種相違.

를 가장 기본적인 네 가지로 개괄하여 다음과 같이 말하였다.

마음은 대체로 네 가지가 있다. 범어도 각각 다르며, 번역도 각기 다르다. 첫째는 흘리타야(紇利陀耶; hṛdaya)이다. 이것은 육단심(肉團心)이며, 이는 신체 가운데의 오장에 속하는 심장의 뜻이다. 둘째는 연려심(緣慮心)이다. 이것은 팔식(八識)으로, 모두 사려할 수 있어서 스스로 경계가 나누어진다. 이 여덟 가지 마음은 각각 선악의 다른 작용이 있다. 여러 경전 가운데, 다양한 마음의 작용[心所]이 드러나 있는데, 총칭하여 마음이라고 한다. 이는 선한 마음이나 악한 마음 등이다. 셋째는 질다야(質多耶; citta)이다. 이는 집기심(集起心)을 말한다. 오직 팔식 중의 제팔식(第八識)인데, 이는 종자를 집적(集積)하여 현행(現行)을 낳는다. 넷째는 간율타야(乾栗陀耶)2)이다. 이는 견실심(堅實心)을 말한다. 또한 진실심(眞實心)이라고도 하며, 이는 참된 마음이다.3)

이러한 마음이 내포하고 있는 여러 가지 뜻은 불교의 발전 과정에서 점점 발전하게 되었다.

불교 입론의 중요한 기본 요지는 인생이 모두 고통이라고 여기는 것이다. 그것의 전체 이론은 근본적으로 말하면 해탈의 필요성과 가능성을 논증하는 것이다. 그리고 불교해탈의 중점은 무상보리의 획득이

---

2) 『정복보불학대사전(丁福保佛學大詞典)』에서는 범어 hṛdaya를 흘리타야(紇利陀耶), 흘리나야(紇哩娜耶), 흘리내야(紇哩乃耶), 흘리타야(訖利馱耶), 흘리나야(紇哩娜野), 흘리타야(紇利陀耶), 한율타(汗栗馱)라고 여러 가지로 음역하였으며, 이를 다시 진실심(眞實心), 견실심(堅實心)이라고 의역하였다. 또한 나무의 중심(中心)과 같은 뜻으로 사려함이 없는 마음을 간율대(肝栗大), 간율타야(干栗馱耶)라고 음역하였으며, 이는 진여법성(眞如法性), 진실한 마음, 법신(法身)이라고 하였다. 이와 달리 사려함이 있는 마음을 질다(質多; citta)라고 언급하고 있다. 이어서 종밀이 '흘리타야(紇利陀耶)를 육단심(肉團心)으로, 간율타야(干栗陀耶)를 견실심(堅實心)이라고 한 부분의 잘못을 지적하고 있다. 즉, 육단심이라고 말할지라도 사실은 진실심을 가리킨다는 것이다.
3) 汎言心者, 略有四種, 梵語各別, 翻譯亦殊. 一紇利陀耶, 此云肉團心, 此是身中五臟心也. 二緣慮心, 此是八識, 俱能緣慮自分境故. 此八各有心所善惡之殊. 諸經之中, 目諸心所, 總名心也, 謂善心惡心等. 三質多耶, 此云集起心, 唯第八識, 積集種子生起現行故. 四乾栗陀耶, 此云堅實心, 亦云眞實心, 此是眞心也.

다. 이것은 실질적으로 일종의 주관의식의 전변과 정신해탈의 실현이다. 고대 사람에게 마음은 늘 사람의 주관정신으로 이해되었다. 이로 인해서 초기불교에서 마음은 해탈의 주체가 된 것이다. 따라서 "만약 마음이 해탈하지 못하면, 해탈과 상응할 수 없다. …… 만약 마음이 해탈하면, 마땅히 해탈과 상응할 수 있다."[4]라고 생각하였다. 수 천년 동안 이것은 중국불교가 마음을 대하는 기본 도리가 되었다. 선(禪)도 예외가 아니다. 선의 내용은 대부분 수심관경(修心觀境)이며, 생각을 통해서 철저하게 사람과 사물의 본성을 보고 무상보리를 증득하는 것이다. 선은 사람의 마음을 그 활용의 기본으로 삼는데, 중국선은 더더욱 그렇다고 말할 수 있다. 이는 임제종(臨濟宗)의 창시자인 의현대사(義玄大師)가 '선은 바로 사람의 일념심(一念心)'이라고 말한 것과 같다. 선수행이라는 말의 수행은 마음의 수행을 말하는 것이다. 달마여래선의 선구자인 구나발타라(求那跋陀羅)는 마음에 의지하여 선을 닦음[依心修禪]을 설할 때, 안심법문(安心法門)의 네 가지 순서를 제시하였다.

첫째는 이치를 등지는 마음[背理心]으로, 이는 범부의 마음과 같다. 둘째는 이치를 향하는 마음[向理心]이다. 이는 생사를 싫어하고, 열반을 구하며, 적정(寂靜)으로 향한다. 이는 각 성문(聲聞)의 마음이다. 셋째는 이치에 들어가는 마음[入理心]이다. 비록 장애를 끊고 다시 이치를 드러내나, 주체와 객체[能所]가 다하지 않았음을 이른다. 이는 보살의 마음이다. 넷째는 이치의 마음[理心]이다. 이치[理] 밖의 이치가 아니고, 마음 밖의 마음이 아니어서, 이치가 곧 마음이다. 마음은 평등할 수 있으므로, 그 이름을 이치라고 한다. 또한 이치는 비추어서 밝힐 수 있으므로, 그 이름을 마음이라고 한다. 마음과 이치는 평등하므로, 그 이름을 불심(佛心)이라고 한다.[5]

---

4) 若心不解脫, 人非解脫相應. …… 若心解脫, 人解脫相應. 『사리불아비담론(舍利弗阿毗曇論)』 27권.

여기에서 제기한 4가지의 안심(安心)은 사실상 수심(修心)하는 각 단계에 따라서 범부가 성문(聲聞), 보살(菩薩)을 지나 부처가 되는 4가지 차제(次第)를 제기한 것이다. 이러한 차제(次第)는 마음이 선정수행을 통하여, 이치[理]의 관계에 대한 표준을 정하는 것이다. 따라서, 마음이 이치를 등지는 자를 범부(凡夫)라 하고, 이치로 향하는 자를 이승(二乘)이라고 한다. 또한 마음이 이치에 들어간 자를 보살(菩薩)이라 하고, 마음이 이치와 둘이 아닌 자를 부처라고 한다. 다시 말하면, 선에 의지하여 마음을 닦아서[依禪修心] 마음의 전변(轉變)을 이루는 것이 바로 중생들을 성불하게 한다는 것이다.

마음의 중요성에 근거해서, 불교의 해탈론 및 선의 이론과 실천도 모두 마음의 해탈을 어떻게 실현하느냐를 둘러싸고 전개되었다. 인도 불교의 마음에 대한 생각은 주로 두 가지로 나타난다. 첫째는 사람의 심리활동과 정신현상에 관계된 것이다. 예를 들면, 소승 『구사론(俱舍論)』의 5위(位) 75법(法) 중에서, 심법(心法)에 대한 1종과 심소유법(心所有法)에 대한 46종의 견해이다. 또한 『성실론(成實論)』의 5위 84법 중에서 심왕(心王)에 대한 1종과 심소유법(心所有法)에 대한 49종의 견해이다. 그밖에, 대승 유가행파(瑜伽行派)의 5위 100법 중에서 심법에 대한 8종과 심소유법에 대한 51종의 견해이다. 이들은 모두 사람의 심리활동과 정신현상의 부류에 속한다.6) 둘째는 심체(心體)와 심성(心性)에 대한 연구이다. 이것은 해탈의 주체가 어떻게 해탈을 실현하는가를 깊이 토론하는 것이다. 그것은 이론상으로는 해탈의 가능성과 해탈의 방법 등의 여러 내용을 포함하고 있다. 또한 실천상으로는 선정

---

5) 一者背理心, 謂一同凡夫心也. 二者向理心, 謂厭惡生死, 以求涅槃. 趣向寂靜, 各聲聞心也. 三者入理心, 謂雖復斷障顯理, 能所未亡, 是菩薩心也. 四者理心, 謂非理外理, 非心外心, 理卽是心, 心能平等, 名之爲理, 理照能明, 名之爲心, 心理平等, 名之爲佛心.

6) 심법(心法)은 모두 주관정신 활동의 주체이고, 심소유법(心所有法)은 모두 심법에 상응하여 일어나는 심리활동과 정신현상이다.

을 통한 수심(修心)을 강조하는 것이다. 선수행자는 수선의 과정 중에서 일종의 이지(理智)와 논리로 설명할 수 없는 체험(體驗)을 얻을 수 있다. 게다가 심리(心理)와 생리(生理) 상에서 어떠한 변화를 일으킬 수 있다. 이러한 각도에서 보면, 불교선의 실천도 줄곧 마음과 서로 연관되어 존재하는 것이다.

불교의 발전과 사람들의 자아에 대한 인식이 끊임없이 깊어짐에 따라서, 선과 마음은 서로 다른 시간과 공간 중에서 매우 복잡한 관계를 나타내었다.

인도 부파불교(部派佛敎) 시기에, 심성의 염정(染淨)에 대한 여러 견해가 있어서, 해탈의 가능성과 해탈의 방법에 대해 많은 관점이 대두되었다. 대중부의 각파는 모두 일반적으로, "중생의 심성은 원래 깨끗한데, 번뇌에 의해 오염되었다."[7]라고 주장하였다. 즉, 사람의 마음은 본래 청정한데, 세속세계로부터 오염되어 더러운 마음이 된 것이므로, 수선을 통하여 더러운 마음을 깨끗하게 하면, 곧 해탈을 실현할 수 있다고 보았다. 다만, 대중부는 '과거와 미래는 실체가 아니다'고 생각하였는데, 이는 바로 그들이 말한 정심해탈(淨心解脫)이 과거의 깨끗한 마음(淨心)이 아니라, 단지 미래에 해탈하는 정심(淨心)임을 단정하는 것이다. 그래서 대중부가 말하는 정심해탈(淨心解脫)은 실제로 염심(染心)으로 해탈을 실현할 수 있다는 일종의 가능성을 가리킨다. 반면에, 상좌부의 관점은 비교적 복잡하다. 그 중의 설일체유부(說一切有部)는 심성이 원래 깨끗하다는 관점[心性本淨]에 반대한다. 그들은 마음을 정심(淨心)과 염심(染心)의 두 가지로 구분하고, 해탈은 바로 정심(淨心)으로 염심(染心)을 대체하는 것이라고 보았다. 그들은 염심(染心)으로 해탈할 수 있다는 것에 반대하였으며, 해탈할 수 있는 것은 염심

---

7) 衆生心性本淨, 客塵所汚. 『수상론(隨相論)』

(染心)이 아니라, 오직 정심(淨心)뿐이라고 생각하였다. 이것과 그들이 주장하는 찰나멸(刹那滅)의 관점은 서로 일치하는 것이다. 일체의 사물이 모두 찰나에 멸하면, 염(染)에서 정(淨)에 이르는 변함없는 하나의 심체(心體)가 있을 수 없으며, 하나의 본성청정(本性淸淨)한 마음이 오염되었다가 깨끗해질 수 없다. 또한 상좌부 중의 화지부(化地部)와 법장부(法藏部) 등의 견해는 이것과 다른 점이 있다. 그들은 모두 "심성은 원래 깨끗하나, 번뇌에 오염되었다."[8]고 주장하여, 대중부와 비슷한 관점을 보이고 있다. 그러나 대중부와 다른 점은, 그들은 하나의 체성(體性)이 줄곧 변하지 않는 마음이 있다고 보았다. 즉, 이러한 마음은 번뇌에 오염되어도 결코 본성의 깨끗함[本性淸淨]에 영향을 받지 않는다고 여겼다. 따라서, 수행을 통해서 오염을 제거하고 깨끗하게 하여 〔去染還淨〕, 마치 옷을 빨고 거울을 닦는 것처럼, 더러운 때를 제거하면, 바로 깨끗함을 보인다고 생각하였다. 그래서 그들은 선정 등의 수심(修心)의 실천을 통해서 오염을 제거하고 깨끗하게 하여〔去染還淨〕 마음의 청정(淸淨)한 본성을 회복할 것을 강조하였으며, 이것이 바로 해탈이라고 생각하였다.

소승불교는 기본적으로 연기론(緣起論)과 무아설(無我說)을 견지한다. 따라서 그들이 말하는, 더럽고 깨끗한 염정(染淨)의 마음은 일반적으로 정신실체(精神實體)적인 뜻이 없다. 그들은 단지 마음을 업보(業報)와 해탈의 주체로 가설(假說)하였으며, 마음은 또한 진정한 마음〔眞心〕이 아니라고 생각하였다. 이러한 마음에 따라서 진행되는 선수행은 대부분 마음의 잡념을 없애고, 오로지 불교의 세계관에 따라서 우주와 인생의 본질을 생각하는 데 있다. 대승불교가 흥기함에 따라, 불교의 불성론(佛性論)은 비로소 근본적으로 변화되었으며, 선의 이론과 실천

---

8) 心性本淨, 爲客塵染.

도 새로운 특징을 많이 형성하였다.

대승불교도 심성문제를 자기 해탈론의 기본 사항 중의 하나로 여겼으며, 게다가 공(空), 유(有) 등의 다른 각도에서 심성본정(心性本淨)을 해석하였다. 대승공종(大乘空宗)은 성공(性空)으로 마음의 본정(本淨)을 해석하였으며, 게다가 "공(空)이 바로 청정(淸淨)임"9)을 강조하였다. 이처럼 본정(本淨)은 단지 마음뿐만 아니라, "일체의 법(法)이 본래 맑고 깨끗하다."10)고 하였다. 대승의 유종(有宗)은 진여(眞如)의 체성(體性)이 청정함을 들어, 심성의 본정(本淨)을 설하였다. 즉, "심성은 깨끗한 것이다. 번뇌로 물들더라도, 마음은 진여를 떠나지 않으므로, 따로 심성의 깨끗함이 있는 것이다."11)고 생각하였다. 그리고 대승불교 중기에 발전하게 된 불성-여래장 사상은 바로 마음을 법성(法性), 불성(佛性), 해탈(解脫) 등과 함께 연관지어 특별히 부각시켰다.

불성(佛性)은 본래 부처의 본성(本性)이라는 뜻을 가지고 있다. 수(隋) 시기의 혜원(慧遠)은 『대승의장(大乘義章)』에서, 불성은 부처의 체성(體性)이라고 말하였다. 대승불교는 부처를 신으로 여겼다. 그래서 불성을 언제나 변하지 않는 존재로 묘사하였고, 불성은 상락아정(常樂我淨)의 4덕(德)을 구비하고 있다고 생각하였다. 또한 일체 중생은 모두 불성이 있으며, 중생은 단지 불성을 명확하게 보기만 하면 바로 영원한 즐거움을 얻을 수 있으며 해탈 성불할 수 있다고 제기하였다. 이뿐만 아니라 대승불교는 더 나아가 상락아정(常樂我淨)의 불성설(佛性說)을 우주만물의 본질로 여겼다. 이러한 의의에서 불성은 또한 법성(法性)이라 부를 수 있다. 길장(吉藏)은 『대승현론(大乘玄論)』3권에서 불성(佛性), 법성(法性), 진여(眞如), 실제(實際) 등은 바로 불성의 다른

---

9) 畢竟空卽是畢竟淸淨.『대지도론(大智度論)』63권.
10) 一切法本淸淨相.『소품반야경(小品般若經)』8권.
11) 已說心性淨, 而爲客塵染, 不離心眞如, 別有心性淨.『대승장엄경론(大乘庄嚴經論)』6권.

이름이라고 언급하였다. 불성·법성과 인심(人心)의 관계는 어떠한가? 대승불교는 불성·법성이 사람에게 있으며, 이는 바로 여래장(如來藏) 자성청정심(自性淸淨心)이라고 생각하였다. 여래장(如來藏)의 장(藏)은 태장(胎藏)이라는 뜻이다. 여래장은 여래가 태장(胎藏) 중에 있다는 말로, 이는 실제로 불성이나 자성청정심의 다른 이름이다. 다만, 이는 불성이나 청정심이 일체중생의 몸 속에 존재하고 있음을 구체적으로 설명한 것이다. 또한 여래장은 중생의 생사가 의지하는 바이며, 중생성불의 내재적 근거이다. 여래장 자성청정심에 근거해서 수행하는 것은 이후 달마여래선의 기본 특색 중의 하나가 되었다.

달마가 중국에 와서 전한 남천축일승종(南天竺一乘宗)의 선은 자교오종(藉敎悟宗)을 주장하였다. 무엇을 자교오종이라고 하는가? 『능가사자기(楞伽師資記)』의 기록에 의하면, "중생에게, 범부와 성인의 동일한 진성(眞性)이 있지만, 객진(客塵)이 허망하게 가리고 있어, 나타나지 못함을 깊게 믿는 것이다."12)라고 하였다. 헛됨을 버리고 참됨으로 돌아가기 위해〔舍妄歸眞〕, 응주벽관(凝住壁觀)하여 수선하는 것이다. 만약 "너와 나의 구분이 없고, 범부와 성인이 하나로 같으며, 견고히 머물러 움직이지 않고, 언교(言敎)에 따르지 않음"13)에 도달할 때, 바로 도를 깨달은 것이다. 여기서 빌린다〔藉〕는 교법(敎法) 가운데, '범부와 성인이 동일한 진성(眞性)을 가지고 있고', '객진(客塵)이 허망하게 가리고 있으며', '헛됨을 버리고 참됨으로 돌아가는 것' 등은 바로 여래장 자성청정심 사상에서 나온 것이다. 신수북종(神秀北宗)의 선법에 이르러서는 관심간정(觀心看淨)을 강조하고, "언제나 부지런히 먼지를 털고 닦아, 먼지와 티끌이 묻지 않도록 하는 것"14)을 주장하였다. 이것이

---

12) 深信含生, 凡聖同一眞性. 但爲客塵妄覆, 不能顯了.
13) 無自無他, 凡聖等一, 堅住不移, 更不隨于言敎.
14) 時時勤拂拭, 莫使有塵埃.

의지하는 것은 분명히 여래장 자성청정심과 상통하는 것이다. 이것은 달마계통이 전한 선이 여래선이라 불리는 중요한 원인 중의 하나이다.

달마여래선의 안심선법(安心禪法)은 인도불교의 심성본정(心性本淨), 객진소염(客塵所染)의 심성론을 계승한 것 이외에도, 중국전통의 심성학설과도 매우 깊은 관계를 가지고 있다. 다시 말하면, 달마계 여래선의 특징은 인도선과 인도 불성론이 중국화된 산물이라고 말할 수 있다.

중국 유가와 도가의 심성학설은 모두 나름대로의 견해를 가지고 있다. 그것은 바로 사람의 마음은 근본적으로 말하면 완전무결한 것이며, 세계의 본원인 천(天)과 도(道) 역시 모두 사람의 마음속에 존재하는 것이라고 생각하는 것이다. 맹자(孟子)는 인심(人心)은 바로 천심(天心)이며, 마음을 다하면〔盡心〕성(性)을 알고 하늘을 알 수 있게 되어, 천인합일(天人合一)의 경지에 도달할 수 있다고 생각하였다. 장자(莊子)는 진심(眞心)을 도심(道心)으로 간주하였으며, 도는 자연을 본받고〔道法自然〕, 도심이나 진심도 자연적인 마음이라고 보았다. 이러한 자연의 정(情)이 충만한 진심은 마음 중에서 가장 완미(完美)한 것이다. 자연무위(自然無爲)의 천도를 본받아 진심을 간직하거나, 혹은 세속의 명리심(名利心)을 없애고 순박한 진심으로 돌아가면, 바로 자연의 이치〔自然之理〕와 천지의 아름다움〔天地之美〕을 체험할 수 있다. 또한 자아를 초월해 사해(四海)의 밖에서 노닐 수 있으며, "홀로 천지정신과 교류할 수 있다."[15] 바로 "천지와 내가 함께 생(生)하고, 만물과 내가 하나가 되는"[16] 경지에 도달할 수 있는 것이다. 그래서 중국의 전통사상 중에서 천인합일(天人合一)은 일종의 사유방식이고 정신적 경지이다. 그것의 중요한 입론적 기초는 바로 인심(人心)에 있다. 만약에 인

---

15) 獨與天地精神往來.『장자(莊子)·천하(天下)』
16) 天地與我幷生, 而萬物與我爲一.『장자(莊子)·제물론(齊物論)』

심이 천지만물과 교류할 수 있다면, 사람은 마음 밖에서 진리를 찾을
필요가 없으며, 모든 문제는 자기의 마음 중에서 원만히 해결할 수 있
다. 이른바, "만물은 모두 내 안에 갖추어져 있다. 자신을 돌이켜 정성
을 다하면, 그 즐거움이 어찌 크지 않겠는가?"17)이다. 수행방법상에서
표현한다면, 바로 양심(養心)과 놓아버린 마음을 찾음[求其放心]을 중
시하는 것이며, 좌망(坐忘)과 심재(心齋)와 척제현람(滌除玄覽)을 제창
하는 것이다. 달마계통의 여래선의 사망귀진(捨妄歸眞), 여도명부(與道
冥符)나 수본진심(守本眞心) 그리고 심경일여(心境一如) 등과 대조해서
보면, 여래선과 전통 유가나 도가의 사유노선의 유사점을 분명하게 볼
수 있다. 이는 유·도 등의 전통 심성설이 선의 중국화에 큰 영향을
미쳤음을 알 수 있는 부분이다.

선은 지관(止觀)의 두 문을 통해서 세속을 초월한 영원한 심경(心
境)을 추구한다. 그러나 어떻게 구체적으로 선을 수행하여, 마음의 더
러움을 제거하고 깨끗하게[去染歸淨] 하여 해탈할 수 있는가? 이것은
중국선이 줄곧 연구해 온 과제이다. 또한 중국 전통 심성론의 영향 아
래에서 수많은 다른 견해를 형성하였다. 삼국시기 동오(東吳)의 강승회
(康僧會)는 명심설(明心說)을 제기하였다. 그는 본심(本心)은 깨끗하나
본래의 깨끗한 마음이 만약 외부 환경의 미혹을 받게 되면, 오히려 망
심(妄心)이 되어 수많은 불결한 생각[穢念]들이 생길 수 있으며, 이러
한 예념(穢念)의 영향 아래에서 각종 악업(惡業)을 조성하게 된다고
생각하였다. 안반선(安般禪)의 수행을 통해서 정심(淨心)을 회복하고
깨끗한 마음을 볼 수 있으며, 일체의 지혜를 얻을 수 있다. 여기의 마
음은 생명의 근본이며 해탈의 주체고, 또한 변화하고 있는 심리활동의
과정이다. 선수행은 망념(妄念)을 없앨 수 있고, 망심(妄心)을 깨끗하게

---

17) 萬物皆備于我矣, 反身而誠, 樂莫大焉. 『맹자(孟子)·진심상(盡心上)』

할 수 있는데, 이것이 바로 마음의 해탈과정이다. 생명의 주체가 되는 마음이 해탈하면, 사람도 일체의 지혜를 얻을 수 있으며, 각오(覺悟)를 획득할 수 있다. 이러한 관점은 점수점오(漸修漸悟)의 경향을 갖추고 있는 것이다.

대승반야선에서 보면, 강승회의 생각은 여전히 집착하는 바가 있다. 집착하는 바가 있으면 마음은 근본적으로 해탈을 얻을 수 없다. 그래서 일체개공(一切皆空)의 이론에서 출발한 대승반야선은 마음에 집착함이 없고[無心執著], 정심(淨心)으로 해탈함을 더욱 강조하였다. 지참이 번역한『반주삼매경』에, 바로 "마음이 부처를 만들고, 마음이 스스로 본다. 마음은 부처의 마음이고, 부처의 마음은 나의 몸이다. …… 마음에 생각함이 있으면 어리석은 마음이 되고, 마음에 생각함이 없으면 열반이다."18)라고 강조하였다. 이는 반주삼매(般舟三昧)로 집착을 없애고, 자심작불(自心作佛)할 것을 주장한 것이다. 동진(東晉)의 도안(道安)은 대승반야학의 본무론(本無論)으로 소승선학을 관통하여 택심본무(宅心本無)를 주장하였다. 다만, 택심본무라 할지라도 분명히 마음이 있어서 의탁[宅]할 수 있고, 무(無)가 있어서 근본일 수가 있다. 그의 제자인 혜원(慧遠)의 반본구종(反本求宗)과 명신절경(冥神絶境)은 법성(法性)이 실유(實有)함과 심신(心神)의 불멸을 더욱 강조한 것이다. 혜원은 염불선에 마음을 기울여, 서방정토(西方淨土)에 왕생(往生)할 것을 희망하였다. 또한 그는 마음을 깨끗이 하고, 마음을 제어하여, "아득히 지극함을 품고, 지혜가 우주에 머무는"19) 경지에 도달할 것을 더욱 중시하였다. 유심선원(游心禪苑)의 지도림(支道林)에 이르러, 그의 즉색유현론(卽色游玄論)은 한편으로 선법을 반야학의 절념망려(絶念忘慮), 무심소요(無心逍遙)로 이끌었고, 선법을 단지 무심소요의 경지에

---

18) 心作佛, 心自見, 心是佛心, 佛心是我身. …… 心有想爲痴心, 無想是涅槃.
19) 冥懷至極, 智落宇宙.

도달하는 일종의 수단으로 이해하였다. 다른 한편으로는 여전히 지인의 마음〔至人之心〕을 부각시켜, 줄곧 마음의 초탈을 가장 위에 두었다. 설사 중국 반야학의 대가인 해공제일(解空第一)의 승조(僧肇)라고 할지라도, 일체의 지견(知見)의 집착을 없애는 동시에, 보이는 대상 밖의〔所見之外〕존재를 지향하였으며, 불성진심(佛性眞心)의 묘유(妙有)에 대한 기대를 가지고 있었다. 또한 "일체 사법(事法)과 형상(形相)은 모두 마음으로 말미암아 이루어졌다."[20], "해탈자는 심법(心法)에 자재한다."[21]는 것을 강조하였다. 승조와 동학인 승예(僧叡)는 『열반경(涅槃經)』과 『법화경(法華經)』등을 접할 기회가 있었기 때문에, 반야실상학(般若實相學)과 열반불성론(涅槃佛性論)을 회통하여 좀더 이해할 수 있었다. 또한 반야공관(般若空觀)과 대승불교(大乘佛敎)의 유심(唯心) 법문을 서로 결합해서 선법의 마음을 놓아두는〔厝心〕작용을 강조하였다. 그는 특별히 선법의 심력(心力)을 기르는 작용을 강조하여, "마음은 형체가 없기 때문에, 그 힘은 위가 없다. 신통변화는 불가사의한 마음의 힘이다. 심력이 온전하면, 마음이 어두움에서 밝아질 수 있다."[22]라고 생각하였다. 여기에서 알 수 있는 것은, 중국 대승선은 그 발전과정 중에서 줄곧 마음과 끊을 수 없는 고리를 가지고 있다는 것이다. 따라서, 자심자성(自心自性)이 선법 중에서 줄곧 중요한 위치를 차지하고 있다. 대승반야학의 절언소상(絶言掃相)의 결과는 진심불성(眞心佛性)을 드러내기 위한 길을 정리해준 것이다. 이것은 또한 승조(僧肇), 승예(僧叡) 등이 중국의 진공(眞空) 반야학(般若學)을 최고의 자리로 올려놓은 이후, 얼마 지나지 않아서 축도생(竺道生) 등이 전한 묘유(妙有) 심성론(心性論)이 빠르게 유행한 원인이고, 아울러 여래선의 발생

---

20) 萬事萬形, 皆由心成.
21) 解脫者, 自在心法也.
22) 心無形, 故力無上. 神通變化, 不思議心之力也. 心力既全, 乃能轉昏入明. 『관중출선경서(關中出禪經序)』

에 큰 영향을 미친 중요 원인 중의 하나이다.

  축도생은 반야의 무상(無相)의 실상(實相)으로 만법, 즉 중생과 부처의 공통적인 본질로 삼았다. 그는 불성·법성과 중생의 청정심(淸淨心)을 동일시켰고, 따라서 수선(修禪)의 외경(外境)에 대한 추구를 내재적인 자심자성(自心自性)의 깨달음으로 바꾸었다. 또한 허망함을 제거하여 참됨을 구하는 것과〔去妄求眞〕, 근본으로 돌이켜 성품을 증득하는 것〔反本得性〕을 정심(淨心)의 수행실천으로 귀결시켰다.23) 축도생의 강력한 창도 아래, 남북조(南北朝) 시기의 열반불성론은 크게 성행하였다. 각계 불성학설의 보편적인 경향은 바로 항상 불변하는 불성과 주체의 자심(自心)과 심식(心識)을 직접 연관시켜서, 마음을 정인불성(正因佛性)으로 간주하는 것이었다. 즉, 자심(自心)을 해탈성불(解脫成佛)의 주요 원인으로 생각한 것이다. 축도생 등의 심성론에 대한 발양은 직접적으로 자심자성(自心自性)의 여래선을 위한 견실한 기초가 되었다. 그리고 승예(僧叡)와 축도생(竺道生) 등은 반야실상(般若實相)의 뜻을 깨달아 열반불성설을 회통하였다. 이들은 이언소상(離言掃相)의 기초 위에, 중생의 진심성불(眞心成佛)을 중시하는 것으로 방향을 바꾸었다. 이러한 비유비무(非有非無)의 우주실상과 중생의 자심자성(自心自性)을 하나로 융합하였다. 따라서 우주실상에 대한 깨달음에서 점점 자심자성에 대한 깨달음으로 향하는 사유노선은, 더욱 더 여래선의 안심(安心), 수심(守心)과 자성자도(自性自度)의 중요한 전제가 되었다.

  또 제기할 만한 것은 『유마경(維摩經)』의 심성학설이 중국선에 지대한 영향을 미쳤다는 것이다. 『유마경』을 처음 번역한 사람은 삼국 시기의 지겸(支謙)이다. 그는 지참을 계승한 이후, 대승반야선을 전문적으로 번역한 중요 인물이며, 본적은 대월지(大月支)이다. 그의 조부 법

---

23) 『유마경주(維摩經注)』, 축도생(竺道生), 『대정장(大正藏)』 38권 참조.

도(法度)는 한 영제(漢靈帝) 때에 그 나라 사람 수백 명을 이끌고 동한(東漢)으로 귀화하였다. 그래서 그는 어린 시절을 낙양에서 보냈으며, 어릴 때부터 중국의 전적(典籍)과 호서(胡書)를 공부하여, 육국어(六國語)를 완전히 통달하였다. 후에 지참의 제자인 지량(支亮)에게서 수학했는데, "전적을 널리 읽고, 연구하며 익히지 않음이 없다. 세간의 예술을 두루 익혔다."24)라고 하여, 지랑(智囊, 지혜가 가득한 사람)이라고 불려졌다. 그는 대승선경(大乘禪經)인 『혜인삼매경(慧印三昧經)』과 『수능엄경(首楞嚴經)』 등을 번역하였으며, 『유마힐경(維摩詰經)』 두 권도 번역하였다. 『유마힐경』은 반야류 경전의 기초 위에 발전되어 나온 대승경전이다. 경 자체가 비록 선법을 전문적으로 설하지는 않지만, 유(有)와 무(無)를 떠난 불이법문(不二法門)을 통해서, 세간과 출세간이 둘이 아니고, 생사와 열반이 둘이 아님을 강조하였다. 이는 불교의 출세해탈(出世解脫)을 세속세계로 전향하였으며, 출세는 입세를 떠나지 않고〔出世不離入世〕, 입세로 출세를 추구할 것〔入世以求出世〕을 강조하였다. 게다가 유심정토설(唯心淨土說)을 널리 선양하여 중국선에 큰 영향을 미쳤다. 경에서는, 사람들이 살고 있는 국토가 바로 보살국토(菩薩佛國)라고 제기하였다. "마음이 청정한 사람은, 곧 스스로 여러 부처의 나라가 청정함을 볼 것이다."25) 다시 말하면, 이것은 다만 자기의 사상을 정화(淨化)하기만 하면, 불국은 바로 사람에게 있다는 것이다. 구마라집(鳩摩羅什)의 번역본은 이를 더욱 더 분명하게 표현하였다. "정토를 얻고자 하면, 그 마음을 깨끗이 해야 한다. 그 깨끗한 마음을 따라서, 곧 불토(佛土)가 깨끗해진다."26)라고 하여, 마음의 전변을 해탈 여부의 지표로 삼고 있다. 그리고 마음의 해탈에 도달하기 위

---

24) 博覽經籍, 莫不究練, 世間藝術, 多所綜習.
25) 若人意淸淨者, 便自見諸佛國淸淨. 「불국품(佛國品)」
26) 欲得淨土, 當淨其心, 隨其心淨, 則佛土淨.

해서는 일체의 집착과 수선형식에 대한 집착을 버려야 한다. 경에서는 외곬으로 연좌(宴坐)하는 것을 비평하여, 고목처럼 앉아만 있는 것은 세상이나 자기에게 모두 이롭지 않다고 생각하였다.『유마경』에서, 집착하지 않음은 연좌를 타파하는 것일 뿐만 아니라, 세간생활을 버리지 않고 수행하는 대승반야선의 실질적 요구가 되었다.『유마경』이 출세(出世)와 입세불이(入世不二)의 기초 위에서 제창한 선법은, 실제로 형식에 구애받지 않으며 마음으로 증득하는 해탈을 중시하는 길로 들어선 것이다. 세상의 모든 것이 허구이고 실제가 아니며 공(空)이라면, 사람의 마음은 다시 무엇을 집착할 수 있을까? 승예(僧叡)나 승조(僧肇) 등의 고승들은 바로『유마경』의 무심집착(無心執著), 유심정토(唯心淨土)의 영향 아래 불교에 귀의하였다.『유마경』이 널리 퍼짐에 따라서, 연좌(宴坐)는 점점 배척을 받았다. 특히 위진현학과 대승반야학의 성행 및 남북조 불교 심성론의 성행은 선이 앉는다는 형식에 다시는 얽매이지 않도록 하였으며, 나아가 마음의 깨달음을 부각시켰다.

출세는 입세를 떠나지 않는다는 것〔出世不離入世〕은 유가문화의 영향을 깊이 받은 문인 사대부들을 매료시키고 사회에 지대한 영향을 미쳤다. 하지만, 불교의 기본 특징 중의 하나가 바로 출가수행(出家修行)으로 해탈(解脫)을 얻는 것이다. 그래서 오랜 기간 동안 수많은 선수행자들은 여전히 속세를 떠나 선업(禪業)의 수행에 정진하였다. 그러나 선수행자들은 이미 섭심입정(攝心入定)에 만족하지 않고 수심(修心)을 매우 중시하기 시작하였다. 예를 들면, 북위(北魏) 때, 산중에서 선업(禪業)을 닦으며 고행을 하던 승조(僧稠) 선사가 바로 "불법의 본분은, 뜻이 수심에 있다."[27]라고 분명하게 제기하였다. 선수행을 자기의 본분으로 여겼던 승실(僧實)도 "삼학(三學)을 통람하였으며, 오직 구차

---

27) 佛法要務, 志在修心.『속고승전(續高僧傳)·승조전(僧稠傳)』

(九次)로 마음을 새겼다."28)고 하였는데, 구차제정(九次第定)을 부지런히 수행하는 목적은 마음을 새기기〔雕心〕 위함이라고 하였다. 이러한 것은 모두 마음이 중국선의 발전 중에서 나날이 중요한 위치를 차지하게 되었음을 보여주는 것이다. 또한 형식에 구애받지 않고 본심(本心)을 부각시키는 것이 점점 중국선의 방향이 되어갔다는 것을 설명해 주는 것이다. 남조(南朝) 제양(齊梁) 시기에 이르러, 보지(寶誌)와 부대사(傅大士)는 즉심즉불(卽心卽佛)을 제기하였다. 이는 바로 의심수선(依心修禪)과 이선수심(以禪修心)의 중국적 특색의 선풍이 처음 이루어졌음을 분명하게 보여주는 것이다.

보지(寶誌)는 선승(禪僧)으로 일생동안 선수행을 업으로 삼았으며, "물에도 젖지 않고 불에도 타지 않으며, 뱀이나 호랑이도 해를 입힐 수 없다."29)라는 등의 신통을 가지고 있었다. 이뿐만 아니라, "그 불리(佛理)를 말하자면, 곧 성문의 위이고, 그 은둔함을 말하자면, 곧 고고한 선인(仙人)이다."30)라고 하였다. 그는 불도에 매우 능통하였기 때문에, 양무제(梁武帝)의 존경과 신임을 깊이 받았다. 우리는 보지(寶誌)를 통해서 선(禪)과 마음이 어떤 관계 속에서 발전하였는가를 분명하게 볼 수 있다. 보지는 소승선학과 북방선풍의 영향을 받았으며, 오랫동안 일어나지 않고서 행하는 좌선입정(坐禪入定)을 숭상하였다. 이후에 그는 노장현학과 반야삼론학의 영향을 받아, 선풍을 변화시켜 즉심즉불(卽心卽佛)을 제창하였다. 그의 명언 중에, "즉심즉불(卽心卽佛)을 이해하지 못하면, 소를 타고서 소를 찾는 것과 같다."31)라는 말이 있다. 여기에 의지해서 수행하는 것이 바로 명상(名相)과 형식(形式)에 얽매이지 않고 직접 심성(心性)에 계합하는 것이다. 이와 관련된 기록에 의하

---

28) 雖三學通覽, 偏以九次雕心. 『속고승전(續高僧傳)・승실전(僧實傳)』
29) 水火不能燃濡, 蛇虎不能侵懼.
30) 語其佛理, 則聲聞以上, 談其隱淪, 則遁仙高者.
31) 不解卽心卽佛, 眞似騎牛覓牛.

면, 중년 이후에 그는 확실히 선의 형식에 구애받지 않았으며, 명상(名相)에 떨어지지 않았다고 한다. 그는 가고 머물고 앉고 눕는 것[行住坐臥]을 마음에 따라 행하였으며, 중국 선자(禪者)들이 가지고 있는 노장사상의 기풍을 드러내었다. 그와 동시에 이름을 드날렸던 부대사(傅大士)도 선수행을 업(業)으로 삼았으며, 그도 신비한 전설이 매우 많은 선승이다. 그 역시 반야(般若)와 노장(老莊)의 영향을 깊이 받았으며, 자심(自心)이 부처라고 강조하였다. 그는 『심왕명(心王銘)』에서, "근본을 요달하여 마음을 식별하고, 마음을 식별하여 부처를 본다. 이 마음이 부처이고, 부처가 이 마음이다. …… 마음이 부처로 나아가는 것이다. …… 부처가 내재함을 알게 되어, 밖으로 향하여 찾지 않는다. 마음으로 나아가는 것이 부처로 나아가는 것이고, 부처로 나아가는 것이 마음으로 나아가는 것이다."32)라고 말하였다. 또한 선가에서는, "빈손에 호미 잡고, 물소 타고 길을 가네. 사람은 다리 위로 지나고, 다리 밑의 물은 흐르지 않네."33)라는 그의 게송이 광범위하게 유행하였다. 이 선의(禪意)가 넘쳐흐르는 시는 일상적인 도리에 잘 맞지 않는 것으로 들린다. 그러나 바로 이와 같은 모순 속에 불교 반야학의, "있으나 있지 않고, 공하나 공하지 않으며"34), "유(有)에 처하나 무(無)를 잃지 않고, 무에 처하나 유를 버리지 않는다."35)는 집착함이 없는 정신을 체현하였다. 즉, 만사만물(萬事萬物)이 모두 내 마음에서 이루어진다는 불리(佛理)를 표현하였다. 만사만물이 모두 마음으로 말미암아 이루어진다면, 염념(念念)히 수선하는 자심도 생각하는 도중에 범부를 짓고 성인을 지을 수 있다. 불교 심성학설은 반야학의 상을 버림[掃相]을

---

32) 了本識心, 識心見佛. 是心是佛, 是佛是心. …… 心卽是佛, …… 知佛在內, 不向外尋. 卽心卽佛, 卽佛卽心.
33) 空手把鋤頭, 步行騎水牛; 人從橋上過, 橋流水不流.
34) 在有不有, 在空不空.
35) 處有不失無, 在無不捨有.

거치고, 노장현학의 종지를 융입하여 다시 선과 결합하였다. 이는 중국 선이 장차 성숙해져 가는 것을 명시하는 것이며, 이후 달마 여래선의 흥기와 남종선의 융성을 예시해 주는 것이다.

달마계의 여래선은 완전히 마음을 둘러싸고 전개된 것이라고 할 수 있다. 달마는 벽관(壁觀)의 안심법을 제창하였다. 즉, 안심(安心)으로 진성(眞性)에 계오하고, 도와 더불어 어긋남이 없으면, 바로 탐착함이 없게 되고, 나도 남도 없으며, 인연에 따라 행하게 된다는 것이다. 이조혜가(二祖慧可)는 불교의 불법승(佛法僧)의 삼보(三寶)를 마음에 통일시켰으며, "이 마음이 부처이고, 이 마음이 법이다. 법과 부처는 둘이 아니며, 승(僧)도 또한 이와 같다."36)는 것을 제기하였다. 삼조승찬(三祖僧璨)의 『신심명(信心銘)』에도, 청정본심(淸淨本心)과 자연자족(自然自足)을 확립한 기초 위에서, 일종의 집착함도 증득함도 없는 수선생활을 제창하였다. 사조도신(四祖道神)은 더욱 "백천의 법문이라도, 모두 마음으로 돌아가고, 항하사와 같은 묘덕(妙德)도 모두 심원(心源)에 있다."37), "마음을 떠나 달리 부처가 없으며, 부처를 떠나 달리 마음이 없다. 부처를 염하는 것이 곧 마음을 염하는 것이고, 마음을 구하는 것이 곧 부처를 구하는 것이다."38)는 것을 더욱 강조하였다. 게다가 마음에 의지하여 수선하는 다섯 가지 방법을 제기하였다. 이것은 이후에 신수 북종선이 한층 더 계승하고 발휘하게 되었다. 오조홍인(五祖弘忍)의 수본진심(守本眞心), 신수의 식망수심(息妄修心)에 이르기까지, 그 선법은 모두 마음을 벗어나지 않았다. 설사 혜능(惠能) 남종의 직현심성(直顯心性)이라고 하더라도 여전히 마음에 의지해서 이루어진 것이며, 다만 마음에 대한 해석이 약간 다를 뿐이다. 여기서,

---

36) 是心是佛, 是心是法, 法佛無二, 僧寶亦然.『경덕전등록(景德傳燈錄)』3권.
37) 百千法門, 同歸方寸, 河沙妙德, 總在心源. 앞의 책, 4권.
38) 離心無別有佛, 離佛無別有心. 念佛卽是念心, 求心卽是求佛.『입도안심요방편법문(入道安心要方便法門)』

여래선은 인도선이 중국화 되는 과정 중에서 변화 발전하여 나온 산물이며, 불교의 심성론이 중국화 되는 과정 중에서 출현한 것임을 알 수 있다.

  선(禪)과 마음은 줄곧 관계가 밀접하기 때문에, 중국선도 대승선의 수심(修心)의 전통을 발전시켰다. 따라서 중국역사상에서 수선(修禪)은 수심(修心)으로, 전선(傳禪)은 전심(傳心)으로 불려졌다. 그리고 달마 여래선이 전한 것은 불조(佛祖)의 심법(心法)이며, 수행 방법은 안심(安心) 법문이라고 여겨졌다. 『능가경』에 의지하여 전한 법은 『능가경』으로 전한 심인(心印)이라고 생각하였다. 더 나아가서 여래선 후기인 동산법문(東山法門)을 시작으로, 선문(禪門)은 전불심인(傳佛心印)의 깃발을 내걸었다. 옛날 영산(靈山) 법회에서 여래가 꽃을 들자, 가섭이 살며시 웃었다고 하는 것은, 바로 여래가 가섭에게 심법(心法)을 엄밀히 전한 것이라고 여겨졌다. 이후 달마는 중국에 와서 전불심인(傳佛心印)하였으며, 역대조사가 이심전심(以心傳心)하였다. 후세의 선종은 더욱 더 심성(心性)의 본원(本源)을 종지로 삼았으며, 스스로 전불인심(傳佛心印)을 불심종(佛心宗), 혹은 간단하게 심종(心宗)이라고 불렀다.

  마음에 의지하여 수선(修禪)한다는 것은 선으로 마음을 밝히는 것이다. 이러한 마음에 대한 이해의 차이로 여러 수행방법을 낳게 되었으며, 각기 다른 선법의 특색을 형성하였다. 여기에서 다른 계통의 선맥이 나타난 것이다. 선수행자는 자심(自心)에 의지하여, 스스로 닦고 스스로 증득하기 때문에, 그 깨달음의 내용이나 경지는 종종 구체적인 말로 표현하기 어렵다. 따라서 일정한 정도의 언어 방편을 빌려서 접기(接機)하거나, 자기의 깨달은 바를 다른 사람에게 전할 때, 그 언행은 가끔 비이성적이거나 비논리적인 신비한 색채가 나타난다. 현대 서방세계의 일부 철학자와 심리학자가 동방의 고대 문명 중에서 선을 끄집어내어 선체험의 심리학적 의의를 깊이 있게 토론하였다. 이들은 선의 방법을 사용해서 현대인이 자신과 타인, 사회 및 자연이 분리되고 이질화되는 것을 극복할 수 있도록 노력하였다. 또한 심리적 장애를 극복하고, 정신적 위기를 벗어나서, 충분히 세계를 파악하고 자신의 가치 실현을 시도하였다. 서방세계에서 일어난 선종열(禪宗熱)은 결코 우연이 아니다.

2. 선(禪)과 지(智)

중국 불교사에서 선과 지혜도 밀접한 관계를 가지고 있다. 선의 본의는 바로 정에서 혜가 발하고〔由定發慧〕, 바르게 살펴 사려하며〔正審思慮〕, 경계를 여실하게 요지하는〔如實了知〕 의미이다. 중국불교는 전통사상문화의 영향을 깊이 받았으며, 심성의 본각(本覺)을 더욱 중시하였다. 선정을 수행하는 근본목적은 바로 본심의 지혜를 개발하기 위한 것이며, 본심으로 하여금 깨달음에 이르게 하는 것이다. 만약 선정을 수행할 때 지혜가 일어나지 않는다면 그것은 진정한 선이 아니며, 지혜가 선관을 벗어나면 그것도 진정한 지혜가 아니다. 여기에 대해서 동진(東晋)의 혜원은, "선은 지혜로 그 고요함을 궁구하고, 지혜는 선으로 그 비추임을 깊게 한다. 곧 선과 지의 요지는 비추임과 고요함을 나란히 하는 것이다."39)라고 적절하게 말하였다. 바로 이렇기 때문에, 당대(唐代) 종밀(宗密)은 선(禪)을 정혜(定慧)라고 정의하였으며, 선을 정혜의 통칭으로 여겼다, 선종 사람은 더욱 더 정혜등학(定慧等學)을 제창하였으며, 혜로 정을 융섭하였으며, 인심(人心)의 깨달을 수 있는

---

39) 禪非智無以窮其寂, 智非禪無以深其照、則禪智之要, 照寂之謂, 其相濟也.

성품을 부각시켰다.

　만약 지와 혜를 더 자세하게 분별하면, 불교에서 이 두 가지는 서로 차이가 있으면서도 밀접한 연관을 가지고 있다. 지(智)는 범어로 Jñana이고, 음역하면 도나(闍那), 야나(若那)이다. 그 뜻은 사리(事理)에 있어서 결단할 수 있는 능력이다. 즉, 불리(佛理)를 수습하여 얻을 수 있는, 현상을 분별하고 시비를 판단하며 선악을 분별할 수 있는 능력이다. 이러한 인식능력은 사람들마다 불리를 수행하는 수준이 다르기 때문에, 높고 낮음의 정도에 차이가 있다. 불교에서 지(智)는 유루지(有漏智)와 무루지(無漏智), 근본지(根本智)와 후득지(後得智) 및 일체지(一切智), 도종지(道種智), 일체종지(一切種智), 불지(佛智) 등으로 구분된다. 그래서 여래사지(如來四智), 보살오지(菩薩五智)와 십지(十智), 이십지(二十智) 등의 다른 표현이 있다. 예를 들면, 법상종(法相宗)의 유식학(唯識學)에서 범부는 팔식(八識)이 있으며, 여래지(如來地)에 이르러 사지(四智)로 나누어진다. 즉, 제8식은 대원경지(大圓鏡智), 제7식은 평등성지(平等性智), 제6식은 묘관찰지(妙觀察智), 나머지 앞의 전5식은 바로 성소작지(成所作智)로 대치된다. 불지(佛智)도 성지(聖智)로 칭한다. 그것은 결코 범부가 감관을 통하여 느끼는 외부세계에 대한 인식이 아니다. 불교는 범부의 그러한 인식을 속지(俗智)라고 부르며, 식(識)이라고도 부른다. 불교에서 지(智)와 식(識)은 대립적인 것이다. 따라서 단지 불지(佛智)만이 비로소 진정한 지(智)라고 부를 수 있는 것이다. 지(智)는 불지(佛智)의 의의상에서 혜(慧)와 상통(相通)한다.

　혜(慧)는 범어 Mati이며, 음역하면 말저(末底), 마제(摩提)이다. 이는 사리(事理)를 통달하고 의념(疑念)을 끊어버리며, 결단성의 인식을 얻어 진리를 파악하는 그러한 정신작용을 가리키는 것이다.『구사론(俱舍論)』4권에, "혜(慧)는 법에서, 선택할 수 있음을 말한다."40)라고 말하였다.『대승의장(大乘義章)』10권에는 "관달(觀達)함이 혜이다."41)고 하였고,『성유식론(成唯識論)』5권에, "무엇을 혜(慧)라고 하는가? 외경(外境)을 관함에 있어서, 구별하는 것이 그 근본이 되며, 의혹을 끊는 것이 그 작용이 된다. 또한 외경을 관함에 있어서, 그 중에 덕(德)이 갖추어져 있는가의 여부는, 모두 혜로써 추구하여 결정하는 것이다."42)라고 말하였다. 불교에서 혜(慧)는 일반적으로 여겨지는 지식이나 지혜가 결코 아니며, 성인(聖人)이 갖추고 있는 일종의 관조능력(觀照能力)을 특별히 지칭한다. 예를 들면, 반야(般若)가 만법성공(萬法性空)을 관조할 수 있는 일종의 지혜(智慧)인 것과 같다.『대지도론(大智度論)』43권에, "반야는 진(秦)의 언어로 지혜이다. 이는 모든 지혜 중에서 제일이다. 위가 없으며, 견줄 데가 없고, 나란히 할 것이 없다. 다시 더 나은 것이 없다."43)라고 하였다. 반야의 이러한 무상지혜(無上智慧)가 바로 불교에서 말하는 지혜(智慧)이다. 그래서『성유식론술기(成唯識論述記)』6권에, "말저(末底)는 지혜의 다른 이름이다. 반야와 다름이 없다."44)라고 하였으며,『혜원음의(慧苑音義)』상권에는 "서역에서의 혜(慧)는 두 가지 이름이 있다. 하나는 반야이고, 또 하나는 말저(末底)이다."45)라고 하였다. 세속의 인식에 상대적으로 말하면, 혜(慧)는 무지무상(無知無想)이다. 따라서『아차말보살경(阿差末菩薩經)』5권에는 "만일 머무르고 일어나서 나누어지면, 그 이름은 식(識)이라고 하고, 일어나지 않고 멸하지도 않으면, 식이 머무르는 곳이 없으므로, 바로 혜(慧)가 되는 것이다."46)라고 하였다. 이렇기 때문에, 승조(僧肇) 등의

---

40) 慧, 謂于法能有簡擇.
41) 觀達爲慧.
42) 云何爲慧? 於所觀境, 揀擇爲性, 斷疑爲業, 謂觀德失, 俱非境中, 由慧推求, 得決定故.
43) 般若者, 秦言智慧, 一切諸智慧中, 最爲第一. 無上無比無等, 更無勝者.
44) 末底是慧異名, 與般若無別體.
45) 西域慧有二名, 一名般若, 二名末底.
46) 若住起分, 名謂爲識, 不起不滅, 識無所住, 乃謂爲慧.

중국승려들은 반야지혜(般若知慧)를 성지(聖智)로 번역하였으며, 또한 "반야는 앎이 없다〔般若無知〕.", "아는 것이 없기 때문에 모르는 것이 없고, 아는 것이 없는 앎이 바로 일체지(一切知)이다."47)라고 하였다. 불교의 지혜와 세속의 지혜가 다른 이유는 세속의 일반적인 지식은 감성지식이 기초가 되며, 이미 알고 있는 지식에 근거해서 어느 정도의 논리 순서에 따라서 새로운 지식을 이끌어낸다. 반면에 불교의 지혜는 감관 및 세속의 사고규칙을 따르지 않고, 일반적인 논리 형식을 초월하여, 심리의식의 조절을 거쳐 직접 인심(人心)의 본원(本源)과 우주의 실상을 깨달을 수 있다. 『아차말보살경』 5권에서 세속의 지식(知識)과 불교의 지혜(智慧)의 차이를 설할 때 다음과 같이 말하였다.

식(識)이란, 눈이 색을, 귀가 소리를, 코가 냄새를, 혀가 맛을, 몸이 느낌을, 마음이 법을 식별하여 밝히는 것이다. 외경을 제거하여, 육근이 밖으로 나가 노닐지 않으면, 혜(慧)가 가서 이끌게 되므로, 일체법에 바라는 바가 없는 것을 혜라고 한다. 의지함〔猗着〕이 있으면 식이 일어나고, 또한 상념(想念)을 좇아서, 많은 것을 바라게 되어도 식이 일어난다. 만약 감수 작용이 없고, 또한 바라는 것이 없다면, 마음은 생각을 품지 않아서, 기쁨도 없고, 갚음〔報〕도 바라지 않는다. 이것이 바로 혜가 된다.48)

여기에서 보면, 불교에서는 결단(決斷)을 지(智)라고 말하고, 간택(揀擇)을 혜(慧)라고 하였다. 또는 속제(俗諦)를 아는 것을 지(智)라 하고, 진제(眞諦)를 아는 것을 혜(慧)라고도 하였다. 이 두 가지는 다르면서도 밀접하게 서로 연관되어 있다. 그리고 실질적으로 지(智)와 혜(慧)

---

47) 般若無知, 無知故無所不知, 不知之知, 乃曰一切知. 『조론(肇論)・반야무지론(般若無知論)』
48) 所云識者, 眼色, 耳聲, 鼻香, 舌味, 身觸, 心法, 所識之著, 是謂爲識; 設使消除, 外不游逸, 慧之所導, 於一切法無所希望, 是謂爲慧. 有所猗着則生識矣. 亦從想念, 希望多求而生識矣, 是謂爲識. 若無所受, 亦無希望, 心不懷念, 無所慕樂, 志不望報, 是謂爲慧.

를 늘 함께 결합하여 사용하였으며, 하나로 통일하여 세속적인 식(識)과 구별하였다. 그러므로 『대승의장(大乘義章)』 9권에, "혜는 마음을 편안하게 하는 법으로, 그 이름은 참음[忍]이 된다. 외경(外境)을 대하여, 결단함을 지(智)라고 한다."49)고 하였으며, 또한 "비추어 살핌을 지(智)라고 하고, 요달하여 아는 것을 혜(慧)라고 한다. 이 둘은 각각 다른 것이다. 속제(俗諦)를 아는 것을 지(智)라 하고, 제일의(第一義)를 비추는 것을 혜(慧)라고 한다. 통하면 곧 뜻이 같다."50)라고 하였다. 그래서 중국불교에서 지(智)와 혜(慧)는 늘 함께 사용되었다. 이는 선지쌍운(禪智雙運), 정혜쌍수(定慧雙修) 등의 말처럼, 불교의 지혜를 널리 지칭하였다. 여기에서 말하는 '선과 지'의 지(智)도 넓은 의미에서 보면, 바로 불교의 지혜를 말하는 것이다.

　근본적으로 말하면, 불교의 수행은 모두 생사윤회를 초월하고 해탈을 구하기 위한 것이다. 불교 해탈론의 뚜렷한 특징 중의 하나는 바로 지혜의 증득을 강조하는 것이다. 부처가 부처라고 불릴 수 있었던 까닭은 바로 그가 지혜를 증득하여 깨달은 자가 되었기 때문이다. 불교의 각종 이론이 발전함에 따라, 불교는 지혜를 다양하게 분류하였으며, 어떤 분류는 심지어 수백 종에 달하였다. 예를 들면, 지혜를 증득하는 과정상에서, 불교는 지혜를 세 가지로 분류하였다. 첫째, 들어서 알게 된 지혜이다. 즉, 불법을 듣고, 각종 학문을 공부해서 얻은 지혜이다. 둘째, 생각을 해서 알게 된 지혜이다. 즉, 들어서 알게 된 지혜에 근거하여 한층 더 생각하여 얻은 지혜이다. 셋째, 수행하여 얻은 지혜이다. 즉, 듣고 생각해서 알게 된 지혜에 근거하여 한층 더 선정을 닦아서 정(定)에서 혜(慧)가 발하고 진제(眞諦)를 알게 되는 지혜이다. 대승불교에서 지혜를 증득함은 바로 부처가 되는 것이다. 소승불교는 중생이

---

49) 慧心安法, 名之爲忍. 于境決斷, 說之爲智.
50) 照見名智, 解了稱慧, 此二各別. 知世諦者, 名之爲智, 照第一義者, 說以爲慧, 通則義齊.

모두 성불할 수 있다고 여기지 않기 때문에, 그 이상적인 경지는 불지(佛智)의 증득이 아니다. 다만, 소승불교가 추구하는 해탈경지의 실현은 여전히 지혜를 증득하고, 혹업(惑業)을 단멸하는 데에 있다. 정(定)에 의지하여 혜(慧)를 일으키고, 혜에 의지하여 이치를 증득하며 미혹을 단멸하는 것은 대・소승불교의 중요한 수행 내용이다.

불교는 지혜가 중생들의 번뇌의 때를 씻어버릴 수 있다고 생각하기 때문에, 지혜를 물에 비유하여 지혜수(智慧水)라고 하였다. 예를 들면, 『문수사리소문경(文殊師利所問經)』에서는, "심성은 원래 깨끗하나, 여러 허물이 때가 된다. 지혜의 물로 마음의 때를 깨끗이 씻어야 한다."51)고 하였다. 또한 지혜는 번뇌를 끊어버릴 수 있고, 마치 예리한 검과도 같이 생사의 굴레를 끊어버릴 수도 있기 때문에, 불교는 이를 검(劍)에 비유해서 지혜검(智慧劍)이라고도 불렀다. 예를 들면, 『유마경(維摩經)・보살품(菩薩品)』에서는 "지혜의 검으로, 번뇌의 적을 제거해야 한다."52)고 하였다. 또한 지혜로서 우치(愚癡)의 어두움을 깨뜨릴 수 있으므로 지혜등(智慧燈)이라고도 부를 수 있다. 지혜로 번뇌의 장작을 태워버릴 수 있으므로 지혜화(智慧火)라고도 부를 수 있다. 이외에도 불교에서는 지혜의 화살〔智慧箭〕, 지혜의 바다〔智慧海〕, 지혜의 구름〔智慧雲〕, 지혜의 바람〔智慧風〕 등의 여러 표현이 있다. 이처럼, 불교는 줄곧 지혜를 중시하였다. 불교의 일체 행위는 지혜를 증득하고, 번뇌를 단멸하며, 해탈을 증득하는 데에 있다. 혜해탈(慧解脫)은 불교가 기타 종교와 다른 뚜렷한 지표 중의 하나가 되었다.

불교의 창립으로부터 시작하여, 불법을 수행하는 과정에서 지혜의 작용을 매우 강조하였다. 소승불교의 전체 수행의 내용은 계정혜(戒定慧) 삼학이 된다. 즉, 계(戒)에 의지하여 심정(心定)하며, 정에 의지하

---

51) 心性本淨, 諸過爲垢, 以智慧水, 洗除心垢.
52) 以智慧劍, 破煩惱賊.

여 지혜가 나타나는데, 여기서 혜(慧)는 실질적으로 삼학의 중심과 근본이 된다. 대승불교가 육도(六度)를 수행할 때도 반야지혜(般若智慧)를 최고의 경지로 삼는다. 불교는 중국에 들어온 이후에도 줄곧 혜해탈(慧解脫)의 특색을 유지하였으며, 지혜의 작용을 중시하였다. 이는 선의 사상과 실천 중에 매우 깊이 체현되었다. 선의 본질은 마음을 닦아 지혜를 증득하는 것이다. 심성론은 선의 중요한 이론 기초이고, 마음은 바로 선수행의 근거이다. 중국불교의 심성론과 인도불교의 심성론이 가지고 있는 매우 큰 차이점은 다음과 같다. 즉, 인도불교는 심성(心性)의 본정(本淨)을 말하여 본적(本寂)을 중시하나, 중국불교는 본각(本覺)을 더욱 강조한다. "본(本)은 성(性)의 뜻이며, 각(覺)은 지혜(智慧)의 뜻이다."53) 예를 들면, 『대승기신론(大乘起信論)』 중에, "각(覺)의 뜻은, 마음이 생각함을 떠나는 것이다. 생각을 떠난 상(相)은 허공계(虛空界)와 같아서, 미치지 않는 곳이 없으며, 법계는 일상(一相)으로, 곧 여래평등법신이다. 이 법신에 의지하여, 본각(本覺)을 설하는 것이다."54)라고 말하였다. 여기에 나오는 여래평등법신이라고 하는 것은 바로 중생들이 모두 가지고 있는 불성(佛性) 혹은 청정심(淸淨心)을 말하는 것이다. 이는 중생의 심성 그 자체가 원래 무한한 불교의 지혜를 구비하고 있다는 것이다. 여기에 의지하여 수행하면, 바로 망념(妄念)을 없앨 수 있고, 심성의 본각을 회복할 수 있다. 여래선은 바로 이러한 본각의 인심불성(人心佛性)에 의지해서 전개되는 것이다. 그 중 신수북종의 선법은 『기신론』에 의지하여, 마음이 생각을 떠남〔心體離念〕을 각(覺)으로 삼았다. 그들이 제창한 오방편문(五方便門)의 하나인 '불체를 밝히는 것〔總彰佛體〕'을 이념문(離念門)이라고도 부른다. 이는

---

53) 本者, 是性義; 覺者, 智慧義. 『대승기신론의기(大乘起信論義記)』 3권, 법장(法藏).
54) 所謂覺義者, 謂心體離念. 離念相者, 等虛空界, 無所不遍, 法界一相, 卽是如來平等法身. 依此法身, 說名本覺.

마음이 생각을 벗어나서 본각(本覺)을 얻으면 곧 부처라는 것이다. 두 번째인 '지혜를 여는 문[開智慧門]'은 몸과 마음이 움직이지 않으면, 정(定)에서 지혜를 발휘할 수 있고, 부처의 지견(智見)을 열 수 있다는 것이다. 후세에 흥기한 혜능남종은 더욱 더 반야지혜로 중생심의 본성을 해석하였다. 다만 무념(無念)이어야만 자성반야(自性般若)가 "지혜로 관조(觀照)하여, 스스로 부처의 지견(智見)을 볼 수 있다."55)고 하였다.

당연히 선(禪)과 지(智)의 결합도 중국에서 끊임없이 발전하였다. 위진(魏晉) 이전에 이미 중국에 신선방술이 성행하였다. 소승안반선(小乘安般禪)의 좌선수식(坐禪數息)은 그것과 비슷하였기 때문에 널리 퍼질 수 있었다. 안세고계가 전한 선법도 지(止)와 관(觀), 정(定)과 혜(慧)를 병행하였으며, 지관(止觀)을 함께 행할 것을 강조하였다. 또한 『음지입경(陰持入經)』에서 지관을 설할 때도, 여전히 이를 지혜(智慧)의 획득에 집중하고 있다. 그렇지만 실질적으로 그 선법의 발생에 미친 영향의 입장에서 본다면, 오히려 그 요지는 좌선수식의 방법 및 신통의 경지에 대한 묘사일 뿐, 결코 의리(義理)와 지혜(智慧)에 있지 않다. 지참(支讖)이 전한 대승반야선은 지혜로 선을 통섭하고[以智統禪], 선으로 지혜를 증득함[以禪證智]을 강조하였다. 또한 이는 반야의 가르침 아래서 수선할 것을 요구하였으며, 선관(禪觀)을 통한 반야공관(般若空觀)의 증득을 추구하였다. 그렇지만 중국에서 이러한 선법은 그렇게 오랜 동안 주의를 끌지 못했으며 영향을 크게 미치지 못하였다.

불교가 더욱 발전하고 선이 한층 더 전파되면서, 사람들은 불교의 계정혜(戒定慧) 사이의 유기적인 관계 및 선(禪)과 지(智)의 관계에 대해서 더 잘 이해하게 되었다. 동진(東晉)의 명승인 석도안(釋道安)은

---

55) 起智慧觀照, 自開佛知見. 돈황본, 『단경(壇經)』, 제42절.

『비구대계서(比丘大戒序)』에서 다음과 같이 말하였다.

> 세존은 교법을 세 가지로 세웠다. 첫째는 계율이고, 둘째는 선정이며, 셋째는 지혜이다. 이 셋은 도(道)에 이르는 문과 같으며, 열반의 관건이다. 계는 삼악(三惡)을 자르는 간장(干將; 춘추시기 오나라의 名劍)이고, 선은 흩어짐을 막는 이기(利器)이며, 혜는 약과 병을 잘 다루는 신묘한 의사이다.[56]

도안의 제자 혜원(慧遠)은 선(禪)과 지(智), 정(定)과 혜(慧)가 서로 도우며 형성되는 밀접한 관계를 더욱 강조하였다. 그는 『여산출수행방편선경통서(廬山出修行方便禪經統序)』에서 다음과 같이 말하였다.

> 무릇 삼업(三業)이 흥함은, 선과 지를 으뜸으로 삼는다. …… 선은 지혜로 그 고요함을 궁구하고, 지혜는 선으로 그 비추임을 깊게 한다. 곧 선과 지의 요지는 비추임과 고요함을 나란히 하는 것이다. 비추임은 고요함을 떠나지 않고, 고요함은 비추임을 떠나지 않는다.[57]

이로 인해서 중국에서 선을 수행하는 사람들은 혜(慧)를 절실하게 요구하였으며, 의학자(義學者)도 선법을 갈구하였다. 선과 지의 결합은 시대적 요구가 되었다. 예를 들면, 불타발타라(佛陀跋陀羅)를 따라 선을 배운 혜관(慧觀)은 "선과 지는 출세의 묘술이다."[58]라고 제기하여, "정과 혜를 서로 화합하여 진여를 헤아릴 것"[59]을 요구하였다. 저명한 반야학자인 승예(僧叡)도 구마라집이 장안(長安)에 도착하여 5일째 되

---

56) 世尊立教法有三焉: 一者戒律也, 二者禪定也, 三者智慧也. 斯三者, 至道之由戶, 泥洹之關要也. 戒者, 斷三惡之干將也; 禪者, 絶分散之利器也; 慧者, 齊藥病之妙醫也.
57) 夫三業之興, 以禪智爲宗. …… 禪非智無以窮其寂, 智非禪無以深其照, 則禪智之要, 照寂之謂, 其相濟也. 照不離寂, 寂不離照.
58) 禪智爲出世之妙術. 『수행지부정관경서(修行地不淨觀經序)』
59) 定慧相和以測眞如. 앞의 책.

던 날, 바로 그에게 선경(禪經)의 번역을 부탁하여 자신도 밤낮으로 수행하였다. 위진 반야학이 흥기함에 따라서, 한대에 이미 중국에 유입되었던 대승선법도 중국에서 새롭게 흥성하게 되었다. 구마라집의 중국 유입은 선과 지를 함께 운용[禪智雙運]하는 시대적 기풍의 형성을 촉진하였다.

불교의 계정혜(戒定慧)가 하나의 유기체로 됨을 깊이 이해한 도안(道安; 314-385)은 중국불교사상 가장 먼저 대승의학(大乘義學)과 선관(禪觀)을 결합하여 이해한 대표적인 인물이다. 그의 선관에 대한 생각은 이미 혜해(慧解)의 중요성에 대해 충분히 주의하였다. 그는 『음지입경서(陰持入經序)』에서, "진(晉)의 땅에, 선관(禪觀)이 황폐해서, 배우는 무리가 비록 많으나, 번뇌를 다한 이가 없다. 이는 무엇 때문인가? 다만 선사(禪思)하여 현묘함을 지키고, 미묘함을 닦아 고요함[寂]에만 들어가며, 어떤 도를 취함에, 마치 손바닥 위에 올려놓고 살펴서, 그 요지를 훼손하고 버리기 때문에, 견증(見證)함이 드문 것이니, 어찌 어렵지 않겠는가"[60]라고 말하였다. 도안이 계승한 선은 안세고계의 소승선이었다. 그러나 당시에 성행했던 것은 대승반야학이므로 도안은 전력을 다해서 이 둘을 회통하고, 자기가 이해하고 있는 반야학으로 이것을 개조하여 선수학(禪數學)을 부각시켰다. 따라서 도안에게 있어서 선(禪)과 지(智)의 결합은 선(禪)과 반야(般若)의 결합이었다. 도안은 위진(魏晉) 반야학 육가칠종(六家七宗) 중의 본무종(本無宗)의 대표인물이다. 그는 본무론(本無論)의 관점으로 소승선학을 회통하였다. 도안의 입장에서 보면, 안반수의(安般守意)는 바로 택심본무(宅心本無), 즉 선정을 통해서 본심을 진여실상(眞如實相)에 끼워 넣어, 불교의 최고의 경지에 도달하도록 하는 것이다. 또한 택심본무만이 진정으로 각종 잡

---

60) 于斯晉土, 禪觀弛廢, 學徒雖興, 蔑有盡漏. 何者? 禪思守玄, 練微入寂, 在取何道, 猶覘于掌, 墮替斯要, 而希見證, 不亦難乎?

념과 망념을 깨끗하게 제거할 수 있으며, 사람의 마음이 만법에 빠지지 않게 할 수 있다. 그리고 이러한 경지에 도달하려면 반드시 혜(慧)에 의지해야 한다. 다만 혜(慧)로서 본(本)을 탐구해야만 비로소 근본적으로 정각(正覺)을 얻을 수 있다. 당시에 노장현학이 성행하였는데, 도안이 선과 지의 결합을 강조할 때도 사대부의 담현설무(談玄說無)의 문화형태에 영합하였다. 그는 본무론(本無論)에서 출발하여 진정한 보살이 행하는 선은 결코 방한(防閑)이나 염공(念空) 또는 제형(制形) 등을 위한 것이 아니라고 보았다. 즉, 그는 마땅히 불교의 진리를 직접 이해하고 불교의 진제를 파악하여 해탈을 얻는 것이라고 여겼다. 이것은 동진(東晋)의 저명한 은사(隱士)인 사부(謝敷)가 말한 "보살이 선을 행하는 것은 적정(寂靜)을 위한 것이 아니라, 마음이 현명(玄冥)에 노니는 데 있다."61)는 것과 서로 일치하는 것이다. 비록 도안이 전승한 것이 소승 안반선일지라도, 그는 실질적으로 이미 대승반야학으로, 번잡한 소승 선수학(禪數學)을 바꾸기 시작하였음을 알 수 있다. 또한 그는 선과 지를 함께 운용한 지혜의 획득을 매우 중요한 위치에 놓았음을 알 수 있다.

도안의 작법(作法)은 그의 제자 혜원(慧遠; 334-416)에게 영향을 크게 미쳤다. 혜원은 도안의 사로(思路)를 따라 더 나아가, 근본으로 돌이켜 종지를 찾을 것〔反本求宗〕을 제기하였다. 반본구종(反本求宗)을 위해서는 마땅히 그 정신에 얽매이면 안 되고, 그 생(生)에 얽매여서도 안 된다. "생(生)에 얽매이지 않음으로써, 곧 생을 멸할 수 있고, 그 정신에 얽매이지 않음으로써, 곧 정신을 초탈할 수 있으며, 정신이 초탈하여 경계를 끊기 때문에, 열반이라고 한다."62) 그리고 이러한 극치에

---

61) 開士(卽菩薩)行禪, 非爲守寂, 在游心于玄冥.『안반수의경서(安般守意經序)』
62) 不以情累其生, 則生可滅; 不以生累其神, 則神可冥, 冥神絶境, 故謂之泥洹.『사문불경왕자론(沙門不敬王者論)』

도달하려면 선(禪)과 지(智)를 벗어날 수는 없다. 그는 반본구종과 반야의 증득을 목표로 삼고서 선관을 지도하였다. 마음을 다스려 분주함을 그치고〔洗心靜亂〕, 생각함도 없고 행함도 없는〔無思無爲〕 선수행을 통하여, 지혜로 그 비추임을 깊게 하였다. 따라서 선과 지혜를 나란히 하여 정신은 "아득히 지극함을 품고, 지혜가 우주에 머문다."[63]는 경지에 도달할 것을 요구하였다.

구마라집(鳩摩羅什; 344-413)은 시대적 요구에 따라 중국에 들어와서 불교를 전하였다. 그는 공관(空觀)으로 선관(禪觀)을 말하고, 혜학(慧學)으로 선학(禪學)을 이해하였다. 그는 중국 대승선과 지(智)를 함께 널리 알리기 위해, 견실한 이론적 기초를 제공하였다. 그리고 지혜를 중시하고 선정을 경시하는 그의 경향은 바로 중국이 혜(慧)로 정(定)을 포용하는 새로운 길을 열었다.

도안과 혜원 등은 대승반야학으로 선학을 관통할 것을 주장하였으며, 선수행의 과정 중에서 지혜의 작용을 부각시켰다. 이것은 중국선이 선지쌍수(禪智雙修)의 특색을 형성하는데 매우 큰 촉진작용을 하였다. 이러한 선과 지의 결합은 이후 여래선의 중요한 특징 중의 하나가 되었다. 그렇지만 어떻게 선지쌍수(禪智雙修)하는가? 사람들마다 의지하는 불리(佛理)가 각각 다르기 때문에 선(禪)과 지(智)의 관계도 각기 다른 특색을 나타내었다. 예를 들면, 여래선은 초기에는 『능가경』에 편중했으며, 후기에는 『금강경』을 도입하였다. 남북선종이 모두 정혜등학(定慧等學)을 제창하였지만, 무엇이 정혜등(定慧等)인지에 대한 해석은 서로 달랐다. 구마라집이 중시한 것은 반야삼론학(般若三論學)이다. 반야학은 본래 혜학(慧學)으로 모든 불교수행을 통람(統攬)하는 경향을 가지고 있다. 라집(羅什)은 다시 비유비무(非有非無)의 필경공(畢竟空)

---

63) 冥懷至極, 智落宇宙. 『염불삼매시집서(念佛三昧詩集序)』

의 뜻으로 선수행 중의 일체 집착을 타파하였다. 그는 선관(禪觀)을 말할 때, 선법은 어떠한 집착도 있을 수 없는 일종의 방편법문(方便法門)임을 반복해서 강조하였다. 예를 들면, 염불삼매의 수습은 단지 마음을 한 곳에 섭(攝)하기 위하여, "삼계의 사물은 모두 기억을 좇아 분별하여 일어나는 것을 요달할"[64] 뿐인 것이다. 그래서 마음이 삼계를 싫어하고, 집착을 일으키지 않으며, 선정 중에 보이게 되는 부처도 결정상(決定相)이 있다고 집착할 수 없는 것이다. 다만, "여러 부처의 몸은 모두 중연(衆緣)을 따라서 일어나므로, 자성이 없고, 결국 공적(空寂)하여, 꿈과 같고 환화와 같다."[65]는 반야공관의 입장에서 보아야 비로소 요구에 부합하는 것이다. 라집은 반야 삼론학(三論學)의 성공(性空)학설을 사용해서 선수행을 지도하여, 선의 정해진 양식 및 선경(禪境)에 대한 집착을 제거하였으며, 선의 지혜를 두드러지게 하였다. 이것은 중국선의 발전방향에 매우 크게 작용하였다.

　라집(羅什)의 뛰어난 제자인 승조와 승예 등은 그의 선지관(禪智觀)을 더욱 부각시켰다. 승조(僧肇: 384-414)는 중외(中外) 사상을 융합한 기초 위에, 노장현학의 표현방식을 이용하여 비교적 완전하고 정확하게 비유비무(非有非無)의 반야공의(般若空義)를 드러내었다. 특히 그는 능숙하게 "비(非) …… 비(非) ……"를 운용하였다. 이러한 양쪽에 얽매이지 않는 부정의 방법으로 파사현정(破邪顯正)하였으며, 반야무소득(般若無所得)의 사상을 한층 더 부각시켰다. 이렇게 선관을 지도하여, 지혜의 작용이 두드러져서 형식적인 고좌(枯坐)에 얽매이지 않게 되었다. 그는 『유마경・제자품(弟子品)』의 주(註)에서 다음과 같이 말하였다.

---

64) 了三界之物皆從憶想分別而有.
65) 諸佛身皆從衆緣生, 無有自性, 畢竟空寂, 如夢如化. 『대승대의장(大乘大義章)』을 참고 바람.

소승은 멸진정(滅盡定)에 들어가므로, 곧 형상이 고목과 같아서, 운용의 자재(自在)함이 없다. 대사(大士)는 실상정(實相定)에 들어가므로, 마음의 지혜가 영원히 멸하고, 형상이 팔극(八極)에 충만하며, 기연에 따라 짓고, 격식에 얽매이지 않고, 가고 머무는 것이, 위의(威儀)를 버리지 않는다. 따라서, 그것이 좌선이 되는 것이고, 또한 지극한 것이다. 소승은 정(定)에 들면 음식을 먹지 않고, 음식을 먹으면 정에 들지 못한다. 법신대사(法身大士)는 종일토록 음식을 먹고도 종일토록 정에 들기 때문에, 정에 들고 나감이 없는 것이다.66)

이는 소승선법은 정좌입정(靜坐入定) 등의 형식에 얽매이나, 대승선은 바로 지혜를 증득하고, 실상을 관오(觀悟)하는 것이 목표이기 때문에, "서 있는 그곳이 바로 참되고"67), "체(體)가 정신으로 나아가고"68), "행위〔動用〕의 영역에 처하여도, 무위(無爲)의 자리에 머무른다."69)는 것을 말한다. 다시 말하면, 일체의 집착을 모두 없애야만 진정으로 반야의 지혜를 얻을 수 있다는 것이다. 또한 반야의 눈으로 보면, 입정(入定)과 출정(出定)은 둘이 아니고 다름이 없는 불이법문(不二法門)이므로 집착해서는 안 되는 것이다. 승조(僧肇)의 사상은 이후에 법융우두선(法融牛頭禪) 및 혜능남종선(惠能南宗禪)의 주요 이론적 근원이 되었으며, 수많은 그의 말들은 모두 선문 중에 광범위하게 전파되었다. 승예(僧叡)는 승조(僧肇)와 약간의 차이점이 있는데, 그는 중관반야 사상을 매우 추종하였다. 즉, 반야는 사람들의 허망하고 잘못된 생각을 제거할 수 있고 반야지혜의 관조를 통해서 비심(非心)과 비대(非待)의 초월적 경지에 도달할 수 있다고 생각하였다. 또한 그는 선법의 관심

---

66) 小乘入滅盡定, 則形猶枯木, 無運用之能. 大士入實相定, 心智永滅, 而形充八極, 順機而作, 應會無方, 擧動進止, 不捨威儀, 其爲宴坐也, 亦以極矣. 小乘入定則不食, 食則不入定. 法身大士終日食而終日定, 故無出入之名也.
67) 立處卽眞.
68) 體之卽神.
69) 居動用之域而止無爲之鄕.

〔厝心〕작용을 중시하였다. 즉, 선법은 "도(道)로 향하는 첫 문이고, 열반으로 건너는 나루터이며"70), 반야지혜를 증득하기 위해서 필요한 전제이고, "선은 지혜로 비추지 않음이 없으며, 비추임은 선으로 이루지 않음이 없다."71)라고 생각하였다. 따라서 선과 지를 겸하여 닦을 것을 강력히 주장하였다.72) 그 자신도 라집이 장안에 들어오자, 곧 라집에게 『선법(禪法)』 3권의 번역을 부탁하여 자신도 밤낮으로 수행하였다. 승예는 선과 지를 모두 중시하여, 혜(慧)를 중시하고 선(禪)을 경시한 라집과 다른 경향을 나타내었다. 그러나 이론상으로는 여전히 라집이 전한 반야무소득(般若無所得)의 사상을 위주로 하였다. 그렇기 때문에, 혜원(慧遠)이 본무론(本無論)에서 출발하여 반본구종(反本求宗)을 추구한 선지상제(禪智相齊)와는 여전히 차이가 있었다.

　라집과 그 제자들의 선(禪)과 지(智)에 대한 견해, 특히 그들이 반야지혜를 중시한 것과 반야무소득(般若無所得)에 대한 명백한 설명은, 중국선에 지대한 영향을 미쳤다. 불교와 선이 끊임없이 중국화됨에 따라서 선수행자들의 혜(慧)에 대한 갈망은 점점 강렬해졌다. 대승불교를 널리 전한 사람들도 선학의 계통적인 이해를 희망하였으며, 실질적으로 이것을 행하고 증명하였다. 선과 지를 병행하여 전하는 것이 점점 풍조가 되었으며, 결국 중국불교의 주류가 되었다. 수당(隋唐) 시기에 건립된 불교의 각 종파는 모두 정혜쌍수(定慧雙修)를 주장하였다. 천태(天台), 화엄(華嚴) 등의 가르침을 따르는 각 파는 모두 자기의 독특한 관점과 견해로, 선관 중에서 지혜를 증득하였다. 선종(禪宗) 각계에서도 모두 선수행 중에서의 지혜의 작용을 부각시켰으며, 또한 혜로 선을 말하고, 혜로 정을 섭(攝)하였다. 제가(諸家)의 혜학(慧學) 중에서

---

70) 向道之初門, 泥洹之津徑.
71) 禪非智不照, 照非禪不成.
72) 『관중출선경서(關中出禪經序)』 참조.

반야(般若)는 줄곧 중요한 위치를 차지하였다. 반야지혜로 심성을 말하였으며, 심성에 의지하여 수선하며 지혜를 증득하는 것은 중국선의 기본 노선이 되었다.

여래선의 기초를 다진 보리달마는 위에서 말한 것처럼, 불교와 선학이 끊이지 않고 혜를 중시여기는 배경 아래, 선법의 중심을 오종(悟宗) 위에 올려놓았다. 그는 또한 이입(理入)과 행입(行入)의 두 가지 입도안심(入道安心) 법문을 제기하였다. 그 중의 이입은 바로 "마음을 밝혀 지혜를 증득하고, 실상으로 계합하여 들어갈 것"73)을 요구하는 것이다. 사조도신(四祖道神) 선사도 "행(行)과 해(解)와 증(證)이 있으면 상상인(上上人)이고, 행과 해와 증이 없으면 하하인(下下人)이다."74)라고 말하였다. 그래서 그는 "도를 배우는 법은, 반드시 해와 행이 서로 도와야 한다."75)라고 주장하였으며, 또한 "하나를 요지〔解〕하면 천 가지가 따르고, 하나에 미혹하면 만 가지가 어둡다."76)라고 생각하였다. 도신 문하에서 파생한 법융우두선(法融牛頭禪)은 노장현학과 반야학과 선학을 하나로 융합하였다. 이는 반야 삼론(三論)의 무소득(無所得)의 사상을 선법의 근거로 삼아서, "실로 일물(一物)도 없으며, 묘한 지혜만이 홀로 존재한다."77)라고 생각하였다. 닦음이 없는 닦음〔無修之修〕을 통하여 자성의 영각(靈覺)과 묘한 지혜를 스스로 드러내고, "생사를 멸진하고, 마음이 이치에 명입(冥入)하는"78) 경지에 도달할 것을 요구하였다. 여기서 모든 수증(修證)은 배척되며, 오직 자성반야(自性般若)만이 남아서, 닦으나 닦음이 없고〔修而無修〕 닦음이 없는 닦음〔無修之

---

73) 明心證智, 契入實相.
74) 有行有解有證, 上上人, 有行無解無證, 下下人.
75) 學道之法, 必須解行相扶.『능가사자기(楞伽師資記)』
76) 一解千從, 一迷萬惑. 앞의 책.
77) 實無一物, 妙智獨存.『신심명(信心銘)』
78) 滅盡生死, 冥心入理.

修]으로 비로소 본각의 심성을 스스로 비출 수 있는 것이다. 이것이 바로 우두선(牛頭禪)의 정혜쌍유(定慧雙游)이다.

중국선사상에서 정혜등(定慧等)은 혜능남종, 특히 혜능의 제자인 신회(神會)가 주장했다는 견해가 있다. 사실 이것은 정확한 것이 아니다. 여래선의 주요 대표인물이며, 북종선의 창시자인 신수(神秀)도 실제로 정혜등을 주장하였다. 신수는 『대승무생방편문(大乘無生方便門)』에서, "이승인(二乘人)은 정(定)에 들어도 혜(慧)가 없기 …… 이승인은 육식을 멸하여 공적열반을 증득하여도, 이것은 바르지 않은 정(定)이다. …… 이승인은 정이 있으나 혜가 없기 때문에 옳지 않다고 하고, 보살은 정도 있고 혜도 있기 때문에 바르다고 한다."79)라고 말하였다. 여기에서 명확하게 혜(慧)가 없는 정(定)을 바르지 않은 정[邪定]이라고 하였으며, 정과 혜를 통섭하여야 비로소 바른 정[正定]이라고 생각하였다. 돈황본(敦煌本) 『대승오방편(大乘五方便)(北宗)』 중에서, "이승(二乘)은 정이 있으나 혜가 없고, 혜가 있으나 정이 없다. …… 보살마하살은 정과 혜가 함께 한다."80)라고 더욱 분명하게 말하였다. 신수의 정혜쌍등(定慧雙等)과 정중유혜(定中有慧)는 그의 "심체(心體)가 생각을 떠나는 것이 깨달음이다."81)는 사상에서 발전해 나온 것이다. 그는, 심성은 원래 지혜를 구비하고 있으므로, 몸과 마음을 움직이지 않아[身心不動], 생각을 떠나는 것이 바로 깨달음이라고 여겼다. 심신부동(身心不動)이 선정이며, 정으로 혜를 발하여 부처의 지견(智見)을 증득하는 것이다. 그래서 신심부동(身心不動)하여 생각을 떠남은 결코 절대적인 공적(空寂)의 정(定)을 증득하는 것이 아니라, 본각(本覺)을 회복하는 것이다. 정(定)할 때가 바로 지혜가 나타나는 때이다. 그래서 신

---

79) 二乘人在定無慧, …… 二乘人滅六識證空寂涅槃, 是邪定. …… 二乘人有定無慧名邪, 菩薩有定有慧名正.
80) 二乘有定無慧, 有慧無定. …… 菩薩摩訶薩定慧雙等.
81) 心體離念爲覺.

심부동의 선정을 또한 개지혜문(開智慧門)이라고도 한다. 혜능남종의 정혜등(定慧等)과 비교하면 이 두 가지는 결코 근본적으로 다르지 않다. 혜능은 "나의 이 법문은, 정혜를 근본으로 삼음을 으뜸으로 한다. 정과 혜가 다르다고 미혹되이 말하지 말라. 정과 혜는 하나이지 둘이 아니다. 정은 혜의 체(體)이고, 혜는 정의 쓰임(用)이다. 혜가 갈 때 정은 혜에 있고, 정이 갈 때 혜는 정에 있다."82)라고 말하였다. 신수도 "일체 유위법(有爲法; 事)에 생각을 일으키지 않는 것이 정혜쌍수(定慧雙修)이다."83)라고 하였다. 일체 유위법에 생각을 일으키지 않음을 정혜쌍수로 삼은 것과, 신수의 몸과 마음을 움직이지 않고서 생각을 떠남을 정혜쌍섭(定慧雙攝)으로 여긴 것은 분명히 상통한다. 정혜를 체용의 관계로 보는 것과 신수가 본각의 마음을 체(體)로 삼고, 정에서 혜가 발하여 지혜를 얻음을 쓰임(用)으로 삼는 것도 일치한다. 서로 다른 것은, 혜능남종선은 단지 반야공(般若空)에 치우치고, 그 정혜등(定慧等)은 무소득(無所得)과 같다는 것이다. 그렇기 때문에 수행 실천상으로는, "직접 요달하여 성품을 보며, 점차적인 단계를 말하지 않는 것"84)이며, 행주좌와(行住坐臥)의 모든 것이 선인 것이다. 그리고 신수 북종은 심성이 있음(心性之有)에 편중하였으며, 그 정혜등(定慧等)은 마음에 의지해서 수행한 결과이다. 몸과 마음을 움직이지 않고서 생각을 떠나는 상태에 도달하려면, 반드시 일정한 형식의 수선 방편을 통해야 하고, 관심간정(觀心看淨)의 점차적인 수행방법을 거쳐야 한다. 여기서, 정과 혜, 선과 지의 관계는 하나의 논리적인 문제이며, 또한 실천적인 문제임을 볼 수 있다. 이러한 문제를 해결하는 방법은 선문

---

82) 我此法門, 以定慧爲本第一. 勿迷言定慧別. 定慧體一不二. 卽定是慧體, 卽慧是定用. 卽慧之時定在慧, 卽定之時慧在定. 돈황본(敦煌本), 『단경(壇經)』, 제13절.
83) 不于事上生念, 是定慧雙修. 돈황본, 『남양화상돈교해탈선문직료성단어(南陽和尙頓敎解脫禪門直了性壇語)』
84) 直了見性, 不言階漸.

(禪門) 제가(諸家)마다 각각 다르다. 다만, 양자는 서로 의지하기도 하고 가까워지기도[相依相卽] 한다고 보아서, 정혜쌍수(定慧雙修)를 강조하고, 선수행 중에서의 지혜(智慧)의 위치를 부각시켰다. 이것은 분명 중국선이 가지고 있는 공통적인 특징이다.

　중국역사상 선(禪)과 지(智)의 관계를 총괄해보면, 위진(魏晋) 시기가 가장 중요한 단계이다. 선학은 현학화된 반야학의 도움으로 소승선학의 형식화 경향을 벗어나기 시작하였으며, 다시는 고수고행(苦修苦行)하여 신통(神通)에 도달하는 것을 강조하지 않았다. 그리고 개인의 주관정신의 수련이 두드러졌으며, 반야의 공관(空觀)을 중시하고, 지혜의 획득과 정신의 초월을 추구하기 시작하였다. 비록 초기의 선도 지관쌍수(止觀雙修)를 주장하였지만, 다만 응심입정(凝心入定), 선(禪)과 정(定) 혹은 선(禪)과 지(智)의 결합에 편중하였으며, 정으로 선을 통섭(統攝)하고, 장좌불와(長坐不臥)가 선수행의 주요 형식이 되었다. 위진 이후의 선지쌍운(禪智雙運)은 주로 선(禪)과 반야공관(般若空觀)의 결합을 가리키는 것이다. 그래서 자성반야(自性般若)의 기초 위에, 선수행의 내용은 주로 자성자오(自性自悟)가 되었으며, 형식상 수연이행(隨緣而行)으로 향하는 추세가 되었다. 선(禪)과 정(定)의 결합은 선으로 정을 섭[以禪攝定]하는 것이고, 선(禪)과 지(智)의 결합은 바로 선수행 중에서의 지(智)의 작용을 부각시키는 것이다. 당연히 중국 전통사상과 문화의 영역 안에 있던 선지쌍운(禪智雙運)도 공맹노장(孔孟老庄)과 현학(玄學) 등의 영향을 받았다. 도안(道安)·혜원(慧遠)의 택심본무(宅心本無), 반본구종(反本求宗)이나, 승조(僧肇)·승예(僧叡)의 물아위일(物我爲一), 비심무대(非心無待), 또한 달마의 위도명부(與道冥符), 신수의 자성본각(自性本覺), 이념즉각(離念卽覺)도 모두 예외는 아니다. "심원(心源)을 돌이켜 관하고, 부처의 지견(知見)을 열면, 저절로 자심이 깨닫게 된다."[85]는 것은 중국선의 이상적인 경지가 되었으며,

여래선의 기본 특색 중의 하나가 되었다.

3. 선(禪)과 교(敎)

인도불교에서 선(禪)과 교(敎)는 밀접한 관계를 가지고 있다. 불교선과 외도선은 바로 교법(敎法)의 차이에 의해서 구분되는 것이다. 교(敎), 경교(經敎), 교법(敎法)은 범어로 āgama이고, 음역하면 아함(阿含)이며, 의역하면 교(敎)이다. 이는 성인이 세인에게 베푸는 가르침으로, 마음에 있어서의 법(法)이 이러한 성인의 가르침에 따라 일어나므로 교라고 한다. 불교에서 교(敎)는 주로 부처의 설교를 가리킨다. 그것은 늘 언어를 통해서 표현되기 때문에 언교(言敎)라고 하며, 또한 문자의 형식으로 적어 놓은 것이 바로 교전(敎典)이다. 교(敎)가 표현하는 내용 혹은 종지(宗旨)는 이(理) 혹은 종(宗)이다. 불교의 말에 따르면, 언교는 단지 방편이고 언교로 표현되는 불법의 진리가 바로 가장 근본적인 것이다. 불교는 일반적으로 교(敎), 리(理), 행(行), 과(果)를 사용해서 모든 불전을 개괄한다. 교법은 부처가 설한 말과 가르침을 가리키며, 넓은 의미에서의 교법은 불교 전적(典籍) 전부를 포함한다. 이법(理法)은 교법이 천명하는 불리(佛理)를 지칭하며, 행법(行法)은 불리에 의지하여 실제로 수행하는 것이며, 그 중에 바로 선정(禪定)의 수행도 포함되어 있다. 과법(果法)은 수행하여 얻는 결과를 가리키며, 대승불교에서 지혜(智慧)를 증득하고 해탈하는 것이다. 그래서 원래의 의의에서 말하면, 교(敎)는 불교의 이론학설에 속하고, 선(禪)은 불교의

---

85) 反觀心源, 開佛知見, 自然而然, 自心覺悟.

수행실천에 속하므로, 이 양자는 분리할 수 없다. 이것은 바로 흔히 말하는, 이론은 모든 실천을 통해서 드러나며, 실천은 이론을 떠나서 행해질 수 없다는 것이다. 불교의 근본 목적은 해탈을 구하는 것에 있으며, 이러한 해탈은 반드시 종교실천 중에서 실현할 수 있다. 하지만 이론상에서 해탈의 가능성과 필요성을 논증하고, 실천방법과 수행결과에 대해 설명해야 하는데, 이것도 소홀히 할 수 없는 부분이다.

　이처럼 선(禪)과 교(敎)의 관계는 어떻게 불교의 이론에 근거해서 실질적인 수행을 진행할 것인가 하는 것이다. 구체적으로 말하면, 바로 어떻게 선정을 통해서 지혜를 증득하고 불리(佛理)를 깨닫는가 하는 것이다. 대승불교는 이론의 중요성을 특별히 강조하며, 대승선은 불리를 관오(觀悟)하기 위한 중요한 수단으로 간주되고, 교의와 교리에 상당히 의존하고 있다. 그러나 불교의 말에 의하면, 불법의 진리는 근본적으로 말하면 언어문자의 상(相)을 떠나서 있는 것이다. 단지 선정 중의 현관(現觀)과 친증(親證)을 통해서 진정으로 선수행자들이 파악할 수 있는 것이다. 이처럼 선수행은 불법을 깨닫고 해탈을 구하기 위해서 없어서는 안 되는 중요한 부분이 되었다.

　중국불교에서 선(禪)과 교(敎)도 뗄 수 없는 밀접한 관계를 가지고 있다. 선은 교에 의지해서 수행을 해야 하고, 교는 선에 의지해서 증명을 해야 한다. 선에 의지해서 교를 밝히고, 교에 의지해서 마음을 밝히므로, 선과 교는 서로 의지한다. 이러한 부처의 언교(言敎) 정신도 대대로 전해지게 되었다. 특히 남북조 말, 남북의 왕래가 잦아짐에 따라, 남방불교의 의리에 편중된 연구와 북방불교의 선법에 편중된 수습은 점차 융합하게 되었다. 수당시기에 이르러, 중국화된 불교 각 종파들이 계속 일어났다. 교문(敎門)의 각종 종파들은 자기들이 숭상하는 교리에 의지한 특정 선관이 있었다. 천태종(天台宗)은 일심삼관(一心三觀)과 법화삼매(法華三昧)가 있고, 화엄종(華嚴宗)은 사중법계관(四重法界觀)

과 십중유식관(十重唯識觀)이 있다. 설령 뛰어난 이론으로 잘 알려진 법상유식종(法相唯識宗)이라고 할지라도, 역시 얕음에서 깊음으로 들어가며〔由淺入深〕, 거침에서 세밀함에 이르는〔從粗至細〕 오중유식관(五重唯識觀)이 있다. 이처럼 교문의 각 종파들은 모두 선을 떠나지 않는다. 천태(天台)나 화엄(華嚴) 사상의 기초를 다진 사람 혹은 창시자 중에서, 어떤 사람은 원래 전문적으로 선정을 수행하던 선사였으며, 이후에 교리방면을 발전시켰다. 따라서 태허법사는 "천태와 화엄은 모두 선(禪)을 근원으로 한다.", "중국불교의 특징은 선에 있다."라는 견해를 제시하였다.

중국선은 또한 일정한 교법을 벗어나지 않는다. 역사적으로 보면, 인도로부터 중국에 와서 선을 전한 사람은 대부분 자기가 의지하는 경전과 이론이 있었다. 중국선사들이 비록 경의 뜻을 강설하지는 않았지만, 대부분 교(敎)에 의지해서 수행하였다. 특히 초기의 선은 더욱 교(敎)와 밀접한 관계가 있었다. 그래서 태허법사는 달마 종문선(宗門禪) 이전의 선통(禪統)을 의교수심선(依敎修心禪)이라고 불렀다. 설사 달마 이후의 종문선이라고 하더라도, 그것이 언교에 따르지 않음〔不隨言敎〕을 강조하고, 심지어 불립문자(不立文字), 교외별전(敎外別傳)을 표방하였지만, 그래도 경전을 완전히 벗어나지는 못하였다. 이와 달리 달마의 자교오종(藉敎悟宗)이나 신수의 방편통경(方便通經)은 모두 여전히 경교(經敎)에 의한 심법(心法)의 인증(印證)을 요구하였다. 육조혜능은 다만 종지를 깨달아 뜻을 얻는 것〔領宗得意〕과 문자에 집착하지 않음을 강조하였을 뿐이다. 그는 "마음이 바르면 『법화(法華)』를 굴리고, 마음이 바르지 않으면 『법화』에 굴려진다. 부처의 지견(智見)을 열면 『법화』를 굴리고, 중생의 지견(知見)을 열면 『법화』에 굴려진다."[86]라

---

86) 心正轉法華, 心邪法華轉; 開佛知見轉法華, 開衆生知見被法華轉. 『단경(壇經)』, 돈황본, 제42절.

고 하여, 경교를 완전히 배척하지는 않았다. 그 식심견성(識心見性), 돈오성불(頓悟成佛)의 선법은 단지 반야공의(般若空義)에 의지해서, 청정심(淸淨心)을 뚜렷하게 할 뿐이다. 바꾸어 말하면, 교외별전은 교에 의지하지만 교에 구속받지 않으며, 교법의 정신에 의지하여 교법의 언어문자를 초월하는 것이다. 이것은 불교에서 말하는, "뜻에 의지하되 말에 의지하지 않는다."[87]는 것이다. 이는 노장현학에서 말하는, "뜻을 얻으면 말을 잊는다."[88]는 것이다. 중국역사에서 경교를 완전히 배척한 때는, 혜능남종선이 부처를 꾸짖고 조사를 욕하는〔呵佛罵祖〕시대까지 발전했을 때이다. 즉, 이러한 때에 경교를 완전히 배척하는 극단적인 방법이 나타난 것이다. 그러나 남종에서 경을 읽는 현상은 여전히 매우 보편적이었다. 그래서 태허법사는, 달마 종문선을 흥기시킨 도생(道生)·승조(僧肇)·보지(寶誌)·부대사(傅大士) 등을 칭하여, 교를 초월한 돈오〔超敎之頓悟〕라고 하였다. 그 요지를 분명히 초절언교(超絶言敎)에 두었지만, 이것은 언교(言敎)를 초월해서 말로 전할 수 없는 불법의 진리를 강조하는 것일 뿐이다. 이것은 결코 부처의 교법을 벗어난 것이 아니다. 이는 불법의 정신을 진정으로 계오(契悟)하기 위한 것이었다. 예를 들면, 축도생(竺道生)은 다음과 같이 말하였다.

> 상(象)이란, 이치를 빌린 것이다. 상에 집착하면, 이치에 어둡게 된다. 교(敎)란, 변화의 원인이다. 교에 묶이면, 어리석게 된다.[89]

『고승전·축도생전』에 다음과 같이 말하였다.

---

87) 依義不依語.
88) 得意忘言.
89) 象者, 理之所假, 執象則迷理; 敎者, 化之所因, 束敎則愚化. 혜림(慧琳)의 『용광사축도생법사뇌(龍光寺竺道生法師誄)』에서 인용.

도생이 오랫동안 생각하여, 언어 밖의 것을 철오하고, 곧 한숨지어 탄식하며 말하기를, "무릇 형상(象)으로 뜻을 다하고, 뜻을 얻으면 곧 형상을 잊는 것이다. 말로 이치를 설명하고, 이치에 들어가면 곧 말을 그쳐야 한다. 경전이 동으로 유입된 이래로, 역경하는 사람들이 문과 뜻에 거듭 막혀서, 대부분이 원문(原文)을 지키고자 하여 걸리므로, 원의(圓義)를 드러내지 못하였다. 통발을 잊고 고기를 취해야만, 비로소 언어의 도(道)와 함께 할 수 있는 것이다"라고 하였다.90)

축도생의 교를 초월한 돈오〔超敎之頓悟〕는 바로 언외(言外)를 철오(徹悟)하고, 득의(得意)하여 원의(圓義)를 보도록 하였음을 알 수 있다. 승조(僧肇)도 다음과 같이 말하였다.

무릇 지극한 종지(宗旨)는 언설에 막혀 있기 때문에, 현성(賢聖)이 침묵한 것이다. 그러나 현지(玄旨)도 말이 아니면 전하지 못하므로, 석가가 언교(言敎)를 내세웠다. 이렇기 때문에, 여래가 세상에 나와, 큰 가르침 셋이 있게 되었다. 즉, 몸과 입의 행위는 계율로써 막았고, 선악을 밝힘은 경전으로 이끌었으며, 숨은 뜻〔幽微〕을 드러냄은 법상(法相)으로 변별하였다. 그러므로 삼장(三藏)을 만든 것이고, 근본은 서로 다르게 응하여도, 종지(宗旨)로 모이게 된다. 즉, 길은 달라도 취지는 같은 것이다.91)

이러한 관점은 선교(禪敎)의 관계 위에서 체현된다. 이는 바로 "교에 의지해서 닦고, 닦으며 말을 잊고, 말을 잊으며 생각을 끊는 것"92)이며, 이렇게 해서 제언교(諸言敎)가 "같은 취지의 종지〔同趣之宗〕"를

---

90) (道)生旣潛思日久, 徹悟言外, 乃喟然嘆曰; 夫象以盡意, 得意則忘象; 言以詮理, 入理則言息. 自經典東流, 譯人重阻, 多守滯文, 鮮見圓義. 若忘筌取魚, 始可與言道矣.
91) 夫宗極絶于稱謂, 賢聖以之冲默; 玄旨非言不傳, 釋迦901致敎. 是以如來出世, 大敎有三: 約身口則防之以禁律; 明善惡則導之以契經; 演幽微則辨之以法相. 然則三藏之作, 本于殊應, 會之有宗, 則異途同趣矣. 『장아함경서(長阿含經序)』
92) 依敎而修, 修而忘言, 忘言絶慮.

깨닫는 것이다. 여기에서 선이 만약 불법의 교리를 벗어나면, 바로 왜곡된 사선(邪禪)이 될 수 있다. 또한 교가 만약 수선(修禪)과 선오(禪悟)를 벗어나도 불교도들이 진정으로 파악할 수 없게 된다.

중국선은 줄곧 교를 벗어나지 않았다고 말하지만, 중국의 선과 교의 관계가 처음부터 끝까지 변하지 않았다고는 말하지 않는다. 실제로 선교관계는 종문(宗門)과 교문(敎門)에서 큰 차이점이 있을 뿐만 아니라, 다른 선계(禪系)와 선파(禪派)에서도 매우 다르다. 특히 중국불교에서 대승선이 크게 발전하였는데, 선의 최종목표는 수행의 방법일 뿐만 아니라, 일종의 부처의 언교(言敎) 정신에 충실한 지고(至高)의 경지가 되었다. 그리고 그것은 불교의 일체 언어교설을 통섭할 수 있었을 뿐만 아니라, 거의 중국불교의 대명사가 되었다. 그것은 불교가 중시하는 내재초월의 문화정신을 나타내었으며, 평범한 사람들이 문자에 의지하지 않고서도 깨달음에 이를 수 있음을 보여주었다. 이렇기 때문에, 선과 교의 관계는 중국불교 발전사에서 특별한 의의를 가진다. 여기에서 우리는 천태종(天台宗)이 반야실상(般若實相)에 의지하여 설한 일심삼관(一心三觀)과, 화엄종(華嚴宗)이 법계연기설(依法界緣起)에 의지해서 설한 법계관(法界觀) 등의 선교(禪敎)의 관계 발전에 대해서 논술하지 않았다. 또한 선종의 발전 중에서 나타난 경교(經敎)를 배척하는 경향과 천태나 화엄교설의 융합 및 당송(唐宋) 이후에 출현한 선교합일, 선교일치론 등에 대해서도 충분히 준비하지 않았다. 여기에서는 단지 여래선의 선(禪)과 교(敎)에 대한 견해 및 이러한 견해가 이후 중국선의 발전에 미친 영향에 대해 약간의 설명을 하고자 한다.

선교(禪敎)에 대한 여래선의 견해 중에서 보리달마의 자교오종(藉敎悟宗)이 가장 대표성을 띠고 있다. 자교오종은 바로 부처의 여러 교법을 빌려서 불법의 진제(眞諦)를 깨닫는 것이다. 여기에서 교를 빌리는 것〔藉敎〕은 수단이며, 종지를 깨닫는 것〔悟宗〕은 목적이다. 이러한 자교오종의 제기는 중국불교사에서 매우 특별한 의의를 가진다.

부처의 언어교법은 불교의 불(佛)·법(法)·승(僧) 삼보 중의 하나이며, 이는 대부분 불교경전을 통해서 나타난다. 이렇기 때문에, 초기에 중국으로 온 승려들의 가장 중요한 불사(佛事)가 바로 역경(譯經)이었다. 그들은 언어문자의 전환을 통해서 중국인들이 불교의 교의(敎義)와 교리(敎理)를 이해하고 받아들일 수 있기를 희망하였다. 불교 경론(經論)이 대량으로 번역됨에 따라서 중국 승려들은 불교의리(佛敎義理)를 깊이 연구하기 시작하였다. 동진(東晋) 시기에 육가칠종(六家七宗) 등의 중국 최초의 불교 학파가 등장하기 시작하였으며, 도안(道安), 혜원(慧遠) 등의 제1대 중국불교학자들이 나타나기 시작했다. 남북조(南北朝) 시기가 되면서 불교의 경론을 강습하는 풍조가 더욱 크게 성행하였다. 특히 남조(南朝)의 승려들은 풍부한 문화적 기초에 의지하여 불교의리를 깊이 연구하였을 뿐만 아니라, 불전(佛典)의 언어문자에 대한 고증(考證)을 진행하였다. 그래서, "강동(江東)의 불법은, 널리 의문(義門)을 중시하였다."[93]라고 하였다. 이론상으로 보면, 위진시기 현학의 영향을 받은 중국불교는 우주본체론에 대한 연구를 시작하여, 반야학이 매우 성행하였다. 또한 남북조(南北朝) 이후 불교의 본체론은 다시 심성론의 과도기로 향하면서, 반야실상설의 심성학설(心性學說)을 융합하여 중국에서 매우 크게 성행하였다. 수많은 불교승려들은 중국학자들이 가지고 있었던, 근원을 밝히고 진상을 추구하는 치학정신(治學精神)을 드높였다. 또한 스승을 찾아 도를 구하고, 불전을 깊이 연구하며, 여러 경전에 두루 통달하여 널리 전할 수 있도록 노력하였다. 강습하는 경론이 다르기 때문에, 남북조 시기에는 어느 경론을 널리 전하는가에 따라 각기 다른 학파가 등장하였다. 예를 들면, 비담학파(毗曇學

---

93) 江東佛法, 弘重義門. 『속고승전(續高僧傳)』 17권 「혜사전(慧思傳)」

派), 열반학파(涅槃學派), 능가학파(楞伽學派), 섭론학파(攝論學派) 등이 나타났다. 이들은 수당(隋唐)의 불교종파가 창립되는 이론적 기초를 마련하였다. 불교에서는 신(信)·해(解)·행(行)·증(證)을 설한다. 이는 불교를 믿고 불리(佛理)를 이해하는 것은 반드시 행(行)과 증(證)의 종교 실천상에서 이루어져야만 비로소 성과가 있다는 것이다. 그리고 불전(佛典)에 대한 지나치게 세밀한 연구와 교리에 대한 지나친 집중〔專注〕은 오히려 명상(名相) 개념의 범람과 현담풍기(玄談風氣)의 성행을 야기하였다. 이는 부처 언교의 본래 정신을 잊어버릴 수 있으며, 실질적인 체증(體證)을 소홀히 할 가능성이 있다. 이러한 상황 아래에서, 불법언교(佛法言敎)의 참정신을 깨닫자고 주장하는 자교오종(藉敎悟宗)은 특별한 호소력이 있었다. 이로 인해서, 이후에 불립문자(不立文字), 이심전심(以心傳心)의 남종선이 번성하게 되었다.

 자교오종은 달마여래선을 상징하는 중요한 하나의 지표이다. 『능가사자기』의 기록에 의하면, 달마가 전한 선법은 이입(理入)과 행입(行入)으로 개괄된다. "이입은 자교오종이고, 행입은 사행(四行)을 말한다."94) 이입은 바로 이(理)를 좇아서 도로 들어가는〔入道〕 것이고, 행입은 보원행(報怨行)·수연행(隨緣行)·무소구행(無所求行)·칭법행(稱法行)의 사행(四行)을 통하여 입도(入道)하는 것이다. 왜 이입(理入)을 자교오종이라고 부르는가? 무엇이 자교(藉敎)이고 오종(悟宗)인가?

 자교오종의 교(敎)는 경교(經敎)·언교(言敎)이며, 종(宗)은 바로 불교의 진리이다. 교와 종을 구분하는 것은 달마가 전한 선이 의지하는 『능가경』과 관계가 있다. 『능가경』에서는 종통(宗通)과 설통(說通)을 전문적으로 제기하고 있다. 남조(南朝) 유송(劉宋) 시기의 구나발타라(求那跋陀羅)가 번역한 『능가아발다라보경(楞伽阿跋多羅寶經)』 3권에,

---

94) 理入者, 謂藉敎悟宗; 行入者, 所謂四行.

"일체 성문, 연각, 보살은 두 가지의 통상(通相)이 있다. 이를 종통과 설통이라고 한다."95)라고 말하였다. 그렇다면 무엇이 종통(宗通)인가?

종통은 승진상(勝進相)을 스스로 얻음을 연(緣)하여, 멀리 언설(言說)과 문자(文字)의 망상(妄想)을 떠나고, 무루계(無漏界)인 자각지(自覺地)의 자상(自相)으로 나아가는 것을 이른다. 즉, 멀리 일체 허망각상(虛妄覺相)을 떠나고, 일체 외도중마(外道衆魔)를 항복 받아, 자각(自覺)을 연(緣)하여 광명(光明)을 드리우는 곳으로 나아가는 것이다.96)

즉, 종통이란 언어문자를 떠나서 자증(自證)하고 자각(自覺)하며, 본각(本覺)의 마음에 따라 이념(離念)하고 지혜관조(智慧觀照)를 일으켜서, 불교의 진리를 깨닫고 해탈을 획득하는 것이다. 종통(宗通)은 자기 자신에 인연함을 중시하기 때문에 또한 자종통(自宗通)이라고도 부른다. 다음으로, 무엇을 설통(說通)라 하는가?

무엇을 설통이라고 하는가? 아홉 가지의 교법을 설함을 이르는데, 이(異)와 불이(不異), 유(有)와 무(無)의 여러 상(相)을 떠나서, 기교로 방편을 삼고, 중생에 따라 알맞게 설법하여, 도탈(度脫)하도록 하는 것이다.97)

즉, 설통은 부처의 언교(言敎)를 연구하는 것이며, 또한 각종 방편수단으로 중생에게 설법을 잘하여, 중생을 제도할 수 있도록 하는 것이다. 달마는 이러한 종통(宗通)과 설통(說通)의 설에 의지하여 자교오종을 제기하였다. 그는 부처의 언교를 빌려서 불법의 진리를 깨닫고,

---

95) 一切聲聞緣覺菩薩, 有二種通相, 謂宗通及說通.
96) 宗通者, 謂緣自得勝進相, 遠離言說文字妄想, 趣無漏界自覺地自相, 遠離一切虛妄覺想, 降伏一切外道衆魔, 緣自覺趣光明暉發, 是名宗通相.
97) 云何說通相? 謂說九部種種敎法, 離異不異有無等相, 以巧方便, 隨順衆生, 如應說法, 令得度脫.

안심선법(安心禪法)의 수행을 통하여 자심의 진성(眞性)이 도와 더불어 부합하도록 하였다.

종(宗)과 교(敎)를 구분하면, 종은 교 가운데서 체현되지만, 교는 종과 달리 언교방편을 빌려서 자심각오(自心覺悟)의 목적에 도달할 것을 요구한다. 이러한 사상방법과 위진현학의 득의망언(得意忘言), 불교의 의의불의어(依義不依語)는 한 계통에서 전해진 것이다. 왕필(王弼)의 『주역약례(周易略例)』에서, 성인의 뜻을 어떻게 파악하는가를 심도 있게 토론할 때, 역(易)의 언(言)·상(象)·의(意)를 예로 들고 있다.

> 형상(形象)은 뜻을 나타내는 것이고, 말은 형상을 밝히는 것이다. 뜻을 드러내는 데는 형상이 으뜸이고, 형상을 나타내는 데는 말이 으뜸이다. 말은 형상에서 생기므로, 말을 살펴서 형상을 밝힐 수 있다. 또한 형상은 뜻에서 생기므로, 형상을 살펴서 뜻을 밝힐 수 있다. 뜻은 형상으로 드러나고, 형상은 말로 드러난다. 말로 인해서 형상이 분명해지므로, 형상을 얻으면 말을 잊어야 하고, 형상으로 인해서 뜻이 있게 되므로, 뜻을 얻으면 형상을 잊어야 한다.[98]

왕필은, 성인의 사상을 표현하기 위해서 괘상(卦象)을 사용한 것이고, 괘사(卦辭)와 효사(爻辭)는 괘상을 설명하기 위해서 사용한 것이라고 여겼다. 따라서 괘상의 뜻을 분명하게 이해하면 바로 괘사(卦辭)와 효사(爻辭)를 잊어버려도 되고, 성인의 뜻을 분명하게 이해하면 역시 괘상을 잊어버려도 된다고 보았다. 심지어 성인의 사상을 진정으로 이해하기 위해서는 반드시 괘상(卦象)과 언사(言辭)마저도 잊어버려야 한다고 생각하였다. 그래서 그는 또 "형상을 잊는 것이, 바로 뜻을 얻

---

[98] 夫象者, 出意者也. 言者, 明象者也. 盡意莫若象, 盡象莫若言. 言生于象, 故可尋言以觀象; 象生于意, 故可尋象以觀意. 意以象盡, 象以言著. 故言者所以明象, 得象而忘言; 象者所以存意, 得意而忘象.

는 것이다. 말을 잊는 것이, 바로 형상을 얻는 것이다. 뜻을 얻음은 형상을 잊음에 있고, 형상을 얻음은 말을 잊음에 있다. …… 잊어서 그 뜻을 구하면, 뜻이 곧 나타나게 된다."99)고 말하였다. 불교도, 불법의 요지는 바로 언어문자의 상(相)을 떠나서 있는 것이고, 불가사의하고 말로 형용할 수 없는 것이라고 여겼다. 그래서, "지극한 도는 말이 없고, 말은 반드시 도와 어긋나며"100), "말이 아닌 것으로 말할 수 있다."101)고 하였다. 그러나 "말은 비록 말할 수 없으나"102), "말이 아니면 전할 수 없다."103)라고 생각하였다. 그러므로 부처가 방편(方便)으로 교를 세우고, 중생을 위해 여러 법을 설한 것이다. 즉, 언교(言敎)의 방편으로 언어를 뛰어 넘고 형상을 끊는〔超言絶象〕제일의제(第一義諦)를 나타낸 것이다. 여기에 따른다면, 중생도 마땅히 문구(文句)에 집착하지 않아야 하며, 마땅히 부처의 언교를 수단으로 삼아 불법의 진리를 깨달아야 한다. 이것이 바로 불교가 말하는 뜻에 의지하되 말에 의지하지 않는〔依義不依語〕것이다. 여기에 대해서 『능가경』에는 언(言)·지(指)·의(義)를 예로 들어 강조하였다.

  진실은 문자를 떠나 있기 때문이다. 대혜여! 이는 마치 손가락으로 사물을 가리키면, 우부(愚夫)는 손가락 끝만 보고 참뜻을 얻지 못하는 것과 같다. 또한 우부는 언설(言說)과 손가락 끝을 좇아, 헤아리고 집착하여 끝내 버리지 못하여서, 결국 언설을 떠나서 가리키는 제일의(第一義)를 얻을 수 없는 것과 같다. …… 이렇기 때문에 마땅히 방편을 잘 닦아야 한다. 언설을 좇지 말라. 이는 마치 손가락 끝을 보는 것과 같다.104)

---

99) 忘象者, 乃得意者也; 忘言者, 乃得象者也. 得意在忘象, 得象在忘言. …… 忘以求其意, 義斯見矣. 『명상(明象)』
100) 至趣無言, 言必乖趣. 『조론(肇論)』
101) 非言所能言也. 앞의 책.
102) 言雖不能言. 앞의 책.
103) 非言無以傳. 앞의 책.
104) 眞實者離文字故. 大慧! 如爲愚夫以指指物, 愚夫觀指不得實義, 如是愚夫隨言說指, 攝受

진실은 문자를 떠나서 있으므로, 문자에 집착하면 진실을 얻을 수 없다. 이것은 마치 손가락으로 사물을 가리키는 것과 같다. 손가락이 가리키는 방향을 따라서 사물을 볼 수도 있다. 하지만 그 사물이 손가락으로 가리키는 것이 아니거나, 또는 손가락으로 가리키는 것이 그 사물이 아닐 수도 있다. 만약 손가락이 가리키는 것을 보고서 이를 그 사물이라고 여긴다면, 크게 어긋나는 것이다.

불교경전이 동으로 흘러 들어온 이후로, 번역된 문자는 사람들이 그 진의를 이해하는데 장애가 되었다. 따라서 문자에 집착한다면 불법의 대의를 더욱 더 깨닫기 어렵게 되었다. 언설(言說)은 단지 일종의 방편이며, "설령 일물(一物)이라고 해도 맞지 않는 것"[105]이다. 만약에 언설(言說)을 진실로 간주한다면, 도리어 지혜를 가릴 수 있으며 견성(見性)을 방해할 수 있다. 이렇기 때문에, 교(敎)를 빌리되 교에 집착하지 않고, 뜻을 얻으면 그 말을 잊는 것이다. 결국 언설(言說)과 문자(文字)와 망상(妄想)에서 멀리 떠나야 비로소 진정으로 스스로를 돌이켜 내증(內證)할 수 있다. 또한 세계의 본질을 인식하고 파악할 수 있으며, 부처 언교의 참뜻을 깨달을 수 있다. 달마는 바로 여기에 의지해서 자교오종을 제기하였다.

자교오종(藉敎悟宗)은 비록 언교를 버리지 않았지만, 오히려 종(宗)을 높이는 경향이 있었다. 여기서부터 중국불교사에 있어서의 종문(宗門)과 교문(敎門)이 나누어지는 서막이 펼쳐지게 되었다. 종문은 교외별전(敎外別傳)·불립문자(不立文字)를 주장하는 선종을 가리키고, 교문은 선종 이외의 경교(經敎)에 의지해서 법을 전하는 각종 교파를 가리킨다. 선(禪)과 교(敎)의 변증(辯證)은 한편으로 불교의 다른 사유방

計著至竟不捨, 終不能得離言說指第一實義. …… 是故應當善修方便, 莫隨言說, 如視指端.
105) 說似一物卽不中.

식의 논쟁을 반영하는 것이다. 즉, 이는 자심자성(自心自性)의 증오(證悟)를 중시하는 것과 의리(義理)의 파악을 강조하는 것과의 논쟁이다. 선의 입장에서 보면, 오로지 부처의 언교만 연구하여서는 불교의 진정한 정신을 파악할 수 없다. 불경에 대한 연구만 고집하게 되면 더욱 언어문자에 의지해서 이해하려고 하게 되며, 실제로 언교를 멀리하는 정신에서 더욱 멀어진다. 이렇기 때문에 일부 승려들이 적극적으로 역경하고 불리(佛理)를 깊이 연구하는 것과는 달리, 선을 수행하는 일부 사람들은 경교(經敎)에서 완전히 벗어나지 않았을지라도, 경론의 강습에 치중하지는 않았으며, 오직 종지의 깨달음만을 중시하였다. 자교오종의 여래선은 이로 인해서 성행할 수 있게 되었다. 달마계의 여래선은 초기에 4권본 『능가경』으로 인증(印證)하고 전하였으며, 뒤에 다시 『금강경』을 점차 도입하였고, 또한 다른 각종 경교를 회통하였다. 중국선종은 바로 이러한 과정 중에서 점점 변화하여 성립되었다.

대략 동산법문(東山法門)에서 시작하여, 여래선은 그 발전과정 중에서 전불인심(傳佛心印), 교외별전(敎外別傳)의 깃발을 치켜들었다. 이것은 중국선종이 처음으로 형성된 하나의 중요한 지표가 된다. 도신(道信)은 "수많은 법문도, 모두 마음으로 돌아간다."106)는 것에 근거하여, 경을 읽지 말라고 가르쳤다. 홍인(弘忍)도 마음이 "십이부경(十二部經)의 으뜸"107)이라는 것에서 출발하여, "수많은 경론은 수본진심(守本眞心)을 넘어서지 않는다."108)라고 여겼다. 이때 이후 홍인 문하의 각종 선계(禪系)는 모두 "말을 그치고, 경론을 떠남"109)을 강조하였으며 심인(心印)을 부각시켰다. 예를 들면, 현색(玄賾)계의 정각(淨覺)은 "지극한 도는 말이 없고, 말이 있으면 곧 지극함에 어긋난다. …… 증(證)이

---

106) 百千法門, 同歸方寸.
107) 十二部經之宗.
108) 千經萬論, 莫過守本眞心.
109) 息其言語, 離其經論.

란 스스로 아는 것일 뿐, 삼승(三乘)의 언설에 말미암지 않는다."110)라고 여겼다. 신수(神秀)계가 전한 종지(宗旨)도 "법수(法數)로 들어가면 묘한 근본에 어긋나고, 언설로 들어가면 진종(眞宗)이 숨는다."111)는 것이다. 혜능(惠能) 계통은 더욱 더 불립문자(不立文字)를 지표로 삼아 역대조사들의 이심전심(以心傳心)을 강조하였다. 바로 법여(法如)계의 두비(杜朏)가 말한, "달마 이후, 사자(師資)의 길이 열렸으며, 모두 방편으로 마음을 증득하였을 뿐이고, 언설에 따라 간략히 말한 바가 없다. …… 만약 초탈하여 깨달았다면, 곧 마음에서 얻은 것이고, 언설은 없는 것이다. 어찌 언어문자를 그 사이에 두겠는가?"112)라는 것과 같다.

선(禪)과 교(敎)의 구분은 그 자체로 일정한 의의가 있다. 그러나 자교(藉敎)에서 이교(離敎)에 이르기까지, 선과 교의 완전한 대립으로 곧 폐단이 나타날 가능성이 있었다. 이렇기 때문에 중국선종사에서 결국, 선과 교의 관계에 대해 거듭 토론한 것이다. 중당(中唐) 이후 선교일치론은 선종의 발전과 전체 중국불교의 발전에 영향을 크게 미치기 시작하였다. 종밀(宗密; 780-841)은 가장 먼저 선교일치설을 주장한 중요 대표인물이다. 그는 바로 화엄종의 오조(五祖)이며 또한 신회(神會)계의 계승자이다.『선원제전집도서(禪源諸詮集都序)』에서 그는 "경은 부처의 말이고, 선은 부처의 뜻이다. 제불의 마음과 언설은 결코 서로 어긋나지 않는다"113)는 것에서 출발하여, 선종의 각 파를 삼종(三宗)에 귀결시켰다. 또한 그는 이러한 삼종(三宗)과 교문(敎門)의 삼교(三敎)

---

110) 至道無言, 言即乖至. …… 證者之自知, 不由三乘之所說也.『능가사자기서(楞伽師資記序)』
111) 名數入焉妙本乖, 言說出焉眞宗隱. 장설(張說),『대통선사비명병서(大通禪師碑銘幷序)』
112) 自達摩以後, 師資開道, 皆善以方便取證于心, 隨所發言, 略無系說. …… 若夫超悟相承者, 旣得之于心, 則無所容聲矣, 何言語文字措其間哉. 돈황본(敦煌本)『전법보기(傳法寶紀)』
113) 經是佛語, 禪是佛意, 諸佛心口, 必不相違.

를 같이 묶어서, "삼교와 삼종은 하나의 법이다."114)고 생각하였다. 송대(宋代)의 영명연수(永明延壽; 904-975)는 더욱 더 "일심을 들어서 종으로 삼고, 만법을 비추어 거울로 삼는다."115)라고 하였다. 그는 『종경록(宗鏡錄)』 200권을 편찬하였으며, 화엄교의(華嚴敎義)와 선리(禪理)를 융합하였다. 또한 그는 선리에 근거해서 교문의 각종 이론에 대해 평판(評判)을 하고 선과 교를 회통하였다. 이는 중국불교가 송 이후에 선과 교가 서로 융합하는 발전 추세를 보여주는 것이다.

4. 선(禪)과 행(行)

선은 심증체오(心證體悟)를 중시한다. 이는 일종의 초월을 실현하여서, 자신을 초월하고 자신이 처해 있는 세계를 초월하고자 하는 것이다. 어떻게 초월을 실현하는가? 어떤 방식으로 깨달음을 얻는가? 이것은 논리적인 문제이며 실천적인 문제이다. 근본적으로 말하면, 선은 일종의 종교실천이다. 선은 실천해야 비로소 그 의의가 있으며, 또한 행하는 가운데서 선의 깨달음을 얻을 수 있다. 선(禪)과 오(悟)의 관계도 밀접하여 떼어낼 수 없다. 우선 선(禪)과 행(行)을 살펴보자.

불교에서의 행(行)은 다양한 함의를 가지고 있다. 여기에서 말하는 것은 선행(禪行), 즉 수선(修禪)의 행법(行法) 또는 선의 실천이다. 이는 주로 수선의 형식과 방법으로 표현된다. 의지하는 교법이 서로 다르기 때문에, 선의 종교실천도 여러 가지 행법(行法)으로 표현된다. 예를 들면, 초기의 안반선(安般禪)은 좌선할 때의 호흡수를 세어서 분산

---

114) 三教三宗, 是一味法.
115) 舉一心爲宗, 照萬法爲鏡.

되고 어지러운 마음을 평정하여 정신을 집중하였다. 염불선(念佛禪)은 염불을 통해서 마음을 깨끗하게 하거나 혹은 특정한 관상(觀想)을 나타내었다. 부정관(不淨觀)은 선정 중에 자신이나 타인의 더러움을 보고서 심신을 조복(調伏)하고 탐욕을 다스린다. 안반선(安般禪)과 부정관(不淨觀)은 위진 남북조 시기에 매우 유행하였으며, "이감로문(二甘露門)"이라고 불려졌다.

중국선학의 발전에 따라 선의 내재적인 함의는 끊임없이 넓어졌으며, 선행(禪行)도 다양한 형식이 나타났다. 천태종(天台宗)을 창시한 지의(智顗)는 『마하지관(摩訶止觀)』에서, 고대 이래의 선법을 상좌삼매(常坐三昧), 상행삼매(常行三昧), 반행반좌삼매(半行半坐三昧), 비행비좌삼매(非行非坐三昧)의 네 가지로 총결하였다. 이것은 일반적으로 행하고 앉는 몸자세에 따라 분류한 것이다. 상좌삼매는 가장 흔히 볼 수 있는 것이고 가장 보편적인 행법(行法)이다. 이는 정좌하여 몸과 호흡을 고르고 식념(息念)하여 명상(冥想)에 이르러, 일종의 특수한 체험 혹은 정신상의 안정을 얻는 것이다. 상행삼매는 불상(佛像) 주위를 조용히 멈추지 않고 걸으며 늘 염불삼매(念佛三昧)를 수행하는 것이다. 이것은 염불(念佛)과 예배(禮拜)를 결합하여 행하는 수선법이다. 반행반좌삼매는 앞의 두 가지를 번갈아 가며 행하는 것으로, 걷거나(行走) 혹은 조용히 앉아 있는 것(安坐)이다. 그리고 비행비좌삼매는 바로 비유비무(非有非無)의 반야사상의 가르침 아래 선행(禪行)에 집착하지 않는 가운데 출신입화(出神入化)의 경지에 도달하게 하는 것이다. 이로 인해서 각의삼매(覺意三昧) 혹은 수의삼매(隨意三昧)라고도 부른다. 사실 중국의 선행(禪行)은 여기에 그치지 않는다. 동산법문(東山法門) 이후 농사와 선이 결합하는 추세가 되었으며, 뒤의 혜능(惠能)을 대표로 하는 남종은 더욱 더 행(行)·주(住)·좌(坐)·와(臥)가 모두 선이라고 제창하였다. 심지어 물을 긷고 땔감을 나르는 것, 옷 입고 밥 먹는 것도 모두 선이라고 제창하여 선과 생활을 하나로 융합하였다.

행·주·좌·와의 형식에 대해, 선행(禪行)에서의 중시 여부는 중국 선사상에서 여러 차례의 쟁론이 있었으며, 특히 이후 남북선종 논쟁의 초점 중의 하나가 되었다. 신수북종은 좌선관심(坐禪觀心)을 제창하였다. 반면, 혜능남종은 여기에 반대하였는데, 만약에 좌선의 형식에 집착하여 입정(入定)만을 추구한다면, 이것은 도(道)에 장애가 되는 것이다. 왜냐하면, "도는 마음으로 깨닫는 것인데, 어찌 앉아 있음에 있겠는가.",116) "선은 앉고 누움에 있지 않다."117)라고 하였기 때문이다. 또한 선오(禪悟)는 마음에서 망념집착을 일으키지 않음에 있으며, 좌와(坐臥)의 형식에 있지 않기 때문이다. 만약 행주좌와 가운데 언제나 집착하지 않을 수 있으면, 그것이 바로 시시입정(時時入定), 시시수선(時時修禪)과 같은 것이다. 그래서 혜능은 "일행삼매는 모든 때에, 가고 머물고 앉고 눕고 하는 중에 항상 직심(直心)을 행하는 것이다."118)라고 말하였다. 혜능남종은 좌선에 대한 집착을 반대한 것이지, 좌선을 배척한 것은 아니다. 선은 앉는 것[坐]에 얽매이지 않지만, 그렇다고 좌(坐)가 선이 아닌 것은 결코 아니다. 행주좌와 모두가 선이며, 좌(坐)를 배척해야 하는 것은 결코 아니고, 관건은 좌(坐)의 형식에 얽매이지 않는 데 있으며, 마음에 따라 자재하고 집착하지 않는 것에 있다. 실제로 혜능남종 문하에서도 좌선을 행하는 사람들이 여전히 많이 있었다.

행(行)과 좌(坐) 등의 각종 자세 중에서 좌(坐)는 가장 근본적인 형식이며, 중국 초기에 선사들이 가장 중요시하였던 수선형식이다. 안반선(安般禪), 염불선(念佛禪) 등은 모두 좌(坐)가 주가 되는 수행방식이다. 좌는 결가부좌(結跏趺坐)이며 간단하게 가부(跏趺) 혹은 부좌(趺坐)

---

116) 道由心悟, 豈在坐也.
117) 禪非坐臥.
118) 一行三昧者, 于一切時中, 行住坐臥, 常行直心是. 돈황본(敦煌本) 『단경(壇經)』 제14절.

라고 부른다. 부(趺)는 바로 발등이며, 부좌(趺坐)는 책상다리를 하고 앉는 것으로, 두 다리의 발등을 왼쪽, 오른쪽의 무릎 위에 놓고 발바닥을 하늘로 향하게 하는 것이다. 먼저 오른쪽 발을 왼쪽 넓적다리 위에 얹고, 다시 왼쪽 발을 오른쪽 넓적다리 위에 얹는 것인데, 이는 항마좌(降魔坐)라고 부르며, 다리를 반대로 하면 길상좌(吉祥坐)라고 한다. 좌선을 하는 사람은 앞의 항마좌를 더 많이 사용하였다. 또한 반결가부좌(半結跏趺坐)가 있는데, 이것은 왼쪽 발이나 오른쪽 발 가운데 하나만 반대쪽 넓적다리 위에 얹는 방식이다. 석가모니가 당시 보리수나무 밑에서 좌선하여 도를 깨우칠 때 사용한 방식이 바로 결가부좌라고 전해진다. 불교는 이러한 좌법이 가장 안정적이며 또한 쉽게 피로해지지 않는다고 생각하여서, 좌선자는 늘 이러한 좌법을 사용하였다. 『대지도론(大智度論)』 7권에, "모든 좌법 중에서, 결가부좌가 편안하고 안정적이며, 피로해지지 않는다. 이것이 좌선하는 사람들의 좌법이다."[119]라고 하였다. 좌선에 대해서 불교에서는 구체적인 방법을 많이 요구하고 있다. 예를 들면, 『마하지관』 2권에 다음과 같은 내용이 있다. 즉, "정실(靜室)이나 한가한 곳에 머물며, 여러 번잡함을 떠나고, 좌구(坐具; 繩床) 하나만 남기고, 나머지는 곁에 두지 않는다. 90일을 일기(一期)로 하여, 가부좌하여 바르게 앉으며, 머리와 척추를 바르게 하고, 움직이지 않으며, 의지하지 말고, 앉아서 스스로, '옆구리를 침상에 붙이지 않는데, 하물며 다시 시체처럼 눕고, 움직이며 분주하겠는가'라고 다짐하라."[120] 다시 말하면, 바로 조용한 곳에서 홀로 늘 정좌하고 눕지 않는 것을 요구하는 것이다. 여기에서 말하는 좌구[繩床]는 일종의 접었다 폈다 할 수 있는 가볍고 편리한 의자이다. 이는 또한 교상(交床)·

---

119) 諸坐法中, 結跏趺坐最安穩, 不疲極, 此是坐禪人坐法.
120) 居一靜室或空閑地, 離諸喧鬧, 安一繩床, 傍無餘座, 九十日爲一期, 結跏正坐, 項脊端直, 不動不搖, 不委不倚, 以坐自誓, 肋不拄床, 況復尸臥, 游戲住立.

호상(胡床)이라고도 부른다. 불교는 단지 이렇게 고요하게 홀로 수행을 해야만 비로소 얻는 바가 있다고 여긴다.

그래서 중국 초기의 선수행자들은 언제나 경을 설하는 것에 뜻을 두지 않았고, 조용한 곳을 찾거나, 깊은 산림에 머물거나, 바위를 뚫고 암자를 만들어 홀로 고행하고 선수행하며 부지런히 정진하였다. 이와 마찬가지로 소승안반선이 제창한 좌선수식(坐禪數息)의 수행방법도 대체로 그와 같았다. 동진(東晉) 이후의 선수행자들과 사도(師徒)들은 이러한 행법을 서로 전하여 남북 각지에 널리 보급하였다. 예를 들면, 『고승전』 4권의 기록에 의하면, 영소(令韶)라는 승려가 있었는데, "그는 특히 선수(禪數)를 잘 행하였으며, 한번 입정하면 수일 동안 일어나지 않았다. 이후 그는 유천산(柳泉山)에 가서, 굴을 파고 연좌(宴坐)하였다."121)고 한다. 또한 『고승전』 11권의 기록에, 석법(釋法)은 "오곡을 먹지 않고, 오직 송진만을 씹어 먹었으며, 홀로 동굴에 기거하면서, 선수행에 전념하였다."122)고 하였다. 남북조(南北朝) 시기에 이르러, 종산 도림사(鐘山道林寺)의 보지(寶誌)화상도 여전히 수일 동안 앉아서 일어나지 않는 좌선입정(坐禪入定)을 신봉하였다.

초기 선학은 좌선을 강조했을 뿐만 아니라 좌선을 통한 신통의 획득을 매우 중시하였다. 이와 관련된 기록에 의하면, 한대(漢代)에 유행한 신선방술의 영향을 받은 초기 선학은 늘, "안으로 희락을 넘고, 밖으로 길흉(吉凶)을 모두 뿌리치며, 첩첩 산중에서 요괴를 물리치고, 신승(神僧)이 절벽에 있음을 본다."123)는 것을 선행의 으뜸으로 생각하였다. 또한 "선의 쓰임은 드러내는 것이고, 신통에 속한다."124)라고 여겼다. 그래서 승전(僧傳)에 기록된 선수행은 분명히 신통사적(神通事

---

121) 特善禪數, 每入定或數日不起, 後移柳泉山, 鑿穴宴坐.
122) 不餌五谷, 唯食松柏脂, 孤居岩穴, 習禪爲務.
123) 內逾喜樂, 外折妖祥, 擯鬼魅于重岩, 睹神僧于絶石.
124) 禪用爲顯, 屬在神通. 『고승전(高僧傳)·습선편론(習禪篇論)』

迹)이 매우 많다. 남북조 시기 북방의 유명한 현고(玄高)의 선계(禪係)
가 바로 신비한 신통으로 이름을 날렸다. 현고와 그의 제자 현소(玄紹)
와 현창(玄暢) 등은 모두 신기하고 괴이함으로 유명하였다. 현고 본인
도 신이(神異)로 정사(政事)에 참여하였다가 숭도억불(崇道抑佛)정책을
폈던 북위(北魏)의 태무제(太武帝)에 의해서 죽임을 당하였다.

그러나 불교연기론의 기본 교의에 근거하면, 신통은 선수행의 근본
적인 목적이 되어서는 안 된다. 불교에서 보면, 신통은 비록 그 위력이
매우 크지만 불가사의한 인과응보(因果應報)의 업력(業力)과 비교하면,
그것은 업력에 미치지 못한다. 왜냐하면, 업(業)에 따라서 보(報)를 받
는 것은 확실한 인과율(因果律)이므로 신통은 업력을 당해낼 수 없기
때문이다. 마하목건련(摩訶目犍連)을 예로 들면, 그는 인도불교에서 석
가모니의 10대 제자 중의 한 명으로 신통제일(神通第一)이라고 칭송받
았다. 그는 나타나고 사라지는 것을 자유자재로 할 수 있었으며, 마음
대로 날 수 있고, 심지어 도솔천(兜率天)까지 오를 수 있어서 마치 극
도의 자유를 획득한 것으로 보인다. 그러나 최후에, 그는 업보로 인해
서 반 불교세력의 바라문(婆羅門)에 의해서 몽둥이에 맞아 죽었다. 이
일이 있은 이후에 많은 비구들이, 목건련은 신통을 가지고 있는데, 왜
그는 신통으로 외도에 대항하거나 외도의 박해에서 벗어나지 못하고
맞아 죽었는가를 물었다. 이러한 물음에 부처는 신통은 업력에 맞설
수 없다고 하였다. 목건련은 전생에 고기를 잡으면서 생활했기 때문에,
무수한 생명이 그의 손에서 목숨을 잃었다. 이로 인해서, 비록 그가 수
행으로 신통을 얻었지만, 사람의 몸은 무상하여서 언젠가 업보를 받기
마련이므로, 그의 죽음은 바로 과거의 업에 대한 과보라고 하였다. 불
교는 만약 근본적으로 업보윤회를 초탈하지 않으면, 설사 그가 더 큰
신통이 있다고 하더라도 해탈은 얻을 수 없다고 생각하였다. 그래서
불교가 부지런히 추구하는 수행의 목표는 출세간(出世間)의 지혜를 증

득하는 것이며, 생사윤회의 고리를 끊어버리는 것이다. 일단 생사윤회를 초월하기만 하면 각오성불(覺悟成佛)할 수 있으므로, 신통을 얻지 못해서 걱정할 필요가 없다는 것이다. 따라서, 신통은 선수행에서 얻어지는 부산품이지 선수행의 주된 목표는 아니다.

여래선에 대해 말하면, 달마에서 신수에 이르기까지 모두 선을 행할 때 좌(坐)를 떠나지 않았지만, 중국 초기에 전문적으로 행해지던 좌선 수식과는 크게 달랐다. 신통하고 기이한 일들은 여래선에서도 종종 들을 수 있다. 그러나 그것이 중요한 위치를 차지하고 있었던 것은 아니다. 여래선은 좌선(坐禪)과 염불(念佛) 등을 방편법문(方便法門)으로 삼아서 수행하였다. 이러한 수행의 목적은 모두 부처의 지견[佛知見]을 열고, 자심불성(自心佛性)을 증오(證悟)하기 위한 것이다.

보리달마를 예로 들면, 그는 숭산소림사(嵩山少林寺)에서 면벽좌선(面壁坐禪)을 9년 동안 했기 때문에 벽관바라문(壁觀婆羅門)이라 불려졌다. 그러나 그가 제창한 응주벽관(凝住壁觀)은 반드시 면벽(面壁)하여 앉아 있는 것이 아니다. 왜냐하면, 인도불교 선법 중에서 벽관(壁觀)의 본 뜻은, 벽의 흙색을 관상(觀想)의 대상으로 삼아, 선정 중에 천지가 하나의 색이 되는 것을 보는 것이다. 이렇게 해서, 심지(心地)가 깨끗해지는 상태에 도달하는 일종의 수행방식이다. 그러나 달마가 전한 벽관의 법은 안심(安心)을 더욱 중히 여긴다. 이는 선수행을 통해서 마음이 벽과 같아지는 상태에 도달하도록 요구하였기 때문이다. 그래서 종밀은 『선원제전집도서』에서, "달마는 벽관으로 사람들이 안심(安心)을 얻도록 가르쳤다. 밖으로 제연(諸緣)을 그치고, 안으로 마음을 고요히 하여서, 마치 마음이 장벽과 같다."[125]라고 하였다. 그리고 선수행의 구체적인 방법상에서, 달마는 수연이행(隨緣而行)의 경향을 갖

---

125) 達摩以壁觀教人安心, 外止諸緣, 內心無端, 心如墻壁, 可以入道.

추고 있었다. 달마가 전한 선은 대승안심(大乘安心)의 법이라고 부르며, 그 구체적인 선행(禪行)이 네 가지라서 4행(四行)이라고 부른다. 첫째는 보원행(報怨行)이다. 즉, 고통을 만나도 근심하지 않고, 마주하게 되는 고통은 모두 과거에 행한 것의 응보(應報)로 귀결시키며, 원망하거나 하소연하지 않고 기꺼이 받아들이는 것이다. 둘째는 수연행(隨緣行)이다. 즉, 고(苦)·락(樂)·득(得)·실(失)은 모두 인연을 따르므로, 희락(喜樂)의 마음을 일으키지 않는 것이다. 셋째는 무소구행(無所求行)이다. 즉, 일체의 모든 것에 대해서 탐착하지 않는 것이며, "구함이 있으면 모두 고통이고, 구함이 없으면 바로 즐거움이다"126)는 것을 믿는 것이다. 넷째는 칭법행(稱法行)이다. 즉, 불교의 요구에 따라서 행동하는 것으로, 성정(性淨)의 이치와 서로 결합하는 것이다. 달마선이 요구하는 것은 이 4행을 통해서 안심(安心)하고 입도(入道)하는 것이다. 분명한 것은 달마가 제창한 선행은 이미 전통선법의 정좌(靜坐)와 조식(調息) 등의 번잡한 형식에 구애받지 않았으며, 안심을 종지로 삼음을 더욱 강조하였다. 또한 진성(眞性)을 깨달은 기초 위에, 탐착하지 않고, 고통도 즐거움도 인연에 따를 것을 요구하였다.

 달마는 도육(道育)·혜가(慧可) 등에게 법을 전했다고 전해진다. 도육의 사적(事迹)과 그에 관한 기록은 자세하지 않다. 혜가에게는 나선사(那禪師)라고 하는 제자가 있었다. 그는 "오직 가사 한 벌을 입고, 발우 한 벌을 지녔으며, 일좌식(一坐食)을 항상 행하였다. 두타행을 깊이 행하였기 때문에, 그는 한 번 갔던 읍락은 다시 찾지 않았다."127)고 하였다. 나선사를 따라 도를 배운 혜만법사(慧滿法師)도 "가사 한 벌을 입고 일좌식을 하였다. 바늘을 두 개 준비하고서, 겨울에는 얻은 옷으로 덧대어 입고, 여름에는 벗어버려, 벌거숭이가 되었을 뿐이다. ……

---

126) 有求皆苦, 無求乃樂.
127) 唯服一衣一鉢, 一坐一食, 以可常行, 兼奉頭陀, 故其所往, 不參邑落.

거처하되 다시 머물지 않고, 절에 이르면 곧 나무를 쪼개어 신을 만들어 신고, 항상 걸식을 행하였다."128)라고 하였다. 이것은 달마 문하의 선행(禪行)이 청빈한 두타행(頭陀行)에 편중되었음을 보여주는 것이다. 혜가는 승찬(僧璨)에게 법을 전하였다. 승찬이 제창한 신행은 자연에 맡기고 자성에 따라 소요하는 선행생활이다. 즉, 그는 "자연에 맡기면, 체성은 가고 머무름이 없다. 자성에 따라 도에 합하고, 소요하여 번뇌를 끊는다."129)라고 하였다. 이것은 분명히 달마선종의 안심무위(安心無爲)와 수연이행(隨緣而行)을 계승하여 한층 더 발전시킨 것이다.

돈황본(敦煌本) 『전법보기(傳法寶紀)』의 기록에 의하면, 달마에서 승찬에 이르기까지 모두 "행적은 묘연하고, 기록이 없다. 법장(法匠)은 은밀히 전하였으며, 학도(學徒)는 묵묵히 닦았다."130)라고 하였다. 제자들의 거처는 정해진 곳이 없었다. 4조 도신에 이르러 이러한 상황은 변하였다. 도신은, "땅을 골라 거처를 정하였으며, 그 머무름에는 현묘함이 있었다. 행적은 흔적이 있었고, 정방(旌榜)에 소식이 들렸다."131)라고 하였다. 그가 제창한 단체생활, 농선병작(農禪幷作), 경제상의 자급자족 등은 모두 선문(禪門) 수행생활의 기본 규범이 되었다. 그는 또한 『문수설반야경(文殊說般若經)』의 일행삼매(一行三昧)에 의지하여, 염불의 안심법문(安心法門)을 제기하였다. 염불(念佛)은 일종의 수행방편이며, 한위(漢魏) 시기에 중국에 소개되었다. 동진(東晋)의 혜원(慧遠)은 이것을 더욱 더 "모든 삼매는 그 이름이 많은데, 공이 높고 쉽게 들어가기로는, 염불선이 먼저이다."132)라고 제창하였다. 혜원이 창

---

128) 一衣一食, 但畜二針, 冬則乞補, 夏便通捨, 覆赤而已. …… 住無再宿, 到寺則破柴造履, 常行乞食. 『속고승전(續高僧傳)』 16권.
129) 放之自然, 體無去住. 任性合道, 逍遙絶惱. 『신심명(信心銘)』
130) 行無轍迹, 動無彰記. 法匠潛運, 學徒默修.
131) 擇地開居, 營宇玄像. 存沒有迹, 旌榜有聞.
132) 諸三昧, 其名甚衆, 功高易進, 念佛爲先. 『염불삼매시집서(念佛三昧詩集序)』

도한 것은 실상염불(實相念佛)이며, 그의 법성론(法性論)은 실체에 집착하는 경향이 있기 때문에, 염불선의 수행상에 표현되었으며, 또한 선정 가운데 보이는 부처에 집착하는 경향이 있었다. 도신(道神)이 제창한 염불도 실상염불이다. 그러나 그는 반야사상을 기초로 하여, "염불(念佛)이 바로 염심(念心)이며, 구심(求心)이 바로 구불(求佛)이다."133) 라고 제창하였다. 그리고 마음과 비유비무(非有非無)의 실상은 둘이 아니기 때문에, "염함이 없는 것, 이것이 염불이다."134)라고 하였다. 또한 염불은 단지 안심(安心)하는 방편시설이고, 염불을 통해서 마음을 깨끗하게 한다. "염불하여 마음의 움직임이 이어져, 갑자기 고요해지며, 곧 생각이 없어진다."135)는 것은 바로 일행삼매(一行三昧)에 들어가는 것이며, 또한 즉심즉불(卽心卽佛)의 경지에 이르는 것이다. 염불을 통해서 마음을 깨끗하게 하는 정심(淨心)의 방편은, 염불선 중에서 한 차례 비교적 크게 성행하였다. 『당중악사사문법여행장(唐中岳寺沙門法如行狀)』에, "인(忍)과 여(如)와 대통(大通)의 재세시에는, 법문이 크게 성하였으며, 근기를 가리지 않았고, 모두 속히 부처의 이름을 염하여 마음을 깨끗하게 하였다."136)라고 기록되었다. 여기서 인(忍)은, 바로 도신이 법을 전해준 제자 홍인(弘忍)이다. 여(如)는 법여(法如)를 가리키며 홍인의 수제자 중의 한 사람이다. 대통(大通)은 바로 홍인의 대제자 신수(神秀)이다. 이것 이외에도 홍인의 문하에는 선습종(宣什宗)이 있는데, 염불을 제창하기 때문에 남산염불문선종(南山念佛門禪宗)이라고 불려졌다. 염불이 선수행의 방편으로 여겨졌는데, 이는 중국선에 매우 큰 영향을 미쳤으며, 송(宋) 이후의 선종은 대부분 염불법문을 아울러 융입(融入)하였다.

---

133) 念佛卽是念心, 求心卽是求佛.
134) 無所念者, 是名念佛.
135) 念佛心動相續, 忽然澄寂, 更無所緣念.
136) 及忍, 如, 大通之世, 則法門大啓, 根機不擇, 齊速念佛名令淨心.

선행의 가르침에 대해, 도신은 "몸과 마음의 모든 동작이 항상 도량(道場)에 있는 것이며, 거동 하나 하나가 모두 보리(菩提)가 된다."137)라고 주장하였다. 그는 "마음에 따라 자재하며, 관행(觀行)하지 말고, 또한 마음을 맑게 하지도 말라. …… 넓고 넓어 걸림 없이, 뜻에 따라 종횡하라. …… 가고 머물고 앉고 누우며, 눈으로 보고 만나는, 이 모든 것이 바로 부처의 묘용이다. 즐겁고 근심이 없으므로, 부처라고 한다."138)라고 하였다. 도신이 제창한 이러한 마음에 따라 자재하고, 걸림 없이 종횡하는 수행생활은 중국선종 수행의 기본 태도가 되었다. 도신은 행법(行法)을 단지 수선(修禪)의 방편으로 생각하였다. 따라서 그는 마음에 따라 자재하고, 관행하지 말라고 일깨운 것이다. 또한 동시에, 그는 선수행의 다섯 가지 방법을 제기하였다. "첫째는 심체(心體)를 아는 것이고, 둘째는 마음의 작용을 아는 것이다. 셋째는 항상 깨달아 멈추지 않는 것이며, 넷째는 항상 몸이 공적함을 관하는 것이다. 다섯째는 하나를 지켜 움직이지 않는 것이다."139) 이 다섯 가지 방법은 어느 정도의 전통선법의 수행법을 받아들였다. 또한 반야공관으로, 달마계 선법 중의 즉심즉불(卽心卽佛)과 자연수연(自然隨緣)의 사상을 발전시켰다.

오조 홍인(弘忍)에 이르러, 그는 도신이 제창한 산림불교(山林佛敎)의 선풍을 한층 더 계승 발전시켰다. 그는 선수행과 노동을 결합하였고, 선수행과 일상생활을 하나로 엮어 행주좌와(行住坐臥)가 모두 도량(道場)이라고 생각하였다. 동시에 홍인은 수본진심(守本眞心)의 선학이론에 의지해서 적지 않은 선수행 방법을 제기하였다. 그는 특별히 도신의 다섯 가지 방편 중의 수일불이(守一不移)를 계승 발전시켰으며,

---

137) 身心方寸, 擧足下足, 常在道場, 施爲擧動, 皆是菩提.『능가사자기(楞伽師資記)』
138) 任心自在, 莫作觀行, 亦莫澄心. ……蕩蕩無碍, 任意縱橫. …… 行住坐臥, 觸目遇緣, 總是佛之妙用, 快樂無憂, 故名爲佛.『경덕전등록(景德傳燈錄)』 4권.
139) 一者知心體. 二者知心用. 三者常覺不停. 四者常觀身空寂. 五者守一不移.

좌선하여 조식(調息)하는 구체적인 방법을 제시하였다. 예를 들면, 그는 『최상승론(最上乘論)』에서 다음과 같이 말하였다.

> 만약 처음 좌선을 배우려는 사람은, 『관무량수경』에 의지하여, 단정히 앉아 몸을 바르게 하고, 눈을 감고 입을 다물며, 마음으로 앞을 응시하여, 뜻을 원근에 따라 하나의 일상[日想觀]을 지어 진심(眞心)을 지키고, 생각마다 머무르지 않게 하라. 호흡을 잘 다스려서, 갑자기 거칠거나 갑자기 미세하게 하지 말라. 그렇지 않으면 곧 병을 얻게 된다. 밤에 좌선할 때, 일체 선악의 경계를 보거나, 혹은 청황적백(靑黃赤白) 등의 제삼매에 들거나, 혹은 여래의 진상을 보거나, 혹은 여러 가지로 변화되더라도, 다만 마음을 거두어들일 뿐, 집착하지 말라. 아울러 모든 것이 공하니, 이는 헛된 생각으로 보게 되는 것이다.140)

홍인이 말한 마음은 대부분 진심(眞心)이기 때문에, 여기서 말한 단좌정념(端坐正念)이 요구하는 것은, 도신이 말한 무념으로 마음을 염하는 것[無念而念心]이 아니라, 언제나 진심을 떠나지 않는 것이다. 『능가사자기』에 기록된 홍인의 법어(法語) 중에서도, "몸을 단정히 하고 앉아, 심신을 놓아버릴 것"141)을 요구하였다. 이것은 마찬가지로 잡념을 제거하고 진심을 지키기 위한 것이다. 비록 홍인과 도신이 언급한 좌선(坐禪), 조식(調息), 염불 등은 그 형식이 서로 비슷하고 내재적 함의가 다를지라도, 그들은 모두 좌선에 주의를 기울일 필요가 있다고 언급하였다. 달마 이후의 여래선은 비록 좌선을 버리지는 않지만, 여전히 수연(隨緣)에 따라 행할 것을 더욱 강조하였다. 그래서 모두 어떻게

---

140) 若有初心學坐禪者, 依觀無量壽經, 端坐正身, 閉目合口, 心前平視, 隨意近遠, 作一日想守眞心, 念念莫住, 即善調氣息, 莫使乍麤乍細, 則令人成病苦. 夜坐禪時, 或見一切善惡境界, 或入靑黃赤白等諸三昧, 或見身出大光明, 或見如來身相, 或種種變化, 但知攝心, 莫著, 并皆是空, 妄想而見也.
141) 端身正坐, 寬放身心.

좌선하는가의 문제에 대해서는 설명하지 않았다. 그리고 도신과 홍인은 서로 다른 각도에서 좌선을 언급하였다. 이들은 정좌(靜坐)나 조식(調息)의 수행방법을 자주 말하였다. 이는 일반적인 수선자들이 불법의 요지를 깨닫지 못한다면, 다시 형식화의 길을 걷게 할 가능성이 있었다. 이 때문에 홍인 문하의 신수북종은 좌선관심(坐禪觀心)의 수행을 강조하였으며, 따라서 혜능남종이 좌선에 집착하지 않는 관점을 초래하게 되었다.

기록에 의하면, 신수북종의 선법이 중시한 것은 외경을 등지고 마음을 관하여 [背境觀心] 망념(妄念)을 끊어버리는 것이다. 종밀은 『선원제전집도서』에서 북종의 선법을 언급할 때, 다음과 같이 말하였다.

> 마땅히 스승의 가르침에 따라, 외경을 등지고 마음을 관하여, 망념을 끊어버린다. 망념이 다하면 곧 깨닫게 되어, 모르는 것이 없게 된다. 이는 마치 거울에 먼지가 끼면, 부지런히 털고 닦아, 먼지가 다하여 밝아져서, 곧 모든 것을 비추는 것과 같다. 또한 마땅히 선경에 들어가는 방편을 분명히 알아야 한다. 심란(心亂)하고 번잡함을 멀리 여의고, 한가로운 정처(靜處)에서 몸과 호흡을 고르며, 가부좌하여 고요히 한다. 혀는 입천장에 붙이고, 마음은 하나의 경계에 집중한다.142)

혜능남종은, 신수북종의 관심(觀心)이 마음을 관의 대상으로 여기므로, 이것 자체가 바로 일종의 집착이라고 생각하였다. 그리고 자심(自心)이 마음을 일으키고 마음을 관하는 것 자체도 일종의 염(念)이라고 보았다. 또한 좌선조식(坐禪調息)과 같은 것은 바로 형식화의 경향에 빠져든다고 생각하였다. 여기에 의지해서, 혜능남종은 무념행(無念行)

---

142) 須依師言敎, 背境觀心, 息滅妄念. 念盡卽覺悟, 無所不知. 如鏡昏塵, 須勤勤拂拭, 塵盡明現, 卽無所不照. 又須明解趣入禪境方便, 遠離憒鬧, 住閑靜處, 調身調息, 跏趺宴默, 舌拄上齶, 心注一境.

을 제기하였다. 즉, 이는 마음에 따라 자재하고, 조금도 집착하지 않으며, "일체법을 보고서도, 일체법에 집착하지 않는 것이다."[143]

사실 총체적으로 보면, 남북선종의 선수행법이 의지하고 있는 것은 모두 본각(本覺)의 청정본심(淸淨本心)이다. 다른 점은 단지 북종은 망념을 그치는〔息妄〕수행을 중시하며, 남종은 참됨을 드러내는〔顯眞〕증오(證悟)를 중시하는 데 있다. 그래서 북종은 부지런히 털고 닦음〔時時勤拂拭〕을 강조하고, 남종은 모든 것이 반야행〔處處般若行〕임을 강조하는 것이다. 그리고 선학사상에 있어서, 북종은 『능가(楞伽)』의 심성론에 편중하지만, 남종은 『반야(般若)』의 집착을 없애는 것에 편중한다. 이렇게 해서, 마음을 식별하여 성품을 보는 것〔識心見性〕과 스스로 증득하고 스스로 제도하는 것〔自證自度〕은 바로 여래선의 공통적인 특색일 뿐만 아니라, 또한 중국선종 발전의 기본 방향이 되었다.

5. 선(禪)과 오(悟)

오(悟)는 바로 깨닫는다는 뜻으로, 불법의 참뜻을 이해하고 깨닫는다는 뜻이다. 이것은 선수행의 과정 중에서 가장 중요한 단계이다. 선의 모든 수행은 지혜를 증득하고 진리를 깨닫기 위한 것이며 해탈을 얻기 위한 것이다. 대승선의 수행은 더욱 더 부처의 지견을 열어서〔開佛知見〕, 깨달아 부처가 되기〔覺悟成佛〕위한 것이다.

불교에서 말하는 오(悟)는 감성인식에서 이성인식으로의 비약을 가리키는 것이 아니며, 논리적인 추리를 통해서 새로운 지식을 획득하는

---

143) 見一切法, 不著一切法.

것도 아니다. 그것은 바로 순간적으로 철저하게 인생의 본질을 이해하고, 우주의 실상을 통찰하는 것이며, 만법의 본체와 혼연일체가 되는 것이다. 이것은 일종의 심령 깊은 곳이 갑자기 확 트여, 시공을 초월하고, 말로 표현할 수 없는 정신적 체험을 하는 것이다. 선수행을 통해서 도달하는 깨달음의 경지는 선수행자들이 부지런히 추구하는 목표이다. 다만, 깨달음의 가능성과 깨달음의 방법은 모든 선수행자들이 가장 먼저 관심을 가졌던 문제이다.

"일체 중생은 모두 불성이 있으며, 모두 성불할 수 있다"고 하는 설법은 중국불교에서 주도적인 위치를 차지하였다. 그래서 선수행을 통하여 깨달음을 얻을 수 있다는 것은 비교적 보편적으로 인정하게 되었다. 다만, 중생들이 원래 가지고 있는 불성에 의지해서 어떻게 깨달아 부처가 되고, 어떤 단계를 거쳐야 하며, 얼마나 많은 시간이 지나야 하는가, 다시 말하면 돈오(頓悟)인가 아니면 점오(漸悟)인가 하는 문제들은 중국불교에서 매우 오랫동안 논쟁이 되었다. 선문(禪門) 중에도 남돈북점(南頓北漸)의 설법이 있는데, 혜능남종은 돈(頓)을 중시하였고, 신수북종은 점(漸)을 중시한 것이다.

『선원제전집도서』에서, 종밀은 돈과 점을 교법(教法)으로도 말할 수 있고, 오(悟)와 수(修)로도 말할 수 있다고 생각하였다. 그는, "교에는 화의(化儀)의 돈점이 있으며, 응기(應機)의 돈점이 있다. 사람은 가르치는 방편의 돈점이 있고, 본성에 깨달아 들어가는 돈점이 있으며, 발심하여 수행하는 돈점이 있다."144)고 말하였다. 그는 모든 경론(經論) 및 선문(禪門) 중의 돈점에 관한 여러 설법을 여섯 가지로 귀결시켰다.

오(悟)와 수(修)의 돈점(頓漸)은 상반되기도 하고 부합하기도 한다. 여

---

144) 就教有化儀之頓漸, 應機之頓漸; 就人有教授方便之頓漸, 根性悟入之頓漸, 發意修行之頓漸.

러 경론과 선문에서는 다음과 같이 말한다. 즉, 먼저 점수로 공을 이룬 후에, 활연히 돈오한다. 혹은 먼저 마땅히 돈오하고서 점수할 수 있다. 혹은 돈수로 말미암아 다시 점오한다. 혹은 깨달음과 닦음은 모두 점이다. 혹은 이를 모두 돈이라고도 한다. 혹은 법에는 돈점이 없고, 돈점은 근기(根機)에 있다.145)

종밀은 이 여섯 가지의 다른 견해를 분석하여, 여기에서 말한 오(悟)는 해오(解悟)와 증오(證悟)의 차이가 있다고 생각하였다. 닦아서 깨닫는 오(悟)는 증오이고, 깨달아서 닦아 들어가는 오(悟)는 해오이다. 그는, "또한 이르기를, 점수를 이룬 후에, 활연히 돈오한다. 혹은 돈수로 말미암아 점오하며, 또는 점수로 말미암아 점오하는 것 등이다. 이것은 모두 증오(證悟)를 말하는 것이다. 먼저 마땅히 돈오한 후에, 점수한다는 것은 해오에 해당한다. …… 또한 돈오돈수라는 것은, …… 이 문은 두 가지 뜻이 있다. 만약 오(悟)로 말미암아 닦으면, 곧 해오(解悟)이다. 또한 닦음으로 말미암아 깨달으면, 곧 증오(證悟)이다. 이상의 것은 모두 금생(今生)에서 논하는 것이다. 만약 숙세(宿世)까지 거슬러 올라간다면, 오직 점만 있고 돈은 없다. 지금의 돈이라는 견해는, 여러 생에 걸쳐서 점차 훈습하여 나타나는 것이다. 법은 돈점이 없고, 돈점은 근기에 있다고 한다. 이러한 이치가 참되다."146)라고 말하였다. 바로 선을 수행해서 얻는 깨달음에 대해 말한다면, 종밀은 분명히 돈점재기(頓漸在機)의 설법에 찬성하고 있는 것이다.

불교의 일반적인 설법에 따르면, 수행 해탈은 하나의 장기적인 과정

---

145) 悟修頓漸似反而符者, 謂諸經論, 及諸禪門, 或云先因漸修功成, 豁然頓悟. 或云先須頓悟, 方可漸修. 或云由頓修改漸悟. 或云悟修皆漸. 或云皆頓. 或云法無頓漸, 頓漸在機.
146) 有云因漸修功成, 而豁然頓悟, 有云因頓修而漸悟, 有云因漸修而漸悟等者, 皆說證悟也. 有云先須頓悟, 方可漸修者, 此約解悟也. …… 有云頓悟頓修者, …… 此門有二意, 若因悟而修, 卽是解悟; 若因修而悟, 卽是證悟. 然上皆只約今生而論, 若遠推宿世, 則唯漸無頓, 今頓見者, 已是多生漸熏而發現也. 有云法無頓漸, 頓漸在機者, 誠哉此理!

이고, 여러 생에 걸쳐 수행하여, 끊임없이 공덕을 쌓아야 한다. 선정의 수행을 통하여 대철대오(大徹大悟)의 경지에 도달하는 것도 하루아침에 이루어지지 않는다. 석가모니(釋迦牟尼)는 전생에 선(善)을 행하고 공덕을 쌓아, 결국 보리수나무 아래서 49일의 선정을 통하여 비로소 깨달아 부처가 되었다. 소승불교는 사람들 모두 부처가 될 수 있다고 여기지 않으며, 아라한(阿羅漢)이 되는 것을 선수행의 가장 큰 목표로 삼는다. 그러나 이러한 목표를 실현하기 위해서는 반드시 무수한 숙세(宿世)의 수행을 거쳐야 한다. 예를 들면, 중국에 전해졌던 안세고(安世高)계의 소승선학은 바로 점수점오(漸修漸悟)를 주장한다. 대승불교는 성불을 수행의 가장 높은 목표로 여길지라도, 보살의 수행을 통하여 성불하려면 반드시 낮은 곳에서 높은 곳에 이르는 열 가지의 수행 단계를 거쳐야 함을 강조하였다. 불교에서는 이것을 십지(十地)라고 부르는데, 그 내용은 다음과 같다. 첫째, 환희지(歡喜地)이다. 이는 범부에서 보살의 단계로 들어서는 것이며, 이때 매우 큰 기쁨이 일어난다. 둘째, 이구지(離垢地)이다. 이는 번뇌를 멀리 벗어나서 몸과 마음에 때가 없는 것이다. 셋째, 발광지(發光地)이다. 이는 선정으로 지혜의 빛을 발하는 것이다. 넷째, 염승지(焰勝地)이다. 이는 지혜의 품성이 늘어나는 것이다. 다섯째, 난승지(難勝地)이다. 이는 세속의 지혜와 불교의 진정한 지혜가 합쳐지는 것으로, 매우 이루기 어렵다. 여섯째, 현전지(現前地)이다. 이는 불교의 가장 높은 지혜가 나타나는 것이다. 일곱째, 원행지(遠行地)이다. 이는 지혜와 신통을 얻으며, 각종 번뇌가 다시는 일어나지 않고, 세간의 이승(二乘)에서 멀리 벗어나는 것이다. 여덟째, 부동지(不動地)이다. 이는 일체의 사상(事相)과 번뇌로 인해서 동요하지 않는 것이다. 아홉째, 선혜지(善慧地)이다. 이는 시방(十方)을 두루 다니면서 설법을 할 수 있는 것이다. 열째, 법운지(法雲地)이다. 이는 끝없는 공덕을 충분히 갖추고 있으며, 법신(法身)이 허공과 같고, 지혜가 큰 구름과 같은 것이다. 보살의 수행은 단지 순서에 따라서 이 십지(十地)를 거쳐야만 비로소 성불할 수 있다.

전통 중국불교에서, 견도(見道)나 수도(修道)는 모두 점법(漸法)이 주가 되었다. 그러나 돈오(頓悟)의 사상이 없었던 것은 아니다. 예를 들면, 인도의 초기불교 경전인 『잡아함경(雜阿含經)』 중에, 도를 배우는 사람은 "정근하며 닦아 익혀서, …… 점차 해탈을 얻을 것"[147]을 요구한다. 또한 "이와 같이 정진하여 머무르기 때문에, 아뇩다라삼먁삼보리(阿耨多羅三藐三菩提)를 속히 얻는다, …… 이와 같이 오래도록 닦아 익혀야, 마땅히 모든 번뇌를 빨리 끊을 수 있다."[148]는 것을 제기하였다. 여기의 아뇩다라삼먁삼보리는 바로 위없이 높고 평등하며 바른 깨달음[無上正等正覺]의 뜻이다. 『능가아발다라보경』 1권에서도 점수 이후의 돈오를 제기하였다. 즉, "여래는 일체 중생의 자심의 현류(現流)를 깨끗이 제거하고"[149], "무상(無相)하고 무유(無有)인 청정경계를 문득 나타낸다."[150]고 생각하였다.

중국불교는 특별히 돈오(頓悟)를 중시한다. 중국불교사에서, 돈오설은 위진(魏晋) 시기의 반야학자들이 가장 먼저 제기하였다. 반야학은 우주실상(宇宙實相)을 증오(證悟)하는 데 편중하였다. 이런 이유로, 동진의 유명한 반야학자 도안(道安), 혜원(慧遠), 지둔(支遁), 승조(僧肇) 등은 바로 보살의 십지(十地)와 연계하여 돈오설을 제기하였다. 그들은, 칠지(七地) 이전의 수행은 모두 점수의 과정이며, 칠지에 이른 수행자는 이미 일체의 번뇌를 끊어버리고, 제법성공(諸法性空)과 무생무멸(無生無滅)의 이치를 체득한다고 보았다. 이 때가 바로 돈오에 도달한 것이며, 작은 비약(飛躍)에 들어간 것이다. 그러나 이 때는 계속해

---

147) 精勤修習, …… 漸得解脫.
148) 如是精進住故, 疾得阿耨多羅三藐三菩提等, …… 如是修習不久, 當得速盡諸漏.
149) 如來淨除一切衆生自心現流.
150) 頓現無相無有所有清淨境界.

서 그 다음의 3단계를 수행해야만 비로소 큰 비약에 들어갈 수 있고, 부처가 되는 위치에 도달할 수 있다고 생각하였다. 이러한 돈오설은 칠지 이전에는 점차적인 수행을 하여야 하며, 칠지 이후에도 계속해서 수행을 해야 한다고 생각하였다. 따라서, 이후 축도생의 십시에 이르러야 돈오할 수 있다는 대돈오(大頓悟)와 상대적인 소돈오(小頓悟)로 불려졌다. 이는 후에 일종의 점오(漸悟)로 간주되어 진정한 돈오가 아니라고 여겨졌다.

축도생(竺道生)의 대돈오(大頓悟)는 중국역사상 매우 중요한 위치를 차지하고 있다. 일반적으로 이것은 후세의 선종 돈오성불의 서막을 여는 전주곡이 되었다고 여겨진다.

축도생의 돈오설은 그의 풍부한 특색이 있는 불성론에 의지하여 제기되었다. 그의 불성론의 주요 특징은, 반야실상설을 기초이론으로 하여, 세계만법과 중생과 부처를 모두 반야 무상의 실상에 통일시켰다. 실상(實相)이 만법 및 중생과 부처의 공통적인 본성·본체가 된 이상, 중생은 실상(佛性)에 의지해야 비로소 중생이 될 수 있다. 따라서 "일체중생이 모두 불성을 가지고 있으며"151), "일천제(一闡提)도 성불할 수 있다."152)는 말이 이치에 잘 들어맞게 된다. 이론의 발전은 수행실천상의 변화를 초래하였다. 축도생은 우주실상과 중생불성 등을 동일시하여 불성을 중생의 본성으로 삼았으며, 중생의 자성이 바로 부처라고 하였다. 이렇게 성불을 외부에 대한 우주실상(宇宙實相)의 이해에서 자심자성에 대한 깨달음으로 바꾸었으며, 자심자도(自心自道)를 더욱 부각시켰다. 이렇기 때문에, 수행방면에서 축도생은 특별히 정심(淨心)의 실천을 통해서, 반본득성(反本得性)하고 체오실상(體悟實相)하는 해탈의 실현을 강조하였다. 또한 더 나아가 그의 돈오설을 제기하였다.

---

151) 一切衆生皆有佛性.
152) 一闡提人也得成佛.

돈오(頓悟)라는 것은 바로 단계적인 것이 아니라 문득 깨닫는 것이다. 축도생은 이것을 찰나에 망념을 모두 없애고, 오로지 진실한 반야실성의 이치를 깨닫는 것이라고 하였다. 축도생은 제법실상(佛性)의 이치를 깨닫는 것이 바로 성불이라고 여겼다. 칠지(七地)를 수행하는 것이 실상의 이치를 깨달은 것이라고 말한다면, 왜 계속해서 법운지(法雲地)를 수행해야 하는가? 칠지에서 십지를 계속 수행해야 한다면 소돈오(小頓悟)라고 하는 것은 실제로 여전히 점(漸)이지 돈(頓)이 아니다. 축도생은 십지 아래의 것은 모두 점수(漸修)일 뿐이어서 깨달음이 아니고, 십지 이후에야 비로소 크게 깨달을 수 있다고 주장하였다. 이러한 돈오설은 실제로 축도생이 그의 불성론에서 출발하여 얻은 필연적인 결과이다. 왜냐하면, 실상(佛性)은 완전하고 원만한 이치이며 하나로 된 완전체이므로 나눌 수 없기 때문이다. 따라서 그것을 깨닫든지, 아니면 그것을 깨닫지 못할 뿐이며, 단계적으로 조금씩 얻을 수 있는 것이 아니다. "둘이 아닌 깨달음으로, 나눌 수 없는 이치에 부합한다."[153]는 것과 같이, 다만 돈오할 수 있을 뿐이다. 돈오의 시기가 바로 성불하는 순간이다. 바꾸어 말하면, 성불할 때야만 바로 진정한 돈오이다. 축도생은 중국불교사에서 처음으로 대돈오(大頓悟)를 제창한 사람이다. 호적(胡適)은 『하택대사신회전(荷澤大師神會傳)』에서 축도생의 돈오설에 대해 매우 높이 평가하였다. 그는, "축도생의 돈오성불은 중국사상이 인도사상에 대해 혁명을 일으킨 첫 번째의 포성이다. 혁명의 무기는 돈오(頓悟)이며, 혁명의 대상은 공덕을 쌓는 것, 조식안심(調息安心) 등의 번잡한 점수(漸修)의 공부이다. 축도생의 돈오론은 중국선의 초석이라고 말할 수 있다. …… 돈오설이 나오자, 모든 의식(儀式), 예배(禮拜), 참회(懺悔), 염경(念經), 염불사(念佛寺), 관불상(觀佛

---

153) 以不二之悟, 符不分之理. 『조론소(肇論疏)』, 혜달(慧達).

像)과 승려의 계율 등은 모두 폐물이 되어버렸다. 그러므로 마틴루터는 자기의 양지(良知)를 제기하여, 로마 천주교(天主敎)가 유럽의 반을 붕괴시켰다고 하였다. 도생의 돈오론이 세상에 나타나서, 이후 돈종(頓宗)이 중국불교를 통일하는 종자를 뿌렸다."라고 말하였다.

사실 축도생의 돈오와 후세의 선종이 강조한 돈오는 내용이나 방법에서 모두 매우 다르다. 축도생은 비록 돈오를 주장하지만 결코 점수를 버리지 않았다. 그는 "깨달음은 스스로 일어나지 않는다. 반드시 점법을 빌려야 한다."154)라고 생각하였으며, 대철대오(大徹大悟)를 얻으려면, 반드시 경전을 읽고 수행해야 하며 불교의 신앙을 견고히 해야 한다고 생각하였다. 불교가 설하는 신(信), 해(解), 행(行), 증(證)은 불교에 대한 경건한 신앙과 불리(佛理)를 파악하기 위한, 축도생 돈오설의 이론적 기초가 된다. 해탈을 믿는 기초 위에서 수행을 하고, 그러한 이후에 비로소 돈오를 얻을 수 있다. 다만, "깨달음이 일어나면 믿음도 떠나는 것"155)처럼, 일단 돈오하면 일체의 혹업(惑業)은 모두 깨끗하게 사라지므로, 정각을 얻을 수 있고, 법신(法身)을 깨달을 수 있으며, 다시는 수행할 필요가 없게 된다.

축도생의 대돈오설(大頓悟說)은 여전히 점수의 경향을 갖추고 있다. 하지만, 그는 실상의 이치와 자심본성은 점차적인 돈오로 나누지 못함을 강조한 것이고, 실상의 증오(證悟)와 명심견성(明心見性)의 일치성을 논술한 것이다. 이것도 중국선에 매우 심오한 영향을 미쳤다. 돈오설과 불성론의 결합은 축도생의 논리적 특징이며, 또한 선종의 기본 특징이다.

돈오는 바로 우주실상의 이치를 깨닫는 것이며, 그 실상은 중생의 몸에서 불성으로 체현된다. 중생의 불성은 번뇌가 가로막고 있어 중생

---

154) 悟不自生, 必籍信漸. 앞의 책.
155) 悟發信謝.

이 볼 수 없지만, 일단 돈오하여 혹업을 끊어버리면 불성이 분명하게 드러난다. 그래서 중생이 실상을 깨닫는 것은 바로 자신의 본성으로 돌아가는 것이며, 견성성불(見性成佛)하는 것이다. 이러한 사상도 여래선에서 체현되었다.

축도생 이후부터, 돈오설은 중국불교에서 계속해서 매우 중요한 위치를 차지하였다. 수당(隋唐) 시기에 건립된, 중국화된 불교의 각 종파는 비록 돈점(頓漸)을 겸용하여 원만히 추구하였지만, 모두 돈(頓)을 점(漸)보다 우위에 놓았다. 예를 들면, "돈과 점은 서로 돕고"156), "돈과 점은 섞여 있음"157)을 주장한 천태지의(天台智顗)는 오시팔교(五時八敎)를 세웠다. 그 중의 화의사교(化儀四敎)는 중생의 근기가 날카롭고 둔한 정도[利鈍]에 따라 세워진 것이다. 둔근기를 위해 설한 점교(漸敎)는 분명히 예근기를 위해 설한 돈교(頓敎)보다 얕다. 화엄종(華嚴宗)의 사람들은 『화엄경(華嚴經)』을 추대하기 위해서, 『법화(法華)』의 돈(頓)을 점(漸) 중의 돈(頓)으로 평가절하 하였다. 또한 『법화』의 원(圓)을 점원(漸圓)이라고 배척하였다. 다만, 『화엄』의 돈(頓)이어야 비로소 돈(頓) 중의 돈(頓)이며, 『화엄』의 원(圓)이어야 비로소 돈원(頓圓)이라고 생각하였다.158) 이것도 분명히 돈(頓)이 점(漸)보다 우위에 있다고 보는 것이다. 일반적으로 혜능남종은 돈오를 강조하고, 보리달마에서 신수북종에 이르는 여래선은 모두 점오를 주장한다고 여긴다. 이것도 사실 확실한 것이 아니다.

실질적으로 현존하는 자료에서 보면, 홍인(弘忍) 이전의 달마계의 선법에서는 자성의 미묘한 깨달음의 문제를 언급하지 않았다. 하지만, 홍인에서 시작하여 이미 자심자성에 대한 깨달음을 선문에 정식으로

---

156) 頓漸相資. 지의(智顗) 『법화현의(法華玄義)』 2권 상.
157) 頓漸泯合. 앞의 책.
158) 징관(澄觀)의 『화엄소초(華嚴疏鈔)』 참조.

끌어들였으며, 게다가 돈점의 문제에 대해서도 견해를 발표하였다. 홍인의 『최상승론(最上乘論)』 중에 다음과 같은 말이 있다. 즉, "중생의 과거 근기의 이둔(利鈍)은 판가름할 수 없는 것이며, 상근기(上根機)는 매우 짧은 순간이지만, 하근기(下根機)는 무량겁이 걸린다."159)는 것이다. 이것은 마치 돈점재기(頓漸在機), 즉 돈점(頓漸)은 사람의 근기에 따라 다르다는 것을 말하는 것 같다. 그러나 논(論) 중에서, 마음을 관하고 마음을 지키는 것은 호흡을 잘 조절하고, 부드럽게 마음을 가라앉혀야 한다고 설하였다. 또한 불성을 염념(念念)이 연마하여, 그 마음을 깨끗이 하도록 요구하였다. 이는 마치 거울을 닦는 것처럼, 먼지를 제거하면 밝음이 저절로 드러나는 것과 같다. 이는 분명히 점수를 말하는 것이다. 또한 논에서, 일단 중생불성이 본래 깨끗하다는 것을 알면, 마치 구름이 태양을 가리고 있으나, 망념의 구름이 사라지면, 지혜의 태양이 나타나는 것과 같다고 하였다. 이는 분명히 돈오를 말하는 것이다. 그래서 총체적으로 보면, 홍인의 선법은 점수돈오(漸修頓悟)의 경향을 구비하고 있다. 홍인의 선법을 전해 받은 법여계(法如係), 신수계(神秀係) 등도 모두 이러한 점을 계승하여, 점수를 주장하는 동시에 또한 돈오의 경향을 가지고 있다.

신수북종을 예로 들어보자. 신수의 선법이 강조하는 것은 좌선관심(坐禪觀心)이며, 선정에 들어가는 방법은, "심란(心亂)하고 번잡함을 멀리 여의고, 한가로운 곳〔靜處〕에서 몸과 마음을 고르며, 가부좌하여 고요히 한다. 혀는 입천장에 붙이고, 마음은 하나의 경계에 집중한다."160)는 것이다. 그러나 신수의 선학이론에 의하면, "일체의 선업은 자심으로 말미암아 일어난다. 다만 마음을 거두어 들여, 모든 바르지 않음과 악함을 떠나면, 삼계 육취(六趣) 중의 윤회의 업은, 저절로 소멸

---

159) 衆生過去根有利鈍不可判, 上者一念間, 下者無量劫.
160) 遠離憒鬧, 住閑靜處, 調身調息, 跏趺宴默, 舌拄上齶, 心注一境.

되므로, 모든 고통을 멸할 수 있다. 이것이 곧 해탈이다."161)라고 하였다. 그렇다면, 해탈을 얻기 위해서는 분명히 여러 생의 수행을 기다릴 필요 없이 단지 현세에서 근본을 지키고 마음을 다하는 수본진심(守本眞心)하기만 하면 되는 것이다. 그래서 신수는 언제나 부지런히 털고 닦는 것을 강조하는 동시에 여러 차례 "일념으로 마음을 깨끗하게 하면, 문득 불지(佛地)로 들어간다."162)는 것을 제기하였으며, "깨달으면 아침에 범부였더라도 저녁에 성인이 되고, 깨닫지 못하면 영겁토록 항상 미혹하다."163)고 생각하였다. 『관심론(觀心論)』에서, 그는 또한 "마음을 거두어 들여 안으로 비추어, 각(覺)과 관(觀)이 항상 밝으면, 삼독의 마음을 끊어, 영원히 사라지게 한다. 또한 여섯 도적의 문〔六根〕을 지키고, 어지럽지 않게 하면, 항하사와 같은 공덕이 저절로 수없이 장엄하고, 무수한 법문이 모두 성취된다. 범(凡)을 초월하고 성(聖)을 증득함은 눈앞에 있고, 요원(遙遠)한 것이 아니다. 깨달음은 잠깐 사이에 있으니, 어떤 번뇌가 머리를 희게 하겠는가?"164)라고 제기하였다. 이는 신수북종선도 돈오를 설하고 있음을 보여주는 것이다.

그렇다면, 사람들은 왜 남돈북점(南頓北漸)이라고 하여, 오직 혜능남종에서 돈오를 설하였다고 말하는가? 이것은 혜능의 제자인 신회(神會)가 남종을 위한 정통성 논쟁에서 신수북종의 법문은 점법(漸法)이라고 공격한 것과 관계가 깊다. 신회는 달마에서 혜능에 이르기까지 6대 조사가 대대로 전한 것을 정통이라고 하였으며, 신수는 홍인 문하에서 파생되었을 뿐 정통은 아니라고 제기하였다. 그 이유 중의 하나

---

161) 一切善業由自心生, 但能攝心, 離諸邪惡, 三界六趣, 輪回之業, 自然消滅, 能滅諸苦, 卽爲解脫.『관심론(觀心論)』
162) 一念淨心, 頓超佛地.『대승무생방편문(大乘無生方便門)』
163) 悟則朝凡暮聖, 不悟永劫常迷.『대승오방편(大乘五方便)(北宗)』
164) 但能攝心內照, 覺觀常明, 絶三毒心, 永使消亡, 閉六賊門, 不令侵擾, 自然恒沙功德, 種種莊嚴, 無數法門, 悉皆成就. 超凡證聖, 目擊非遙, 悟在須臾, 何煩皓首?

가 바로 "나의 여섯 대에 걸친 대사들도 모두 단도직입을 말하였고, 곧바로 요달하여 성(性)을 보나, 점차(漸次)를 말하지 않았다."165)는 것이다. 또한 신수북종은 오히려 마음을 집중시켜 정(定)에 들어가는 점수법을 가르쳤기 때문에, 남북의 차이는 분명히 돈점(頓漸)이 서로 다른 것에서 나타난다고 제기하였다. 사실 여기에서 말하는 돈점이 서로 다르다는 것은, 남종이 돈오(頓悟)를 중시하고 북종이 점수(漸修)를 중시하였다고 이해한다면 비교적 합당한 말이다. 남종을 말하자면, 그 선법의 중심은 직접 심성을 깨닫는 돈오에 있으며, 이러한 돈오는 수행이 필요 없다. 혜능은 "닦지 않으면 곧 범부요, 한 생각이라도 수행하면, 자신이 부처와 같다."166), "깨달음의 자성은 본래 청정하다. 다만 이 마음을 써서, 바로 요달하여 부처를 이룬다."167), "만약 바르고 참된 반야관조를 일으키면, 찰나간에 망념이 모두 멸해진다. 자성을 식별하면, 한 번 깨달아 바로 부처의 자리에 이른다."168)라고 말하였다. 반면, 북종선법은 줄곧 식망(息妄)의 점수에 착안하였다. 위에서 언급한 것처럼, 신수도 돈오를 말하였지만, 이러한 돈오는 점수의 각종 관심(觀心)의 방편법문의 기초 위에서 건립된 것이다. 장설(張說)의 『대통선사비(大通禪師碑)』에는 신수의 선법에 대해, "그 개법(開法)의 대략은 다음과 같다. 즉, 오로지 염하여 생각을 멈추고, 전력으로 마음을 거두어들인다. 그 들어감은 범과 성이 같고, 그 도달함에는 행의 앞뒤가 없다. 정(定)에 들기 전에 만연(萬緣)을 쉬고, 혜를 일으킨 후에는 일체가 모두 여실하다."169)라고 적고 있다. 이것은 바로 선오(禪悟)의

---

165) 我六代大師──皆言單刀直入, 直了見性, 不言階漸. 『보리달마남종정시비론(菩提達摩南宗定是非論)』
166) 不修卽凡, 一念修行, 自身等佛. 돈황본(敦煌本) 『단경(壇經)』 26절.
167) 菩提自性, 本來淸淨, 但用此心, 直了成佛. 종보본(宗寶本) 『단경(壇經)』· 행유품(行由品)』
168) 若起正眞般若觀照, 一刹那間, 妄念俱滅, 若識自性, 一悟卽至佛地. 앞의 책, 『반야품(般若品)』

경계가 생각을 멈추고〔息想〕, 마음을 거두어들인〔攝心〕 이후에 있다는 것이다. 식상(息想)과 섭심(攝心)은 반드시 일정한 수선의 방편을 빌려서 관심간정(觀心看淨)의 점차적인 수행을 거쳐야 한다. 바꾸어 말하면, 돈오 이전에 정에 드는〔趣定〕 단계나 과정이 있는데, 이것은 바로 남종의 직료돈오(直了頓悟)와 차이가 있다. 이렇기 때문에, 남돈북점(南頓北漸)은 실제로 남북선종 선법의 돈오와 점수적 특색에 입각하여 나누어졌다는 것을 나타낸다.

여래선은 그 발전과정 중에서 돈오심성을 중시하는 경향이 점점 나타났다. 이는 중국불교 발전의 추세와 일치하는 것이다. 위진(魏晉) 이후 현학화된 반야학이 성행함에 따라, 자연에 순응하고 마음에 따라 행하는 기풍이 사회를 풍미하였다. 이러한 영향 아래, 수많은 선수행자들은 복잡한 선수행의 형식을 간단하게 하였다. 그들은 수선을 일상생활 속으로 끌어들여, 불교의 진리를 이해하고 파악하고자 하였다. 또한 선수행이 마음을 수행하는 쪽으로 점점 발전하도록 하였다. 불성은 바로 사람의 마음으로, 결코 주체의 밖에 있는 객체가 아니라, 바로 사람 마음의 본성 중에서 체현된다. 사람은 모두 본래 깨끗한 불성을 가지고 있으며, 모두 해탈성불할 수 있다. 사람의 마음과 불성, 중생과 부처는 원래 둘이 아니다. 다만, "미혹하면 곧 부처가 중생이고, 깨달으면 곧 중생이 부처이다."[170]는 것처럼, 미오(迷悟)의 차이 때문에 중생과 부처의 구별이 있을 뿐이다. 선행(禪行)의 목적은 바로 세속세간에서 언제나 집착하지 않고, 청정한 마음을 유지하는 것이다. 일단 당하에 돈오하여 식심견성(識心見性)할 수만 있다면, 이것이 바로 해탈성불이다. 그래서 혜능은 "전념(前念)이 미혹하면 곧 범부요, 후념(後念)이

---

169) 爾其開法大略, 則專念以息想, 極力以攝心. 其入也, 品均凡聖; 其到也, 行無先後. 趣定之前, 萬緣盡閉; 發慧之後, 一切皆如.
170) 迷卽佛衆生, 悟卽衆生佛. 돈황본(敦煌本) 『단경(壇經)』 제52절.

깨달으면 곧 부처이다."171)라고 말하였다. 이러한 중국화된 선종사상은 중국의 사유특징 및 중국 소농경제의 사회적 요구와 일치한다. 그래서 이후에 농선(農禪)을 다같이 중시하는 중국선의 주류가 형성된 것이다. 이처럼, 인도선이 중국에 전래된 이후, 중국의 경제, 문화, 풍습에 적응하며 끊임없이 중국선으로 변화하였다.

---

171) 前念迷卽凡, 後念悟卽佛. 앞의 책, 제26절.

제4장
여래선과 조사서래의(祖師西來意)

남조(南朝) 시기 중국선종의 초조로 추앙 받았던 남천축(南天竺)의 승려인 보리달마는 이국 만리의 중국에 도착하여 선을 전하였다. 이때부터 중국선은 새로운 역사발전의 시기로 접어들었다. 그리고 여래선이 중국에서 전문적인 계통을 형성하였을 뿐만 아니라, 후에 광범위하게 전해져 중국선종의 형성에 매우 큰 영향을 미쳤다. 조사가 서쪽에서 온 뜻〔祖師西來意〕이 무엇인가 하는 것은 선문 제자들이 가장 즐겨 참구하는 화두 중의 하나가 되었으며, 수많은 학자들이 힘써 탐구는 것이 되었다.

1. 중국선풍과 조사서래의(祖師西來意)

한(漢) 말에서 남북조(南北朝)에 이르는 수 백년 기간 동안은 중국 역사상 가장 어지러운 시기였다. 정권이 빈번히 교체되고 천하는 혼란하여 백성들은 안심하고 생활할 수가 없었다. 이러한 현실은 불교의 형성에 적당한 사회적 조건을 제공하였다. 불교는 인생의 고난에 대해 사색하고, 이에 대해 본체론에서 인식론에 이르기까지 상세히 해석하고 있다. 또한 불교선학은 심리조절을 통하여, 생명의 존재와 충동을 환허(幻虛)경지에 대한 끝없는 동경과 실천적인 수행의 추구로 이끌었다. 이러한 논리와 정신적 인도는 당시 사람들의 정서와 심리상태에 잘 부합하는 것이었다. 그래서 불교는 사회 각 계층으로부터 환영을 받았으며, 비교적 광범위하게 전파되기 시작하였다.

우선, 동진남북조(東晋南北朝) 시기의 통치자는 대부분 불교를 숭상하고 믿었으며, 아울러 불교를 제창하였다. 그 중 북방에서 비교적 유명한 사람으로는, 전주(前奏)의 부견(符堅), 후주(後秦)의 요흥(姚興), 후조(後趙)의 석륵(石勒)과 석호(石虎) 등이 있었다. 남방에서는 제경릉왕(齊竟陵王) 소자량(蕭子良), 양무제(梁武帝) 소연(蕭衍) 등이 있었다. 그들은 사원을 많이 세우고, 부처를 받들고 선을 수행하였으며, 경을 강의하고 설법하며, 승려에게 공양하였다. 이러한 상황은 사회에 열렬한 불풍(佛風)을 불러일으켰다. 당연히 통치자들이 불교를 숭배한 주요 목적은, "신도(神道)로 가르침을 돕고"[1], "태평을 도모하려는 것"[2] 이었다. 즉, 불교를 민중교화와 통치를 위한 도구로 생각하였다. 어쨌든 통치자가 불교를 믿고 지지한 것은 객관적으로 불교의 발전과 전파를 촉진시켰다.

다음으로, 중국에 온 승려들과 중국불교학자들은 중국불교의 발전을 위해 함께 노력하였다. 한(漢) 말 이후 관중(關中)과 낙양(洛陽)은 전쟁이 그치지 않아 많은 사람들은 전쟁을 피하여 사방으로 흩어졌다. 관중과 낙양은 줄곧 중국불교의 요충지였으며, 수많은 승려들이 일찍이 여기에서 불경을 번역하였다. 전란을 피하기 위해, 수많은 불교도들은 피난민을 따라 각지로 남하하였으며, 승려들이 가는 곳마다 불교는 그곳에 전파되었다. 이렇게 해서, 불교가 양자강의 남북에까지 퍼지게 되었다. 이 당시 남해(南海)의 교통이 발달하였기 때문에, 인도불교는 발달된 해상 경로를 통해 임읍(林邑; 지금의 월남 중남부)과 부남(扶南; 지금의 캄보디아) 등지에서 광주(廣州)와 교주(交州) 일대로 전파되었다. 삼국의 명승 강승회(康僧會)는 교지(交趾)에서 출가하여 승려가 된 후, 북상하여 오(吳)의 도읍인 건업(建業)에서 교를 전하였다. 각국을 유랑

---

1) 神道助敎.
2) 坐致太平.

하는 승려들이 나날이 늘어나면서 불교는 광범위하게 전파될 수 있었다. 이는 또한 당시 중국의 사회상황과 백성들의 정신적 요구에 따라서 일어난 변화였다. 불교가 중국의 전통문화 중에서 뿌리를 내리고 더욱 알맞게 사회와 백성의 요구에 부합하기 위해서 수많은 불교학자, 예를 들면 도안(道安)과 혜원(慧遠) 및 승조(僧肇) 등은 모두 인도불교와 중국 전통문화와의 융합을 매우 중시하였다. 그들은 불교와 노장현학 및 유교심성학설을 서로 융합하여 불교를 중국화로 거듭나게 하였으며, 스스로 체계를 확립하고 독립적으로 발전할 수 있게 하였다. 남북조시기에 이르러, 걷잡을 수 없이 일어난 불풍(佛風)은 강남과 강북을 휩쓸었다. 지역과 문화의 차이 때문에 남북불교는 서로 다른 특징을 나타내었는데, 북방은 실천수지(實踐修持)에 편중하고, 남방은 의리현사(義理玄思)를 더욱 중시하였다. 그렇지만, 외래불교와 중국 전통문화의 상호 결합은 불교발전의 공통된 방향이 되었다. 이렇게 중국화된 불교는 장차 여래선이 나타나는 조건을 마련하였다.

끝으로, 선(禪)도 불교의 중국화와 함께 발전하였다. 이는 사회의 발전과 학술사상의 변화에 따라 끊임없이 변화하여 점점 중국 특유의 선풍을 형성하였다. 한(漢)대에 들어온 중국의 초기 선은 주로 안반선(安般禪)과 반야선(般若禪)으로 표현되었으며, 이는 대소승불교의 다른 특징을 보여주고 있다. 위진(魏晋) 시기의 대승반야학은 담무설유(談無說有)하는 현학을 따라서 성행하였으며, 승려들의 사상과 풍모도 변화되기 시작하였다. 그들은 불자(拂子)를 들고 절을 뛰쳐나와 명사(名士)들과 앉아서 도를 논하고 불리(佛理)를 연구하였다. 또한 노장을 읽어 언제나 명승명사(名僧名士)의 두 가지 기풍을 갖추고 있었다. 이렇게 불교문화가 전파되는 가운데, 격의(格義)로 불경을 해석하는 경향이 나타났다. 즉, 노장의 말을 사용해서 불리와 비교하는 것이 점점 시대적 풍조로 발전하였다. 이러한 학술사조의 영향 아래, 소승 안반선(安般禪)

이 중시하는 좌선수식(坐禪數息)의 형식화 경향은 충격을 받고 변모하였다. 반면, 대승 반야선(般若禪)이 중시하는 심성수양과 우주실상에 대한 증오(證悟)의 경향은 한층 더 발전하게 되었다. 남북조 시기에 불성론이 흥행한 후, 실상(實相)과 자성(自性)은 하나로 합해지는 추세가 되었다. 자성본각(自性本覺)의 기초 위에, 수행의 내용도 주로 자성자각(自性自悟)으로 바뀌었다. 형식상의 점오점수(漸悟漸修)에서 인연에 따라 행하는 돈오해탈(頓悟解脫)로 발전하였다. 선수행의 내용과 형식의 변화는 중국의 독특한 선풍을 형성하였다. 남조(南朝)의 보지화상(寶誌和尙)과 부대사(傅大士)의 선이 바로 이러한 선풍을 대표한다.

보지(寶誌; 418-514)는 보지(保誌)라고도 하며, 남조(南朝) 제양(齊梁) 시기의 선승이다. 사적(史籍)에는 보지화상과 관련된 신화가 매우 많은데, 그 중에서 어느 정도 그의 특징을 엿볼 수 있다. 예를 들면, '그의 행위는 매우 기이하고, 거주지가 일정하지 않으며, 먹고 마시는 데에 일정한 때가 없고, 어떤 때는 시를 읊으며, 말은 예언하는 참서(讖書)와 같다.'는 것이다. 이는 그가 수선의 형식에 구애받지 않고, 말이 명상(名相)에 얽매이지 않았음을 나타낸다. 경성(京城)의 사대부와 서민들은 모두 그를 존중하였다고 한다. 양무제(梁武帝)는 즉위 후에 그를 믿고 숭상하였으며, 심지어 그에게 궁궐을 마음대로 출입할 수 있도록 하였다. 또한, 『경덕전등록』에 보지화상에 관한 자료가 실려 있다. 비록 후대 사람들이 그 중의 적지 않은 부분을 첨가하고 고쳤을지라도, 다만 당시 전체 불학의 분위기와 관련지어서 살펴본다면 여전히 참고할 만한 가치가 있다. 『고승전·보지전』에도 보지화상과 양무제가 주고받았던, 선기(禪機)가 넘치는 다음과 같은 문답이 있다.

양무제는 시험삼아 보지화상에게, "제자가 번뇌와 미혹을 끊지 못했으니, 어떻게 다스려야 되겠습니까?"라고 물었다. 보지화상은 "십이(十二)"

라고 답하였다. 〔식자(識者)는 십이인연을 미혹을 다스리는 약이라고 여긴다.〕 무제가 다시 십이의 뜻을 묻자, "뜻은 각루(刻漏; 시계의 일종)의 글자에 있다."라고 답하였다. 〔식자는 글자가 12시에 있는 것이라고 여긴다.〕 양무제는 다시, "제자는 어느 때에 정심수습(靜心修習)할 수 있는지요?"라고 묻자, "안락(安樂)에 그친다."라고 답하였다. 〔식자는 금(禁)을 그침이라고 여겨서, 안락에 이르렀을 때 그치면 그만이라고 한다.〕

여기에서 보지화상의 대답은 분명히 불법의 요지를 갖추고 있다. 그 불법의 요지는 문자에 얽매이지 않는 것이며, 언제나 늘 삼매의 선지(禪旨)를 행하는 것이었다. "일체가 불사(佛事) 아닌 것이 없는데, 어찌 좌선만을 고집하는가?"[3]라고 하는 중국선의 독특한 풍격을 나타내었다. 이것은 한편으로 보지화상이 계오심증(契悟心證)을 중시하고 있음을 반영하는 것이다. 이것과 그의 즉심즉불(卽心卽佛)의 선학사상은 일치한다. 어떤 사람은 즉심즉불(卽心卽佛)은 혜능남종선이 흥기한 후에 비로소 출현한 사상이라고 생각하지만, 사실은 그렇지 않다. 실질적으로 위진반야학과 남북조 불성론 이후, 즉심즉불(卽心卽佛)과 견성성불(見性成佛) 등의 사상은 이미 사회에서 유행하기 시작하였다. 보지화상과 잠깐 왕래한 적이 있는 법운(法雲)은 『법화경의기(法華經義記)』에서, 바로 "심식(心識)이란 작불(作佛)과 일치하고, 이치〔理〕와 일치한다. 이 셋은 차별이 없다."[4]라고 말하였으며, 『열반경집해(涅槃經集解)』에서도 당시의 승량(僧亮)이 말한, "자성을 보아 부처를 이루므로, 곧 자성이 부처가 된다."[5]라고 기록하였다. 이러한 사상과 선의 결합은, 바로 이름과 언설을 빌리지 않으며, 수지(修持)하는 형식에 있어서, 곧바로 심성에 계합하는 것〔直契心性〕이다. 그래서 보지화상 선풍의

---

[3] 一切無非佛事, 何須攝念坐禪.『경덕전등록(景德傳燈錄)』29권.
[4] 有心識者同歸作佛, 理唯一致, 無三差別.
[5] 見性成佛, 卽性爲佛也.

출현은 중국불교와 선학의 발전방향과 서로 일치한다.

부대사(傅大士)는 보지화상과 함께 이름을 날렸으며, 그의 경력도 보지화상과 비슷하다. 이와 관련된 기록에 의하면, 부대사는 24살 때에 천축(天竺)의 승려 숭두타(嵩頭陀)를 따라서 출가하였다. 그는 아침에 노동하고 저녁에 도를 행하였는데, 이러한 선수행을 업(業)으로 삼았다. 그는 또한 경교(經敎)에 얽매이지 않음을 중시하였지만, 완전히 경교를 배척한 선자(禪者)도 아니었으며, 그는 스스로 수능엄삼매〔首楞嚴定〕를 얻었다고 하였다. 양무제는 그가 올린 글을 살펴보고, 사신을 파견하여 그를 서울로 맞아 들여 궁궐에서 강론하게 하였다. 한 번은 양무제가 그를 청해서 『금강경』을 강론하게 하였다. 그러자, 그는 자리에 오르자마자 자〔尺〕를 한 번 휘두르고는 '강의 끝'이라고 말하고, 바로 자리에서 내려와서 사람들을 매우 놀라게 하였다. 부대사가 처음 양무제를 만났을 때, 두 사람 사이에도 문답이 있었다. 당시에 소명태자(昭明太子) 소통(蕭統)도 그 자리에 있었다고 한다. 『경덕전등록』 27권에 다음과 같은 내용이 있다.

 양무제가 "스님은 어디에서 오셨는지요?"라고 묻자, 부대사는 "온 곳도 없고 가는 곳도 없으니, 저도 또한 이와 같습니다."라고 답하였다. 소명태자가 "대사는 어찌 의리(義理)를 논하지 않는지요?"라고 하자, "보살이 말한 바는, 길지도 않고 짧지도 않으며, 넓지도 않고 좁지도 않으며, 끝이 있지도 않고 끝이 없지도 않으며, 여여(如如)하게 바른 이치입니다. 그러므로 다시 무엇을 말하겠습니까?"라고 답하였다. 양무제가 "무엇을 진제(眞諦)라고 합니까?"라고 다시 물었다. "그쳐서 멸하지 않습니다."라고 하였다. 양무제가 "만약 그쳐서 멸하지 않는다면, 이는 곧 색(色)이 있는 것이고, 색이 있기 때문에 어리석은 것입니다. 만약 이와 같다면, 거사는 범부를 면하지 못하셨습니다."라고 하자, "재물이라면 가진 것이 없고, 어려움도 또한 면하지 못하였습니다."라고 하였다. 양무제가 "거사의 큰 식견에 예를 올립니다."라고 하자, "일체 제법은 있음도 없고 없음도 없습니다."라고 하였다. 양무제가 "삼가 거사의 가르침을 받겠습니다."라고 하자, 부대사는 "대천 세계의 모든 형상은 공(空)으로 돌아가며, 수많은 하천의 물줄기도, 결국 바다로 들어갑니다. 무량한 묘법(妙法)은 진여를 벗어나지 않습니다. 여래는 무슨 까닭으로 삼계(三界) 96도(道) 가운데 홀로 가장 뛰어나서, 일체 중생을 어린아이와 같이 보며, 자신과 같이 보겠습니까? 천하는 도가 아니면 불안하고, 이치가 아니면 즐겁지 않습니다."라고 하였다. 양무제가 말이 없자, 부대사는 물러갔다.6)

위에서 말한 부대사의 언행 중에서 나타나는, 말로 표현할 수 없고, 집착할 수 없으며, 진제가 다하나 멸함이 없는 등의 사상과, 동진 후의 진공묘유(眞空妙有)가 무간(無間)에 계합하고, 진속이제(眞俗二諦)가 떠날 수 없다는 불교사상은, 부대사의 "허심(虛心)을 본으로 삼고, 집착하지 않음을 종(宗)으로 한다."7)는 선학사상과 모두 잘 부합한다. 그 중에서 체현되는 일종의 선자의 초연한 풍격은, 현학과 반야학의 그윽한 향기가 짙게 배어 있어, 중국선 발전의 새로운 특색을 반영하고 있다.

당시의 불교와 선학은 모두 반야학의 비유비무(非有非無)와 역유역무(亦有亦無)의 초월정신을 가지고 있었으며, 또한 노장현학의 자연을 따르고, 소탈하고 낙관적인 인생태도를 가지고 있다. 바로 이 두 가지의 오묘한 결합이 보지화상과 부대사 같은 사람의 선풍을 조성하였다.

---

6) 帝問: 從來師事誰耶? 曰: 從無所從來無所來, 師事亦爾. 昭明問: 大士何不論義? 答曰: 菩薩所說, 非長非短, 非廣非狹, 非有邊, 非無邊, 如如正理, 復有何言? 帝又問: 何爲眞諦? 曰: 息而不滅. 帝曰: 若息而不滅, 此則有色. 有色故鈍, 若如是者, 居士不免流俗. 曰: 臨財無苟得, 臨難無苟免. 帝曰: 居士大識禮. 曰: 一切諸法不有不無. 帝曰: 謹受居士來旨. 曰: 大千世界, 所有色象, 莫不歸空. 百川叢注, 不過于海; 無量妙法, 不出眞如. 如來何故于三界九十六道中獨超其最, 視一切衆生有若赤子, 有若自身? 天下非道不安, 非理不樂. 帝默然, 大士辭退.

7) 以虛懷爲本, 不著爲宗.

그 내재된 정신은 바로 선정공부로 세월을 허비하는 것이 아니라, 지혜의 눈을 뜨고, 자기의 심성(心性)을 깨달으며, 자기생명 본래의 참된 모습을 보는 데 있다. 선은 단지 일종의 수도방법이며, 생명의 진정한 의미와 세계의 본원(本源)을 인식하는 방법일 뿐이다. 이러한 방법을 통하여 수선(修禪), 선오(禪悟), 인생의 내재적 함의는 한층 더 개척되었다.

보지화상과 부대사의 행적과 사상은, 한편으로 중국선종이 정식으로 창립되기 전에, 노장과 현학이 융합된 선학이 이미 중국에 널리 펴져서 발전하였음을 나타낸다. 이는 또한 반야학의 이언소상(離言掃相)과 자심성불(自心成佛)이 선학과 결합하였음을 보여준다. 또한 여기에 특정한 시대조건이 가미되어 보리달마가 중국에 와서 새로운 여래선풍을 창립하는데 알맞은 조건을 제공하였음을 표명한다. 보리달마는 인도선이 중국선으로 나아가는 데 있어서의 가장 관건이 되는 인물이 되었다.

보리달마는 도대체 어떤 인물인가?

보리달마(菩提達摩; ?-536, 혹은 ?-528)는 간단하게 달마라고 부른다. 일반적으로 남조유송(南朝劉宋) 말 혹은 양(梁)대에 중국에 왔다고 여겨진다. 그의 생애와 사적(事迹)은 전설적인 요소를 매우 많이 담고 있다. 각종 사료(史料)의 기록에도 이러한 부분이 많이 나타난다. 이로 인해서 달마에게 신비한 색채가 씌워졌다. 현존하는 보리달마의 사료 중에서, 양현지(楊衒之)의 『낙양가람기(洛陽伽藍記)』가 가장 초기의 것으로 여겨진다. 이 책에, "서역 사문 보리달마는, 파사국(波斯國) 변방의 사람이다. …… 스스로 150살이라고 하였다."[8]라는 말이 있다. 다만, 이 사람이 뒤의 선종에서 신봉하는 초조 달마인지의 여부는 현재

---

8) 西域沙門菩提達摩者, 波斯國胡人也. …… 自云年一百五十歲.

학술계에서 의견이 분분하다.

도선(道宣)이 쓴 『속고승전(續高僧傳)』과는 백년이나 되는 시간상의 거리가 있다. 따라서 이 책에는 전설적인 내용이 많고, 달마의 생애와 사적에 관한 기록은 아주 적다. 「달마전(達摩傳)」에는 다음과 같이 기록되어 있을 뿐이다. 즉, "보리달마는 남천축(南天竺) 사람이며, 바라문의 계급에 속하였다. …… 처음 송(宋)의 남쪽으로 들어왔으며, 후에 다시 북쪽을 거쳐 위(魏)에 도착하였다. 그는 머무르는 곳마다, 선교(禪敎)로 가르쳤다."9)는 것이다. 고는 도육(道育)과 혜가(慧可) 두 사문의 구법정성이 지극함을 보고서 그들에게 참된 법[眞法]인, 이입사행(二入四行)의 대승 안심벽관(安心壁觀)의 선법을 가르쳤다. 달마는 스스로 나이가 150여 살이라고 하였으며, 중국을 두루 즐겨 돌아다녔고, 언제 죽었는지는 알 수 없다고 하였다.

당송(唐宋) 시기에 나온 각종 선문 전적(典籍) 중에는 달마와 관계된 내용이 매우 많다. 다만, 이 중에는 편집된 내용이 적지 않으며, 이를 확실하게 고증하기란 어렵다. 예를 들면, 『오등회원(五燈會元)』 1권 중에는 보리달마와 관련된 수많은 내용이 있다. 지금 달마에 대해서 소개하는 것은 대부분 여기에 근거하며, 또한 기타 어느 정도의 전설을 참고해서 간략하게 소개고자 한다.

보리달마는 남천축국(南天竺國) 향지왕(香至王)의 셋째 왕자이다. 찰제리(刹帝利) 계급에 속하고 본명은 보리다라(菩提多羅)이다. 그는 27살에 출가하여 이름을 달마(達摩)라고 하였다. 달마는 크게 통했다는 의미이다. 그는 스승에게서 정법(正法)을 받았으며, 조사의 지위를 계승하여 28조가 되었다. 또한 그는 스승의 명을 받들어, 스승이 입적(入寂)한 후에 먼저 인도를 유력하였으며, 60여 년 동안 교화하였다. 그후

---

9) 菩提達摩. 南天竺婆門種姓. …… 初達宋境南越, 末又北度至魏, 隨其所止, 誨以禪敎.

진단(震旦; 중국)과의 인연이 무르익기를 기다려, 멀리 중국으로 떠났다. 본국을 떠난 지 삼 년이란 세월이 흘러 양(梁) 보통 7년(526)에 중국 남해(南海)에 도착하였다. 광주(廣州)의 자사(刺史) 소앙(蕭昻)은 주인의 예를 갖추어 영접하였으며, 양무제에게 서찰을 보내 그의 소식을 전하였다.

황제보살로 불리는 양무제는 당시 불교의 적극적인 창도자였다. 그는 사원을 많이 건설하였고, 불상을 성대하게 조성하였다. 또한 부처를 받들며 경을 외웠고, 법을 널리 전하고 불교를 보호하였다. 그는 채식(菜食)하며 계율에 따라 생활하였다. 그의 지지와 육성 아래, 남조불교는 양무제 때에 매우 성행하였다. 『법원주림(法苑珠林)』 100권의 기록에 의하면, 양대(梁代)에는 절이 2,846개나 있었으며, 승려가 82,700명이나 되었다고 한다. 당대(唐代) 사람의 시에 의하면, "남조에 480개의 절이 있어, 수많은 건물이 안개비 속에 즐비하다."10)라고 하였다. 양무제는 소앙(蕭昻)의 서찰을 보고 달마가 중국에 왔음을 알았다. 그는 바로 사신을 파견하여 달마를 초청하였다. 이렇게 해서, 달마는 527년 10월 1일 금릉(金陵; 지금의 南京)에 도착하였다.

양무제는 달마를 만나서 불교의 진리를 이해하기를 간절히 희망하였다. 그래서 그는 바로 달마에게, "짐(朕)이 즉위한 후, 수많은 절을 짓고, 경을 편찬하고, 승보(僧寶)에 대한 보시가 이루 다 헤아릴 수 없습니다. 나에게 무슨 공덕이 있습니까?"라고 물었다. 달마는 담담하게, "아무 공덕도 없습니다."라고 답하였다. 양무제는 알 수 없다는 듯 다시 물었다. "어째서 아무 공덕이 없다는 것이요?"라고 하자, 달마는 다시, "다만, 이것은 인천(人天)의 작은 결과이며, 번뇌의 원인일 뿐입니다. 이는 마치 그림자가 형상을 따르는 것 같아서, 있다고 할지라도 실

---

10) 南朝四百八十寺, 多少樓臺煙雨中.

재하지 않는 것입니다."라고 답하였다. 양무제는 "그렇다면 어떠한 것이 참된 공덕이요?"라고 물었다. 달마는 "청정한 지혜는 묘하고 원만하여 본체가 원래 텅 비고 고요합니다. 이러한 공덕은 세상의 법으로 구하지 못하는 것입니다."라고 답하였다. 양무제가 "그렇다면 어떠한 것이 성제제일의(聖諦第一義)인지요?"라고 묻자, 달마가 "탁 트여 있어 성스러운 것도 없습니다[廓然無聖]."라고 답하였다. 양무제가 "지금 짐을 대하고 있는 사람은 누구요?"라고 다그쳐 묻자, 달마는 "모르겠습니다."라고 간단히 말하였다.11)

이렇게 대화는 서로 의기투합하지 않았으며, 두 사람의 대화는 즐겁지 않은 기분으로 끝났다. 달마는 양무제가 비록 불교를 숭상하고 선을 좋아하지만, 결코 불법의 대의를 깨달을 수 없다는 것을 알았다. 그는 기연(機緣)이 계합하지 않아서, 강을 건너 북으로 갈 준비를 하였다. 그는 한밤에 몰래 강변으로 향하여 막부산(幕府山)에 도착했을 때, 뒤에서 누군가 쫓아오는 말발굽 소리를 들었다. 양무제가 달마의 가르침이 매우 좋다는 그의 사부의 말을 듣고서 사람을 파견하여 뒤쫓게 했던 것이었다. 달마는 급히 산 속의 동굴로 들어가 쉬고 있었다. 뒤에서 쫓아오던 사람은 큰 말을 타고 있었으므로 협곡에 막혀, 달마를 따라 잡지 못하고 돌아갈 수밖에 없었다. 해가 밝은 후, 달마는 강변에 도착하여 바위 위에 앉아서 손이 가는 대로 갈대가지를 하나 꺾어 강에 던졌다. 갈대는 바로 하나의 작은 배로 변하였으며, 달마는 이 배를 타고 유유히 양자강을 건넜다. 이것이 바로 선사상 그 유명한, "갈대를 꺾어 배를 만들고", "갈대 잎을 타고 강을 건넜다"는 고사이다. 지금까지 남경 교외의 막부산에 있는 연자기(燕子磯)에 가면 여전히 협라봉(夾騾峰), 달마동(達摩洞)과 도사석(渡師石) 등의 유적이 남아 있다.

---

11) 『경덕전등록(景德傳燈錄)』 3권.

반야다라(般若多羅)가 달마에게 법을 전할 때, 다음과 같은 게송 한 수를 달마에게 주었다고 한다. 즉, "길을 가다 물을 건너 다시 양(羊)을 만나고, 어두운 밤 홀로 쓸쓸히 강을 건너리. 코끼리와 말은 한낮에 애처롭고, 두 그루 계수나무 오래도록 무성하리."12)라는 것이다. 이상과 같은 달마의 행적은 스승의 예언과 맞아떨어진다. 물을 건넌다는 것은 바로 달마가 바다를 건너서 중국에 온다는 것을 암시하며, 양을 만난다는 것은 달마가 장차 광주에 도착한다는 것을 예시한 것이고, 강을 건넌다는 것은 바로 북쪽으로 가서 선을 전한다는 것이다.

달마는 북위(北魏)에 도착하여 숭산소림사(嵩山少林寺)에 머물렀으며, 하루종일 면벽(面壁)하며 묵묵히 앉아 있었다. 사람들은 그 이유를 알지 못하고, 단지 "벽관바라문(壁觀波羅門)"이라고 불렀다. 그는 면벽할 때, 작은 새가 그의 어깨에 둥지를 튼 것도 몰랐다고 한다. 지금도 소림사 남북의 다섯 봉우리에는 달마가 면벽한 동굴의 유적이 있으며, 그곳은 바로 달마가 당시에 좌선하던 곳이라고 한다.

9년이란 세월이 흐른 후, 달마는 천축으로 돌아가고자 하였다. 그는 제자들을 불러모아 놓고 모두에게 각자가 수행해서 얻은 바를 말하게 하였다. 제자 도부(道副)는, "제가 본 바로는, 문자에 집착하지 않으며, 문자를 떠나지도 않음이, 도의 쓰임[用]입니다."라고 말하였다. 달마는, "너는 나의 가죽을 얻었다."라고 평가하였다. 또 비구니 총지(總持)는, "제가 알기로는, 아난[慶喜]이 아축불국(阿閦佛國)을 보고서, 다시는 보지 않는 것과 같습니다."라고 말하였다. 달마는, "너는 나의 살을 얻었다."라고 하였다. 또 제자 도육(道育)은, "사대(四大)는 본래 공(空)하고, 오온(五蘊)은 있는 것이 아니므로, 제가 보기에는 일법(一法)도 얻을 것이 없습니다."라고 말하였다. 달마는 여전히 별로 만족하지 않은

---

12) 路行跨水復逢羊, 獨自棲棲暗渡江. 日下可憐雙象馬, 二株嫩桂久昌昌.

듯이, "너는 나의 살을 얻었다."라고 대답하였다. 마지막으로 혜가(慧可)는 달마를 향해 큰절을 하고 침묵하며 가만히 앉아만 있었다. 이에 달마는, "너는 나의 골수를 얻었구나."라고 말하였다.13) 달마는 혜가의 묵연무어(默然無語)를 인가(印可)한 것이다. 이는 선(禪)이 말로 나타낼 수 없으며, '일물(一物)이라고 해도 맞지 않다'는 도리를 표현한 것이다. 달마는 역대 조사들이 서로 전하였던 정법안장(正法眼藏)을 혜가에게 전하였다. 또한 가사(袈裟)를 전해서 법신(法信)으로 삼게 하였다. 달마는 혜가에게 다음과 같은 전법게(傳法偈)를 한 수 들려주었다. "내가 본래 이 땅에 온 것은, 법을 전하여 어리석은 사람을 깨우치기 위한 것이다. 한 송이의 꽃에서 다섯 잎이 나서 열매가 저절로 맺히리라."14) 여기에서 말하는 '한 송이 꽃에서 다섯 개의 꽃잎이 열린다'는 것은 이후 선종의 오대(五大) 분파를 암시한 것이다. 또한 달마는 혜가에게, "나에게 『능가경』 네 권이 있다. 이를 너에게 주니, 곧 이는 여래심지의 요문(要門)이다. 여러 중생들을 가르쳐 깨달음에 들게 하여라."15)라고 말하였다.

당시 북방에서는 광통율사(光統律師), 유지삼장(流支三藏) 등이 달마를 시기하여 그를 해칠 마음을 품고, 여러 차례 그를 독살하려 하였다. 달마를 시기하는 사람들이 모두 여섯 번이나 독살을 기도하였는데, 처음 다섯 번은 달마가 아직 법을 전할 사람을 찾지 못했기 때문에 스스로 살아날 방법을 강구하였다. 그러나 여섯 번째가 되었을 때, 달마는 이미 법을 전할 사람을 찾아서 중국에서 해야 될 사명을 모두 마쳤다고 생각하였기 때문에, 굳이 삶을 구하지 않고 단정히 앉아서 죽음을 맞이하였다. 이때가 바로 위(魏) 대통(大統) 2년(536)이었다. 달마가 죽

---

13) 앞의 책.
14) 吾本來茲土, 傳法救迷情. 一花開五葉, 結果自然成.
15) 吾有楞伽經四卷, 亦用付汝, 卽是如來心地要門, 令諸衆生開示悟入.

은 후, 웅이산(熊耳山)에 장사지냈고, 그의 탑을 정림사(定林寺)에 세웠다. 달마가 죽은 지 3년이 지난 후에 송운(宋雲)이라는 사람이 서역에 사신으로 갔다가 돌아올 때, 총령(葱嶺)에서 손에 신발 한 짝을 들고 있는 달마를 보았다. 그가, "스님 어디로 가십니까?"라고 묻자, 달마는 "서천(西天)으로 돌아갑니다."라고 대답하였다. 송운은 돌아와서 그 일을 모두에게 자세히 전하였다. 그 말을 들은 문인들은 무덤을 열어 빈 관 안에 신발 한 짝만 남아 있는 것을 발견하였다. 이 일이 전해진 후, 조정 관료들은 매우 놀랐으며, 모두들 기이하게 생각하였다. 조정의 칙령으로 달마가 남긴 신발 한 짝을 소림사에 모셨으나, 그 후 어떻게 되었는지 알 수 없다.

이상과 같은 기록에서 보면, 달마는 풍부한 전기(傳奇)적 색채를 띠고 있는 인물임을 알 수 있다. 한편으로, 달마와 관계되는 수많은 이야기들은 분명히 후세 사람들이 편조(編造)한 것임을 알 수 있다. 역대 선종등사(禪宗燈史)의 기록에 의하면, 중국선종의 각 파는 모두 달마를 선종의 창시자로 받든다. 그러나 사실상 달마가 중국에 와서 선을 전하기 전에, 이미 중국에 선학이 전파되었으며, 중국 전통문화와 서로 융합하는 과정 중에서 끊임없이 변화 발전하고 있었다.『고승전(高僧傳)』과『속고승전(續高僧傳)』의 기록에 의하면, 달마 이전이나 달마와 같은 시대에, 선경(禪經)의 번역에 종사하거나 선을 수행하고 선법을 전파하는 자가 모두 70여 명이나 되었다고 한다. 달마는 처음 중국에 왔을 때에 수많은 선사 중에서 두각을 나타내지 못하였다. 또한 그가 처음 중국사회에 미친 영향도 동시대 사람인 승조(僧稠) 등의 승려들과 비교할 정도가 아니었다. 그는 중국불교와 선학발전의 추세에 순응하였으며, 이론상에서 축도생(竺道生)이 회통한 반야실상(般若實相)과 열반불성(涅槃佛性)을 계승하였다. 다시 반야실상을 융합한 심성본정(心性本淨)의 학설과 선법(禪法)을 서로 결합하였다. 이는 이후 중국선종의 사상과 실천특색을 위해서 견고한 이론적 기초가 되었다. 또한 그가 제창한 수연이행(隨緣而行)도 중국선이 한층 더 발전할 수 있는 길을 열어주었다. 이와 동시에, 위말(魏末)에서 수초(隋初)에 이르는 중국불교의 발전과정은 이미 세속의 봉건종법제도를 모방하여 전법세계(傳法世系)를 확립하는 창종(創宗)의 시대가 진행되었다. 선가에서는 스승으로부터 계통을 이어받는 사승(師承)을 특별히 중시하였으며, 스승이 없다면 도는 결코 이룰 수 없다고 생각하였다. 따라서, 남천축일승종(南天竺一乘宗)을 전수한 보리달마가 후의 선종에 의해 동토조사(東土祖師)로 추앙 받은 것이 결코 이상하지 않다. 비록 달마를 중국선종의 창시자라고 말하기에는 자료가 충분하지 못할지라도, 그가 전한 여래선이 중국선종의 형성과 발전에 큰 영향을 미쳤다는 것은 논쟁의 여지가 없는 사실이다. 다시 말하면, 중국선종은 바로 여래선의 전개과정 중에서 점점 진화되어 나왔다. 이러한 의의에서 달마가 통토조사(東土初祖)라고 불리는 것은 전혀 문제가 없다.

2. 이입사행(二入四行)과 안심(安心)

달마는 체오심증(體悟心證)을 중시하고, 언교(言敎)를 중시하지 않았기 때문에, 우리에게 어떤 문자나 저작도 남기지 않았다. 후세에 유전된 달마에 관한 유명한 내용들, 예를 들면,『달마론(達摩論)』이나『관심론(觀心論)』등의 어떤 부분은 날조된 것이며, 어떤 부분은 후대 사람들이 첨가한 것이다. 오조홍인의 재전(再傳) 제자인 두비(杜朏)는『전법보기(傳法寶紀)』에서, "지금 세상에서,『달마론』이라고 칭하는 것은, 대개 당시 학인이, 스스로 세속의 말을 얻어서 진론(眞論)으로 삼아, 적어서 소중히 간직한 것이니, 또한 많은 오류가 있다. 만일 초탈하여 깨달았다면, 곧 마음에서 얻은 것이고, 언설은 없는 것이다. 어찌 언어문자를 그 사이에 두겠는가?"16)라고 하였다.

비록 이렇다고는 하지만, 달마와 관련된 사료에서 여전히 그의 선학사상과 그가 전한 선법의 특색에 대해 어느 정도 알 수 있다. 정각의 『능가사사기』에는 달마의 제자 담림(曇林)의 『약변대승입도사행병서(略辨大乘入道四行幷序)』를 기록하고 있다. 여기서 비교적 상세하게 달마의 이입사행(二入四行)의 대승안심(大乘安心) 선법을 소개하고 있으며, 더욱이 이 사행(四行)은 달마선사의 친설(親說)이라고 하였다. 도선(道宣)이 쓴 『속고승전』의 「보리달마전」에서도 이입사행의 내용을 인용하였다. 도선은 학풍이 비교적 엄격한 불교사(佛敎史) 전문가이며, 그가 기술한 내용은 대부분 어느 정도 근거가 있는 것이다. 그래서 이입사행은 일반적으로 보리달마의 선법을 대표할 수 있다고 여겨진다. 아래에서, 달마선학의 사상과 선법의 특색에 대해서 분석하고 깊이 있게 토론하고자 한다. 또한 앞으로 제기하는 것은 대부분 여기에 근거한다.

달마 이전에 중국에 온 선승들은 대부분 교의(敎義)의 변석(辨析)과 강해(講解)에 치중하였으며, 비교적 번잡하고 규격화된 수행방법을 전파하였다. 형식을 중시하는 선수행은 초기 선의 중요한 특징이 되었다. 위진현학과 불교반야학이 성행함에 따라서 실상(實相)과 심체(心體)를 하나로 융합한 반야학이 점점 선수행의 형식화 경향을 타파하였다. 도안(道安), 혜원(慧遠)에서 축도생(竺道生)에 이르러 선수행은 이미 외재적인 형식이 아닌, 내심의 체오(體悟)로 전향하기 시작하였으며, 즉

---

16) 今人間或有文字稱『達摩論』者, 蓋是當時學人, 隨自得語以爲眞論, 書而寶之, 亦多謬也. 若夫超悟相承者, 旣得之于心, 則無所容聲矣, 何言語文字措其間哉!

심즉불(卽心卽佛)을 강조하였다. 전통선이 자체적으로 개혁을 진행하고, 중국적 특색을 갖춘 선이 점점 무르익을 때에, 바로 달마선풍이 먼 이국 땅에서 파도를 헤치고 중국에 온 것이다.

달마가 중국에 올 당시에 중국선학은 발전 방향의 기로에 놓여 있었다. 한편으로 중국 사람들은 선학에 대한 흥미를 많이 가지고 있었으며, 선을 수행하는 풍조가 널리 유행하였다. 다른 한편으로, 즉심즉불(卽心卽佛)의 기초 위에서 수행하는 선을 파악하기가 매우 어려웠다. 어떻게 하면 직지인심(直指人心)하여 견성성불(見性成佛)하는 선의 취지를 알 수 있는가? 이것은 중국선학이 시급히 해결해야 할 문제가 되었다. 달마가 중국에 와서 전파한 선은 전통적인 선수행 방법과는 다르다. 그는 중국선의 발전상황에 비추어 이입사행(二入四行)의 안심(安心)선법을 널리 알렸다. 또한 그는 허종(虛宗)을 숭상하며, 언상(言相)에 집착하지 않고, 실천을 중시하며 형식을 중시하지 않았다. 달마가 강조한 것은 몸의 자세와 호흡의 조절과 통제가 아니었다. 그도 비록 좌선을 하였지만, 더욱 강조한 것은 선정 중에서 스스로 본심을 깨닫고 진리를 계오(契悟)하는 것이었다. 이렇게 쉽고 간단히 행할 수 있는 여래선은 선학의 중국화가 최종적으로 완성될 수 있도록 하였다.

총체적으로 보면 달마의 선법은 안심(安心)을 둘러싸고 전개되었다. 그래서 그의 선법은 대승안심선법(大乘安心之法)이라고 불려졌다. 안심(安心)은 본래 인도선과 초기중국 선학이 공통적으로 가지고 있는 내용이다. 다만, 달마가 그것을 선학의 중심으로 부각시킨 것이다. 그는 안심법으로 몸의 자세와 행법에 편중하는 전통선법을 대체하였다. 동시에 그는 안심(安心)에 새로운 의미를 부여하였다. '무엇을 안심이라고 하는가'에서, '어떻게 안심하는가'에 이르기까지, 달마는 모두 독특하게 해석하고 발양하였다. 이렇게 해서, 그는 중국선문에 한 가닥 신선한 바람을 불어넣었다.

담림(曇林)의 기록에 의하면, 달마는 북방 위(魏)나라를 여행할 때, "마음을 잊어 적묵(寂默)을 좇은 사람들은 모두 귀의하였으나, 상(相)을 취하여 추구하는 자들은 헐뜯고 비방하였다."17)고 하였다. 이 때에 도육(道育)과 혜가(慧可)라는 두 사문(沙門)이 있는데, 그들은 비록 젊었어도 품은 뜻이 높았다. 그들은 수년 동안 달마를 추종하였고, 정성껏 공경하고 자문을 구하였으며, 스승의 뜻을 성실하게 받들었다. 달마는 그 정성에 감복하여 그들에게 참된 도[眞道]를 가르쳤다. 이 진도(眞道)를 『속고승전(續高僧傳)』에서는 진법(眞法)이라고 하였으며, 그 내용은 바로 안심법(安心法)이다.

안심(安心), 발행(發行), 순물(順物), 방편(方便)은 모두 대승의 안심법이니, 그릇됨이 없도록 하라.18)

달마가 강조한 안심(安心)은 일종의 선수행 방법이며, 또한 선수행을 통해서 도달할 수 있는 경지이다. 그것은 발행(發行)·순물(順物)·방편(方便)의 출발점과 기초이며 발행·순물·방편의 귀결점과 결과이다. 안심의 중요한 방법은 벽관(壁觀)이다.

벽관이란 무엇인가? 벽관은 대체적으로 두 가지 뜻이 있다. 하나는, 인도 선법 중의 본뜻에서 말하면, 십편처(十遍處)의 하나인 지편처(地遍處)이다. 구체적인 행법은, 좌선할 때 앞에 있는 벽의 흙색을 관상의 대상으로 하여, 좌선 중에 천지가 점점 하나의 색으로 되는 것을 관하는 것이다. 따라서 이는 마음[本性]이 깨끗해지는 상태에 도달하는 일종의 수행방법이다. 두 번째로 선수행의 결과에서 말하면, 벽관(壁觀)은 일종의 비유(譬喩)이다. 즉, 마음이 벽과 같아지고[心如墻壁], 집착

---

17) 忘心寂默之士, 莫不歸信; 取相存見之流, 乃生譏謗.
18) "如是安心, 如是發行, 如是順物, 如是方便. 此是大乘安心之法, 令無錯謬. 『능가사자기』

함이 없어진다[無所執著]는 뜻이다. 탕용동 선생은, "벽관은 장벽을 비유한 것으로, 꼭 들어맞아 옮겨가지 않는 것이며, 마음에 집착함이 없는 것으로, 일체 집착의 견해를 쓸어버리는 것이다."19)라고 하였다. 달마가 중국에 와서 전한 벽관법은, 인연에 따른 안심을 강조하고, 마음의 집착을 타파하는 것에 집중되어 있다. 그래서 벽관의 뜻으로 심여장벽(心如墻壁)을 부각시켰으며, 결코 벽관의 형식을 중시하지는 않았다. 후세의 선종도 달마의 이러한 특징을 이어 받아 항상 심여장벽의 뜻으로 달마가 서쪽에서 온 뜻을 이해하였다. 예를 들어 종밀은, "달마는 벽관으로 사람들을 가르쳐 안심하게 하였다. 밖으로 제연(諸緣)을 그치고, 안으로 마음은 고요하여, 마음이 마치 장벽과 같아야, 도에 들어갈 수 있는 것이다."20)라고 말한 것이다.

벽관(壁觀)은 당시에 영향력이 매우 컸다. 도선의 『속고승전·습선편론(習禪篇論)』에서 당시의 각종 선법을 평가할 때, 보리달마의 대승벽관(大乘壁觀)의 공훈과 업적이 가장 크다고 여겼다. 그러면, 벽관의 법은 어떻게 수행하는가? 정각의 『능가사자기』를 인용하면 다음과 같다.

> 안심(安心)이란 곧 벽관(壁觀)이고, 발행(發行)이란 사행(四行)이다. 순물(順物)이란 곧 시기와 비방을 막는 일이며, 방편(方便)이란 집착하지 말라는 것이다.21)

여기에 언급된 사행(四行)은 바로 아래에서 말하려고 하는 이입사행

---

19) 『한위양진남북조불교사(漢魏兩晋南北朝佛教史)』 하편, 탕용동(湯用彤), 중화서국(中華書局), 1983년, 565쪽.
20) 達摩以壁觀教人安心, 外止諸緣, 內心無喘, 心如墻壁, 可以入道. 『선원제전집도서(禪源諸詮集都序)』
21) 如是安心者, 壁觀. 如是發行者, 四行. 如是順物者, 防護譏嫌. 如是方便者, 遣其不著 (『속고승전(續高僧傳)』에는 教令不著임).

(二入四行) 중의 네 가지 행입(行入)의 방법이다. '시기와 비방을 막는 다'는 것은 마주하는 사물에 순종하는 것으로, 비난하고 의심하지 않는 것을 말한다. '집착하지 말라는 것'은 각종 선수행의 행법이 모두 일종의 방편법문(方便法門)임을 가르치는 것이다. 그 목적은 모두 선수행자들이 마음속의 집착을 없애도록 하기 위한 것이다. 또한 선수행의 형식은 그 자체가 결코 중요하지 않으며, 집착할만한 것이 못된다는 것을 가르치는 것이다. 안심(安心)의 가르침에 따라 수행하므로, 행하나 행에 얽매이지 않으며, 마음은 집착하지 않고, 장벽(墙壁)과 같아져서, 도에 들어가게 된다. 이것이 바로 벽관안심(壁觀安心)의 법이다.

실질적인 수행을 돕기 위해, 보리달마는 이입(理入)과 행입(行入)의 두 가지 구체적인 안심(安心)의 수행방법을 제기하였다. "도에 들어가는 길은 여러 가지가 있지만, 굳이 말하자면 두 가지를 들 수 있다. 하나는 이입이며, 또 하나는 행입이다."22) 무엇을 이입이라고 하는가?

> 이입(理入)이란 자교오종(藉敎悟宗)을 말하는 것으로, 중생에 동일한 진성(眞性)이 있지만, 객진(客塵)이 허망하게 가리고 있어서, 나타나지 못함을 깊게 믿는 것이다. 만약 허망함을 버리고 참다움에 돌아와, 벽관(壁觀)에 머문다면, 나도 없고 남도 없으며, 범부와 성인이 하나로 같다. 견고하게 머물러 움직이지 않으면, 다시 언교(言敎)에 따르지 않게 된다. 이것이 바로 진리와 명현(冥顯)하는 것으로, 분별이 없고, 적연(寂然)하여 이름이 없으므로, 이입이라고 부르는 것이다.23)

---

22) 入道多途, 要而言之, 不出二種: 一是理入, 二是行入.
23) 理入者, 謂藉敎悟宗. 深信含生, 凡聖同一眞性, 但爲客塵妄覆(『續高僧傳』에서는 客塵障故임), 不能顯了. 若也捨妄歸眞(『續高僧傳』에서는 令捨僞歸眞임), 凝住壁觀, 無自他, 凡聖等一, 堅住不移, 更不隨于言敎(『續高僧傳』에서는 不隨他敎임), 此卽與眞理冥狀, 無有分別, 寂然無名(『續高僧傳』에서는 與道冥符, 寂然無爲임), 名之理入. 『능가사자기(楞伽師資記)』

이입(理入)이라고 하는 것은 바로 자교오종(藉敎悟宗)이다. 구체적으로 말하면, 각종 교법에 의지해서 도를 깨닫는 것이다. 우선 경교를 통해서 일체 중생이 진성(眞性)의 불성이 있어서 모두 해탈성불할 수 있다는 것을 깊이 믿는 것이다. 또한 중생이 생사에 윤회하며 성불할 수 없는 까닭은, 바로 청정한 불성이 번뇌망상에 덮여 나타날 수 없기 때문임을 믿는 것이다. 그 다음은 명백한 도리로써 자기의 수선을 이끌어야 하는데, 응주벽관(凝住壁觀)을 통하여 헛됨을 버리고 참으로 돌아가는[捨妄歸眞] 것이다. 마지막으로, 언교(言敎)를 버리고 도를 깨달아, 도와 더불어 부합하는 경지에 증득하여 들어가는 것이다. 이것이 바로, 뜻을 얻으면 말을 잊고[得意忘言], 고기를 잡으면 통발을 잊는다[得魚忘筌]는 뜻이다. 여기에서 경교는 오도(悟道)의 매개체가 된다. 도와 이치를 깨닫기 이전에, 경교를 빌려서 불리(佛理)를 이해하고, 이로써 선관을 지도하는 것이다. 그러나 진정으로 영종득의(領宗得意)하려면 반드시 문자의 장애를 넘어야 하고, 언교에 얽매이지 않아야 비로소 가능하다. 분명한 것은 달마의 이입이 비록 자교오종을 강조하지만, 종의(宗義)를 높여 언교를 낮춘 경향을 보이고 있다. 이는 후의 선종이 주장하는 교외별전(敎外別傳)의 발단이라고 간주할 수 있다.

만약, 달마의 빌린다[藉]는 교의(敎義)를 분석해보면, 그 중에 『능가경』의 자성청정심(自性淸淨心)의 사상과, 『반야경』의 이언소상(離言掃相), 파제집착(破除執著)의 사상이 융합되어 있음을 발견할 수 있다. 전자는 "범부와 성인은 모두 같은 진성(眞性)을 가지고 있으나, 객진번뇌에 덮여 있어서 볼 수가 없다."는 것과 같다. 또한 후자는 "범부와 성인은 하나로 같으며", "언교(言敎)에 따르지 않는다."는 등이다. 이렇게 여러 경전을 회통하고 융합한 것은, 일면으로 선자들의 경교(經敎)에 대한 기본 견해, 즉 교에 의지하나 교에 집착하지 않는 견해를 반영하였으며, 중국화된 불교와 선학의 큰 특징을 체현하였다. 이러한 특징은 바로 중국 전통문화의 포용성, 융합성과 연계되어 있다.
 이상으로 이입(理入)에 관해서 간략하게 알아보았다. 그러면 수행을 통하여 도에 들어가는 행입(行入)을 살펴보자. 무엇을 행입이라고 하는가? "행입은 사행을 말한다. 그 나머지 행은 모두 사행 가운데로 들어 간다. 무엇을 사행이라고 하는가? 첫째는 보원행(報怨行)이고, 둘째는 수연행(隨緣行)이며, 셋째는 무소구행(無所求行)이고, 넷째는 칭법행(稱法行)이다."24) 이들 사행의 구체적인 내용은 아래와 같다.

 무엇을 보원행이라고 하는가? 도(道)를 닦고 행하는 사람이, 만약 고통을 받게 된다면, 마땅히 스스로 다음과 같이 생각하여야 한다. 나는 무수한 겁(劫) 가운데 본(本)을 버리고 말(末)을 좇아, 제유(諸有)를 유랑(流浪)하면서, 원증(怨憎)을 많이 일으켰고, 위해(違害)함이 끝이 없었다. 지금 비록 잘못이 없더라도, 내가 숙세(宿世)에 지은 악업(惡業)의 과(果)가 익은 것이므로, 비천(非天) 비인(非人)도 보여줄 수 없는 바, 기꺼이 참고 받아들여도 조금도 원통할 것이 없다. 경에 이르기를, '고통을 만나도 근심하지 않는다. 이는 무슨 까닭인가? 근본을 요달하였기 때문이다.'라고 하였다. 이러한 마음이 일어날 때, 이치와 상응하게 되며, 본성의 원증함이 도(道)에 들어가게 된다. 이렇기 때문에 보원행이라고 한다.25)

 여기에서 말하는 보원행(報怨行)은 바로 고난을 받을 때, 자기가 받는 일체의 고난은 모두 자기가 과거에 행한 것의 보응(報應)이며 결코 타인이나 다른 원인에 의해서 만들어진 것이 아님을 인식하는 것이다. 따라서 원한을 품을 수 없고, 고난을 당하여도 근심할 필요가 없다. 내

---

24) 行入者, 所謂四行. 其余諸行, 悉入此行中. 何等爲四行? 一者報怨行, 二者隨緣行, 三者無所求行, 四者稱法行.
25) 云何報怨行? 修道行人, 若受苦時, 當自念言, 我從往昔, 爲數劫中, 棄本逐末, 流浪諸有, 多起怨憎, 違害無限, 今雖無犯, 是我宿殃, 惡業果熟, 非天非人, 所能見與, 甘心忍受, 都無所怨訴. 經云: 逢苦不憂, 何以故? 識達本故. 此心生時, 與理相應(『續高僧傳』에서는 與道無違), 體怨進道, 是故說言報怨行. 앞의 책.

가 받는 고통은 모두 자신이 과거에 행한 악업(惡業)의 필연적 결과라면, 원망하고 하소연할 것은 아무 것도 없다. 단지 그것을 달갑게 받아들일 수밖에 없는 것이다. 인생을 고통으로 보고, 인생의 고통은 모두 자기가 과거에 행한 업(業)으로 귀결시키며, 업(業)에 의해서 보(報)를 받는다는, 이것은 원래 불교의 일반적인 관점이다. 다만, 여기에서 달마는 이러한 이론으로 각자의 선행(禪行)을 이끌도록 부각시켰으며, 일상생활 중에서 스스로 심리조절을 강화할 것을 요구하였다. 따라서 달마가 선자(禪者)의 실천행을 중시한 것은 바로 자교오종(藉敎悟宗)이 선행의 실천 중에서 구체적으로 체현된 것이다. 이러한 이론의 현실적인 의의는 사람들이 현실의 고난을 견디고 절망하지 않도록 하는 것인데, 그것의 소극적인 의의는 설명하지 않아도 알 수 있다. 하지만, 고통스러운 현실 속에 살면서 거기에서 벗어날 수 있는 길을 찾지 못하는 사람에게 다른 어떤 방법은 없는 것일까? 바로 이러한 문제 때문에 불교와 선학은 상당한 기간 동안 성행하게 되었는데, 이것은 결코 우연한 것이 아니었다.

두 번째로 수연행이다. 중생의 무아(無我)는 연(緣)과 업(業)이 아울러 전(轉)한 것이고, 고락(苦樂)을 함께 받음은 모두 연을 따라 생긴 것이다. 만일 승보(勝報)나 영예(榮譽) 등의 일을 얻었다면, 이것은 나의 과거 숙인(宿因)이 감응하여, 지금 이를 얻은 것이고, 연이 사라지면 다시 무(無)로 돌아가는 것이니, 어찌 그것이 있다고 기뻐하겠는가? 잃고 얻음은 연을 따르고, 마음은 증감(增減)이 없는 것이다. 기쁨이 와도 움직이지 않고, 가만히 도에 따른다.[26]

---

26) 第二隨緣行者, 衆生無我, 幷緣業所轉. 苦樂齊受(『續高僧傳』에서는 苦樂隨緣임), 皆從緣生. 若得勝報榮譽等事, 是我過去宿因所感, 今方得之. 緣盡還無, 何喜之有. 得失從緣, 心無增減. 喜風不動, 冥順于道(『續高僧傳』서는 冥順于法임). 是故說言隨緣行. 앞의 책.

이것은 보원행의 기초 위에서 한층 더 나아가 불교의 제행무상(諸行無常)과 제법무아(諸法無我) 등의 기초 이론으로 인생의 고락(苦樂) 현상을 분석한 것이다. 따라서 수행자의 득실수연(得失隨緣)을 요구하는 것이다. 불교의 관점에 따르면 중생 그 자체는 바로 연기에 의해서 생겨났으며, 업(業)에 의해서 있으므로, 집착할 만한 것이 없다는 것이다. 고락(苦樂) 등은 숙인(宿因)에 의해 감수(感受)하는 것이며, 인연이 다하면 없어지는 것이다. 그래서 고락과 득실(得失)은 마땅히 모두 인연에 따라야 하며, 희락(喜樂)의 마음을 일으켜서는 안 된다. 달마는, 만약 이것을 준수하여 행할 수 있다면, 바로 불교의 진리와 부합할 수 있다고 생각하였다. 여기에서 강조하는 것은 실질적인 실천행 중에서 깨닫고, 불법의 진리를 관철하는 것이다. 이렇게 이론을 선행(禪行) 생활 속에 적용하는 것은 중국선의 중요한 특색이 되었다.

세 번째는 무소구행이다. 세인(世人)은 오래도록 미혹하여, 곳곳에서 탐착하므로, 그것을 이름하여 구(求)한다고 한다. 지혜로운 사람은 참됨을 깨달아, 이치가 장차 속세에 미치어도, 안심무위(安心無爲)하여 형체를 따라 구른다. 만유(萬有)는 공(空)하여 즐거움을 원할 것도 없고, 공덕(功德)과 암흑(暗黑)은 항상 서로 따르고 좇는다. 삼계(三界)는 오래도록 머무르나 화택(火宅)과 같아서, 몸이 있으면 모두 고통이니, 누가 얻어서 편안하겠는가? 이것을 요달(了達)하는 까닭에, 제유(諸有)를 버리고, 생각을 쉬어 구함이 없는 것이다. 경에 이르기를, '구함이 있으면 모두 고통이고, 구함이 없다면 바로 즐거움이다.'고 하였다. 구함이 없음을 바르게 분별하여 아는, 이것이 참으로 도행(道行)이 된다.[27]

---

27) 第三無所求行者, 世人長迷, 處處貪著, 名之爲求. 智者悟眞, 理將俗及(『續高僧傳』에는 理與俗反임), 安心無爲, 形隨運轉, 萬有斯空, 無所願樂, 功德黑暗, 常相隨逐. 三界久居, 猶如火宅有身皆苦, 誰得而安? 了達此處, 故於諸有, 息想無求. 經云: 有求皆苦, 無求乃樂. 判知無求, 眞爲道行. 앞의 책.

무소구행(無所求行)은 곧 일체의 모든 것에 대해서 탐착하여 구함이 없는 것이다. 그 까닭은, 불교에서 보면 삼계(三界)는 마치 불타고 있는 집〔火宅〕과 같고, 인생은 모두 고통이기 때문이다. 또한 인간 세상에는 고통이 가득할 뿐만 아니라, 사람 그 자체가 바로 고통의 집합체〔불교에서는 오음성고(五陰盛苦)라고 함〕이기 때문이다. 그래서 사람들은 세상에 태어나면 바로 고통을 받게 되고, 삼세(三世)에 윤회하는 한은 고해(苦海)가 끝이 없는 것이다. 또한 사람들이 생사고해(生死苦海)에 빠지게 되는 근본원인에 대해, 불교는 불리(佛理)에 대한 무명(無明; 無知) 때문이라고 하였다. 이러한 무명으로 인해서 물욕(物慾)에 대한 탐애(貪愛)가 생기며, 무명과 탐애는 각종 탐착하여 구하고자 하는 행동을 일으킨다. 이렇게 해서, 각종 혹업(惑業)이 생겨나고, 각종 고통을 받게 되는 것이다. 이것이 바로 혜원(慧遠)이 말한, "무명(無明)은 혹업의 연원이 되고, 탐애(貪愛)는 중생의 집이 된다. …… 무명이 그 밝음을 가리기 때문에, 지각(知覺)은 외물(外物)에 막히게 된다. 탐애가 그 성품을 변화시키므로, 사대(四大)가 모여 형체를 이룬다. 형체가 이루어지면 남과 나의 구분이 있고, 정리(情理)에 막혀 선악이 드러나게 된다."28)는 것이다. 여기에 의지해서, 달마는 "구함이 있으면 모두 고통이고, 구함이 없다면 바로 즐거움이다."라고 하여, 수행자는 생각을 그치어 구함이 없도록 하였다.

네 번째로 칭법행은 성정(性淨)의 이치를 법으로 삼는다. 이 이치는 모든 상(相)이 바로 공(空)이라는 것으로, 오염됨이 없고, 집착이 없으며, 이것과 저것이 없다는 것이다. 경(經)에 이르기를, '법에 중생이 없는 것은 중생의 더러움을 떠난 까닭이고, 법에 내가 없는 것은 나의 더러움을

---

28) 無明爲惑網之淵, 貪愛爲衆累之府. …… 無明掩其照, 故情想凝滯于外物; 貪愛流其性, 故四大結而成形. 形結則彼我有封, 情滯則善惡有主.『명보응론(明報應論)』

떠난 까닭이다.'라고 하였다. 지혜 있는 자가 이 이치를 신해(信解)할 수 있다면, 마땅히 칭법(稱法)하여 행해야 한다. 법체(法體)는 신명(身命)을 아끼지 않으므로, 곧 보시바라밀을 행하고, 또한 마음은 아까운 것이 없으며, 삼공(三空)을 요달하고, 의지하지 않고 집착하지 않는다. 다만 더러움을 제거하고, 중생을 섭화(攝化)하며, 상(相)을 취하지 않으면, 곧 이는 자신을 이롭게 하고, 남을 이롭게 할 수 있으며, 또한 보리(菩提)의 도를 장엄할 수 있다. 보시바라밀이 이렇듯, 나머지 다섯 바라밀도 그러하다. 망상을 제거하기 위해 육도(六度)를 수행하나, 행하는 바가 없으므로, 이를 칭법행이라고 한다.29)

여기에서 말하는 칭법행(稱法行)은 바로 전면적으로 불교의 요구에 따라서 행동하는 것이며, 성정의 이치[性淨之理]와 서로 계합(契合)하는 것이다. 또한 성정(性淨)의 이치는 바로 앞에서 제기한 범부와 성인이 함께 가지고 있는 청정진성(淸淨眞性)이다. 그리고, '법에 중생이 없는 것은 중생의 더러움을 떠난 까닭이다.'는 등의 경문(經文)은 바로 『유마경』에서 온 것이다. 달마는, 행자(行者)란 마땅히 '이 이치를 신해(信解)하여', '칭법(稱法)하여 행해야 함'을 제기하였다. 이는 그가 불교의 신(信)·해(解)·행(行)·증(證)에 의지할 것을 제기한 것이다. 다만, 그 중심은 분명히 행(行)과 증(證)에 있다. 이것은 실제로 그의 이입(理入), 이른바 자교오종(藉敎悟宗)의 행 중에서의 기본적인 요구이다.

위에서 말한 사행(四行)의 내용과 요구에서 보면, 행입(行入)은 다시는 전통선법의 정좌(靜坐)와 조식(調息) 등의 번잡한 형식을 중시하지 않고, 안심(安心)을 종지(宗旨)로 삼는다. 또한 계오진성(契悟眞性)의

---

29) 第四稱法行者, 性淨之理, 因之爲法. 此理衆相斯空, 無染無著, 無此無彼. 經云: 法無衆生, 離衆生垢故. 法無有我, 離我垢故. 智若能信解此理, 應當稱法而行. 法體無慳於身命, 則行檀捨施, 心無吝惜, 達解三空, 不倚不著, 但爲去垢, 攝化衆生, 而不取相, 此爲自利, 復能利他, 亦能莊嚴菩提之道. 檀度旣爾, 余五亦然. 爲除妄想, 修行六度, 而無所行, 是爲稱法行. 『능가사자기(楞伽師資記)』

기초 위에서, 탐착하지 않고, 고락이 인연에 따를 것을 요구하였다. 일상적인 도행(道行) 중에서 비로소 안심무위(安心無爲)와 칭법이행(稱法而行)을 체현할 수 있다고 생각하였다. 후의 선종이 제창한 "배고프면 밥을 먹고, 졸리면 잠을 잔다"는 이러한 일종의 수연임운(隨緣任運)의 수행방법은 그러한 것이 좀더 발전한 것이라고 볼 수 있다.

현존하는 자료에 의하면, 이입(理入)과 행입(行入)은 대체적으로 달마선법의 주요 내용과 사상적 특징을 대표한다. 달마의 이러한 이입사행(二入四行)의 안심선법(安心禪法)은 중국선의 발전에 여러 방면으로 영향을 끼쳤지만, 가장 중요한 것은 아래의 두 가지이다.

첫째, 달마가 제기한 자교오종(藉敎悟宗)은 비록 언교(言敎)를 버리지 않았을지라도, 오종(悟宗)을 더욱 높이는 경향이 있었다. 이러한 종(宗)과 교(敎)에 대한 구분은 이후 종문(宗門)과 교문(敎門)의 구분이 나타나는 서막을 열었다. 또한 뒤의 선종이 이심전심(以心傳心)하고 불립문자(不立文字)하는 교외별전(敎外別傳)의 논지를 세우는 데에 이론적 근거를 제공하였다.

두 번째, 이입(理入)과 행입(行入)은 모두 반야의 공(空)과 불성의 유(有)라는, 두 가지 불학이론의 결합을 실현하였다. 달마는 『능가(楞伽)』의 심성본정론(心性本淨論)과 『반야(般若)』의 소상설(掃相說)을 결합하여 선법의 이론 기초로 삼았다. 그래서 범성(凡聖)은 같은 진성(眞性)을 가지고 있다는 것에 의지하여 수행하도록 한 것이다. 또한 언교에 따르지 않고, 인연에 따라 행하며, 행하나 행하는 것이 없음[行而無所行]을 강조하였다. 이러한 공(空), 유(有)의 이론에 대한 융합은 여래선 및 전체 중국선종의 기본 특징을 다졌다. 더욱이 이는 혜능남종의 선학이론과 실천 중에서 현저하게 체현되었다.

3. 이심전심(以心傳心)과 인심(印心)

선수행은 개인의 실천행위이며, 선체험은 개인의 심리적인 감수작용이다. 선수행자들이 깨닫는 경지는 모두 다르며, 말로 다할 수 없는 깨달음의 내용도 언제나 서로 다른 표현방식을 가지고 있다. 게다가 도를 배우는 자는 스승의 개시(開示)를 받아야 하며, 도를 깨달은 자도 스승의 인가(印可)를 얻어야 한다. 그래서 선가(禪家)는 언제나 스승의 사자전수(師資傳授)를 매우 중시하였으며, "스승이 없으면 도는 이룰 수 없다."30)라고 보았다. 그리고 선가에서 중시하는 사승(師承)은 중국 봉건사회에서 중시하는 종법전승(宗法傳承) 및 유가사상의 영향을 받은 중국인이 성인의 도를 소중히 받드는 것과 매우 일치한다. 중국인은 정치와 학술 및 세속생활 중에서 언제나 삼대(三代)를 천명하여, 자기가 전하는 것이 정통성, 최고성 혹은 신성성을 가지고 있다고 하였다. 이렇게 해서, 중국 초기에 유행한 선법은 계통적이지 않았을 뿐만 아니라, 전승(傳承)의 상태가 아니었기 때문에 사람들의 불만을 야기하였다. 예를 들면, 동진(東晉) 시기의 승예(僧叡)는, "선법(禪法)은 입도(入道)의 첫문이고, 열반으로 건너가는 나루터이다. 이 땅에 수행(修行) 및 대소십이문(大小十二門)과 대소안반(大小安般)이 먼저 들어왔다. 비록 그렇다고 하더라도, 근본을 다 알지 못하였고, 또한 수계(受戒)함도 없어서, 배우는 자의 계율이 모두 결여되었다."31)라고 개탄하였다. "불타발타라(佛陀跋陀羅)가 중국에 와서 달마다라(達摩多羅)선법을 전수할 때, 혜원 등의 사람들이 그것을 듣고 매우 기뻐하였다."32)라고 하

---
30) 無師道終不成.『관중출선경서(關中出禪經序)』, 승예(僧叡).
31) 禪法者, 向道之初門, 泥洹之津徑也. 此土先出修行, 大小十二門, 大小安般, 雖是其事, 旣不根悉, 又無受法, 學者之戒, 蓋闕如也. 앞의 책.

였다. 그 이유 중의 하나가 바로 불타발타라가 전한 선법학은 사승(師承)이 있었기 때문이다.
 불타발타라가 번역한 『달마다라선경(達摩多羅禪經)』에, 불멸(佛滅) 후의 선법의 전승을 상세하게 적고 있다. 경에 다음과 같이 말하였다.

> 불멸 후, 존자 대가섭(大迦葉), 존자 아난(阿難), 존자 말전지(末田地), 존자 사나바사(捨那婆斯), 존자 우바굴(優波崛), 존자 바수밀(婆須蜜), 존자 승가나차(僧伽羅叉), 존자 달마다라(達摩多羅), 존자 부야밀다라(不若蜜多羅) 등은, 모두 법을 수지한 이들이다. 이 혜등(慧燈)으로써, 차례로 전수하였다. 나는 지금 들은 바와 같이, 이 뜻을 말하는 것이다.33)

 이것은 바로 불(佛) 멸도(滅度) 후, 역대 존자(尊者)들이 부처의 교법을 차례로 전수하였음을 보여준다. 그 근본 정신은 바로 불타발타라가 번역하여 소개한 달마다라의 선법 가운데에 체현되었음을 말한다. 이렇기 때문에, 불타발타라가 전한 선은 불광(佛光)을 두루 비치게 할 수 있는 것이다. 또한 여기에 의지하여 수행하면, 불교 지혜의 등불[慧燈]을 중생에게 비추어 우둔하고 어리석음에서 깨어나게 할 수 있으며 해탈하게 할 수 있다. 중국선종이 전법(傳法)을 전등(傳燈)에 비유한 것은 아마도 여기의 "지혜의 등불[傳燈]로 차례로 전수하였다."는 말에 근거하였을 것이다. 혜관(慧觀)의 『수행지부정관경서(修行地不淨觀經序)』에서 이 선법을 소개할 때, 부야밀라(富若蜜羅; 不若蜜多羅로도 번역됨)에서 불타발타라에 이르는 전승(傳承)을 더 논술하였다.

---

32) 聞至欣喜. 『고승전(高僧傳)·불타발타라전(佛陀跋陀羅傳)』
33) 佛滅度後, 尊者大迦葉, 尊者阿難, 尊者末田地, 尊者舍那婆斯, 尊者優波崛, 尊者婆須蜜, 尊者僧伽羅叉, 尊者達摩多羅, 乃至尊者不若蜜多羅, 諸持法者, 以此慧燈, 次第傳授, 我今如其所聞, 而說是義. 『수행방편도안나반나염퇴분제일(修行方便道安那般那念退分第一)』, 상권.

부야밀라(富若蜜羅) — 부야나(富若羅) — 담마라(曇摩羅) — 바타라(婆陀羅) — 불타사나(佛陀斯那; 즉 佛大先) — 불타발타라(佛陀跋陀羅)

  이렇게 불타발타라가 전한 것은 바로 불조(佛祖)의 심법과 함께 연관되어 있다. 동진(東晋)의 혜원(慧遠)이 불타발타라 선법을 추종할 때도, 그것은 '달마다라와 불대선에서 나왔다'고 제기하였으며, 그들을 선훈지종(禪訓之宗)으로 찬양(贊揚)하였다.34)
  이상에서 보면 초기 중국선종이 전법조사를 세우기 전에, 선가(禪家)는 이미 전승(傳承)을 중요하게 여겼으며, 심지어 인도에서 이와 비슷한 전법(傳法)의 설이 있었음을 설명하고 있다. 그러나 선을 전한 것이(傳禪) 마음을 전한 것(傳心)이라고 부르게 된 것은 바로 중국선이 독자적으로 창조한 것이다.
  선문(禪門)에서 전심(傳心)의 설은 동산법문(東山法門)에서 정식으로 시작되었지만, 근원은 바로 보리달마로 거슬러 올라갈 수 있다.『능가사자기』의 기록에 의하면, 달마는 혜가(慧可)에게 법을 전하면서, "『능가경』네 권이 있는데, 그대가 이것을 따라 수행하면, 저절로 해탈할 것이다."35)라고 말하였다.『속고승전・혜가전(慧可傳)』에서도, "처음에, 달마선사가 혜가에게『능가경』네 권을 주면서, '내가 한(漢)의 땅을 살펴보니, 오직 이 경전이 있을 뿐이다. 그대가 이 경전을 따라 수행하면, 저절로 해탈을 얻으리라.'고 말하였다."36) 이것은 모두 달마의 선을 전한 것(傳禪)은『능가경』네 권으로 상전하였음을 설명해 주는 것이다. 그래서 후에 그의 문하에서『능가경』네 권에 의지하여 교설하고 수행하는 능가사(楞伽師)가 출현하였다. 이러한『능가경』의 전수는

---

34)『여산출수행방편선경통서(廬山出修行方便禪經統序)』
35) 有楞伽經四卷, 仁者依行, 自然度脫.
36) 初, 達摩禪師以四卷楞伽授可曰: 我觀漢地, 惟有此經, 仁者依行, 自得度世.

후의 선종에 의해, 부처의 심법(心法)을 전하는 것으로 해석되었다.
　4권본『능가경』에는 하나의 품(品)이 있는데, 곧「일체불어심품(一切佛語心品)」이 그것이다. 1권 중에 제불의 마음이 제일이라는 설법이 있다. 여기의 마음은 본래 핵심・중심・개요의 뜻이다. 이 경의 역자는 전문적으로 일체불어심(一切佛語心)의 마음에 대해 주석하였는데, "이 마음은 범어로 흐리뜨(hṛd 또는 hṛdaya)이다. 흐리뜨는 송어(宋語)로 마음인데, 이는 예를 들어 나무의 중심이라는 말과 같고, 사려(思慮)함이 없는 마음이다. 사려하는 마음은 범어로 찌따(citta)이다."37)라고 지적하였다. 그러나 중국선사상에서 이 마음은 줄곧 인심(人心)・불심(佛心) 혹은 심성(心性)・불성(佛性)의 뜻으로 해석되었다. 특히『능가경』에서 중생의 몸에 있는 여래장(如來藏)을 전적으로 설하였으며, 여기서 여래장을 자성청정심(自性淸淨心)이라고 불렀다. 달마가 말한 범성(凡聖)은 모두 동일한 진성(眞性)을 가지고 있다는 것도『능가경』에 근거하여 말한 것이다. 그렇기 때문에 달마는『능가경』을 전하였다. 그는 중생의 마음과 불심의 본질이 둘이 아니라는 것을 통하여, 안심이입(安心入理)하고, 여래불성(如來佛性)을 증오할 것을 강조하였다. 이렇게 해서, 부처가 전한 심인(心印)을『능가경』으로 전한 것이라고 여겨졌다.
　선종의 4조 도신은『입도안심요방편법문(入道安心要方便法門)』에서, "나의 이 법요는, 능가경의 '제불의 마음이 제일'이라는 것에 의지한다."38)라고 명확하게 제기하였다. 그는 또한『문수설반야경』의 일행삼매(一行三昧)의 염불에 의지하여 당하(當下)의 염불하는 마음을 부각시켜, 염불(念佛)이 바로 염심(念心)이며, 구심(求心)이 바로 구불(求佛)이라고 생각하였다. 동산문하에 이르러, 혜능계가 불립문자(不立文字),

---

37) 此心梵音肝栗大. 肝栗大, 宋言心, 謂如樹木心, 非念慮心. 念慮, 梵音云質多也.
38) 我此法要, 依楞伽經諸佛心第一.

이심전심(以心傳心)을 제창하였을 뿐만 아니라, 기타 각계도 전불심인(傳佛心印)을 부각시켰다. 예를 들면, 법여(法如)계의 두비는 『전법보기』에서, "나의 참된 법신은, 법신불이 이미 얻은 것이고, 여러 화불(化佛)이 언설로 전한, 문자를 떠난 것이다. 곧 이 진여문은, 바로 마음의 자각을 증득하여서 상전할 뿐이다."39)라고 말하였다. 그래서 "무상승의 심지를 얻어서"40), "그 문을 깨달아 들어가, 마음으로 그 이치를 증득한다."41)라고 주장하였다. 현색(玄賾)계의 정각(淨覺)도 『능가사자기』에서, 신수계는 "선등이 묵조(默照)하여, 배우는 자가 모두 불심을 증득하였다."42)고 기술하였다. 『경덕전등록』에 이르러, 달마가 전한 『능가경』은 부처가 전한 심법(心法)이며, 『능가경』으로 심인(心印)을 전한 것이라고 여겨졌다.

『경덕전등록』 3권에는 달마가 혜가에게 『능가경』을 주면서 말한, "나에게 『능가경』 네 권이 있는데, 이 또한 너에게 전한다. 이는 여래심지(如來心地)의 요문(要門)이다. 모든 중생을 가르쳐 깨달음에 들게 하라."43)는 말을 적고 있다. 게다가 기록에 의하면, 한번은 양현지(楊衒之)가 달마에게 선문(禪門) 조사의 내력에 대해서 물었는데, 그때 달마는 명불심종(明佛心宗)을 말했다고 한다.

　　양현지가 달마에게, "다섯 천축국(天竺國)은 사승(師承)하여 조사가 되는데, 그 도는 어떠합니까?"라고 묻자, 달마는 "불심(佛心)의 종지를 밝히고, 해(解)와 행(行)이 상응하므로, 그것을 조사라고 합니다."라고 말하였다. 다시, "이 밖에 또 어떻습니까?"라고 묻자, 조사가 "반드시 타인의

---

39) 我眞實法身, 法佛所得, 離諸化佛言說傳乎文字者. 則此眞如門, 乃以證心自覺而相傳耳.
40) 得無上乘傳乎心地.
41) 悟入其門, 心證其理.
42) 禪燈默照, 學者皆證佛心.
43) 吾有楞伽經四卷, 亦用付汝, 卽是如來心地要門, 令諸衆生開示悟入.

마음을 밝혀서, 그 고금을 아는 것입니다. 유와 무를 싫어하지 않으며, 법에서 취함이 없습니다. 어질지도 않고 어리석지도 않으며, 미혹도 없고 깨달음도 없습니다. 이렇게 이해할 수 있기 때문에, 조사라고 칭하는 것입니다."라고 대답하였다.44)

이것이 말하는 것은 바로 서천(西天)의 역대조사가 조사가 된 까닭은 그들이 여래의 심법을 서로 전하여, 부처의 심지(心地)를 밝혔기 때문이라는 것이다. 바로 이렇기 때문에, 후세의 선종을 불심종(佛心宗)이라고도 부르는 것이다.

『경덕전등록』 6권은 또한 마조도일(馬祖道一)이 말한, "너희들은 모두 스스로의 마음이 부처임을 믿어라. 달마대사가 남천축국으로부터, 몸소 중화에 이르러, 상승의 일심법을 전하여, 너희들의 깨달음을 열도록 하였다. 또한, 『능가경』을 인용하여, 중생의 심지를 인정(印定)하였다. 너희들이 미혹되어, 이 마음의 법이 각자 있음을 믿지 않을 것을 두려워하였다. 따라서 『능가경』에, '불어심(佛語心)을 종(宗)으로 하며, 무문(無門)을 법문(法門)으로 한다.'라고 하였다."45)고 기록하고 있다. 이렇게 선문에서 선을 전하는 것(傳禪)은 바로 마음을 전하는 것(傳心)이 되었다. 또한 『능가』를 전하는 것은 바로 『능가』 경문으로 중생의 심지(心地)를 인정(印定)하는 것이 되었다.

사실 달마가 창도한 것은 자교오종(藉敎悟宗)이다. 이 오종(悟宗)은 근본적인 목적이고, 자교(藉敎)는 단지 일종의 방편이며 수단이다. 따라서 『능가』로 마음을 인정(印定)하든, 다른 경으로 마음을 인정하든,

---

44) (楊衒之)問師曰: 西天五印, 師承爲祖, 其道如何? 師曰: 明佛心宗, 行解相應, 名之曰祖. 又問: 此外如何? 祖曰: 須明他心, 知其今古, 不厭有無, 于法無取, 不賢不愚, 無迷無悟. 若能是解, 故稱爲祖.
45) 汝等諸人各信自心是佛, 此心卽是佛心. 達摩大師從南天竺國來, 躬至中華, 傳上乘一心之法, 令汝等開悟. 又引楞伽經文, 以印衆生心地. 恐汝顚倒, 不自信此心之法各各有之. 故楞伽經云: 佛語心爲宗, 無門爲法門.

근본적으로 어떤 차이가 없다. 이러한 의의에서 말하면, 여래선의 후기 및 혜능남종 문하에서 점점 『금강경』으로 전법하게 된 것은 이상한 일이 아니다. 이것은 기껏해야 선학사상의 중심이 변화되었음을 나타낼 뿐이다.

달마가 전한 선은 불조여래에서 이심전심(以心傳心)으로 전해진 것이라고 여겨진다. 이러한 이유는 선가에서 줄곧 사승(師承)과 마음의 깨달음〔心悟〕을 중시한 것 이외에, 선학이 선종의 과도기로 향하는 것과도 밀접한 관계가 있다. 수당(隋唐) 시기, 중국불교의 발전은 세속 봉건종법제도를 모방하여 전법의 계통을 확립하고 창종(創宗) 활동을 진행하는 시기로 접어들었으며, 법통(法統)을 확립하는 것이 선문의 대사(大事)가 되었다. 따라서 중국에 와서 남천축일승종(南天竺一乘宗)을 전한 보리달마를 선종의 동토조사(東土祖師)로 신봉하였다. 이는 바로 선문이 교외별전(敎外別傳)의 독특한 사승(師承)을 표명한 것이다. 또한 이심전심을 강조한 것은 다른 교문(敎門)의 각파에 대항하여, 자기의 종파가 정통이며 직계의 여래정법임을 나타내기 위해서였다.

남북조시기, 중국불교 가운데 이미 『부법장인연전(付法藏因緣傳)』 등의 불교의 법통을 서술한 저작이 나타나기 시작하였다. 수당 시기, 중국불교의 종파는 크게 흥기하였으며, 각 종파들이 서로 경쟁하였다. 이들은 모두 당시의 법통관념을 이용하여 자기들의 전법계통을 구성하였으며, 자기들이 전하는 것이 부처의 정법이라고 표방하였다. 이심전심, 교외별전은 사실 선종의 특수한 판교(判敎)와 입종(立宗)의 설이다. 전불인심(傳佛心印)을 둘러싸고 선종은 수많은 생동감 있는 이야기들은 편조(編造)하였다. 가장 전형적인 예가 바로 염화미소(拈花微笑)와 서천(西天) 28조설이다.

염화미소의 전설은 언제 생겨났는지 모른다. 기록에 보면, 최초 송대(宋代)에서 시작하였다. 『인천안목(人天眼目)』 5권 「종문잡록(宗門雜

錄)」중에 아래와 같은 기록이 있다.

  왕형공(王荊公)이 불혜천(佛慧泉) 선사에게, "선가(禪家)에서 이르는 세존염화(世尊拈花)는 어느 경전에 나오는지요?"라고 물었다. 선사는, "장경(藏經)에도 없습니다."라고 대답하였다. 왕형공이, "내가 요사이 한림원에서, 우연히『대범천왕문불결의경』3권을 보았는데, 그 경을 살펴보니, 경문(經文)에 다음과 같이 상세히 적혀 있었습니다. 즉, "범천왕이 영산법회에 이르러, 금색 바라화(波羅花) 한 송이를 바치면서, 몸을 던져 자리를 만들고, 중생을 위해 설법해 줄 것을 청하였다. 세존은 자리에 올라, 꽃을 들어 대중에게 보였는데[拈花示衆], 인천(人天) 백만의 모든 대중은 어찌할 바를 몰랐다. 이 때, 홀로 금색두타(金色頭陀; 마하가섭의 별칭)만이 얼굴에 빙긋이 미소를 띠었다[破顔微笑]. 세존은 '나에게 있는 정법안장(正法眼藏), 열반묘심(涅槃妙心), 실상무상(實相無相)을 마하가섭에게 부촉한다.'라고 말하였다." 이 경은 제왕(帝王)이 부처를 받들어 불법을 청하는 일을 많이 기록하고 있기 때문에, 은밀하게 감추어져서, 세상에서 들은 자가 없는 것입니다."라고 말하였다.46)

  이는 바로 염화미소(拈花微笑)가 사실일 뿐만 아니라, 경전에 기록되어 있음을 말하는 것이다. 이 경에 대해, '세상에서 들은 자가 없다.'고 한 까닭은 경전이 한림원(翰林院)에 비밀스레 보관되어 있었기 때문이라는 것이다. 불립문자를 강조한 선종이 불조심법(佛祖心法)의 적전(嫡傳)을 증명하기 위하여 경전을 이용한 것이다. 그리고 여기에서 제기하는 예들은 왕안석(王安石)이『대범천왕문불결의경(大梵天王問佛決疑經)』에서 직접 본 것이라고 하는데, 국내외 학자의 연구에 의하면

---

46) 王荊公問佛慧泉禪師云: 禪家所謂世尊拈花出在何典? 泉云: 藏經亦不載. 公曰: 余頃在翰苑, 偶見大梵天王問佛決疑經三卷, 因閱之, 經文所載甚詳. 梵王至靈山, 以金色波羅花獻佛, 捨身爲床座, 請佛爲衆生說法. 世尊登座, 拈花示衆, 人天百萬, 悉皆罔措, 獨有金色頭陀, 破顔微笑. 世尊云: 吾有正法眼藏, 涅槃妙心, 實相無相, 分付摩訶大迦葉. 此經多談帝王事佛請問, 所以秘藏, 世無聞者.

사실 완전히 위조된 것이다. 이러한 경전이 비록 위조된 것이지만, "여래가 꽃을 들자, 가섭이 가만히 웃었다."47)는 그 의미는, 장자가 말한 "마음에 거스름이 없이, 서로 보며 웃을 뿐이다."48)는 것과 비슷하다. 이는 교류자가 마음과 마음이 서로 인정(印定)하는 경지에서, 서로 전하고자 하는 의미를 주고받을 수 있다는 것이다. 이로 인해서, 선문(禪門)은 흥미진진한 이러한 신비한 전설 중에서 선종 특유의 문화를 나타내었다. 그것은 한편으로 선법전승의 특수성, 즉 경교(經敎)를 중시하지 않고, 오로지 당하(當下)의 심증자오(心證自悟)를 중시하는 것을 드러내 보인 것이다.

석가모니불이 심법을 가섭에게 전할 때, 동시에 자기의 금으로 만든 가사(袈裟)를 가섭에게 주어서 전법의 신표로 삼았다고 한다. 가섭은 법을 얻고 가사를 받아 선종의 서천 제1조가 되었다. 다시 역대조사는 법에 의지하여 서로 전하였으며, 동토초조(東土初祖) 보리달마에게 전해졌다. 다만, 가섭에서 달마에 이르는 전승(傳承)은 선문 중에서 수많은 다른 이야기들을 낳게 되었다.『보림전(寶林傳)』이 출현하면서 서천(西天) 28조설은 비로소 점점 정설이 되었다. 달마가 중국에 온 후, 전법(傳法) 가사는 동토오조(東土五祖)에게 상전되었다. 처음에는 여전히 자교오종(藉敎悟宗)이었으나, 동산법문(東山法門) 이후에 전불심인(傳佛心印)이 더욱 두드러졌으며, 이심전심(以心傳心)하는 교외별전(敎外別傳)을 강조하였다.

---

47) 如來拈花, 迦葉微笑.
48) 莫逆於心, 相視而笑.

4. 조사서래의와 중국선의 새로운 단계

보리달마는 선종에 의해서 동토조사로 받아들여졌으며, "조사가 서쪽에서 온 뜻〔祖師西來意〕은 무엇인가?"[49]는 선문제자들이 즐겨 참구하던 주요 화두 중의 하나가 되었으며,『오등회원(五燈會元)』에는 이러한 문구가 2백여 차례나 보이고 있다. 달마가 처음 금릉(金陵)에 와서 양무제(梁武帝)와 나누었던 문답도『벽암록(碧岩錄)』에서 제일칙의 송고(頌古)로 배열되어 선문에서 모두 아는 화두가 되었다. 이 모든 것은 달마를 한층 더 신비한 모습으로 만들었다.

우리가 비록 인도 28조설이 후세에 조작된 것이고, 달마에서 홍인에 이르는 동토오조의 전승(傳承)도 사료의 확실한 증거가 결핍되었다고 생각할지라도, 선법상에서 보면 달마가 중국에 와서 전수한 남천축일승종(南天竺一乘宗)의 선법은 분명히 중국선의 발전에 큰 영향을 미쳤다. 또한 수많은 방면에서 중국선사상의 거대한 변화를 야기시켰고, 중국선을 새로운 발전단계로 들어가도록 하였다. 여기에 대해서 우리는 본장의 제1절에서 제기한 종(宗)과 교(敎)의 구분과 공(空)과 유(有)의 융합 이외에, 또한 아래의 몇 가지 방면에서 살펴볼 수 있다.

첫째, 달마가 전한 선은 여래선의 계통(系統)이 이루어지도록 하였으며, 선종의 형성에 견고한 기초가 되었다.

사료(史料)에서 보면, 선은 비록 아주 오래 전에 불교를 따라 중국에 들어왔지만, 양진(兩晉) 시기에 이르러서야 비로소 선을 수행하기 시작하였다. 이때의 선학은 거의 계통적이지 않았으며, 수행자들도 사승(師承) 관념을 가지고 있지 않았다. 이러한 점이 많은 사람들의 불만

---

49) 如何是祖師西來意.

을 야기하였다. 선업(禪業)에 통달한 구마라집(鳩摩羅什)과 불타발타라(佛陀跋陀羅)가 중국에 오면서, 중국 선학은 비로소 새로운 발전의 시기로 접어들었다. 구마라집의 역경(譯經)은 선학이 발전하는데 견실한 이론적 기초를 제공하였으며, 불타발타라는 바로 중국의 선학을 전문화로 향하게 하였다. 불타발타라가 전한 것은 여전히 소승 오종관법(五種觀法)이 주가 된다. 그 중에서 특히 수식관(數息觀)과 부정관(不淨觀)을 중시하여, 이감로문(二甘露門)이라고 불려졌다. 다만, 그가 데리고 있던 제자들이 장강(長江)의 남북으로 활약하여 선수행자들이 스승을 따르며 가르침을 받고, 집중적으로 수련하는 풍조를 개창하였다. 라집과 불타발타라 이후, 중국선학은 흥성하기 시작하였으며, 게다가 한 명 또는 몇 명의 선사가 중심이 되는 수선단체가 나타났다. 그 중에서 후세에 영향을 크게 끼친 것은 바로 보리달마인데, 도선(道宣)은 그를 "신령한 교화로 종지를 지켰고, 장강과 낙양 일대에서 홍양하고 인도하였으며, 대승 벽관의 공업(功業)이 가장 높았다."50)라고 불렀다. 또한 도선은 "세상의 배우는 무리들이 귀의하여 우러름이 마치 사람들이 붐비는 저자거리와 같았다."51)라고 나타내었다. 여기의 '귀의하여 우러름이 마치 사람들이 많은 저자거리와 같았다'는 당(唐) 초의 상황을 가리키는 것이다. 왜냐하면 달마가 처음 북방에 와서 선을 전할 때의 영향은 그렇게 크지 않았지만, 그의 선계가 도신(道信)과 홍인(弘忍)에 이르러 비로소 발전하였기 때문이다. 그러나 어쨌든 달마계의 선은 후에 마침내 대성황을 이루었으며, 왕성하게 발전한 중국선종의 선구가 되었다. 이와 같이 일반적으로 선종의 계보(系譜)는 달마까지 거슬러 올라가서 그를 중국선의 초조로 받든다. 여기에 대해, 비록 그 전승의 근거가 보다 정확한 사료의 증명이 필요하겠지만, 선학사상과

---

50) 神化居宗, 闡導江洛, 大乘壁觀, 功業最高.『속고승전(續高僧傳)・습선편론(習禪篇論)』
51) 在世學流, 歸仰如市. 앞의 책.

수행방편에서 보면, 도신 이래의 선종은 확실히 달마선법의 기본 특색을 계승하고 발휘하였으며, 달마선과 반드시 내재적인 연관이 있다.

이와 관련된 기록에 의하면, 달마는 주로 숭산 소림사에서 활동하였으며, 후에 혜가에게 법을 전하였다. 그 법은 차례로 승찬(僧璨)・도신(道信)・홍인(弘忍) 등에게 전해져 선문 특유의 이심전심(以心傳心)의 여래선의 전법계통이 형성되었다. 달마선은 안심(安心)을 숭상하기 때문에 언상(言相)에 집착하지 않고, 수행을 중시하며 형식에 구애받지 않는다. 따라서, 달마, 혜가, 승찬에 이르기까지 모두 "행적은 묘연하고, 기록이 없다. 법장(法匠)은 은밀히 전하였으며, 학도(學徒)는 묵묵히 닦았다."52)라고 하였다. 그래서 처음에는 널리 전파되지 않았을 뿐만 아니라, 여러 차례 배척과 비방을 받았다. 예를 들면, 혜가는 부당하게 위해를 당했으며, 몇 번이나 죽을 고비를 넘겼고, 승찬은 혜가의 "깊은 산 속에 은거하여, 행화(行化)하지 말라."53)는 가르침에 따라 오랫동안 산중에 은둔하였다. 이러한 내용도, 지금 남아 있는 자료 중에 그들과 관계되는 자료가 매우 적어서, 초기 여래선의 상황을 전면적으로 이해하기 어려운 중요 원인 중의 하나이다. 수당 시기가 되어서 불교는 크게 성행하게 되었다. 도신은 기주황매(蘄州黃梅; 지금의 湖北省 黃梅縣) 서북의 쌍봉산에 안거하여 법을 전하였다. 그는 집단생활을 창도하였고, 경제적으로 자급자족하였으며, 자가의 종풍을 창조하였다. "내가 입산한 30여 년 동안, 각지에서 도를 배우려는 자가, 멀다고 오지 않음이 없었다."54)라고 하였으며, 문하에 따르는 무리가 500여 명에 달하였다. 도신이 처음 창도한 가풍은 홍인에게 전해져 한층 더 발전하였다. 홍인은 도신이 창도한 산림불교의 선풍을 계승하고 발전시

---

52) 行無軼迹, 動無彰記. 法匠潛運, 學徒默修.『전법보기(傳法寶記)』
53) 直處深山, 未可行化.
54) 咱入山來三十余載, 諸州學道, 無遠不至.『속고승전(續高僧傳)・도신전(道信傳)』

켜, 많은 사람을 모아 정착하였다. 그는 또한 자급자족하였으며, 선수행과 생산노동을 서로 결합시켜 농선병작(農禪幷作)의 정신을 신도들의 일상생활 중에서 관철시켰다. 따라서 근본적으로 조용한 산속에 홀로 은둔하며, 금욕고행하는 전통적인 수행방식을 변화시켰다. 달마가 창도한 수연임운(隨緣任運)의 수행관을 실질적인 선행생활 중에서 구현시켰다. 이때 중국선종의 중요한 특색과 기본조직의 형성도 초보적으로 확립되었다.

두 번째, 달마선은 마음을 요지로 하였으며, 선학을 심종(心宗)의 과도기 단계로 넘어가도록 촉진시켰다.

달마는 중국에 와서 마음의 요지만을 전하였을 뿐, 경론을 설하지 않았으며, 일종의 새로운 안심선법을 개창하였다. 당시의 중국선이 비록 이미 수심(修心)의 공부를 중시하기 시작하였지만, 구체적인 방법상에서는 여전히 인도선정의 전통을 계승하고 있어서, 정좌조식(靜坐調息)과 금욕제심(禁欲制心) 등을 강조하였다. 예를 들면,『속고승전』에서 승조(僧稠)는 "십육특승법(十六特勝法)을 받아서, 오래도록 깊이 연구하였다. 음식을 절제하여서 마음을 몰아쳤는데, 90일 동안 줄곧 일식(一食)하여, 오직 쌀 4두(斗)만을 먹었다."55)고 하였다. 또한 그는, "설익은 음식을 먹었으며, 마음을 거두어 정에 들었고, 그 움직임은 시계보다 고요하였으며, 먹는 음식은 동물과 새의 먹이와 같았다."56)고 말하였다. 그리고 승실(僧實)이 늑나마제(勒那摩提)를 따라 선을 배운 것도, "스승을 찾아 도를 물으며, 여기저기 돌아다녔다. 비록 삼학(三學)을 통람하였어도, 오직 구차(九次)로 마음을 새겼다."57)고 하였다. 십육특승법은 지식입(知息入)과 지식출(知息出)에서 관기사(觀棄捨)에 이

---

55) 受十六特勝法, 鑽仰積序, 節食鞭心, 九旬一食, 米唯四斗.『속고승전(續高僧傳)·승조전(僧稠傳)』
56) 或食未熟, 攝心入定, 動移晷漏前, 食幷爲禽獸所啖. 앞의 책.
57) 尋師問道, 備經循涉. 雖三學通覽, 偏以九次雕心.『속고승전·승실전(僧實傳)』

르는 16가지 관법을 가리킨다. 또한 구차(九次)는 구차제정(九次第定)을 가리키는 것이다. 이것들은 모두 좌선(坐禪)과 조식(調息)을 통해서 마음을 한 곳에 집중시키는 관상 방법이다. 달마가 중국에 와서 전수한 안심(安心)과 벽관(壁觀)의 선법은 정좌(靜坐)를 떠나지 않았다. 다만 정좌조식(靜坐調息)을 통하여 몸을 조절하고, 마음을 한 곳에 집중시켜 잡념이 생기지 않는 경지에 도달함을 강조하지 않았을 뿐이다. 그는 안심(安心)을 종지로 삼아서 사람들을 가르쳤으며, 사상적으로 탐착하지 않고, 고락이 인연에 따르도록 하였다. 그는 사람들의 주관인식에 대한 외부세계의 방해를 없애서, 불법의 진리를 개오(開悟)한다는 기초 위에, 나도 없고 너도 없으며, 범부와 성인이 하나가 되는 경지에 도달할 것을 요구하였다.

　달마의 안심선법은 본래 청정(淸淨)한 자심자성(自心自性)에 의지하며, 심리훈련이 중심이 된다. 또한 복잡한 선법을 더욱 더 간단하게 하였고, 과거 중국에서 유행하였던 형식과 목표에 대한 집착과 신체훈련에 편중된 선법을 바꾸었다. 또한 그것은 수선(修禪)을 더욱 편하고 쉽게 행할 수 있도록 하였고, 일상 생활과 쉽게 결합할 수 있도록 하였다. 후세의 선종은 바로 이것을 따라 자성자도(自性自度)를 강조하였으며, 더 나아가 좌선과 같은 형식에 집착함을 반대하였다. 또한 "배고프면 먹고, 졸리면 자라"[58]고 주장하여, 일상생활 중에서 임운수연(任運隨緣)하는 안심(安心)의 수행방법을 주장하였다. 그래서 임제선사(臨濟禪師)는 "다만, 인연에 따라 숙업(宿業)을 소멸하고, 뜻에 따라 옷을 입고, 행하고 싶으면 곧 행하며, 앉고 싶으면 바로 앉아서, 불과(佛果)를 구하고자 하는 한 생각조차 없다."[59]라고 말하였다. 이와 같이 불

---

58) 飢來吃飯, 困來卽眠.
59) 但能隨緣消舊業, 任運着衣裳, 要行卽行, 要坐卽坐, 無一念心希求佛果.『고존숙어록(古尊宿語錄)』4권.

교는 마음의 해탈에 대한 강조를 수선의 실천 중에 구체적으로 관철하였다. 이것은 바로 달마선의 큰 특징 중의 하나이다. 달마선의 기초 위에 발전하게 된 중국선종은 혜능남종의 돈오심성(頓悟心性)이나 신수북종의 식망수심(息妄修心) 할 것 없이 모두 마음의 해탈을 둘러싸고 전개되었다. 이들은 마음을 요지로 하고 마음을 종(宗)으로 삼기 때문에, 선종을 또한 심종(心宗)이라고도 부르는 것이다.

세 번째, 달마가 강조한 자교오종(藉敎悟宗)은 개오(開悟)함을 수선의 중심으로 삼는다. 이것은 이후 중국선의 발전방향이 되었다.

달마선은 마음을 종(宗)으로 삼으며, 언교를 중시하지 않는다. 그렇다면 어떻게 마음에서 마음으로 전하고[以心傳心], 어떻게 오도(悟道)하는가? 전하는 말에 의하면, 당시 어떤 사람은 의혹이 풀리지 않았다. 그래서 그는 달마에게, "만일 문자를 세우지 않는다면, 무엇으로 마음을 삼겠습니까?"60)라고 물었다. 달마는, "그대가 나에게 물은, 이것이 곧 그대의 마음이다. 내가 그대에게 답하는, 이것이 바로 나의 마음이다. 내가 만일 마음이 없다면, 무엇으로 말미암아서 그대에게 답하겠는가? 또한 만일 그대가 마음이 없다면, 무엇으로 말미암아서 나에게 물을 것인가? 나에게 물은, 이것이 곧 그대의 마음이다. 무시(無始)의 대겁(大劫) 이래로, 변화해 오면서, 모든 때, 모든 장소가 모두 너의 본심(本心)이고, 모든 것이 너의 본불(本佛)이며, 마음이 부처인 것도 또한 이와 같다. 이러한 마음 밖에, 결국 다른 부처를 얻을 수는 없다. 이러한 마음을 떠나서, 보리열반을 구하는 것은 옳은 것이 아니다."61)라고 하였다. 이것은 바로 자기의 마음이 바로 부처이며, 마음만 전할 수 있

---

60) 若不立文字, 以何爲心. 『소실육문(少室六門)·제육문혈맥론(第六門血脈論)』
61) 汝問吾, 卽是汝心, 吾答汝, 卽是吾心, 吾若無心, 因何解答汝, 汝若無心, 因何解問吾, 問吾卽是汝心, 從無始曠大劫以來, 乃至施爲運動, 一切時中, 一切處所, 皆是汝本心, 皆是汝本佛, 卽心是佛亦復如是. 除此心外, 終無別佛可得. 離此心外, 覓菩提涅槃, 無有是處. 앞의 책.

으면 언제 어디서나 도를 깨달을 수 있음을 말한다. 또한 마음이 바로 만법의 근본이기 때문에, 마음과 마음의 교류가 비로소 가능하게 된다.

달마의 선은 성(性)이 바로 심(心)이고, 심(心)이 바로 불(佛)이므로 견성(見性)하면 곧 성불할 수 있다. 이렇게 해서, 심성(心性)을 계오(契悟)하는 증오(證悟)를 중시하였다. 자교오종(籍敎悟宗) 내지 이심전심(以心傳心)의 종교체험에서, 달마선이 강조한 것은 언교문자(言敎文字)는 단지 부호(符號)나 공구(工具)에 지나지 않다는 것이다. 그것 자체로는 아무런 의의(意義)가 없지만, 그 의의는 언교문자를 통해서 찾아야 하며, 바로 사람들 자신의 마음속에서 찾아야 함을 강조하였다. 일단 자기의 마음이 개오(開悟)하기만 하면, 개오자는 바로 "마음이 감응하여 서로 통하는"62), 일종의 같은 체험을 얻을 수 있으며, 따라서 심심상인(心心相印)에 이르게 된다. 달마선이 중시하는 것은 마음으로 알 수 있고, 말로 전할 수 없는 심증체오(心證體悟)이다. 이렇기 때문에, 선의 전승(傳承)은 경교(經敎)를 번역하고 전하는 것이 아니라, 일종의 마음에서 마음으로 전하는 깨달음이다.

달마가 말한 깨달음은 우주와 인생의 본질에 대한 일종의 직각관조(直覺觀照)이며, 자심(自心)의 각오(覺悟)이다. 또한 그것은 인류가 우주와 인생을 인식하는 일종의 특수한 방식이나 방법이다. 스즈끼 다이세쯔[鈴木大拙]는 깨달음을 선의 근본으로 간주하였다. 그는 "깨달음이 없다면 선(禪)이 있을 수 없고, 깨달음은 선학의 근본이다. 또한 선에 깨달음이 없다면 바로 태양에 빛과 열이 없는 것과 같다. 선은 그것이 가지고 있는 모든 문헌(文獻)을 잃을 수도 있고, 모든 사원을 잃을 수도 있다. 그러나 선 중에 깨달음이 있는 한, 선은 영원히 존재할 것이다."63)라고 말하였다. 깨달음에 대한 강조는 중국선의 큰 특색이

---

62) 心有靈犀一点通.
63) 『선풍선골(禪風禪骨)』, 중국청년출판사(中國靑年出版社), 1989년, 102쪽.

며, 깨달음에 대한 추구는 중국선종의 전체 이론과 실천의 핵심이 되었다.

선종은, 찰나간에 시공(時空)의 한계를 벗어날 수 있고, 생명의 진제(眞諦)를 파악하는 일종의 경계로 깨달음을 묘사하였다. 마음은 깨달음의 근거이다. 이러한 심리체험 위에 세워진 깨달음은 사람의 생명과 세계 본질에 대한 직각관조이며, 자신과 우주자연을 융합하여 하나가 됨을 마음속 깊이 느끼는 감수작용이다. 또한 이것은 사람이 오랫동안 고통스러웠던 집착에서 벗어난 후에 느끼는 일종의 해탈감이다. 이러한 것은 깨달음이 사람을 유혹하는 후광을 갖추게 하였으며, 신비한 색채를 띠게 하였다. 선오(禪悟)는 단지 마음으로만 알 수 있고, 말로는 전할 수 없으므로 설사 일물(一物)이라고 해도 맞지 않는다. 따라서 어떻게든 선오(禪悟)를 설명하려고 노력하는 것은 모두 공연한 헛수고일 뿐이다. 그래도, 매 세대 사람들은 여전히 애써 탐구하고, 인생의 오묘한 비밀을 실천하였다.

달마의 자교오종(藉教悟宗)은 비록 경교를 배척하지는 않았지만, 마음의 증오(證悟)를 더욱 강조하였다. 이는 뒤이은 선종의 불립문자(不立文字)를 위한 도로를 개척해 준 것이다. 달마선이 마음의 깨달음과 마음의 해탈을 부각시키고, 또한 수연이행(隨緣而行)을 제창한 것은 중국선종이 해탈의 이상을 일상생활 속으로 융합시킬 수 있는 가능성을 제공하였다. 게다가 뒤의 6조 혜능이 제기한 "미혹하면 중생이고, 깨달으면 부처이다"[64]는 관념을 위한 기초를 견고히 하였다. 이처럼 사유의 전변을 통해서 획득하는 새로운 생활방법은 근본적으로 일체 외재하는 속박을 버렸다. 또한 좌선을 하지 않아도 되고, 경을 읽지 않아도 되며, 고행하지 않아도 되었다. 해탈의 실현은 바로 생동감 넘치는 각

---

64) 迷卽衆生, 悟卽佛.

자의 순간 순간의 마음 가운데에 있는 것이다. 달마선이 강조한 자심자성(自心證悟)과 자아해탈(自我解脫)은 중국선의 발전의 기본 방향이 되었다. 또한 이는 자교오종(藉教悟宗)의 여래선(如來禪)이 자사자오(藉師自悟: 스승을 통하여 스스로 깨달음)하는 조사선(祖師禪)으로 향하는 중요한 계기가 되었다.

네 번째, 달마선은 신통의 획득을 가장 높은 수행의 경지로 여기지 않고, 정신적인 해탈의 실현을 선의 핵심으로 삼는다. 이는 중국선종이 근본적으로 사상의 전변을 이루었다는 점에서 매우 중요한 의의를 가진다.

선법이 처음 전해질 때, 선승은 언제나 신통의 획득을 수선의 주요 목표로 삼았다. 북조(北朝) 시기에 이르기까지 적지 않은 선승들이 여전히 신통을 자랑하였으며, 제왕과 백성들도 선승의 신비한 사적에 매료되었다. 비록 후대 사람들이 보리달마에게 갈대잎으로 강을 건너고 면벽 9년 등의 각종 신비한 색채를 장식하였지만, 현존하는 자료에서 보면 달마가 중시한 것은 안심벽관(安心壁觀) 법문이다. 안심벽관은 종일 면벽하고 고통스럽게 앉아 있는 것도 아니고, 신통을 얻기 위한 것도 아니다. 이는 바로 안심(安心)을 위한 것이다. 이러한 안심(安心)의 선학 이론 기초는 또 반야실상의 심성학설(心性學說)을 융합하였으며, 자성불성(自性佛性)을 부각시켰다. 여기에서 여래선은 이입(理入)과 행입(行入)의 정신을 계승하였다. 이러한 안심(安心)의 길을 따라 한 걸음씩 발전을 거듭하여 결국 신통을 설하지 않고, 명심견성(明心見性)과 자성자도(自性自度)를 직접 말하는 중국선종을 변화 발전시켰다.

총괄적으로 말하면, '달마 조사가 서쪽에서 온 뜻'은 실제로 인도선과 중국문화의 진일보한 조화와 융합이다. 달마가 중국에 온 사실을 중국 선학사의 큰 배경 아래에 두고 좀더 고찰해 보면 바로 답을 찾을 수 있다. 비록 달마가 선법을 처음으로 중국에 전한 선사가 아닐지라도, 그의 선학사상과 선행실천은 후의 선에 매우 큰 영향을 미쳤다. 그 자신은 선종에 의해서 초조(初祖)로 신봉되었으며, 그의 선법은 최상승(最上乘)의 여래선으로 여겨졌다. 이러한 것은 모두 우연이 아니다. 인순법사는, "달마가 인도로부터 와서 전한 가르침은, 간단 명료하고, 인도 대승법문의 진면목을 충분히 드러내었다. 중국의 선자(禪者)는 비록 달마의 선법을 이어받았어도, 이입(理入)에 편중하여, 결국 이오(理悟)에 치우친 중국선종을 형성하였다."65)라고 말하였다. 달마의 이오(理悟)에 대한 중시는 중국선의 발전방향에 매우 거대한 변화를 일으켰다. 즉, "언교에 의지하여 듣고 생각하는 것으로부터, 언교에 의지하지 않는 사유와 닦음에 이르렀다."66)는 것이다. 이렇게 해서, 중국선의 새로운 단계가 시작되었다.

---

65) 『중국선종사(中國禪宗史)』, 인순(仁順), 12-13쪽.
66) 從依言敎的聞而思, 到不依言敎的思而修. 앞의 책. 12쪽.

제5장
여래선과 능가선(楞伽禪)

상전(相傳)하는 보리달마의 선법(傳法)은 4권본 『능가경(楞伽經)』으로 심인(心印)을 전하는 것이다. 달마의 문하에는 『능가경』으로 상전하는 능가사(楞伽師)가 있는데, 그들의 선도 능가선(楞伽禪)이라고 불려진다. 그렇다면, 능가선과 능가사의 관계는 어떠하고, 능가선과 반야선의 관계는 어떠한가? 이들은 모두 중국선에서 매우 중요한 문제이며, 또한 여래선의 특징을 파악하는 중요한 일면이다.

1. 능가사(楞伽師)와 능가선

중국은 유구한 역사를 가지고 있으며, 생활영역 또한 상대적으로 폐쇄적인 문명고국(文明古國)이다. 농사를 근본으로 하는 경제기초와 가정을 바탕으로 하는 생활형식은 중국인이 인륜을 중시하고, 실질적인 사유방식과 가치관념을 중시하도록 하였다. 중국종교의 신령관념은 현실세계의 기초 위에서 세워진 것이다. 서방종교는 사람보다 신을 중시하며, 사람들이 모든 것을 신에게 바쳐서 영원한 행복을 얻고자 한다. 이러한 경향과 비교해 보면, 중국종교는 사람과 신의 교류 중에서 사람의 실질생활에 이익이 되는 것을 얻고자 한다. 즉, 사람들은 신이 현실생활의 행복과 평안을 도와주고, 또한 내세에서 부귀와 영화를 누리고자 한다. 불교는 외래 종교이지만, 중국에서 전파되고 중국인이 광범위하게 받아들일 수 있었다. 이와 달리, 기타 서역에서 들어온 종교인 조로아스트교〔Zoroaster〕, 마니교〔Mani〕 등은 중국에서 널리 전해질 수 없었다. 불교가 널리 퍼질 수 있었던 중요 원인 중의 하나는 사람을 중심으로 하고, 사람을 배려하는 불교의 학설이 중국인의 마음을 깊이 감동시켰다는 것이다. 바로 미국의 학자 윌리엄 토마스가 "어떠한 사물의 존재라도 단지 실재하는 하나의 이유가 있다. 이는 바로 사람들이 그것의 존재를 바라기 때문이다."[1]고 한 것과 같다. 불교의 이론은 중국인의 다양한 요구를 만족시킬 수 있었다. 일반 백성은 부처를 믿어서 불보살(佛菩薩)에게 복을 기원할 수 있고, 생활상의 만족을 추구할 수 있었다. 또한 상당한 문화수준을 갖추고 있던 승려와 사대부도 부처를 믿어서 더 나은 정신생활의 만족을 추구할 수 있었다. 중국인은 부처를 믿을 뿐만 아니라, 또한 수많은 불경 중에서, 왜 믿어야 하고 어떻게 믿는가에 대한 이유와 근거를 찾고자 하였다. 게다가 그것을 사람들의 실질생활을 지도하는 데 사용하였다. 이것은 중국에 불전을 번역하고 연구하는 바람을 몰고 왔다.

남북조(南北朝) 시기 불교경론이 대량으로 번역되어 나오면서, 중국의 승려들은 책에 쓰여진 그대로 이해하는 데 만족하지 않고, 불교의 의리(義理)에 마음을 기울여 연구를 진행하기 시작하였다. 따라서 경론을 강습하는 풍조가 점점 성행하였고, 어떠한 경론을 홍전(弘傳)함을 위주로 하는 여러 학파를 형성하였다. 이러한 학파는 예를 들면, 비담학파(毗曇學派)와 능가학파(楞伽學派) 등이 있으며, 이 학파의 학자는 비담사(毗曇師) 혹은 능가사(楞伽師) 등으로 불려졌다.

능가사는 오로지 4권본『능가경』으로 인증(印證)하여 서로 전수하는 승려들을 말한다. 좀더 자세하게 분석해보면, 중간에 다시 능가경사(楞伽經師)와 능가선사(楞伽禪師)로 나눌 수 있으며, 그들은 모두 달마를 계승하였다고 한다. 남조(南朝) 송대(宋代)에 북천축(北天竺)의 승려

---

1) 『실용주의(實用主義)』, 윌리엄 토머스, 상무인서관(商務印書館), 1981년, 147쪽.

구나발타라(求那跋陀羅)가 중국에 와서 『능가아발다라보경(楞伽阿跋多羅寶經)』 4권〔간단하게 『능가경(楞伽經)』이라고 함〕을 번역하였다. 이 경의 번역은 중국불교의 발전에 아주 큰 영향을 미쳤다. 이 경은 더욱이 여래선 및 선종과 끊을 수 없는 관계를 맺고 있다. 『속고승전·보리달마전』의 기록에 의하면, 당시 보리달마가 숭산과 낙양 사이를 오가며 교화할 때였다. 달마가 "여러 나라에 널리 가르침을 펴고 있을 때, 갑자기 정법(定法)함을 듣고, 여럿이 비방하였다. 도육(道育)과 혜가(慧可) 두 사문이 있었는데, 비록 배움이 늦었지만, 의지가 굳고 높았다."2)라고 하였다. 달마는 그들의 정성에 감복하여 진법(眞法)을 가르쳤다. 도육의 사적은 지금 확실하지 않고, 혜가가 달마의 득법(得法) 제자가 되었다. 달마가 혜가에게 법을 전할 때, 바로 『능가경』 4권으로 심인(心印)을 전하였다고 한다. 『속고승전·혜가전』에 아래와 같은 기록이 있다.

> 처음에, 달마선사가 혜가에게 『능가경』 네 권을 주면서, "내가 한(漢)의 땅을 살펴보니, 오직 이 경전이 있을 뿐이다. 그대가 이 경전을 따라 수행하면, 저절로 해탈을 얻으리라."고 말하였다. …… 승나(僧那)와 혜만(慧滿) 선사는, 항상 『능가경』 4권을 가지고 심요(心要)로 삼았으며, 언설을 따르고 행동을 따랐다.3)

여기에 나오는 나선사(那禪師)는 혜가의 제자 승나(僧那)이고, 만선사(滿禪師)는 나선사의 제자 혜만(慧滿)이다. 이는 바로 달마가 혜가에게 법을 전할 때, 『능가경』을 전수하였다는 것이다. 이후, 또한 혜가 문하에서 전문적으로 『능가경』을 수행하는 선사들이 점점 출현하였음

---

2) 于時合國盛弘講授, 乍聞定法, 多生譏謗. 有道育慧可, 此二沙門, 年雖在後, 而銳志高遠.
3) 初, 達摩禪師以四卷楞伽授可曰: 我觀漢地, 惟有此經, 仁者依行, 自得度世. …… 那滿等師, 常齎四卷楞伽以爲心要, 隨說隨行.

을 말한다.『속고승전·법충전(法沖傳)』에, 혜가 다음의 전승(傳承) 및 여러 발전경향에 대해 더 설명하고 있다.

> 달마선사 뒤에, 혜가(慧可)와 혜육(慧育) 두 사람이 있다. 혜육선사는 도를 전수 받아 마음으로 행하였을 뿐, 입으로 말한 적이 없다. 혜가선사 뒤에, 찬선사(粲禪師), 혜선사(慧禪師), 성성사(盛禪師), 나선사(那禪師), 단선사(端禪師), 장장사(長藏師), 진법사(眞法師), 옥법사(玉法師)가 있다. (이상은 모두 입으로 현리를 말할 뿐, 문구를 드러내지 않았다) 혜가선사 뒤에, 선노사(善老師; 4권의 抄를 남김), 풍선사(豊禪師; 5권의 疏를 남김), 명선사(明禪師; 5권의 疏를 남김), 호명사(胡明師; 5권의 疏를 남김) 가 있다. 혜가선사를 멀리 이은, 대총사(大聰師; 5권의 疏를 남김), 도음사(道蔭師; 4권의 抄를 남김), 충법사(冲法師; 5권의 疏를 남김), 안법사(岸法師; 5권의 疏를 남김), 총법사(寵法師; 8권의 疏를 남김), 대명사(大明師; 10권의 疏를 남김)가 있다. …… 나선사(那老師) 뒤에, 실선사(實禪師), 혜선사(慧禪師), 광법사(曠法師), 홍지사(弘智師; 京師 西明寺에 주하였고, 그가 입적하자 법이 끊어졌다)가 있다. 명선사(明禪師) 뒤에, 가법사(伽法師), 보유사(寶瑜師), 보영사(寶迎師), 도영사(道瑩師)가 있다.(차례로 전등하여 지금도 홍양되고 있다)[4]

이상은 혜가의 제자로 나선사, 집선사, 혜선사, 성선사 등이 있음을 말하는 것이다. 또한 이들은 비록『능가경』에 의지하였지만, 입으로는 모두 현리를 말할 뿐, 문구를 드러내지 않았으며, 이들이 능가선 계통을 이루었음을 설명하는 것이다. 이들 중에, 나선사 및 그의 제자 혜만 등은 언제나 4권의『능가』를 심요로 여겼으며, 언설에 따르고 행에 따

---

4) 達摩禪師後, 有慧可慧育二人. 育師受道心行, 口未曾說. 可禪師後, 粲禪師, 慧禪師, 盛禪師, 那禪師, 端禪師, 長藏師, 眞法師, 玉法師(已上幷口說玄理, 不出文句). 可師後, 善老師(出抄四卷), 豊禪師(出疏五卷), 明禪師(出疏五卷), 胡明師(出疏五卷). 遠承可師後, 大聰師(出疏五卷), 道蔭師(抄四卷), 冲法師(疏五卷), 岸法師(疏五卷), 寵法師(疏八卷), 大明師(疏十卷). …… 那老師後, 實禪師, 慧禪師, 曠法師, 弘智師(名住京師西明寺, 身亡法絶). 明禪師後, 伽法師, 寶瑜師, 寶迎師, 道瑩師(幷次第傳燈, 于今揚化).

라서 능가선의 전통을 계승하였다. 그 중의 찬선사(粲禪師)가 이후에 일반적으로 말하는 승찬(僧璨)이다. 그는 도신(道信)에게 법을 전하였고, 도신은 또 홍인에게 법을 전하여, 결국 중국선종을 형성하였다. 이것이 흔히 말하는 여래선의 전승(傳承)이다. 도신은 분명하게 "나의 이 법의 요지는 『능가경』에 의지한다."라고 말하였다. 홍인도 사원의 복도 벽에 능가변(楞伽變)5)을 그리려고 생각하였으며, 그도 『능가경』을 전수하였다. 한편, 혜가 문하에는 또 다른 전승이 있었다. 그것은 위에서 언급하였던, 선노사, 풍선사, 명선사 및 혜가를 멀리 계승한 대총사와 도음사 등이다. 이들은 모두 경에 주(注)를 달고 소(疏)를 달았으며, 강설(講說)을 중시하는 길을 걸었다. 이것은 아마 혜가가 "이 경은 4세(世) 이후, 명상(名相)으로 바뀔 것이다."라고 예언한 뜻일 것이다. 달마와 혜가를 계승한 이후에도, 마찬가지로 『능가경』에 의지하여 상전(相傳)한 것을 능가경사(楞伽經師)의 전승이라고 한다.

　이처럼 달마는 『능가경』을 혜가에게 전하였으며, 혜가는 이후에 『능가경』으로 상전하는 능가계(楞伽系)를 형성하였다. 이 계통의 승려는 넓게 말하면 능가사(楞伽師)로 통칭하여 부를 수 있다. 이들은 달마의 자교오종(籍敎悟宗)을 계승하는 과정 중에서 점점 두 가지 다른 경향을 형성하였다. 하나는 교(敎)를 중시하는 것이고, 다른 하나는 종(宗)을 중시하는 것이다. 좀더 자세하게 구별하기 위해서, 교(敎)를 중시하는 이들을 능가경사(楞伽經師)라고 하고, 종(宗)을 중시하는 이들을 능가선사(楞伽禪師)라고 한다. 능가선사의 사상과 선법이 흔히들 말하는 능가선이다. 그리고 여래선계는 능가선사 중에서 선종으로 향하는 과도기에 있는 무리들을 특별히 가리킨다. 혜가 문하의 분화에 관해서 인순법사(印順法師)는 다음과 같은 견해를 나타내었다. 즉, "혜가는

---

5) 능가변은 『능가경』을 근거하여 그린 그림이다.

『능가경』을 심요로 삼아서, 교를 빌려 종지를 깨달았다. 그 문하의 홍전 중에 여러 다른 경향이 나타났는데, 즉, 입으로 현리를 말할 뿐, 문자로 기록하지 않은 선사(禪師), 소(疏)를 지어 문구를 풀어낸 경사(經師)가 있다. 이러한 두 가지 흐름의 분화는 분명하게 드러나는 사실이다."6)

그러나 이와 관련된 기록에 의하면, 달마와 혜가계의 4권본『능가경』에 의지하는 능가사 이외에, 또 다른 능가사가 존재하였다. 예를 들면,『속고승전・법충전』에 다음과 같은 기록이 있다. 즉, "혜가선사를 잇지 않고, 스스로『섭론(攝論)』에 의지하였다는, 천선사(遷禪師; 4권의 疏를 남김)가 있는데, 그는 덕을 숭상한 율사(律師)였다."7) 이것이 말하는 것은 혜가를 계승하지 않고 나온 능가사가 있다는 것이다. 즉, 그들은『섭대승론(攝大乘論)』에 의지하여『능가』를 이해하고 소(疎)를 달았으며, 또한 4권본에 의지하지 않고 10권본『능가경』에 의지하였고, 선사가 아니라 율사라는 것이다. 이것은, 넓은 의미의 능가사는 그 의미가 광범위하여 매우 많은 내용을 포함할 수 있음을 나타내는 것이다. 흔히 논하는 것은 달마 및 혜가계와 관계 있는 능가사와 능가선이며,『능가사자기』에서 제1대 능가사로 신봉되는 구나발타라 등이다.

달마가『능가경』을 전수한 이유는 비교적 복잡하다. 그것은 달마선법의 특징과 달마가 법을 전한 시대조건 및『능가경』의 내용 등과 모두 관계가 있다.

도선(道宣)의『속고승전(續高僧傳)』에서 달마선의 특색을 말 할 때, "달마법(達摩法)은 허종(虛宗)으로, 현지(玄旨)가 그윽하고 깊다."8)라고 하였다. 이것은 한편으로 달마선이 반야를 융합하여 형식을 추구하지

---

6)『중국선종사(中國禪宗史)』, 인순(仁順), 30쪽.
7) 不承可師, 自依攝論者, 遷禪師(出疏四卷), 尙德律師.『입능가경소(入楞伽經疏』10권.
8) 摩法虛宗, 玄旨幽賾.

않고, 이오(理悟)를 중시하여 오묘하고 헤아리기 어려운 특징을 나타낸다. 달마가 처음 중국에 왔을 때, 그는 먼저 금릉에 이르렀다. 당시 축도생 등의 사람들이 이미 남방불교를 창도하였으며, 열반불성론(涅槃佛性論)이 광범위하게 유행하고 있었다. 따라서 달마가 전한 확연무성(廓然無聖)의 선은 냉대를 받았으며, 그는 다시 강을 건너 북상하였다. 당시의 북방불교는 선의 실질적인 수행을 중시하고, 선리(禪理)를 깊이 연구하지는 않았다. 설령 의리의 학문〔義理之學〕이라고 하더라도 대부분 유(有)를 설하는 지론학파(地論學派)였지, 공(空)을 논하는 반야학(般若學)이 아니었다. 그래서 『능가사자기』의 소개에 의하면, 달마가 한위(漢魏)를 유람할 때, "마음을 잊고 적묵(寂默)을 좇은 사람들은 모두 귀의하였으나, 상(相)을 취하여 추구하는 자들은 헐뜯고 비방하였다."9)라고 하였다. 이것은 달마가 처음 위(魏)나라에 도착하여 전수한 허종(虛宗)의 선법도 널리 환영받지 못했음을 나타내는 것이다. 달마가 처했던 각종 어려움은 아마도 달마가 4권본 『능가경』을 전불심인(傳佛心印)으로 삼은 중요한 계기가 되었을 것이다. 왜냐하면 『능가경』은 문장이 길지 않지만 오히려 매우 풍부한 내용을 가지고 있는 불교경전이기 때문이다. 비록 이 경전이 설하는 것처럼 그렇게 수많은 경전의 요강은 아닐지라도, 분명히 불교의 여러 중요한 내용을 포함하고 있다. 예를 들면, 그것은 전문적으로 선법을 설하였으며 또한 여래장청정심(如來藏淸淨心)을 많이 논하였다. 동시에 망상집착(妄想執著)을 제거하는 것에 착안하여 진여실상(眞如實相)을 드러내었다. 이것은 달마의 입장에서 보면, 분명히 매우 적합한 것이어서, 『능가경』을 서로 전수하여 중국불교가 중시하는 심성불성(心性佛性)의 학풍에 영합할 수 있으며, 당시 사회의 요구를 만족시킬 수 있었다. 이렇게 해서, 중국에 뿌리를

---

9) 忘心寂默之士, 莫不歸信; 取相存見之流, 乃生譏謗.

견고하게 내릴 수 있었으며, 동시에 언상(言相)을 부수고 심오(心悟)를 중시하는 자기 선법의 기본 특색을 유지할 수 있었고, 독자적인 한 파를 이룰 수 있었다. 사실이 증명하듯이, 달마는 당시 북방의 지론학파가 『능가경』을 가르침으로 하는 것에 접근하여, 수행방법을 간단화시켰다. 또한 그는 형식에 구애받지 않을 것을 제창하였고, 전적으로 마음을 깨닫는 선법을 중시하여 성공을 거두게 되었다. 그것은 중국선의 발전 방향에 순응한 것이며, 혜가(慧可) 등의 사람들의 적극적인 보급으로 인하여 결국 중국선의 큰 종파 중의 하나가 되었다.

그렇다면 달마는 왜 4권본 『능가경』을 선택하여 그것으로 심인(心印)을 전하였는가? 이것은 4권본 『능가경』을 번역한 역자, 그리고 그것의 내용과 매우 큰 관계가 있다. 중국에는 『능가경』의 번역본이 모두 3권 있다. 첫 번째는 남조(南朝) 송(宋)의 구나발타라(求那跋陀羅)가 443년에 번역한 4권본 『능가아발다라보경(楞伽阿跋多羅寶經)』으로, 송역(宋譯)이라고 한다. 두 번째는 북위(北魏)의 보리류지(菩提流支)가 513년에 번역한 10권의 『입능가경(入楞伽經)』으로, 위역(魏譯)이라고 한다. 세 번째는 당(唐)의 실차난타(實叉難陀)가 704년에 번역한 7권의 『대승입능가경(大乘入楞伽經)』으로, 당역(唐譯)이라고 한다. 달마가 전법(傳法)으로 사용한 것은 4권본이며, 그 역명(譯名) 중의 능가(楞伽)는 산이름이고, 아발다라(阿跋多羅)는 입(入)이라는 뜻이다. 이 경의 명칭은 부처가 능가산(楞伽山)에 들어가서 설한 보경(寶經)임을 암시하며, 이는 불교 중에서 비교적 높은 위치를 차지한다. 『고승전』 3권과 『능가사자기』 등의 소개에 의하면, 이 경의 역자인 구나발타라(394~468)는 천축에서 중국에 온 승려로, 원가(元嘉) 12년(435)에 배를 타고 광주(廣州)에 도착하였다. 송문제(宋文帝)는 사람을 파견하여 그를 남경(南京)으로 영접하였다. 그는 계속해서 기원사(祇洹寺)와 동안사(東安寺)와 단양군(丹陽郡) 등지에서 그가 기대하던 유가(瑜伽) 계통의 학설을 계통적으로 번역하였으며, 특별히 4권본의『능가경』을 상세하게 번역하였다. 후에 왕공(王公) 도속(道俗)의 청을 받아들여 선을 가르치면서 중국에 능가선의 종자를 뿌렸다. 이 종자는 달마, 혜가 등의 사람들에 의해서 배양되었으며,『능가경』에 전적으로 의지하는 능가사(楞伽師)가 점차 형성되었다. 따라서 구나발타라의 역본은 수많은 능가사에 의해서 수행의 중요한 바탕으로 신봉되었으며, 그 본인도 몇몇 사람들에 의해서 능가선(楞伽禪)의 제1대 전인(傳人)으로 받들어졌다. 예를 들면, 정각이 쓴『능가사자기』는 구나발타라의 서열을 보리달마 앞에 두었다. 그를 제1대 능가사로 하고, 보리달마와 혜가에서 신수 등에 이르기까지 순서대로 그의 뒤에 배열시켰다. 이러한 사실들은, 달마가 4권본『능가경』을 상전하게 된 이유가 아마도 그가 먼저 남방에 도착하였고, 또한 먼저 4권본『능가경』을 접촉하였다는 것과 반드시 관계가 있음을 말하는 것이다.

다시 역문(譯文)상에서 보면, 4권본『능가경』은 현존하는 범문본(梵文本)에 비교적 가깝다. 그것은 단지「일체불어심품(一切佛語心品)」하나로 되어 있다. 1권 중에 또한 제불의 마음이 제일〔諸佛心第一〕이라는 설법이 있다. 여기서 마음은 핵심(核心) 혹은 중심(中心)의 뜻이다. 이는 사람의 사려(思慮)하는 마음, 혹은 불교에서 말하는 진심(眞心)을 가리키는 것이 아니다. 즉, 그 설법의 뜻은『능가경』이 부처의 언교의 핵심이라는 말이다. 그러나 중국에서 성행하는 불성론의 문화적 분위기 속에서, 능가사는 이후 선종의 사람들에게 이르기까지 모두 핵심(核心)의 심(心)을 인심(人心)·심성(心性)의 심(心)으로 해석하였다. 여징(呂徵) 선생이, "4권본『능가경』은 단지 '일체불어심제일(一切佛語心第一)'을 품명(品名)으로 삼았을 뿐이다. 여기서 이 심(心)은, 추요(樞要)나 중심(中心)과 같은 뜻이다. 불교의 중요한 의의는 모두『능가경』에 갖추어져 있다는 뜻으로, 인심(人心)의 심(心)을 가리키는 것이 아니다. 그러나 능가사(楞伽師)는 글자의 정확한 뜻을 파악하지 못하고 그 함의를 곡해(曲解)시켰으며, 오히려 사람들이 오로지 내심(內心)만을 공부하도록 요구하였다."10)라고 말한 것과 같다. 실질적으로 이러한 곡해 및 내심만을 향해서 공부하도록 한 것은 중국불교와 중국선의 특색이며 또한 그 발전방향이다. 정각(淨覺)의 『능가사자기』의 기록에 의하면, 4권본 『능가경』의 역자인 구나발타라는 제불심제일(諸佛心第一)을 인용하여 정법(正法)을 가르치는 종지로 삼았다. 그는 "묵심(默心)으로 스스로 알고, 무심(無心)으로 양신(養神)하며, 무념(無念)으로 몸을 편안하게 하고, 한가로운 곳에서 정좌(淨坐)하여, 근본을 지켜 참됨으로 돌아간다."11)라는 안심의 법을 제기하였다. 그는 다시 4가지의 안심(安心), 즉 배리심(背理心), 향리심(向理心), 입리심(入理心), 이심(理心)을 구체적으로 언급하였다. 그 중, "넷째는 이치의 마음〔理心〕이다. 이치〔理〕 밖의 이치가 아니고, 마음 밖의 마음이 아니어서, 이치가 곧 마음이다. 마음은 평등할 수 있으므로, 그 이름을 이치라고 한다. 또한 이치는 비추어서 밝힐 수 있으므로, 그 이름을 마음이라고 한다. 마음과 이치는 평등하므로, 그 이름을 불심(佛心)이라고 한다."12)라고 하여, 이심(理心)을 구경(究竟) 법문이라고 하였다. 여기서 불심(佛心)은 비록 인심(人心)의 뜻도 있지만, 여래장자성청정심(如來藏自性淸淨心)을 주로 가리킨다. 그래서 염불수행을 언급할 때, "염불을 지극히 하여, 생각마다 집중하여 끊어지지 않으면, 적연하여 생각이 없어지고, 본래 공하여 깨끗함을 증득할 것이다."13)는 것을 요구하는 것이다. 불

---

10) 『중국불학원류략강(中國佛學源流略講)』, 여징(呂澂), 중화서국(中華書局), 1979년, 207쪽.
11) 默心自知, 無心養神, 無念安身, 閑居淨坐, 守本歸眞.
12) 四者理心, 謂非理外理, 非心外心, 理卽是心. 心能平等, 名之爲理; 理照能明, 名之爲心; 心理平等, 名之爲佛.
13) 念佛極著力, 念念連注不斷, 寂然無念, 證本空淨也.

성과 인심을 하나로 보는 것, 이것도 달마에서 승찬에 이르기까지 4권의 『능가경』에 의지해서 함께 가지고 있는 사상이며, 그들이 말하는 마음도 대부분 여래장자성청정심이다. 이후 도신은 『문수설반야경』의 사상에 근거하여 『능가』의 마음을 바꾸어서, 당하(當下)에 바로 염불하는 마음을 부각시켰다. 이러한 마음이 곧 부처라는 사상은 여래선의 핵심관념 중의 하나가 되었다.

시간적으로 보면 위에서 언급한 3권의 『능가경』 역본 중에서, 제1역본과 제2역본의 시간적 간격은 비교적 가깝다. 4권의 『능가경』이 이미 어느 정도 유행하고 있는 상황 아래에서, 보리류지(菩提流支)는 여전히 이 경전의 번역을 중시하였다. 그 까닭은, 의리(義理) 방면에서 치중하는 것이 서로 다른 것 이외에, 구나발타라의 번역이 직역(直譯)에 편중하여 이해가 어려워서 쉽게 널리 전해질 수 없었던 것과 큰 관련이 있다. 보리류지는 북천축국(北天竺國) 사람이며, 삼장(三藏)을 통달하였다. 그는 법을 널리 전하는 데 뜻을 두었으며, 특히 대승유가(大乘瑜伽)계의 학설을 소개하는 데 편중하였다. 그는 북위(北魏) 선무제(宣武帝) 영평(永平) 원년(508)에 낙양(洛陽)에 왔다. 그는 조정의 예우를 받았으며, 황제의 명령으로 영령사(永寧寺)에 주석하였다. 그는 중국에서 20여 년간 계속 역경(譯經)하여 불교경론 39부 127권을 번역하였다. 그중, 10권본 『능가경』이 비교적 중요한 역본이다. 보리류지는 경을 번역하는 도중에 문자를 윤색(潤色)하였고, 최선을 다해서 명확하게 뜻이 통하도록 노력하였다. 이는 이후 중국불학의 전개와 선학의 발전에 모두 상당한 영향을 미치도록 하였다. 내용상에서 보면, 10권본과 4권본 『능가경』의 종교철학 체계는 기본적으로 일치한다. 그것들은 모두 여래장(如來藏)과 아뢰야식(阿賴耶識)의 문제를 전적으로 토론하였다. 또한 불교 명상개념(名相槪念)의 파악을 통하여 불지(佛智)를 획득하고, 부처의 경지에 증입(證入)할 것을 요구하였다. 4권본은 "이 오법(五法)

이라고 하는 것은, 3종 자성(自性)과 팔식(八識)과 2종 무아(無我)와 일체 불법이 모두 그 가운데로 들어간다."14)라고 설하였다. 또한 10권본에는 "만약 오법(五法)의 체상(體相)과 2종의 무아차별상(無我差別相)을 얻어 잘 아는 자는"15), "차례로 일체제지(一切諸地)에 들어가고, 또한 여래의 자내증지지(自內證智地)로 들어갈 수 있다."16)고 하였다. 이처럼 두 권의 내용이 대체로 서로 통하고, 오히려 먼저 역출된 10권본 문장의 뜻이 비교적 분명한데, 왜 달마계의 능가사는 여전히 4권본으로 인심(印心)하는 것을 견지하는가? 이것은 역사와 전통적인 원인 이외에도, 달마계가 북방의 학설과 구별하려 했던 것과도 어느 정도 관계가 있다. 이것은 4권본과 10권본이 여래장(如來藏)의 논술에 대해서 나타낸 약간의 차이에서 언급하여야 한다.

『능가경』은 여래장의 문제를 전적으로 논하였으며, 경 중에서 설한 여래지(如來地)에 들어가는 여래선(如來禪)은 여래장성(如來藏性)을 증오하고 여래법신(如來法身)을 얻는다는 뜻을 가지고 있다. 달마계 안심 선법의 특징은 이러한 여래자성청정심의 사상경향과 일치하는 부분이 있다. 따라서 인순법사의 말을 빌리면, 달마계의 선도『능가』의 여래선 이라고 부를 수 있다. 그러나 4권본과 10권본이 여래장과 아려야식(阿黎耶識; 阿賴耶識의 다른 譯語)의 관계를 논할 때, 서로 다른 사상 특징을 나타내었다. 10권본은 여래장을 근본으로 삼아서 의지하며, 여래장은 유일하고 진실한 본성(本性)이라는 뜻이 있다. 이것은 북방 지론학파(地論學派)의 관점에 비교적 근접하였다. 반면, 4권본은 성공(性空)으로 여래장을 해석하는 경향을 보이고 있으며, 이것은 달마의 허종(虛宗)과 더욱 더 잘 맞아떨어진다. 여래장에 대한 서로 다른 이해는 불

---

14) 是名五法, 三種自性, 八識, 二種無我, 一切佛法悉入其中.
15) 若得善知五法體相, 二種無我差別相者.
16) 次第入于一切諸地, 乃至能入如來自身內證智地.

성(佛性)과 인심(人心) 관계의 견해에 영향을 미쳤다. 그리고 마음의 해탈과 명견불성(明見佛性)의 관계는 또한 선의 종교실천을 어떻게 진행하느냐에 직접적으로 영향을 미쳤다.

여래장(如來藏)의 장(藏)은 태장(胎藏)이라는 뜻이다. 이는 여래가 태장(胎藏) 중에 있음을 말하는 것이다. 불성(佛性)의 다른 이름으로 간주되는 여래장은 다시 "여래는 중생의 몸 속에 있다."17)는 것을 더욱 부각시켜서 일체 중생성불의 내재적 근거로 삼았다. 여래장은 비록 중생 가운데 번뇌와 서로 섞여 있지만, 그것의 본성은 청정하다. 중생의 여래장은 단지 번뇌에서 벗어나기만 하면, 여래와 다르지 않게 된다. 그래서 『대법고경(大法鼓經)』 하권에, "모든 번뇌가 여래의 성품을 가리고 있어, 성품이 깨끗하지 않은 것이다. 만약 일체 번뇌구름으로 덮여 있음을 떠나면, 여래의 성품은 보름달과 같이 맑아진다. …… 만약 일체의 번뇌의 장(藏)에서 벗어나면, 그 여래성을 가리고 있는 번뇌는 영원히 소멸되어, 서로 밝게 비출 수 있고, 불사(佛事)를 베풀 수 있다."18)라고 말하였다. 이렇게 해서, "여래장의 자성은 청정하고, …… 일체 중생의 몸 가운데에 있으며"19), 이는 중생의 성불인(成佛因)이며, 중생해탈의 주체이다. 그래서 그것과 자성청정(自性淸淨), 객진소염(客塵所染), 정심해탈(淨心解脫)의 마음은 이름이 다르지만 실제로 같은 내용이다. 이러한 여래장의 사상은 여래선의 중요한 이론 토대가 되었다. 4권본 『능가경』과 10권본 『입능가경』은 공(空)과 유(有) 등의 다른 각도로부터 진일보한 해석과 설명을 하였다.

4권본 『능가경』에서 여래장과 아뢰야식은 하나로 합쳐지는 경향이 있다. 경에서는, 본래 청정한 여래장은 "무시로 거짓됨과 악습에 훈습

---

17) 如來卽在衆生の體內.『불설무상의경(佛說無上依經)』, 상권.
18) 諸煩惱藏覆如來性, 性不明淨, 若離一切煩惱云覆, 如來之性淨如滿月. …… 若離一切諸煩惱藏, 彼如來性煩惱永盡, 相好照明, 施作佛事.
19) 如來藏自性淸淨, …… 在於一切衆生身中.『입능가경(入楞伽經)』 3권.

되어서"20) 그 이름을 식장(識藏; 藏識이라고도 하며 阿黎耶識의 다른 번역임)이라고 하며, 여래장은 불성이고, 식장(識藏)은 중생의 마음이 된다. 이처럼 이러한 마음과 성품에 의지하여 수행하면, 거짓됨을 버릴 수 있고, 또한 참됨으로 돌아갈 수 있다. 그래서 능가사는 『능가경』에서 핵심을 뜻하는 마음〔心〕을 인심불성(人心佛性)으로 해석하였다. 이때, 어떤 사람은 진심(眞心)의 이론을 내세워 "범부와 성인의 동일한 진성(眞性)"21)을 강조하였고, 어떤 사람은 안심(安心)의 이론을 내세워 "제불이 마음을 설함은, 심상(心相)이 허망한 법임을 알도록 한 것이다."22)라고 주장하였다. 그리고 4권본『능가경』중에, "일체는 열반도 없고, 열반에 든 부처도 없으며, 부처의 열반도 없어서, 깨달음과 깨달음의 법을 멀리 떠난 것이다. 유(有)와 무(無)는 모두 떠남을 갖춘 것이므로, 모니(牟尼)는 적정(寂靜)을 관하는 것이다."23)라는 말이 있다. 이러한 언상(言相)에 대한 타파와 성공(性空)으로 열반을 이해하는 경향은 여래장의 이치와 성공의 이치가 서로 통할 수 있는 길을 열었다. 사실상 반야성공(般若性空)과 『능가』의 심성(心性)이 서로 회통함은 달마계 능가선의 기본 특색 중의 하나이다. 도신은『문수설반야경』을 인용하여 불심(佛心)을 논하였으며, 그도 반야성공과 능가심성을 회통하는 길을 걸었다. 후세의 혜능남종은 반야성공(般若性空)을 더욱 부각시켰다. 따라서 선수행의 의의를 제법성공의 명확한 이해에 두었고, 세속의 일체를 근본적으로 부정하는 데에 두었다. 이렇게 해서, 해탈의 주체와 불성 및 여래장이 비로소 하나가 될 수 있었다.

10권본『능가경』은 명확하게 일심(一心)을 사용하여 여래장을 구분

---

20) 爲無始虛僞惡習所熏.
21) 凡聖同一眞性.『능가사자기(楞伽師資記)』
22) 諸佛說心, 令知心相是虛妄法.『속고승전(續高僧傳)・혜가전(慧可傳)』
23) 一切無涅槃, 無有涅槃佛, 無有佛涅槃, 遠離覺不覺. 若有若無有, 是二悉俱離, 牟尼寂靜觀.

하였는데, "적멸(寂滅)은 일심(一心)이라고 하며, 일심(一心)은 여래장(如來藏)이라고 한다. …… 여래장의 자성은 청정하며, …… 일체 중생의 몸 가운데 있다."24)라고 여겼다. 이 청정한 여래장의 마음은 불생불멸(不生不滅)한 것이다. 생멸(生滅)이 있다는 것은 무명(無明)의 칠식(七識)이 함께 갖추어진 여래장이다. 이처럼, 여래장이 무명의 칠식(七識)과 함께 할 때는 이미 여래장이라고 부르지 않고 아려야식(阿黎耶識)이라고 한다. 그래서 경 중에서는 "여래장식은 아려야식 중에 있지 않다."는 견해를 제기하였다. 이처럼 여래장불성(如來藏佛性)과 인심(人心)은 완전히 같은 것이 아니다. 여래장은 가장 진실한 것이지만 인심은 그렇지 않다. 이러한 불성과 인심의 구분 및 불성과 달마·혜가선의 관계에 대해, 여징(呂澂) 선생은 다음과 같은 견해를 발표하였다.

    4권본은 불성과 인성을 하나로 보며, 다만 설한 명목에 구분이 있을 뿐이라고 여겼다. 즉, 여래장을 사용하여 불성을 설명하고, 장식(藏識)을 사용하여 인심을 설명한 것이다. 경문(經文)은 양자를 합하여 여래장의 장식이 된다고 설명하고 있다. 이와 달리, 10권본은 불성과 인성의 양자를 별개로 보았는데, 여래장식이 아려야식(阿黎耶識; 藏識) 가운데 있지 않다는 한 구를 첨가하였다. 또한 이들이 이법(二法)임을 거듭 설명하였다. 이러한 분기점에서 출발하여, 4권본은 원래 일심인, 자성청정심이 있음을 설명하였다. 그러나 10권본은 이심(二心)인, 정심(淨心)과 잡심(雜心)으로 나누어 설명하였다. 기타 관련 있는 이론도 이를 따라서 변화되었다. 혜가는 달마의 부촉을 받았음을 나타낼 때, 반드시 4권본 『능가』를 사용하여 실행의 근거로 삼았는데, 이는 그러한 의도가 있는 것이다.25)

---

24) 寂滅者, 名爲一心; 一心者, 名爲如來藏, …… 如來藏自性淸淨, …… 在於一切衆生身中.
25) 『중국불학원류략강(中國佛學源流略講)』, 여징(呂澂), 307-308쪽.

4권본『능가경』은 불성과 인심을 동등한 것으로 보았으며, 동시에 심즉시불(心卽是佛)이 비유비무(非有非無)의 집착을 부수는 사상경향을 갖추고 있음을 강조하였다. 여래장에 대한 이러한 해석은 중국선의 발전방향에 순응하는 것이었으며, 선이 중국에서 더욱 더 발전할 수 있게 하였다. 이렇기 때문에, 혜가(慧可) 시기가 되어서는, "4권본『능가』와 당시 신역한 10권본이 서로 대립함을 분명하게 제기하였다. 달마가 입적한 후, 그는 다시 도속의 무리를 위해서 그 기변(奇辯)을 떨쳤으며, 또한 그 심요(心要)를 드러내었다. 그의『능가』에 대한 견해는 순식간에 천하로 퍼져나갔다. 이렇게 해서 항상 몸에 4권본『능가』를 지니고 다니는 선사가 있게 되었다."26)라고 하였다. 이러한 선사가 바로 흔히 말하는 달마·혜가계의 능가사이고, 그들의 선법이 바로 능가선이다.

이와 관련된 기록에 의하면, 달마·혜가계의 능가선사가 4권본『능가경』을 이용하여 전법(傳法)할 때, 북방의 보리류지(菩提流支)와 불타선다(佛陀扇多)와 늑나마제(勒那摩提) 및 그들의 문하 승조(僧稠)와 승실(僧實) 등의 반대를 받았다. 따라서 역사상, 그들 사이에서 투쟁했던 수많은 전설이 남아있다. 위에서 언급했던 것처럼, 보리달마는 보리류지 등에 의해서 독살당했다고 한다. 즉, "광통율사와 보리류지는, …… 달마대사가 교화할 때, 상(相)을 배척하고 마음을 바로 가리킴을 보고, 매번 대사와 논의하여, 시비가 분분하였다. 달마대사는 현풍(玄風)을 멀리 떨치고, 법우(法雨)를 널리 베풀었다. 그들의 치우치고 좁은 견해로는, 대사를 당해내기 어려웠으므로, 해치려는 마음을 다투어 일으켜서, 여러 차례 음식에 독약을 넣었다. 여섯 번째에 이르러, 교화의 인연이 이미 마쳤고, 전법할 사람을 얻었으므로, 마침내 다시 목숨을 구

---

26) 앞의 책, 306쪽.

하지 않고, 단정히 앉아서 입적하였다."27)라고 하였다. 또한 혜가는 달마의 선법을 받은 이후에, 비록 "법도를 만들었지만"28), "위(魏)나라의 기록에는 많이 실려 있지 않았다."29)라고 하였다. 이후에 혜가도 도항(道恒) 및 그의 제자들에 의해서 모함에 빠졌으며, "몇 번이나 죽을 뻔하였고"30), "마침내 업도(鄴都)를 떠났으며, 세월이 빠르게 흘렀다. 도는 결국 희미해져서, 입적할 때는 뛰어난 제자가 없었다."31)라고 하였다. 이러한 파벌 사이의 경쟁은 달마·혜가계의 전법(傳法)에 상당한 어려움을 겪게 하였고, 능가선이 널리 전해질 수 없게 하였으며, 또한 관청과 조정으로 진출할 수 없게 하였다. 혜가는 할 수 없이 "용모를 풀어헤치고 세속을 따랐다. 이 때에 혜가는 묵묵히 지냈으며, 시가(詩歌)에 잠깐 의탁하였다."32)라고 하였으며, 시가를 통하여 심오한 선리(禪理)를 사회의 하층백성 속으로 전파하였다. 『경덕전등록』에, 혜가가 말년에 "모습을 감추고 자취를 숨겼으며, 모습을 바꾸어서, 술집에 들기도 하고, 고기 시장을 지나기도 하며, 저자거리의 잡담을 익히기도 하고, 하층 사람들을 따르기도 하였다."33)는 등의 기록이 있다. 그러나 달마계 선법은 간편하고 쉽게 행할 수 있기 때문에, 도신에 이르러 걷잡을 수 없을 정도로 발전하였으며, 도신·홍인 시기에 결국 큰 종파를 이루었다. 달마·혜가계 능가사의 선법의 특색에 관해서는 아래에서 구체적으로 다시 설명할 것이다.

---

27) 光統律師, 流支三藏者, …… 睹師演道, 斥相指心, 每與師論議, 是非蜂起. 祖遲振玄風, 普施法雨, 而偏局之量, 自不堪任, 競起害心, 數加毒藥. 至第六度, 以化緣已畢, 傳法得人, 遂不復救之, 端居而逝.『오등회원(五燈會元)』1권.
28) 創得綱紐.『속고승전(續高僧傳)·법충전(法沖傳)』
29) 魏境文學, 多不齒之. 앞의 책.
30) 几其至死.『속고승전(續高僧傳)·혜가전(慧可傳)』
31) 遂流離鄴衛, 亟展寒溫. 道竟幽而且玄,˙故末緒卒無榮嗣. 앞의 책.
32) 縱容順俗, 時惠精獻, 乍托吟謠. 앞의 책.
33) 韜光混迹, 變易儀相, 或入諸酒肆, 或過於屠門, 或習街談, 或隨廝役.

2. 능가선과 여래선

달마·혜가계의 능가사는 모두 4권『능가경』을 가르침으로 삼지만, 경론을 강설하는 것과 실질적인 수행을 중시하는 다른 경향이 나타났다. 경론을 강설하는 이들은 자교(藉敎)에 많이 노력하였고, 글을 쓰고 소(疏)를 달았으며, 경의 뜻을 널리 전해서, 명상(名相)을 분별하는 능가경사의 유파를 형성하였다. 실질적인 수행을 중시하는 이들은 오종(悟宗)에 더욱 더 관심을 가졌으며, 따라서 "문자로 기록하지 않았고, 입으로 현리를 설하였으며"34), 경교를 중시하지 않는 능가선사를 형성하였다.

앞에서『능가경』은 여래장의 뜻을 전적으로 나타내었지만, 이와 동시에 언상집착(言相執著)을 파타하는 것을 중시하며, 달마의 허종(虛宗)과 서로 일치하는 부분이 있다고 언급하였다. 혜가에서 시작한 능가선사는 경교(經敎)보다 허종(悟宗)을 중시하는 달마의 전통을 계승하여 능가선의 교화를 전개하였다. 예를 들면『속고승전·혜가전』에서 혜가는 오로지 현리(玄理)를 따랐으며, 언상문구(言相文句)에 집착하지 않았다. 게다가 그는『능가』를 전하면서 명상(名相)에 치우치는 것에 대해, "매번 혜가는 설법을 마치면서 말하기를, '이 경은 4세 이후, 명상(名相)으로 바뀔 것이니, 이 얼마나 슬픈 일이냐.'라고 하여"35) 걱정하였다. 혜가의 이러한 걱정은 결국 사실이 되어버렸다.『속고승전·법충전』에 다음과 같은 기록이 있다.

> 법충은『능가경』을 오래도록 깊이 탐구하였는데, 널리 찾아가서 질문

---

34) 不出文記, 口說玄理.『능가사자기(楞伽師資記)』
35) 每可說法竟, 曰: 此經四世之後, 變成名相, 一何可悲.

함에 있어서, 험준함을 꺼리지 않았다. 혜가선사의 뒤를 이어 이 경전을 수습하였으며, 곧 스승을 의지하여 배웠다. 혜가가 여러 번 난관에 부딪쳐, 대중을 떠나게 되자, 법충에게 가르치게 하였으며, 법충은 곧 30여 편을 이어서 강의하였다. 뒤에 혜가선사의 전수자가 되어서, 남천축일승종에 의지하여, 다시 백 편을 강의하게 되었다. 이 『능가경』은 본래 송대의 구나발타라 삼장이 번역한 것으로, 혜관법사가 필사한 것이다. 따라서 그 문리는 조화롭고, 글의 의미가 잘 통하였으며, 오직 혜(慧)를 염할 뿐, 언설에 있지 않았다. 뒤에 달마선사가 그것을 남북으로 전하였는데, 말을 잊고 생각을 잊으며, 무득정관(無得正觀)이 종지가 되었다. 다시 뒤에 중원에서 행하여져, 혜가선사가 법도(法度)를 만들었으나, 위나라의 기록에는 많이 실려 있지 않았다. 종지를 깨닫고 뜻을 얻은 자는 계오할 수 있었다.36)

여기에서 강설(講說)을 전문으로 하는 능가사를 언급하였는데, 그 중에서 법충(法冲)이 대표적인 한 인물이다. 그는 계속해서 『능가경』 30여 편을 강의하였으며, 이후에 남천축일승종(南天竺一乘宗)에 의지하여 100편을 강의하였다. 여기에서 다시 『능가』를 대하는 또 다른 태도로 제기된 것이 "오직 혜를 생각할 뿐, 언설에 있지 않다."는 것이다. 그 선법은 말을 잊고 생각을 잊는 것이고, 무득정관(無得正觀)을 종지로 삼는 것이다. 혜가는 이러한 전통을 드러내었으며, 그 문하에서 영종득의(領宗得意)할 수 있는 이가 다시 그 뒤를 계승하였다. 여기에서 언급한, 말을 잊고 생각을 잊으며, 무득정관을 종지로 삼는 것 등은 분명히 달마 허종(虛宗)의 뜻이다. 이는 달마・혜가 이후 능가선의 중요한 하나의 특징을 반영한 것이다.

---

36) 冲以楞伽奧典, 沉淪日久, 所在追訪, 無憚夷險. 會可師後裔盛習此經, 卽依師學, 屢擊大節, 便捨徒衆, 任network轉敎, 卽相續講三十餘遍. 又遇可師親傳授者, 依南天竺一乘宗講之, 又得百遍. 其經本是宋代求那跋陀羅三藏翻, 慧觀法師筆受. 故其文理克諧, 行質相貫, 專唯念慧, 不在話言. 於後達磨禪師傳之南北, 忘言忘念, 無得正觀爲宗. 後行中原, 慧可禪師創得綱紐, 魏境文學, 多不齒之. 領宗得意者, 時能啓悟.

두비(杜朏)는 『전법보기(傳法寶紀)』에서 다음과 같은 견해를 발표한 적이 있다. 즉, "한(漢)과 위(魏)가 몰락한 이래로, 역서(譯書)가 중화에 이르러, 배움에 귀의하는 법은 언설에 많이 의지하고, 글을 분석하여 뜻을 헤아리는 것이다. 지혜를 번잡한 말로 장식하여 멀리 쫓아버리니, 그 사람에게 진여의 지극한 성품은 드러나지 않았고, 원돈법신(圓頓法身)은 도안(道眼)이 열리지 않았다. 그래도 큰 걸음으로 법석에 나아가 앉아서 근본을 논하니, 배우는 무리들이 모여들어 우러르며 따랐다. 아무도 그 문으로 깨달아 들어가지 못하였고, 마음은 그 이치를 증득하지 못하였다. 이렇기 때문에, 천축의 달마가 정성껏 미혹함을 인도하였으며, 언어를 그치고 경론을 떠나서, 종지를 가만히 꿰뚫고 나아가 밝히었다. …… 이렇게 해서, 혜가와 승찬은 참된 이치를 얻었으나, 행적은 묘연하였고 기록이 없었다. 법장(法匠)은 은밀히 전하였으며, 학도(學徒)는 묵묵히 닦았다."37)라고 하였다. 여기에서, 달마 능가선은 '언어를 그치고, 경론을 떠나는 것이고', 혜가·승찬 이래의 능가선사는 모두 묵수오도(默修悟道) 등과 관계가 있음을 분명하게 언급하였다.

능가선사는 경교(經敎)를 중시하지 않고 심증(心證)의 체오(體悟)를 중시하기 때문에, 사자전승(師資傳承)을 말할 때, 심법(心法)을 조용히 전하는 것을 특히 강조하였으나, 달마가 전한 『능가경』의 작용을 그리 중요하게 생각하지 않았다. 예를 들면, 『전법보기』에서 "달마 이후, 사자(師資)의 길이 열렸으며, 모두 방편으로 마음을 증득하였고, 언설에 따라, 간략히 말한 바가 없었다. …… 은밀히 방편으로 개발하여, 문득 그 마음이 법계로 바로 들어가도록 하였다."38)라고 언급하였다. 능가

---

37) 洎漢魏已降, 譯至中華, 歸學之法, 多依言說, 分文析字, 數義緣然. 飾智蔓詞, 其流逐乢, 而眞如至性, 莫見其人, 圓頓法身, 無開道眼矣. 其光歩法席, 坐搖談柄者, 群學輻輳, 徒仰亶焉. 未有悟入其門, 心證其理也. 是故, 天竺達摩, 寒裹導迷, 息其言語, 離其經論, 旨微而徹, 進捷而明. …… 是故慧可僧璨理得眞, 行無轍迹, 動無彰記, 法匠潛運, 學徒默修.

경으로 상전(相傳)함을 언급하였다고 하더라도, 주로 강조한 것은 "이
경은 오직 마음으로 요지(了知)함을 증득할 뿐, 문소(文疏)로 알 수 있
는 것이 아니다."39)는 것이다. 이렇기 때문에, 인순법사는 중국선종
의 전승 중에서 불타발타라가 잊혀진 것은 달마선이 이심전심(以心傳
心)과 불립문자(不立文字)를 전한 것과 밀접한 관계가 있다고 생각하
였다. "달마선 중에서의 『능가경』은, 단지 처음에는 방편으로 사용되었
을 뿐이며, 전하려고 하였던 법문이 아니다. 『능가경』은 중시를 받지
못했으며, 『능가경』을 주로 번역하였던, 발타(跋陀)의 지위는 당연히
소홀히 되었다."40) 이러한 견해는 상당히 일리가 있다. 『능가사자기』
는 비록 구나발타라를 제1대 능가사로 배열하고, "위조(魏朝) 삼장법사
인 보리달마가 구나발타라 삼장의 뒤를 이었다."41)고 하였을지라도,
후세 선종은 이러한 내용을 따르지 않았다. 후세 선종의 전법(傳法)은
주로 혜원의 『선경서(禪經序)』 등의 견해를 답습하고 있다. 또한 달마
선(達摩禪)과 달마다라선(達摩多羅禪)을 함께 연관지어서 불조의 이심
전심으로까지 거슬러 올라갔다. 역경자인 구나발타라는 여래선 내지
선종 중에서 아무런 지위도 없게 되었다.

능가선의 이론은 주로 4권본 『능가경』에 근거하며, 일심(一心)을 근
본으로 삼아서 의지한다. "오직 일심이므로 진여라고 하며"42), "유(有)
와 무(無)는 모두 떠남을 갖추었음"43)을 문제의식의 방법으로 삼으며,
"무법(無法)이어서 얻을 수도 없고, 무상(無相)이어서 구할 수도 없으
며"44), 고행적인 수선(修禪)에 힘쓰고, 자성각오(自性覺悟)를 최고의

---

38) 自達摩之後, 師資開道, 皆善以方便, 取證于心, 隨所發言, 略無系說. …… 密以方便開
發, 頓令其心直入法界.
39) 此經唯心證了知, 非文疏能解. 『능가사자기(楞伽師資記)』
40) 『중국선종사(中國禪宗史)』, 인순(仁順), 18쪽.
41) 魏朝三藏法師菩提達摩承求那跋陀羅三藏後.
42) 唯是一心, 故名眞如.
43) 若有若無有, 是二悉俱離.

목표로 삼으며, 적정열반(寂靜涅槃)을 인생 최고의 경지로 삼는다. 부처와 중생, 불성과 인심의 관계는 능가선에서 새로운 화합에 도달하였다. 신과 사람은 결코 절대적인 대립관계가 아니며, 하나이면서 둘이고, 둘이면서 하나인 관계이다. "중생과 불성은, 본래 함께 있다. ……한 번 도심을 발하면, 곧 성불에 이르고, 부처와 중생은, 본래 평등하여 차별이 없다."45), "불성과 인심의 구별은 미오(迷悟)의 차이에 있을 뿐이다. 단지 마음의 전변을 실현하여 미망(迷妄)을 버리면, 여래의 자내증지지(自內證智地)로 들어가서 성불할 수 있다."46) 뒤의 대매법상(大梅法常) 선사가 최선을 다해서 천명한 "너희들은 각자 마음을 돌이켜 근본을 요달할 뿐, 그 근본을 좇지는 말라. 만약 근본을 분별하여 알고자 한다면, 오직 자심을 요달하여야 한다. 이 마음이 원래 일체 세간과 출세간의 근본이다. 따라서 마음이 생하면 일체법이 생하고, 마음이 멸하면 일체법이 멸한다."47)는 것과 같다.

4권본 『능가경』은 불성청정심(佛性淸淨心)을 크게 설하였다. 또한 망상집착(妄想執著)을 타파하여 진여실상(眞如實相)을 나타내는 것에 착안하여, 반본소원(反本溯源)을 통해서 마음의 해탈을 부각시켰다. 이것은 능가선법에 심오한 영향을 미쳤으며, 이는 다음과 같은 몇 가지 면에서 두드러지게 나타난다.

첫째, 능가선은 자교오종(藉敎悟宗)을 강조하였으며, 경교문구(經敎文句)를 중시하지 않았고 체오심증(體悟心證)과 밀의전수(密意傳授)를 중시하였다. 『능가경』은 경교문구란 중생을 깨달음으로 인도하는 일종의 공구이고, 좋은 기술과 방편으로, 일정한 역할이 있다고 여겼다. 하

---

44) 無法可得, 無相可求.
45) 衆生與佛性, 本來共有. …… 一發道心, 乃至成佛, 佛與衆生, 本來平等一際.
46) 이상 인용한 문장은 『능가경(楞伽經)』과 『능가사자기(楞伽師資記)』 등을 참고하였음.
47) 汝等諸人, 各自回心達本, 莫逐其本. 但得其本, 其末自至. 若欲識本, 唯了自心. 此心元是一切世間出世間法根本. 故心生種種法生, 心滅種種法滅. 『오등회원(五燈會元)』 3권.

지만, 이는 중생심에 따라 응하여 말한 것일 뿐으로, 불법 그 자체가 아니고, 불법의 대의(大義)는 언어·문자·망상에서 멀리 떨어져 있는 것이라고 보았다. 그래서 경에서 부처는 '한 자도 설하지 않았다〔不說一字〕'라는 견해를 제기하였다. 따라서 불설(不說)이어야 비로소 불설(佛說)이라고 생각하였으며, 더욱이 종통(宗通)을 심오(心悟)라고 제창하였다. 달마는 여기에 근거해서 자교오종을 제기하였다. 즉, 그는 경교(經敎)를 배척하지 않고, 경교에 집착하지도 않을 것을 선양하였고, 심증체오(心證體悟)를 중시하였다. 능가선사는 대부분 이러한 전통을 계승하였다. 예를 들면, 혜가는 "일승을 세밀히 연구하고, 현리(玄理)에 부합하였으며"48), 홍인은 "문자로 기록하지 않았고, 입으로 현리(玄理)를 설하였으며"49), 또한 혜육선사(慧育禪師)는 "도를 전해 받아 마음으로 행했으며, 입으로는 말하지 않았다."50)는 것이다. 이는 모두 종지를 깨달아 얻어서〔領宗得意〕 불리에 곧바로 계합하는〔直契佛理〕 능가선사의 정신을 나타낸 것이다. 도선이 『속고승전』에서 말한 "요즘 사람들은 의문(義門)을 해침이 많다."51), "바른 경전을 읽는 사람이 드물었다."52)는 능가선사의 큰 특색을 반영하였다. 그들이 『능가경』으로 상전(相傳)하는 것도 단지 법(法)을 전할 때의 인심(印心)일 뿐이다. 이것이 『전법보기』에서 말한 "사자(師資)의 길이 열렸으며, 모두 방편으로 마음을 증득하였고, 언설에 따라 간략히 말한 바가 없었다."는 뜻이다.

둘째, 능가선은 여전히 좌선(坐禪)의 형식에 의한 수심(修心)을 견지하고 있으며, 사유(思維)의 훈련을 통해서 열반해탈에 다가갈 것을 강

---

48) 精究一乘, 附於玄理.『능가사자기(楞伽師資記)』
49) 不出文記, 口說玄理. 앞의 책.
50) 受道心行, 口未曾說.『속고승전(續高僧傳)·법충전(法沖傳)』
51) 頃世定士, 多削義門.
52) 正經罕讀.

조한다. 『능가경』은 한적한 곳이나 조용한 곳에서 홀로 사유할 것을 자주 언급하였으며, 정좌수심(靜坐修心), 내성사유(內省思維)를 통해서 사람의 마음이 본래의 청정심(淸靜心)으로 바뀌도록 하였다. 이렇기 때문에, 구나발타라에서 시작해서, "묵심(默心)으로 스스로 알고, 무심(無心)으로 양신(養神)하며, 무념(無念)으로 몸을 편안하게 하고, 한가로운 곳에서 정좌(淨坐)하여, 근본을 지켜 참됨으로 돌아간다."53)는 것을 제창하였다. 달마는 벽관(壁觀)과 안심(安心)을 더욱 강조하였는데, 이입(理入)과 행입(行入)을 통하여 "마음이 벽과 같아지고, 치우치지도 기대지도 않으며, 잡념이 일어나지도 않고, 헛됨을 버리고 참됨으로 돌아가도록 하였다."54) 이렇게 해서, 나도 없고 남도 없으며, 도와 더불어 부합하는 경지에 도달할 것을 요구하였다. 혜가도 명확하게 "좌선은 효용이 있다."55)고 말하였으며, "종일토록 연좌하기를, 8년이나 하였다."56) 그는 심지어 "만약 한 사람이라도 좌선을 통하지 않고서 부처를 이룬 이가 있다고 한다면, 이러한 것은 옳은 것이 아니다."57)라는 법어를 남겼다. 그의 좌선은 도를 닦아 마음을 밝히기 위한 것이며, 그는 "망념이 일어나지 않고, 묵연히 정좌하면, 대열반의 태양이 자연히 나타날 것이다."58)라고 여겼다. 혜가 선법을 계승한 승찬도, "가만히 비추는 신묘한 작용으로, 중생이 생사로 흘러 들어감을 섭하고, 사방팔방에서, 법을 보지 않고, 몸을 보지 않으며, 마음을 보지 않음을 나타낸다. 이렇게 해서, 마음은 이름[名字]을 떠나고, 몸은 공계(空界)와 같아지며, 법은 몽환(夢幻)과 같아져서, 얻을 것도 증명할 것도 없는

---

53) 默心自知, 無心養神, 無念安身, 閑居淨坐, 守本歸眞. 『능가사자기(楞伽師資記)』
54) 如壁立, 不偏不倚, 不起雜念, 捨妄歸眞.
55) 坐禪有功. 『능가사자기(楞伽師資記)』
56) 終日宴坐, 又經八載. 『경덕전등록(景德傳燈錄)』 3권.
57) 若有一人不因坐禪而成佛者, 無有是處.
58) 妄念不生, 默然淨坐, 大涅槃日自然顯現. 『능가사자기(楞伽師資記)』

상태에 도달한다. 그런 후에 해탈에 이른다."59)고 주장하였다. 그도 더욱이 몸소 체험하고 힘써 실행하였는데, "사공산(思空山)에 은거하여, 숙연히 정좌하였으며, 문자로 기록하지 않았고, 숨어서 법을 전하지 않았다."60)라고 하였다. 능가선의 이러한 좌선수심(坐禪修心)의 경향은 신수에 이르기까지 계속 유지되었을 뿐만 아니라, 또한 "마음을 모아 정에 들고, 마음을 머물러 깨끗함을 보며, 마음을 일으켜 밖으로 비추고, 마음을 거두어들여 안으로 증득한다."61)는, 하나의 완전한 선수행의 이론과 방법으로 발전하였다.

셋째, 능가선은 모두 공(空)과 유(有)를 융합하고 흡수하는 경향이 있다. 4권본 『능가경』 그 자체는 성공(性空)으로 여래장청정심(如來藏淸淨心)을 해석하는 경향이 있다. 또한 능가선사가 전한 『능가경』은 주로 오종(悟宗)의 마음을 인정(印定)하는 것으로 여길 뿐이어서, 기타 경론(經論), 특히 반야사상의 가르침을 배척하지는 않았다. 그래서 달마로부터 시작해서, 그 빌려온 교(敎) 중에는 능가의 심성론(心性論)이 있을 뿐만 아니라, 반야의 실상설(實相說)도 있다. 이러한 것은 능가선계의 중요한 특징 중의 하나가 되었다. 예를 들면, 달마의 "중생에 동일한 진성(眞性)이 있지만, 객진(客塵)이 가리고 있음을 깊이 믿고, 헛됨을 버리고 참됨으로 돌아가도록 한다."62)는 것은 분명히 『능가경』의 여래장불성론 사상이다. 그러나 그의 "나도 남도 없고, 범부와 성인이 하나로 같다. 견고하게 머물러 움직이지 않으면, 언교(言敎)에 따르지 않게 된다."63)는 것은 또한 대승반야계의 사상을 융합한 것이다. 도신

---

59) 以寂照妙用攝群品流注生滅, 現四維上下, 不見法, 不見身, 不見心, 乃至心離名字, 身等空界, 法同夢幻, 無得無證, 然後謂之解脫. 『융흥편년통론(隆興編年通論)』 18권.
60) 隱思空山, 蕭然淨坐, 不出記文, 秘不傳法. 『능가사자기(楞伽師資記)』
61) 凝心入定, 住心看淨, 起心外照, 攝心內證. 『보리달마남종정시비론(菩提達摩南宗定是非論)』
62) 深信含生同一眞性, 客塵障故, 令捨僞歸眞.
63) 無自無他, 凡聖等一, 堅住不移, 不隨他敎.

의 『입도안심요강방편법문』은 『능가경』에 근거하는 동시에, 『문수설반야경』, 『화엄경』, 『법화경』 등을 인용하였다. 『능가사자기』의 작자인 정각도 진여심성(眞如心性)을 강조하는 동시에 중도반야(中道般若)와 무소득(無所得)의 사상을 부각시켰다. 사실상 달마계의 능가선에 대해 말하면, 『능가경』을 전하는 것은 단지 상징적인 의미가 있을 뿐이다. 혜가에서 홍인에 이르는 선법은 모두 반야와 능가의 두 가지 사상경향을 동시에 포함하고 있으나, 단지 치중하는 부분이 각각 다를 뿐이다. 이렇기 때문에, 후에 혜능남종과 신수북종의 분화가 나타났다. 그래서 더욱 정확하게 말하면, 달마계의 선을 능가종(楞伽宗)이라고 통칭하여 부르는 것은 합당하지 않다.

넷째, 능가선은 일반적으로 모두 순차적이고 점진적인 수행을 주장하며, 동시에 또한 점수돈오(漸修頓悟)적인 경향이 있다. 『능가경』에서 사종선(四種禪)을 언급하였는데, 다른 선은 각기 다른 경계를 가지고 있으며, 점(漸)에 의지하여 수행하면 곧 여래지(如來地)에 이를 수 있다고 보았다. 동시에 경에서, "여래는 일체 중생의 자심 현류(現流)를 깨끗이 제거할 수 있다."64)는 식망수행(息妄修行)을 설하였다. 또한 이러한 것은 "점차 깨끗해지는 것으로 돈이 아니며"65), 이는 마치 거울을 닦는 것과 같다고 생각하였다. 그리고 깨끗이 제거할 때, "무상(無相), 무유(無有)의 청정경계가 문득 나타난다."66)고 하였는데, 이는 문득[頓]이고 점차[漸]가 아니어서, 마치 밝은 거울이 모습을 나타내는 것과 같다. 이러한 점수돈오설은 능가선의 중요한 특징 중의 하나가 되었다. 능가선 중에도, 구나발타라는 네 가지 안심법(安心法)이 있다고 보았고, 도신과 신수는 다섯 가지 방편법문이 있다고 하였으며, 홍

---

64) 如來淨除一切衆生自心現流.
65) 漸淨非頓.
66) 頓現無相無有所有淸淨境界.

인도 좌선은 자체로 순서가 있다고 분명하게 말하였다. 홍인 이전의 능가사는 일반적으로 미오(迷悟)의 문제를 언급하지 않았다. 그러나 홍인에서 시작하여 그의 대제자 법여(法如)와 신수(神秀) 등은 모두 점수돈오(漸修頓悟)를 주장하였다.

능가선은 중국선종의 선구가 되었지만, 선종은 모든 능가선사의 전승을 동일시하지는 않는다. 선종은, 단지 달마에서 홍인까지의 동토오조(東土五祖)의 전승과 남북선종이 각각 인정하는 혜능과 신수의 홍인에 대한 전승만을 강조한다. 혜능은 조사선(祖師禪) 토론의 범위에 속하므로, 달마에서 신수에 이르는 선이 바로 여래선(如來禪)의 범위가 된다.

그렇다면 여래선과 능가선은 어떤 차이가 있고 또한 어떤 관계가 있는가?

첫째, 몇 가지의 분류에 의하면 양자의 외연(外延)은 서로 다르다. 여래선은 능가선의 한 줄기이므로 능가선과 밀접한 관계가 있지만, 완전히 일치하는 것은 아니다. 『능가경』으로 상전하는 능가사의 성분은 상당히 복잡함을 앞에서 언급하였다. 우선, 달마 이래의 전수(傳授) 관계에서 살펴보면, 달마선사 후에 혜가(慧可)와 도육(道育) 등이 있었고, 혜가선사 뒤에 따르는 무리가 날로 늘었다. 이들은 직접 그 도심(道心)을 받은 사람, 혜가선사를 멀리 이은 사람, 또한 혜가를 잇지 않고 스스로 『섭론(攝論)』에 의지하여 '능가'를 천명한 사람이다. 다음으로, 『능가경』에 대한 태도에서 살펴보면, 많은 능가사들은 입으로 현리를 설하고, 문자로 기록을 남기지 않는 사람과 『능가』에 초(抄)와 소(疏)를 달은 이들로 나눌 수 있다. 또한 유명한 능가사들의 뒤에, 또 다시 여러 전승의 순서가 있다. 끝으로, 『속고승전』의 관련있는 기록에서 살펴보면, 당대(唐代) 도선(道宣)의 시기에 이르러서도 능가선사(楞伽禪師)의 활동은 여전히 활발하였다. 이러한 능가사 중에는 능가경사(楞伽

經師)가 포함되어 있으므로, 능가선사는 단지 능가사의 일부분이 되지만 능가사의 주류이다. 동시에, 여래선은 달마에서 신수에 이르는 선을 가리키는 것이기 때문에, 여래선은 능가선과 같은 것이 아니라, 능가선 중의 한 줄기일 뿐이다. 당연히 이것은 가장 중요한 줄기이다. 왜냐하면 이 줄기는 이후에 크게 발전하였으며, 더욱이 점점 선종으로 발전하였기 때문이다. 주의할 필요가 있는 것은, 도신(道信)이 『금강경(金剛經)』을 선문에 도입하기 시작한 이후부터, 『능가경』 이외에 『금강경』도 여래선 중에서 그 지위가 중요해지기 시작했다는 것이다. 그래서 능가선은 『능가경』에 의지하는 선이라고 말하는 것이며, 여래선과 초기의 능가선도 점점 차별을 나타내기 시작하였다. 이렇기 때문에, 신수북종 등을 능가사라고 부르는 것이 합당하지 않은 것이다.

둘째, 여래선과 능가선의 전법계보도 다르다. 선의 특징 중의 하나는 선자가 줄곧 사승(師承)을 비교적 중시한다는 것이며, 스승에게서 선을 배우는 것을 입도(入道)의 근본으로 삼는다. 이것은 객관적으로 선문이 비교적 계통적이고 질서있게 사승관계를 형성하도록 하였다. 다만 여래선은 보리달마를 제1대 조사로 여긴다. 그래서 여래선 중에 달마종(達摩宗) 혹은 능가종(楞伽宗)의 이름이 있는 것이다. 이 선계의 제6대 신수는 선종북종의 창시자이기 때문에 달마에서 신수에 이르는 전수(傳授)도 선종북종의 전법(傳法) 계보로 간주할 수 있다. 그리고 정각의 『능가사자기』에서는 오히려 구나발타라(求那跋陀羅)를 능가선의 1대로 하여, 달마(達摩)와 혜가(慧可)·승찬(僧璨)·도신(道信)·홍인(弘忍) 등을 순서대로 계승자로 배열하였다. 다시 홍인의 제자인 신수(神秀)·현색(玄賾)·노안(老安)의 3대사(三大師)는 제7대로 배열하였으며, 신수의 제자인 보적(普寂)·경현(敬賢)·의복(義福)과 혜복(惠福)의 4명은 능가사의 8대로 열거하였다. 그리고 사실상 홍인의 상수(上首) 제자인 법여(法如) 및 그 제자인 혜조(惠超) 등도 여전히 『능가경』을 마음의 거울[心鏡]이라고 생각하였다. 따라서 능가선계의 전수는 여래선보다 더 광범위하였으며, 사도상전(師徒相傳)도 한 세대 한 사람에 국한되지 않았다. 엄격하게 말해서 "능가사(楞伽師)의 전승은 혜가 이후 분명하지 않다."67)고 볼 수 있다. 능가선과 여래선의 전법계보는 실질적으로 모두 이후의 선종 사람들이 창종(創宗)의 필요성에 의해서 확립한 것이다. 이러한 전법계보를 위해서 제1조가 어떤 사람인가 하는 쟁론이 있었던 것이다. 예를 들면, 선종의 전적인 『역대법보기』는 달마를 제2조로 세우는 것에 반박하였다. 즉, 구나발타라는 "역경삼장이며, 소승학인일 뿐이고, 선사(禪師)는 아니어서 4권 『능가경』을 번역하였으나 경을 달마조사에게 전수하지 않았다. 달마조사는 28대가 되며, 승가라차(僧迦羅叉)의 뒤를 이었다. 뒤에 혜가대사가 숭산 소림사에서 달마조사를 친견하고 법을 물었다. 위로부터 이어서 상전(相傳)하여 부촉하였는데, 곧 문자의 기록이 있어 분명하다."68)라고 여겼다.

셋째, 여래선과 능가선의 경론에 대한 태도가 완전히 같지 않다. 여래선은 달마의 자교오종에서 불립문자와 교외별전으로 향하였다. 능가선은 언어문자로 불교의 진리를 표현하기에는 충분하지 않다고 여겼다. 따라서 "오직 혜를 생각할 뿐, 언설에 있지 않다."69)고 주장하였으며 이것으로 가르침을 삼았다. 그들 선법의 종지는 "망언망념(忘言忘念)과 무득정관(無得正觀)"이며, 종지를 깨달아 얻음[領宗得意]을 중시하고 문자에 얽매이지 않는 것이다. 여래선은 이러한 전통을 계승하였다. 그러나 여래선은 또한 자교오종(藉敎悟宗)에 나타나는 종(宗)을 높

---

67) 『중국불학원류략강(中國佛學源流略講)』, 여징(呂澂), 205쪽.
68) 自是譯經三藏, 小乘學人, 不是禪師, 譯出四卷楞伽經, 非開受楞伽經與達摩祖師. 達摩祖師自二十八代首尾相傳, 承僧迦羅叉, 後惠可大師親於嵩山少林寺, 問達摩祖師, 承上相傳付囑, 自有文記分明.
69) 專唯念慧, 不在話言.

이는 경향에서 한층 더 발전하여, 선종의 교외별전의 불립문자를 위한 도로를 개척하였다. 예를 들면, 혜가는 여전히 "현적(玄籍)을 널리 열람하고, 아직 마음에 치중하지 않았다."70)라고 하였으나, 홍인에 이르렀을 때, 다시는 경교를 빌려 오종(悟宗)에 도달함을 요구하지 않았고, 마음이 12부경의 으뜸이라고 강조하였으며, 심성에 바로 계합하는[直契心性] 선종 특색을 나타내었다. 홍인은 부처의 언설교법은 모두 중생이 수본진심(守本眞心)하게 하는 방편법문이며, "수많은 경론이라도, 수본진심의 요지를 벗어나지 않는다."71)라고 생각하였다. 그러므로 중생은 교법에 의지할 필요가 없으며, 단지 일심(一心)만 지키면 성불할 수 있다고 여겼다.72) 경교는 기껏해야 수심(守心)의 필요성을 인증(印證)하는 방편일 뿐이고, 오종(悟宗)의 필요조건이 아니다. 홍인의 자심(自心)에 대한 강조와 경교(經敎)에 대한 견해는 선종의 교외별전과 마음으로 종지를 정하는 기조(基調)를 확립하였다. 이는 이후 선종 역대조사의 이심전심(以心傳心)을 여는 전주곡이 되었다.

넷째, 여래선과 능가선의 경계도 완전히 일치하지 않는다. 『능가경』의 심성론은 청정한 본심으로 돌아가는 것을 중시한다. 이는 마음이 집착하지 않고 우주실상과 심오하게 일치하는 여도명부(與道冥符)를 선수행의 최고 경지로 삼는다. 그러나 본정(本淨)의 진성(眞性)과 진여실상(眞如實相)이 상부(相符)하도록 요구하는 것은 전통적인 심주일경(心注一境)의 선법을 완전히 벗어난 것이 아니다. 그 관(觀)하는 경계와 들어가는 경계는 실제로 여전히 마음 밖에 있다는 것이다. 여래선은 마음을 둘러싸고 전개되는데, 달마가 안심(安心)을 창도한 이후에 마음과 관계되는 각종 선법들이 끊임없이 나타났다. 관심(觀心), 증심

---

70) 玄籍遏覽, 未始經心.
71) 千經萬論, 莫過守本眞心是要也.
72) 『최상승론(最上乘論)』

(證心), 간심(看心), 섭심(攝心), 수심(守心), 무심(無心) 등은 달마계 여래선이 오종(悟宗)에서 오심(悟心)으로 전변(轉變)하였음을 나타내는 것이다. 또한 그 경계도 점점 밖에서 안으로 변화하였고, 여도명부(與道冥符)는 결국 명심견성(明心見性)으로 대체되었다. 예를 들면, 혜가의 "마음이 부처이고, 마음이 법(法)이다."[73]는 것은 자각본심(自覺本心)을 최고의 경계로 여기기 시작한 것이다. 도신도 "백천의 법문이라도, 모두 마음으로 돌아가고, 항하사와 같은 묘덕도 모두 심원(心源)에 있다. 일체의 계정혜(戒定慧)의 법문은 신통변화를 갖추고 있으나, 너의 마음을 벗어나지 않는다."[74]라는 견해를 제기하였다. 홍인에 이르러 다시, "이 심원을 요달하면, 모든 마음이 저절로 드러난다."[75]는 것을 제기하였으며, 본래의 진심을 지키면[守本眞心] "저절로 부처와 평등하여 둘이 아니다."[76]라고 생각하였다. 혜능남종은 이런 순서대로 발전하여 마음과 경계가 다하는[心境泯然] 무념(無念)의 선법을 제기하였다. 달마의 여도명부(與道冥符)와 혜가의 신불불이(身佛不二)에서 홍인의 심원(心源)을 요달함과 신수의 관심(觀心) 및 더 나아가 혜능의 무념(無念)에 이르기까지, 이것은 여래선이 능가선에서 한층 발전한 것으로 간주할 수 있다. 또한 여래선 그 자체의 전개 가운데 식심견성(識心見性)하는 혜능 조사선의 문을 열었다고 말할 수 있다. 즉, 자심(自心)이 본래 청정(淸淨)하다는 것에서 자성(自性)을 관오(觀悟)의 대상으로 여기는 것에 이르기까지, 다시 자성반야(自性般若)와 무념본각(無念本覺) 및 중생과 부처가 본래 둘이 아니라는 것에 이르기까지, 일상생활 중에서 인연에 따라 행하고[隨緣任運], 무심으로 닦아서[無心

---

73) 是心是佛, 是心是法.
74) 百千法門, 同歸方寸, 河沙妙德, 總在心源, 一切戒門定門慧門, 神通變化, 悉自具足, 不離汝心. 『경덕전등록(景德傳燈錄)』 4권.
75) 了此心源者一切心自現.
76) 自然與佛平等無二. 『최상승론(最上乘論)』

而修], 청정하고 원만한 자성(自性)이 저절로 나타나게 하는 것이다.

다섯째, 여래선과 능가선이 각자 추구하는 경지는 같지만, 양자의 수행방식은 다른 점이 있다. 능가선은 수연이행(隨緣而行)을 창도하는 동시에 여전히 좌선묵상(坐禪默想)을 중시하였다. 그러나 여래선은 오히려 좌선을 유지하면서 수연이행(隨緣而行)을 발전시켰다. 특히 승찬(僧璨)과 도신(道信)에 이르러 "참됨을 구할 필요가 없고, 오직 생각을 그쳐야 한다."77), "마음에 맡겨 자재하고, 관행하지 말라."78)는 등의 선학사상을 선행(禪行)의 실천상에서 실현하였다. 이는 일종의 무구무득(無求無得), 임심소요(任心逍遙)하는 노장자연(老莊自然)의 풍격을 갖춘 수행태도를 이루었다. 이것은 동산법문(東山法門) 이후, 선과 노동 및 선과 생활의 결합을 위한 기초를 견고히 하였다. 능가선이 자아의 고수고행(苦修苦行)에 편중할 때, 여래선은 많은 대중이 모여서 함께 수행하는 형식으로 점차 발전하였으며, 행선(行禪)을 특징으로 하는 교단과 종파를 형성하였다. 사료의 기록에 의하면, 능가선사는 대부분 사회의 중하층에서 활동을 하였으며, 정처없이 떠돌아다니면서 걸식하는 두타고행(頭陀苦行)을 수행하였다. 예를 들면, 나선사(那禪師)는 "오직 가사 한 벌을 입고, 발우 한 벌을 지녔으며, 일좌식(一坐食)을 항상 행하였다. 두타행을 깊이 행하였기 때문에, 그는 한 번 갔던 읍락은 다시 찾지 않았다."79)라고 하였다. 또한 혜만선사(慧滿禪師)도 "가사 한 벌을 입고 일좌식을 하였다. 바늘을 두 개 준비하고서, 겨울에는 얻은 옷으로 덧대어 입고, 여름에는 벗어 버려, 벌거숭이가 되었을 뿐이다. …… 거처에는 다시 머물지 않고, 절에 이르면 곧 나무를 쪼개어 신을 만들어 신고, 항상 걸식을 행하였다."80)라고 하였다. 법충(法冲)도 "일

---

77) 不用求眞, 唯須息念.『신심명(信心銘)』
78) 任心自在, 莫作觀行.『경덕전등록(景德傳燈錄)』4권.
79) 唯服一衣一鉢, 一坐一食, 以可常行, 兼奉頭陀, 故其所住, 不參邑落.『속고승전(續高僧傳)・혜가전(慧可傳)』

생 동안 도를 행함을 일로 삼았으며, 한 곳에 머물러 살지 않았다."81) 고 하였으며, 사람들은 그를 법계두타승(法界頭陀僧)이라고 불렀다. 능가선사가 비교적 안정적인 교단을 형성하지 못했던 원인 중의 하나는 바로 다음과 같다. 즉, "두타행은 모두 12가지의 계율이 있다. 그 중에 한 곳에 오래 머물 수 없다는 특별한 규정이 있다. 이는 버리고 떠나지 못함을 막기 위한 것이다. 그래서 그들은 일정한 거처가 없었다. 그들도 모두 상황에 따라 전수(傳授)하였지만, 그래도 일종의 교단을 이루지는 못하였다."82)는 것이다. 그리고 여래선도 처음에는 "행함에 흔적이 없고, 움직임에 기록이 없다."83)라고 하였지만, 도신에 이르러 이러한 상황은 크게 변하였다. 그는 "땅을 골라 거처를 정하였는데, 그 거처에는 현묘함이 있었다. 행적의 흔적이 있었고, 정방(旌榜)에 소식이 들렸다."84)고 하였다. 그는 쌍봉산(雙峰山)에서 계속해서 30년이나 살았으며, 산림에 의지하여 안거하며 법을 전하였다. 그는 또한 집단생활을 창도하였으며 경제적으로 자급자족하였고, 선을 가르치는 동시에 전계(傳戒)하였다. 따라서 그는 "선문을 다시 드날렸으며, 천하에 널리 유포하였다."85)고 하였다. 홍인은 이러한 전통을 계승하고, 한층 더 발전시켜 선수행을 생산노동, 일상생활과 하나로 엮었으며, 동산법문(東山法門)을 크게 열어 중국 선종수행의 기본방식과 풍격을 형성하였다.

---

80) 一衣一食, 但畜二針, 冬則乞補, 夏便通捨, 覆赤而已. …… 住無再宿, 到寺則破柴造履, 常行乞食. 앞의 책.
81) 一生游道爲務, 曾無栖泊.『속고승전(續高僧傳)·법충전(法沖傳)』
82)『중국불학원류략강(中國佛學源流略講)』, 여징(呂澂), 206쪽.
83) 行無轍迹, 動無彰記.『전법보기(傳法寶記)』
84) 擇地開居, 營宇玄像, 存沒有迹, 旌榜有聞. 앞의 책.
85) 再敞禪門, 宇內流布.『능가사자기(楞伽師資記)』

3. 여래선과 반야선(般若禪)

여래선은 비록 능가선 중의 한 줄기이지만 반야사상과도 줄곧 밀접한 관계를 가지고 있었다. 초기 달마의 자교오종(藉敎悟宗)에서 빌린 바의 교(藉敎)에는 『능가』의 심성설이 있고, 또한 『반야』의 이언소상(離言掃相)을 융입(融入)하였다. 여래선의 전개 중에서 혜가·승찬에서 도신·홍인 및 이후의 남능북수(南能北秀)에 이르기까지, 그들의 선법도 모두 능가와 반야의 사상을 동시에 갖추고 있으나, 단지 치중하는 부분이 서로 다를 뿐이다.

일종의 사상이나 선법이 광범위하게 전파되고 발전되었다면, 그것은 언제나 자체로 가지고 있는 풍부한 내용과 심오한 철리(哲理)와 관계있다. 또한 그것이 많은 사람들의 요구를 충분히 만족시켜 줄 수 있었던 것과 관계가 있다. 여래선이 계속해서 발전할 수 있었던 까닭은 그것이 능가선보다 더욱 풍부한 내함(內涵)과 사람을 매료시킬 수 있는 선법이 있었기 때문이다. 여래선의 중요한 특징 중의 하나는, 『능가경』에 의지하여 수심(修心)을 창도하는 동시에 반야사상으로 집착을 제거하고, 오종(五宗)을 강조한 것이다. 또한 각종 경교의 방편을 포용하여 선수행의 실천상에서 사람에 따라 다르고[因人而異]·인연에 따라 다르게 행하는[隨緣易行] 수행방법을 제창하고, 중국불교의 발전방향에 순응하였으며, 또한 중국사회와 수많은 신도들의 요구에 부응한 데 있다. 여래선이 선종으로 넘어갈 수 있었으며 비교적 크게 발전할 수 있었던 것은 결코 우연이 아니다.

여래선의 발전에서 보면, 혜가는 달마선법의 특징을 계승하였으므로 그의 선학사상 중에 『능가』의 성분이 비교적 많지만, 반야사상이 아주 없는 것은 아니다. 여래선은 능가와 반야의 유기적 결합 중에서 위풍당당한 선풍을 전개하였다.

혜가(487-593)에 관해서는 여러 다른 기록들이 전해지고 있으며, 어떤 것은 신비한 색채를 지니고 있는 것도 있다. 그는 낙양 무뢰(洛陽武牢; 지금의 낙양) 사람이며, 속성(俗姓)은 희(姬)이고, 어려서의 이름은 일광(日光)이다. 이 이름의 유래는 다음과 같다. 그의 부친이 아이를 얻지 못하자, "우리 집안은 선(善)을 행하였는데, 어찌 자식이 없는가?"라고 염원하였다. 기도하고 난 후 오랜 기간이 지난 어느 날, 홀연히 신비한 빛이 방안으로 비치는 것을 느꼈으며, 그 후 그의 어머니는 아이를 잉태하였다. 그래서 그의 부친은 신비한 빛이 방으로 들어와서 그를 잉태하였기 때문에, 그가 자란 후에 그에게 광(光)이란 이름을 지어주었다. 그는 어려서부터 기개가 출중하였고, 시서(詩書)를 두루 읽었으며, 현묘한 이치에 정통하고, 가산을 돌보지 않았다. 그는 후에 불경을 읽었으며, 초연히 스스로 깨달아, 낙양 용문향산(龍門香山)에 가서 보정선사(寶靜禪師)를 의지해서 출가하여 계를 받았으며, 대·소승의 의리(義理)를 두루 배웠다. 이후에 또 종일토록 연좌하기를 8년이나 하였다. 그는 정묵(靜默)하는 중에 한 신인을 보았는데, 신인이 그에게, "과(果)를 받고자 하면서, 어찌 바르지 않음에 머물러 있는가? 대도는 멀지 않으니, 너는 남쪽으로 가라!"86)라고 말하였다. 이것은 신인이 그에게 달마조사를 참배할 것을 암시하는 것이라고 한다. 그는 이로 인해서 신광(神光)으로 이름을 바꾸었다. 그 다음날 그는 머리가 바늘로 찌르는 것 같은 통증을 느꼈으며, 그의 사부가 그것을 치료하고자 하였다. 이때 공중에서 "이것은 뼈를 바꾸는 것이므로, 흔히 있는 통증이 아니다."87)라고 말하는 소리를 들었다. 그는 곧 자기가 전날 보았던

---

86) 將欲受果, 何滯此邪? 大道匪遠, 汝其南矣!
87) 此乃換骨, 非常痛也.

신인(神人)의 일을 사부에게 말하였다. 사부는 그의 두정골이 "마치 다섯 봉우리가 솟아 오른 것 같음"88)을 보고서, 그에게 "너의 상이 길하니, 마땅히 증득하는 바가 있을 것이다. 신인이 너에게 남쪽으로 가라고 하였으므로, 바로 소림사 달마대사가 너의 스승임에 틀림없다."89)라고 말하였다. 그래서 신광은 달마를 찾아가서 참알하였으며, 달마는 그의 이름을 혜가(慧可)라고 바꾸었다.

혜가가 달마를 만나게 되는 과정에 대해 선문 전적에 생동감 넘치는 묘사가 있다. 신광은 이수(伊水)와 낙수(洛水) 일대에 오래 거주하면서, 각종 서적을 많이 읽었으며, 심오한 도리를 즐겨 말하였다. 그러나 그는 늘 "공자와 노자의 가르침은 예절과 술수와 풍류와 법규뿐이며, 『장자』와 『주역』의 글들은 묘한 진리를 다하지 못하였다. 요사이 듣자하니, 달마대사가 소림(少林)에 머무르고 있는데, 찾아오는 사람도 만나지 않으며, 현묘한 경지를 이루었다고 한다."90)라고 탄식하며 말하였다. 당시 약 40세의 신광이 소림사에 있는 달마를 참배했을 때, 달마는 단좌하여 면벽하고 있었을 뿐, 그를 거들떠보지도 않았다. 그렇지만 스승을 구하려는 신광의 신념은 조금도 흔들리지 않았다. 그는 "옛날 사람들은 도를 구할 때, 뼈를 깎고 골수를 빼내며, 피를 뽑아 굶주린 자를 구제하고, 머리를 진땅에 펴며, 벼랑에서 몸을 던져 호랑이의 먹이가 되었다. 옛사람은 이와 같은데, 나는 지금 어떠한가?"91)라고 스스로 말하였다. 하늘에서 큰 눈이 내리는 어느 날 밤, 그는 여전히 꼼짝하지 않고 서 있었으며, 날이 밝았을 때 쌓인 눈이 그의 두 무릎을 넘었다. 이를 본 달마는 비로소 그를 가엾이 여겨, "너는 눈 위에 그렇게 오래도록 서서, 무엇을 구하려고 하느냐?"92)라고 물었다. 신광

---

88) 即如五峰秀出矣.
89) 汝相吉祥, 當有所證. 神令汝南者, 斯則少林達磨大士必汝之師也.
90) 孔老之敎, 禮術風規, 庄易之書, 未盡妙理, 近聞達磨大士住止少林, 至人不遙, 當造玄境.
91) 昔人求道, 敲骨取髓, 刺血濟飢, 布發掩泥, 投崖飼虎. 古尙若此, 我又何人?

은 눈물을 흘리며, "불도를 구하기를 원합니다."라고 대답하였다. 달마는, "제불의 무상묘도(無上妙道)를 얻으려면 부지런히 정진해야 하며, 행하기 어려운 일을 행하고 참기 어려운 일을 참아야 비로소 얻을 수 있다."라고 그에게 가르쳐 주었다. 이 말을 들은 신광은 구도를 향한 자기의 성의와 결심을 보여주기 위해서 날카로운 칼로 자기의 왼쪽 팔을 잘라 달마의 면전에 놓았다. 이것을 본 달마는 신광이 법기(法器)임을 알았으며, 그에게 "제불이 처음 도를 구할 때, 법을 위해서 자기의 몸을 잊었다. 네가 오늘 팔을 잘라 내 앞에 내놓으니, 도를 구하기 위해서 가히 할만한 일이다."93)라고 말하였다. 그래서 달마는 그를 받아들여 제자로 삼았으며, 그를 위해 혜가(慧可)라고 이름을 고쳐주었다. 이것은 선문 중에서 광범위하게 전해지고 있는 입설단비(立雪斷臂)의 고사이다. 혜가는 달마의 제자가 된 후, 달마에게 자기를 위해 심법(心法)을 전수해 줄 것을 청하였다. 혜가가 달마에게 "부처의 법인(法印)을 들을 수 있겠습니까?"라고 묻자, 달마는 "부처님의 법인은 다른 사람에게서 얻는 것이 아니다."라고 답하였다. 그래서 혜가는 또 "제 마음이 편치 않습니다. 스님께서 편하게 해주십시오."라고 하자, 달마는 그에게 "마음을 가져오너라, 그러면 편하게 해주겠다."라고 대답하였다. 혜가는 달마에게서 안심(安心)을 구하고자 하였으나, 달마는 오히려 그에게 편안하지 않은 마음을 가져오라고 하여서 그의 안심을 도왔다. 혜가는 오랜 시간이 흐른 후, 부득이하게 "아무리 마음을 찾으려고 해도 찾을 수가 없습니다."라고 말하였다. 이때 달마는 그에게 "내가 이미 너의 마음을 편하게 하였다."라고 말하였다. 이 대화는 비록 후대 사람들이 조작한 것일 수도 있지만, 그것이 나타내는 반야의 무소행(無所行)과 무소득(無所得)의 경향은 적어도 여래선 발전의 방향을 나

---

92) 汝久立雪中, 當求何事?
93) 諸佛最初求道, 爲法忘形, 汝今斷臂吾前, 求亦可在.

타내는 것이다.94)

혜가의 생애 사적과 관계되는 것 중에도 전설적인 내용이 아주 많다. 이는 후세의 선종사람들이 조작한 것 이외에도 혜가가 강설(講說)하지 않고 선자로서 묵묵히 수행한 것과도 관계가 있다. 그리고 당시 달마계 선이 넓게 퍼지지 못한 것도 도선이 『속고승전』에서 말한, "사람이 사는 속세를 멀리 등졌으며, 비문(碑文)의 기록도 드물었고, 가르침도 전하지 않았으니, 높은 덕은 누가 이었는가?"95)라는 상황을 조성하였다. 도선은 학풍이 매우 엄격한 불교사 전문가이다. 「혜가전」을 쓸 때 그는 이미 자료의 부족을 느꼈으며, 더욱이 이미 혜가에 관한 다른 전설을 들었다. 그래서 도선은 「혜가전」 중에 다음과 같이 기술하고 있다. 먼저, 혜가는 밖으로 분소(墳素)를 열람하고, 안으로 장전(藏典)을 통섭한 박식한 사람으로, 나이 40에 달마를 만났으며 한번 보자마자 그를 기꺼이 따르며 곧 사부로 받들었다. 그는 목숨을 다해 종지를 이었는데, 6년 동안 일승을 세밀히 연구하고, 이사(理事)를 함께 융섭(融攝)하였으며, 고락(苦樂)에 막힘이 없었다. 또한 알음알이는 방편이 아니고, 지혜는 성심(聖心)을 드러내었다. 달마가 입적한 후, 혜가도 모습을 감추었다. 그러나 도속(道俗)은 그의 명성을 사모하여 항상 와서 가르침을 청했다. 혜가가 그 요청에 따라 심요를 드러내자, 순식간에 천하에 널리 퍼졌다. 천도(遷都)함에 따라, 혜가는 업(鄴)에 이른 이후에 비원(秘苑)을 성대하게 열었지만, 글이 막힌 무리들의 시비가 분분하였다. 특히 당시에 도항(道恒)선사가 있었는데, 그를 따르는 문도(門徒)가 천을 헤아린다고 하였다. 그는 혜가의 설법을 미혹되게 하는 말〔魔語〕이라고 여겨 배척하였으며, 혜가를 아주 미워하고 비방하며 괴롭혔다. 이후에 도항은 관청에 뇌물을 주어, 부당하게 혜가를 죽이려고

---

94) 이상의 인용문은 모두 『오등회원(五燈會元)』 1권에서 참조함.
95) 人世非遠, 碑記罕聞, 微言不傳, 清德誰序.

하였으며, 사지(死地)로 몇 번이나 몰아 넣었다. 그래서 "혜가는 용모를 풀어헤치고 세속에 섞이어, 청정한 길을 걸으며, 잠깐 시가(詩歌)에 의탁하였다"96). 즉, 세속에 순응하며, 항상 정묘(精妙)한 선리(禪理)를 가요로 만들어 순조롭게 사회의 하층에 전파하였다. 노년에는 "업도(鄴都)를 떠났으며, 세월이 빠르게 흘렀다. 도는 결국 희미해졌으며, 입적할 때는 뛰어난 제자가 없었다."97)고 하였다. 즉, 혜가는 노년에 매우 어려운 상황에 처해 있었으며, 그 뒤를 계승한 빼어난 제자가 없음을 말하는 것이다. 아마도 이후에 도선(道宣)은 또 혜가에 관한 새로운 자료를 얻어서 「혜가전」의 내용을 보충하였을 것이다. 그는 기록에서, "처음에, 달마선사가 혜가에게 『능가경』 네 권을 주었다."98), "혜가는 오로지 현리를 따랐다."99)고 말하였다. 나선사(那禪師)는 혜가에게 도를 배웠으며, 혜만(慧滿)은 나선사에게 도를 배웠다. 도선은 또한 혜가가 이전에 도적을 만나서 팔이 잘린 내용을 특별히 언급하였다.

　　혜가는 도적을 만나 팔이 잘렸는데, 법력으로 마음을 제어하여, 통증을 느끼지 못하였다. 팔이 잘린 곳을 불로 지지고, 천으로 지혈하였다. 그는 예전처럼 걸식하였으며, 다른 사람에게 이 사실을 말하지 않았다. 그 뒤에 임(林)법사라는 사람도 도적을 만나 팔이 잘려서 밤새 통곡하였다. 혜가는 그 사람의 상처를 치료해주고, 걸식하여 먹였다. 임법사는 손으로 음식을 잡으려다 불편함을 느껴 화를 내었다. 혜가는 "음식이 앞에 있는데, 왜 공양하지 않는거요?"라고 말하였다. 임법사는 "내가 팔이 없는걸 모른단 말이요?"라고 하자, 혜가는 "나도 팔이 없는데, 어찌 화를 내는거요?"라고 하였다. 그렇게 된 까닭을 묻고서, 겨우 공이 있음을 알게 되었다. 이렇기 때문에 세상에서는 무비림(無臂林)이라고 하였다.100)

---

96) 乃縱容順俗, 時惠清猷, 乍託吟謠.
97) 流離鄴衛, 亟展寒溫, 道竟幽而且玄, 故末緒卒無榮嗣.
98) 初, 達摩禪師以四卷楞伽授可.
99) 可專附玄理.

이 생동적인 기록은 명확하게 혜가의 팔이 도적에 의해 잘렸으며, 입설단비(立雪斷臂)의 고사에서 말하는 것처럼 혜가가 스스로 왼팔을 자르지 않았음을 나타내는 것이다. 당시 혜가가 법을 전한 상황에 비추어 보면, 도선의 기록은 비교적 사실에 부합한다. 왜냐하면 수많은 사료는 모두 달마계의 선법이 혜가에 이르기까지 광범위하게 전파되지 않았으며, 더욱이 늘 기타선계의 배척과 박해를 받았음을 표명하기 때문이다. 『역대법보기』에, 혜가는 미친 척 하였고 산림 속에 은둔(隱遁)하여 살았다는 기록이 있다. 또한 『경덕전등록』 3권에도, 혜가는 말년에 "모습을 감추고 자취를 숨겼으며, 모습을 바꾸어서, 술집에 들기도 하고, 고기 시장을 지나기도 하며, 저자거리의 잡담을 익히기도 하고, 하층 사람들을 따르기도 하였다."101)라고 언급하였다. 이러한 것은 모두 혜가가 당시에 실제로 처했던 상황을 여러 면으로 반영하는 것이다.

위에서 언급한 여러 가지 상황 때문에, 혜가에 관한 선법사상 및 그 선행방법에 관해서 현재까지 남아 있는 자료가 매우 적다. 『능가사자기』에는, "만약 한 사람이라도 좌선을 통하지 않고서 부처를 이루려는 이가 있다면, 이것은 옳은 것이 아니다."102)라는 말을 언급하였다. 이는 혜가가 좌선을 중시하였다는 것인데, 이러한 내용은 혜가의 『답향거사서(答向居士書)』에도 기재되어 있다. 이 서신(書信)은 도선의 『속고승전』 중에도 상세하게 기록되어 있는데, 여기서 혜가의 달마선에 대한 계승과 발전을 엿볼 수 있다.

---

100) (慧可)遭賊斫臂, 以法御心, 不覺痛苦, 火燒斫處, 血斷帛裹, 乞食如故, 曾不告人. 後林又被賊斫其臂叫號通夕. 可爲治裹, 乞食供林. 林怪可手不便, 怒之. 可曰: 餠食在前, 何不自裹? 林曰: 我無臂也. 可不知耶? 可曰: 我亦無臂, 復何可怒? 因相委問, 方知有功, 故世云無臂林矣.
101) 韜光混迹, 變易儀相, 或入諸酒肆, 或過于屠門, 或習街談, 或隨厮役.
102) 若有一人不因坐禪而成佛者, 無有是處.

『속고승전・혜가전』에서 "향거사라는 사람이 있었는데, 깊은 산 속에서 나무열매를 먹으며 은거하였다. 천보(天保) 초에, 편지를 주고받으며 불법의 참뜻을 서로 배웠다."103)라고 하였다.

> 그림자는 형체로부터 생겨나고, 메아리는 소리를 좇아서 일어납니다. 그림자를 가지고 형체를 찾으려 하지만, 형체의 그림자임을 알지 못하고, 소리가 흩어지면 메아리도 그치니, 소리가 메아리의 근원임을 알지 못합니다. 번뇌를 제거하여 열반을 구한다는 것은 형체에서 그림자를 찾는 것과 같고, 중생을 떠나 부처를 구함은 소리 없는 가운데 메아리를 찾음과 같습니다. 그러므로 미(迷)와 오(悟)가 하나의 길이며, 어리석음과 지혜가 다르지 않습니다. 무명(無名)인데 이름을 지어주면, 그 이름 때문에 옳고 그름이 생기고, 이치가 없는데 이치를 지어주면, 그 이치 때문에 논쟁이 생깁니다. 환화(幻化)는 참이 아니니, 누가 옳고 누가 그르단 말입니까? 허망(虛妄)도 실재함이 없으니, 무엇이 공(空)이고 무엇이 유(有)입니까? 장차 알고자 하면 알 것이 없고, 잃고자 하면 잃을 것이 없습니다. 담론함에는 미치지 못하나, 간단히 이 뜻을 전하니 답장 바랍니다.104)

여기의 거사(居士)에 대한 생애 사적이 자세하지는 않지만, 그는 선 수행을 매우 좋아한 사람인 것 같다. 그의 '환화(幻化)는 참이 아니며', '허망(虛妄)도 실재함이 없고', '얻고자 하면 얻을 것이 없고, 잃고자 하면 잃을 것이 없다.'는 등의 견해에서 보면, 그는 분명히 반야삼론(般若三論)의 영향을 비교적 크게 받았다. 그가 제기한 "부처를 구함은 중생을 떠나지 않고, 열반과 번뇌는 상즉(相卽)하며, 오(悟)와 미(迷)는 하나의 길이고, 어리석음과 지혜는 다른 것이 아니다."105)는 등의 사상

---

103) 有向居士者, 幽遁林野木食, 於天保之初, 道味相師, 致書通好曰.
104) 影由形起, 響逐聲來. 弄影勞形, 不知形之是影; 揚聲止響, 不識聲是響根. 除煩惱而求涅槃者, 喩去形而覓影; 離衆生而求佛, 喩默聲而尋響. 故迷悟一途, 愚智非別. 無名作名, 因其名則是非生矣; 無理作理, 因其理則評論起矣. 幻化非眞, 誰是誰非? 虛妄無實, 何空何有? 將知得無所得, 失無所失. 未及造談, 聊申此意, 想爲答之.

은 달마선과 비교하면, 중생의 자성자도(自性自度)를 더욱 부각시켰으며, 혜가의 여래선사상과 근본적으로 일치하는 것이다. 이렇기 때문에, 그는 혜가의 인정을 받았다. 그러나 거사가 비유한, 형체와 그림자〔形影〕, 소리와 메아리〔聲響〕 중에서 그는 본말체용(本末體用)을 대립시켰으며, 본(本)을 중시하고 말(末)을 경시하는 경향을 가지고 있음을 살필 수 있다. 이러한 점에 있어서, 혜가는 다른 견해를 제기하였다. 혜가의 답장은 아래와 같다.

 이 진법(眞法)이 모두 여실(如實)하다고 하면, 참과 현리(玄理)는 결국 다르지 않고, 본래 어리석어서 마니(摩尼)를 기왓장으로 보았더라도, 활연자각(豁然自覺)하면 참다운 보배인 것이다. 무명(無明)과 지혜(知慧)는 다르지 않아, 만법(萬法)이 곧 모두 같음을 알아야 하므로, 이견(二見)의 무리를 근심하여, 붓을 들어 이 글을 지어 알린다. 이 몸과 부처가 차별 없음을 관할 것이지, 어찌 다시 다른 것을 찾겠는가?106)

혜가는 한층 더 나아가 본말체용(本末體用)이 같다는 관점에서 출발하여, 수행실천상의 자도자증(自度自證)과 자아해탈(自我解脫)을 강조하였다. 환화(幻化)는 참이 아니며, 허망(虛妄)도 실재함이 없고, 여실(如實)함은 이치가 깊으며, 만법(萬法)은 모두 둘이 아니고, 중생의 자성은 청정하며, 부처와 더불어 둘이 아니다. 따라서 활연자각(豁然自覺)하여 불성을 분명하게 보면 부처를 이룬다. 이것은 『능가사자기』 중에 기록되어 있는 혜가의 "중생이 마음을 분별하여 스스로 제도하고, 부처가 중생을 제도하지 않는다."107)는 취지와 일치한다.

---

105) 求佛不離衆生, 涅槃煩惱相卽, 迷悟一途, 愚智非別.
106) 說此眞法皆如實, 與眞幽理竟不殊. 本迷摩尼謂瓦礫, 豁然自覺是眞珠. 無明智慧等無異, 當知萬法卽皆如. 愍此二見之徒輩, 伸詞措筆作斯書, 觀身與佛不差別, 何須更覓彼無餘?
107) 衆生識心自度, 佛不度衆生.

위의 문답에 대해, 어떤 학자는 다음과 같이 말하였다. 즉, 이 문답의 이론적 의의는 반야성공(般若性空)의 이치를 모든 진여(眞如)에 편재시켰다는 것이다. 그렇게 일체 중생에 편재되어서, 일종의 본유(本有)하는 지혜로 나타났는데, 이른바 마니진주(摩尼眞珠)라는 불지(佛智)이다. 따라서 회의론적인 성질에 속하는 반야의 체계를 본체론 의의상의 여래장 체계로 바꾸었으며, 반야학은 불성론과 함께 아주 자연스럽게 결합되었다. 이렇게 해서, 달마선 중에서 모순되는 허종(虛宗)과 진성(眞性)의 설법을 서로 돕게 하였다.108) 달마선이 허종과 진성의 두 사상을 융합한 것은 바로 달마계 여래선의 중요한 특징이라고 본다. 이와 같은 이유로, 비록 달마선 중의 허종과 진성이 모순이 있다는 위의 견해에 동의하지 않을지라도, 여기서 혜가는 반야성공의 이치와 중생성불의 관계를 소통하였다고 본다. 즉, 반야학과 불성론을 아주 자연스럽게 결합시켰다는 견해는 매우 일리가 있다. 이것은 사실상 혜가가 달마선법을 진일보 발전시킨 것이다. 이러한 기초 위에 혜가는 "이 마음이 부처이고, 이 마음이 법이며, 법과 부처가 둘이 아니다. 승보(僧寶)도 이와 같다."109)는 설법을 제기하여, 불법승(佛法僧) 삼보(三寶)를 마음에 통일시켰다. 이렇게 해서 자성자도(自性自度)와 자심각오(自心覺悟)를 부각시켰다. 이러한 경향은 이후 여래선의 전개 중에서 한층 더 발전하였다. 이것은 수행의 방법을 간단하게 하고, 심성에 바로 계합하는[直契心性] 선풍을 형성하였다는 데 의의가 있다. 그리고 이것은 이후에 여래선이 번성하게 되는 중요한 원인이 되었다.

선문의 기록에 의하면, 혜가는 북제(北齊) 천보(天保) 3년(552)에 제자 승찬(僧璨)에게 법을 전하였다. 그는 업(鄴) 땅에서 34년 동안 법을 전한 후, 수문제(隋文帝) 개황(開皇) 10년(593)에 입적하였다. 수문제는

---

108) 『중국선종통사(中國禪宗通史)』, 두계문(杜繼文) 외, 48쪽.
109) 是心是佛, 是心是法, 法佛無二, 僧寶亦然. 『오등회원(五燈會元)』 3권.

그에게 정종보각대사(正宗普覺大師)라는 시호를 하사하였으며, 당덕종(唐德宗)도 대조선사(大祖禪師)라는 시호를 하사하였다.

그러나 도선은 『속고승전』에서 혜가의 득법(得法) 제자이며 선종의 제삼조인 승찬에 대해 언급하지 않았다. 이뿐만 아니라, 심지어 「혜가전」에서도 그에 관해서 한 자도 언급하지 않았다. 도선은 이후에 「법충전」을 쓰면서 능가선사에 관한 자료를 보충할 때, 단지 "가선사(可禪師) 이후에 찬선사(粲禪師)가 있다."110)와 같이 간단하게 몇 글자만 적었다. 또한 이 찬선사(粲禪師)를 혜선사(惠禪師)와 나선사(那禪師) 등과 같이 배열하였으며, 그에게 어떠한 지위도 부여하지 않았고, 그가 득법(得法)한 사실은 조금도 언급하지 않았다. 그래서 사람들은 줄곧 승찬(僧璨)이란 인물에 대해서 회의를 가지고 있었다. 다만, 도선은 「변의전(辯義傳)」에서 승찬선사에 대해 언급한 적이 있다. 그는 수(隋) 인수(仁壽) 4년(604)에 여주(廬州; 지금의 安徽 合肥)의 독산(獨山)에서 "향을 사르고 물을 구하였다."111)고 하였으며, 당시 "샘이 솟아올랐으며, 찬선사가 입적한 후, 샘은 오래도록 말랐다."112)라고 하였다. 또한 도선은 「도신전」에서, "두 승려가 있는데, 어디서 왔는지 모르지만, 서주(舒州; 지금의 安徽 潛山)의 환공산(晥公山)에 들어가, 고요히 수선(修禪)하였다. 도신(道信)이 이를 듣고 찾아가, 곧 법을 받았으며, 그를 따라 배우기 10년이 지났다. 스승이 나부산(羅浮山)으로 갈 때, 따라오지 못하게 하였으며, 다만 머무르면 뒤에 반드시 큰 이익이 있을 것이라고 하였다."113)고 언급하였다. 여기에서 도신이 따라 수학하고 법을 전해 받은 두 승려 중의 한 명이 승찬인지의 여부는 분명히 말하고 있지

---

110) 可禪師後粲禪師.
111) 燒香求水.
112) 泉涌奔注, 至粲亡後, 泉涸積年.
113) 有二僧, 莫知何來. 入舒州晥公山靜修禪業. (道信)聞而往赴, 便蒙授法. 隨逐依學, 遂經十年. 師往羅浮, 不許相逐, 但於後住, 必大利益.

않다. 하지만, 독산과 환공산의 거리가 멀지 않기 때문에 승찬일 가능성은 충분하다고 볼 수 있다. 그리고 선종 사람들도 줄곧 그렇게 알고 있다.

예를 들면, 돈황본『전법보기(傳法寶紀)』(약 713년에 쓰여졌음)에 아래와 같은 기록이 있다.

> 석승찬(釋僧璨)은 어디 사람인지 모른다. 혜가선사를 섬겼으며, 원돈(圓頓)을 깨달아서, 이내 입실(入室)하였다. 후에 주(周) 무제(武帝)의 멸법을 만나, 산 속으로 피하여, 10여 년이 흘렀다. 개황(開皇; 581-600) 초에, 동학과 함께 선사(禪師)를 정하고, 환공산〔晥公山; 서주(舒州) 사공산(思空山)이라고도 함〕에 은거하였다. 이 산은 전에 맹수가 많아서, 매번 사람들에게 해를 끼쳤으나, 승찬이 온 이후, 맹수가 모두 산을 떠났다. 산의 서쪽 기슭에 보월선사(寶月禪師)가 오래도록 살고 있었는데, 당시에 모두 신승(神僧)이라고 칭하였다. 승찬선사가 와서 은거한다는 소식을 듣고, 급히 고개를 넘어서 상견하였다. …… 석도신(釋道信)은, …… 개황(開皇) 년간에, 환공산으로 가서 승찬선사에게 귀의하였다. …… 8, 9년이 지나서, 승찬선사는 나부산(羅浮山)으로 갔다.114)

약 720년 전후로 쓰여진『능가사자기』도 승찬(僧璨)을 혜가 다음에 배열하였으며, 더욱이 그가 선종의 4조 도신에게 법을 전한 일을 기록하였다.

> 수조(隋朝), 서주 사공산의 찬선사(粲禪師)는, 혜가선사의 뒤를 이었다. 그 찬선사의 속성과 태어난 곳은 알 수가 없다.『속고승전』에 따르면, 혜가선사 뒤에 찬선사가 있는데, 사공산에 은거하며, 숙연히 정좌하고, 문

---

114) 釋僧璨, 不知何處人. 事可禪師, 機悟圓頓, 乃爲入室. 後遭周武破法, 流遁山谷, 經十餘年. 至開皇初, 與同學定禪師, 隱居晥公山(在舒州, 一名思空山). 此山先多猛獸, 每損居人. 自璨之來, 并多出境. 山西麓有寶月禪師, 居之已久, 時謂神僧. 聞璨至止, 遽越岩嶺相見. …… 釋道信, …… 開皇中, 往晥山歸璨禪師. …… 經八, 九年, 璨往羅浮.

자로 기록하지 않았으며, 숨어서 법을 전하지 않았다. 오직 도신이라는 승려가 있어서, 찬선사를 12년 동안 섬겼으며, 스승의 법을 배워, 모두 성취하였다. 찬선사는 도신이 불성을 분명하게 보았다고 인가하였다. 도신에게 "『법화경』에, '이 한 가지 일〔一事〕은, 참으로 둘이 아니고, 또한 셋도 아니다.'라고 하였다. 따라서 성도(聖道)가 아득히 통하나, 말로는 미치지 못함을 알아야 한다. 법신은 공적하므로, 보고 들어서 미칠 수 없다. 곧 언어문자는 공연히 시설하는 것이다."라고 말하였다. 대사가 "다른 사람은 모두 앉아서 입적함을 귀하게 여겨서, 기이하다고 찬탄하지만, 나는 지금 서서 입적하니, 생사가 자유롭다."고 하였다. 말을 마치자, 곧 손으로 나무 가지를 잡고, 엄연히 숨을 거두어, 얼공산(嶬公山)에서 입적하였다.115)

이후의 『역대법보기』와 『경덕전등록』 등에 더 많은 기록이 있다. 예를 들면, 『역대법보기』에서 승찬이 혜가의 전법(傳法)을 얻은 후, 그도 혜가처럼 "저자거리에서 미친 척 하였으며, 그 뒤 서주(舒州) 사공산(司空山)에 은둔하였다. 주무제(周武帝)가 법난(法難)을 일으키자, 얼공산(嶬公山)에서 십여 년 은둔하였다."116) 뒤에 그는 다시 "나부산(羅浮山)으로 가서 3년간 은둔하였다."117)고 한다. 『경덕전등록』에는 더욱 상세하게 기록하고 있다. 즉, 혜가는 승찬을 위해 머리를 깎아 주고, 이름을 지어 주었으며, 수계(授戒)하였고, 더욱이 달마심법과 신의(信衣)를 은밀하게 전한 상황을 상세히 묘사하였다. 여기에 이어서, "승찬대사는 …… 승려가 되어 법을 전해 받았으며, 서주(舒州)의 환공산(皖

---

115) 隋朝舒州思空山粲禪師, 承可禪師後. 其粲禪師, 罔知姓位, 不測所生. 按續高僧傳曰: 可後粲禪師, 隱思空山, 蕭然淨坐, 不出文記, 秘不傳說法. 唯僧道信, 奉事粲十二年, 寫器傳燈, 一一成就. 粲印道信了了見佛性處, 語信曰: 法華經云: 唯此一事, 實無二, 亦無三. 故知聖道幽通, 言詮之所不逮. 法身空寂, 見聞之所不及. 即文字語言, 徒勞施設也. 大師云: 余人皆貴坐終, 嘆為奇異. 余今立化, 生死自由. 言訖, 遂以手攀樹枝, 奄然氣盡, 終于嶬公山.
116) 亦佯狂市肆, 後隱舒州司空山, 遭周武帝滅佛法, 隱嶬公山十餘年.
117) 往羅浮山隱三年.

公山)에 은둔하였다. 주무제가 법난을 일으키자, 대사는 태호현(太湖縣)의 사공산으로 갔다. 일정한 거처가 없이, 10여 년을 지냈으므로, 사람들은 알 수가 없었다. 수(隋) 개황(開皇) 20년(壬子年; 592)에 이르러, 14살의 도신(道信)이라는 사미가, 스승에게 와서 예를 올렸다. …… 9년간이나 스승을 시봉하였다. …… 스승은 여러 차례 은밀하게 그를 시험하였으며, 그 인연이 무르익었음을 알고, 옷과 법을 그에게 전해주었다."118) 수양제(隋煬帝) 대업(大業) 2년(606)에, 승찬은 사부대중에게 심요(心要)를 베풀기 위한 법회에서, 큰 나무 아래에 합장한 채로 서서 입적하였으며, 당현종(唐玄宗)은 감지선사(鑒智禪師)라는 시호를 내렸다. 이것은 이후 선종의 보편적인 견해이다.

　이상의 서로 다른 각종 기록은 비록 전설적인 성분이 적지 않지만, 참고할 만한 것 또한 적지 않다. 예를 들면, 승찬은 저자거리에서 미친 척 하였으며, 산중에 은둔하였다는 등의 기록은 달마계 여래선이 당시 북방 기타선계의 배척과 북 주무제(周武帝)의 멸불(滅佛) 등의 영향을 받아서 아직 크게 발전하지 못한 상황을 반영한 것이다. 이렇기 때문에, 선문의 각종 기록을 단순히 전면적으로 부정해서는 안 된다.

　직접적으로 참고할 만한 사료의 부족으로, 사람들은 승찬에 대해서 늘 다른 견해를 가지고 있는 것이 사실이다. 그렇지만, 도선 기록 이후 승찬은 줄곧 혜가의 득법제자로 간주되었으며, 선종도 모두 그를 3대 조사로 신봉하였다. 그의 사적과 언론(言論)에 관계된 것은 선문 중에서 계속 유전되었으며, 더욱이 큰 영향을 미쳤다는 것은 논쟁의 여지가 없는 사실이다. 그래서 승찬과 관계되는 자료에 근거하여, 승찬의 선학사상의 특색 및 그가 여래선의 발전에 미친 영향을 알아보고자 한

---

118) 僧璨 …… 既受度傳法, 隱于舒州之睆公山. 屬後周武帝破滅佛法, 師往來太湖縣司空山, 居無常處, 積十餘載, 時人無能知者. 至隋開皇十二年壬子歲, 有沙彌道信, 年始十四, 來禮師. …… 服勞九載. …… 師屢試以玄微, 知其緣熟, 乃付衣法.

다.

　『능가사자기』에서, 승찬은 "숙연히 정좌하고, 문자로 기록하지 않았으며, 숨어서 법을 전하지 않았다."119), 또한 그는 "성도(聖道)가 아득히 통하나, 말로는 미치지 못하는 것이다. 법신은 공적하므로, 보고 들어서 미칠 수 없다. 곧 언어문자는 공연히 시설하는 것이다."120)라고 여겼다. 이러한 점에서 살펴보면, 승찬은 여래선의 강설(講說)보다 수행을 중시하는 사상을 계승하였다. 또한 사상적으로 반야무소득(般若無所得)으로 한층 더 접근한 경향이 있다. 이러한 경향은 승찬이 지었다고 하는『신심명(信心銘)』중에 잘 나타난다.

　『신심명』의 전문은『경덕전등록』30권에 수록되어 있다. 그것을 승찬이 저작하였는지의 여부는 견해가 일치하지 않는다. 그러나 내용상에서 보면, 달마·혜가 이후 강조한 "중생과 부처는 둘이 아니다"는 사상과 일치하기 때문에, 이것은 여래선 초기의 작품이라고 볼 수 있다. 수행관에서 살펴보면,『신심명』은 취하지도 버리지도 않고〔不取不捨〕, 말을 끊고 생각을 잊음〔絶言忘慮〕을 더욱 더 강조하였다. 이러한 기초 위에, 달마가 요구하는 수연이행(隨緣而行)을 발전시켰고, 일종의 방지자연(放之自然), 임성소요(任性逍遙)의 수행생활을 제창하였다. 또한 불교의 만법일여(萬法一如)와 즉심즉불(卽心卽佛)과 노장현학의 인생철학을 교묘하게 결합하여, 여래선이 중국인의 요구에 잘 부응할 수 있게 하였다.

　『신심명』의 중요한 특징 중의 하나는『능가경』의 자성청정(自性淸淨)한 여래장(如來藏)에 근거하여, 중생본심이 본래 갖추어져 있음을 강조한 것이다. 이와 동시에, 반야삼론(般若三論)의 심경양공(心境兩空)과 파사현정(破邪顯正)의 사상과 방법을 도입해서 불수언교(不隨言敎)

---

119) 蕭然淨坐, 不出文記, 秘不傳說法.
120) 聖道幽通, 言詮之所不逮. 法身空寂, 見聞之所不及. 卽文字語言. 徒勞施設也.

와 무소집착(無所執著)을 강조하였다. 이는 달마 여래선계 중의 무자무타(無自無他)와 칭법이행(稱法而行)을 식망현진(息妄顯眞)과 무구무증(無求無證)으로 한층 더 발전시킨 것이다.『신심명』에서의 청정한 마음은 진여법계(眞如法界)와 본래 둘이 아니고, 여여(如如)하며 큰 허공처럼 원만한 것이다. "만약 앞에 나타내고자 한다면, 순역(順逆)을 두지 말라."121)는 것을 제기하였으며, 만약에 그것에 대해서 분별하는 바가 있거나 혹은 사랑하고 미워하는 마음이 생기면, "터럭만큼의 차이라도, 하늘과 땅처럼 벌어져서"122), 그것을 얻지 못할 뿐만 아니라, 도리어 그것을 멀리 떠날 수 있으며, 그것을 잃어버릴 수 있다. 이렇기 때문에,『신심명』은, "만약 옳고 그름이 있게 되면, 분연히 마음을 잃게 되므로"123), "얻고 잃음과 옳고 그름을, 일시에 놓아버릴 것"124)을 제기하였다. 또한 심경(心境)은 원래 모두 공(空)이고, 만법은 본래 일여(一如)하며, 시비(是非)와 득실(得失) 및 염정(染淨) 등등은 모두 허망한 마음[妄心]에서 일어나는 것이다. 설령 마음을 일으켜 허망함을 없앤다고 할지라도, 이것 자체도 일종의 망심집착(妄心執著)이므로, 본각진심(本覺眞心)이 밖으로 드러나는 것을 방해할 수 있다고 생각하였다. 이것을 위해서『신심명』은 "참됨을 구하려고도 하지말고, 오직 분별하는 견해를 그쳐야 한다."125)는 중요한 사상을 제기하였으며, 수선(修禪)은 마땅히 추구하는 바가 없어야 하며, 단지 일체의 망념을 소멸시키기만 하면 진여불성은 자연히 나타날 수 있다고 생각하였다.『신심명』은 이러한 사상을 선행실천상에 적용하여, "그것을 놓아버리면, 저절로 본체의 가고 머묾이 없고, 성품에 따라 도에 합하면, 소요하여 번

---

121) 慾得現前, 莫存順逆.
122) 毫釐之差, 天地懸隔.
123) 才有是非, 紛然失心.
124) 得失是非, 一時放却.
125) 不用求眞, 唯須息見.

뇌를 끊는다."126)는 것을 제기하였다. 구함도 없고 얻음도 없으며, 생각함도 없고 행함도 없는 자연생활 중에서 자기의 본각진심(本覺眞心)을 증오하고 해탈을 실현할 것을 요구하였다.

『신심명』은 사상적으로 반야삼론의 현묘한 뜻이 농후하게 스며 있으며, 또한 노장현학의 자연주의 인생태도를 융합하였다. 『융흥편년통론(隆興編年通論)』 18권에 기록된 당대(唐代)의 독고급(獨孤及)이 쓴 「사익비(賜謚碑)」 중에도 승찬선법의 특색을 기록하고 있는데 다음과 같다. 즉, "그 가르침의 대략은, 가만히 비추는 신묘한 작용으로, 중생이 생사로 흘러 들어감을 섭하고, 사방 팔방에서, 법을 보지 않고, 몸을 보지 않으며, 마음을 보지 않음을 나타낸다. 이렇게 해서, 마음은 이름[名字]을 떠나고, 몸은 공계(空界)와 같아지며, 법은 몽환(夢幻)과 같아져서, 얻을 것도 증명할 것도 없는 상태에 도달한다. 그런 후에 해탈함에 이르는 것이다."127)라고 여겼다. 이것과 위에서 분석한 『신심명』의 사상특징은 기본적으로 일치한다.

혜가와 승찬의 선학사상과 선법의 특징 중에서, 달마 이후의 초기 여래선은 비록 『능가』의 심성론이 주가 되었지만, 줄곧 반야사상도 포함하고 있었다. 특히 승찬에 이르러 반야무소득(般若無所得)의 사상은 비교적 큰 비중을 차지하였고, 따라서 전통선법의 번잡한 형식을 제거하고 심성에 바로 계합하는[直契心性] 간단한 법문을 제창할 수 있었을 것이다. 동시에 반야(般若)로 집착을 타파하는 것도 달마의 자교오종(藉敎悟宗)을 영종득의(領宗得意)와 언상에 집착하지 않는 방향으로 한층 더 나아가게 하였다. 이것은 교를 빌리나[藉敎] 교에 집착하지 않는다는 기치 아래, 『능가』를 타파하고 다양한 경들을 널리 흡수하기

---

126) 放之自然, 體無去住, 任性合道, 逍遙絶惱.
127) 其教大略, 以寂照妙用攝群品流注生滅, 觀四維上下, 不見法, 不見身, 不見心, 乃至心離名字, 身等空界, 法同夢幻, 無證無得, 然後謂之解脫.

위한 방편의 문을 열었다. 또한 이는 불립문자(不立文字)의 출현을 위한 새로운 길을 개척한 것이다. 승찬(僧璨) 이후 여래선은 점점 반야삼론사상이 성행하는 남방지역으로 전파되었다. 승찬의 득법(得法) 제자이며 선종의 4조인 도신(道信)은 동산법문(東山法門)을 열어 이론상에서 반야와 능가의 회통을 더 깊이 논증하였다. 또한 그는『금강경』을 포함한 다량의 불교경론을 광범위하게 인용하였고, 사람에 맞게 가르치는 여러 가지 선법수단을 제창하여, 더욱 알맞게 수많은 선자들의 요구에 적응하였다. 이렇게 해서, 달마여래선계 발전의 새로운 단계를 열었다.

도신의 선법 중에서는 더욱 많은 반야사상이 등장하였다. 또한 도선(道宣)은『속고승전·도신전』중에서, 도신이『능가경』을 신봉한 내용을 언급하지 않았으며, 도신과 능가사의 전승관계도 언급하지 않았다. 반대로 오히려 도신이 길주(吉州)에 있을 때 도적에 의해서 70일 동안 포위되었으나, 반야를 염불하여 적을 물리친 일을 언급하였다. 이 때문에 어떤 사람은 도신이 능가선사가 아니라『반야』를 널리 알린 선사라고 생각하였다. 도신의 선학사상이 반야에 편중한다는 것은 사실이다. 이렇기 때문에 뒤의 강남 우두종(牛頭宗)의 반야선이 도신의 문하에서 파생하였다는 견해가 있게 되었다. 그러나 도신의 선학사상은『능가경』을 벗어나지 않았으며, 여전히『능가경』에 의지하여 안심선법(安心禪法)을 설하였다. 그의 제자 홍인도 이것으로 말미암아 수본진심(守本眞心)을 강조하였다. 도신·홍인의 동산법문이 중국선종을 처음으로 창립하였으며, 홍인 문하에서 남능북수(南能北秀)의 분화가 있었던 까닭은, 선학사상과 선법의 방편상에서 보면, 그들이 도신·홍인 여래선 중의 반야와 능가의 다른 경향을 드러낸 것과 밀접한 관계를 가지고 있다. 신수북종은 홍인의 수본진심론(守本眞心論)을 더욱 더 계승하고 부각시켰으며, 혜능남종은 우두종 반야선의 영향을 받았으며 반야무소득의 경향을 더 많이 가지고 있다. 따라서 신회(神會) 이후 남종은 『금강경(金剛經)』으로 심인(心印)을 전하는 데에 기초를 견고하게 하였다. 여기에 대해서는 다음의 두 장에서 자세히 서술할 것이다.

  한 마디로 말하면, 여래선의 전체 이론 기초는 시종 능가심성론과 반야실상설의 융합을 벗어나지 않고, 다만 여러 사람들마다 치중하는 것이 달랐을 뿐이다. 본질적으로 경전교의는 선자의 입장에서 보면, 일종의 방편법문이며 수단일 뿐이다. 그러나 승찬 이후 능가선이 반야선으로 다가간 것은, 중국선종 특히 혜능선종이 뒤에 일어나고 널리 발전할 수 있는 가능성을 제공하였다. 이것도 역사적인 사실이다.

제6장
여래선과 동산법문(東山法門)

동산법문(東山法門)은 여래선의 중요한 발전단계이다. 그것은 달마선에서 분화되어 발전하였으면서도, 달마계 선법과는 다른 수많은 새로운 특색과 면모를 보이고 있다. 일행삼매(一行三昧)는 동산법문 선법의 핵심이 되며, 여래선 최상승선법의 변화발전을 잘 구현하였다. 또한 중국선종의 창립과 분화에 지대한 영향을 미쳤다. 동산법문은 바로 여래선 발전의 극치이며, 동시에 여래선이 선종으로 넘어가는 과도기적 완성을 상징하는 것이다.

1. 여래선과 달마선(達摩禪)

불교는 중국에 유입되면서 바로 분화와 발전을 시작하였으며, 여러 방면에서 경쟁적인 추세를 형성하였다. 달마가 처음 중국에 와서 남천축일승종(南天竺一乘宗)의 선법을 전할 때 홀로 선법을 전하였듯이, 뒤에 형성된 여래선계도 당시 각종 선계 중의 하나였다. 기록에 의하면, 달마가 숭산과 낙양을 오가며 안심벽관(安心壁觀)의 법문을 전할 때, 북방에는 보리류지(菩提流支)·승조(僧稠)·승실(僧實)선계 등이 있었다. 따라서 그들과 달마 및 그 제자 사이에 필사적인 경쟁이 전개되었다고 한다. 그러나 이러한 상황 속에서 달마선은 온갖 어려움을 이겨내고 계속 전개되고 발전하였다. 달마의 선법을 발양시켜 한층 더 빛낸 동산법문을 지나서, 결국 한 송이의 수려한 꽃을 피웠으며 천년 동안 만개하였다. 달마선은 도대체 어떠한 법보(法寶)에 의지하여 승리할 수 있었는가? 또 어떻게 북방에서 남방으로 퍼져 전국에서 개화할 수 있었는가? 이것은 달마선 그 자체가 가지고 있는 독특한 특징과, 사회의 요구, 사회가 제공하는 여러 가지 조건 및 도신(道信)과 홍인(弘忍) 등의 노력과 모두 뗄 수 없는 관계를 가지고 있다.

앞에서 분석한 내용에 의하면, 달마가 전한 안심선법(安心禪法)은 이입사행(二入四行)으로 개괄할 수 있다. 그 이론과 행법은 모두 번잡한 것을 타파하고 간단하고 쉬운 것을 중시하는 특징을 가지고 있다. 또한 내재적인 마음의 깨달음을 중시하고, 언교(言敎)나 외재적인 형식을 중시하지 않는다. 달마는 축도생이 반야실상과 열반불성을 회통한 것을 계승한 이후, 다시 실상무상(實相無相)과 심성본정(心性本淨)을 결합하여 선법의 이론기초로 삼았다. 이러한 것은 중국불교 발전의 큰 흐름에 순응하는 것이었으며, 동시에 여래선의 전개 중에서 각종 경교(經敎)의 방편과 선법을 융합할 수 있는 가능성을 제공하였다. 혜가와 승찬은 바로 이러한 기초 위에서 중생과 부처가 둘이 아니라고 강조하였고, 임성소요(任性逍遙)하는 수행생활 중에서 자증자도(自證自度)하고 자아해탈(自我解脫)할 것을 제창하였다. 이는 동산법문의 출현을 위한 기초를 견고히 하였다. 그러면, 당시 달마선계 이외의 다른 선계의 상황은 어떠했는가?

달마가 북상하여 선을 전할 때, 북방불교는 이미 매우 흥성하여 선사(禪師)도 배출되었고, 또한 서로 다른 불교학파와 선법의 전수계통이 형성되었다. 달마선에 영향을 비교적 크게 미쳤던 선계는 보리류지·승조·승실선계 등인데, 그들은 모두 제왕의 지지 아래 아주 활발히 전개되었다. 달마계 여래선은 그들과 서로 비교되는 가운데 존재하였으며, 서로 경쟁하는 속에서 발전하였다.

보리류지(菩提流支)는 북인도 사람이며 위(魏) 수평(水平; 508-512) 초에 낙양에 와서 불경 번역 작업을 시작하였으며, 또한 황실의 예우

를 받았다. 이후 황제의 명령으로 새로 건립된 웅대하고 아름다운 영
령사(永寧寺)에서 살았다. 그는 늑나마제(勒那摩提)와 불타선다(佛陀扇
多) 등의 유명한 역경사(譯經師)들을 포함해서 약 700여 명이 참여한
역경(譯經) 단체를 조직하였다. 당연히 북방에서 이들의 영향력은 매우
컸다. 보리류지는 중국에서 약 30년 간 활동하면서 불경 13부 101권을
번역하였다. 그 중 달마선에 영향을 미친 것은 그가 중시하여 번역한
『입능가경(入楞伽經)』 10권과 늑나마제와 공역한 『십지경론(十地經論)』
등이다. 10권본의 『입능가경』과 구나발타라가 번역한 4권본의 『능가
경』은 여래장(如來藏)에 대한 해석이 약간 다르다. 이 중에 달마선이
중시한 것은 4권본 『능가경』인데, 이 경으로 심인(心印)을 전하였다.
『십지경론』을 둘러싸고 형성한 지론학파(地論學派)는 불성(佛性) 문제
에 대해 장기적인 논쟁을 벌였다. 보리류지의 학을 전한 상주북도(相
州北道)는 아뢰야식(阿賴耶識)에 의지하여 불성은 본유(本有)한다고 주
장하였다. 이것은 달마계의 주장과 일치하지 않는다. 그래서 달마계는
처음 보리류지계의 비방을 받았으며, 심지어 "보리류지와 광통율사는,
…… 해치려는 마음을 다투어 일으켜서, 여러 차례 음식에 독약을 넣
었다."[1]는 기록이 있다. 『경덕전등록』 3권에 다음과 같은 말이 있다.

> 위씨(魏氏)가 불교를 신봉하여, 승려가 산과 같이 많았는데, 광통율사
> 와 보리류지 삼장은 승려 중에서 으뜸이었다. 이들은 달마대사가 교화할
> 때, 상(相)을 배척하고 마음을 바로 가리킴을 보고, 매번 대사와 논의하
> 여, 시비가 분분하였다. 달마대사는 현풍(玄風)을 멀리 떨치고, 법우(法
> 雨)를 널리 베풀었다. 그들의 치우치고 좁은 견해로는, 대사를 당해내기
> 어려웠으므로, 해치려는 마음을 다투어 일으켜서, 여러 차례 음식에 독약
> 을 넣었다.[2]

---

1) 菩提流支三藏, 光統律師, …… 競起害心, 數加毒藥.
2) 時魏氏奉釋, 禪俊如林. 光統律師流支三藏者, 乃僧中之鸞鳳也. 睹(達摩)師演道, 斥相指

여기에 나오는 광통율사(光統律師)는 바로 늑나마제(勒那摩提)의 학을 전수한 혜광(慧光)이다. 그 계통은 이후에 지론학파의 상주남도(相州南道)라고 불려졌으며, 진여불성(眞如法性)을 근본으로 하여 불성이 본유(本有)함을 주장하였다. 주의할 필요가 있는 것은, 이러한 사상은 이후 달마선계에 대해, 특히 홍인의 수본진심론(守本眞心論)에 영향을 크게 미쳤다는 것이다. 이러한 점은 달마계 여래선이 자신의 특색을 유지하면서 끊임없이 각종 불교사상을 융합하여 보다 나은 적응성을 추구하였음을 반영하는 것이다. 이것도 여래선이 오랫동안 지속될 수 있었던 중요한 원인 중의 하나이다.

동시에 달마가 북방에서 선을 전파할 때, 여러 선승들의 배척을 받았다. 그들 중에 바로 불타계(佛陀係)와 승조계(僧稠係)가 있다. 불타(佛陀)는 발타(跋陀)라고도 부르며 천축인(天竺人)이다. 그는 달마가 숭산 소림사에 오기 전에 이미 소림사에서 선을 전하였다. 도선(道宣)의 『속고승전(續高僧傳)·불타전(佛陀傳)』의 소개에 의하면, 그는 "배움에 힘쓰고 자세히 통섭하였으며, 뜻을 관(觀)에 두었다. …… 성품은 혼자 있기를 좋아하여, 수풀과 골짜기에 의탁하였다."[3]라고 언급하였다. 그는 중국에 들어와서 먼저 위(魏)의 도읍 항안(恒安)에 이르렀다. 효문제(孝文帝)는 그를 존경하여, "따로 사원을 짓고, 돌을 뚫어 석굴을 만들었으며, 무리를 모아 정념(定念)하도록 하였다. 나라의 재정지원으로 사원의 살림이 풍족하였다. 그는 영험함을 많이 보였는데, 모두 기이하게 여겨 보통 인물이 아니라고 하였다."[4]라고 하였다. 불타(佛陀)는 황제의 예우를 받았을 뿐만 아니라, 또한 귀족들의 지지를 받았다. 당시 항안 성내의 은강(殷康)이라는 사람은 100만이나 되는 재물이

心, 每與師論議, 是非蜂起. 師遐振玄風, 普施法雨, 而偏局之量, 自不堪任. 競起害心, 數加毒藥.
3) 學務靜攝, 志在觀方. …… 性愛幽栖, 林谷是託.
4) 別設禪林, 鑿石爲龕, 結徒定念, 國家資供, 倍加餘部, 而徵應潛著, 皆異之非常人也.

있었는데, 그는 불타의 수선(修禪)을 위해 별원(別院)을 지어서 제공하였다. 이후 북위(北魏)가 도읍을 옮길 때, 불타도 함께 낙양으로 향하였다. 도읍을 옮긴 2년 후(太和 20년; 496)에 황실의 명령으로 소실산(少室山)에 오직 불타만을 위한 선사(禪寺)를 수조(修造)하였다. 이 절은 소실산의 산림 중에 있기 때문에 소림사라고 불리었다. 불타는 절이 완공된 이후, "이 소림정사는 각별하게 신령의 지킴이 있으므로, 한번 세워진 후, 끝까지 어려운 일이 없을 것이다."5)라고 공언하였으며, 소림사는 다른 곳과 달리 신비한 곳이라고 널리 선양하였다. 그래서 "각지의 사문들이, 명성을 듣고 모여든 자가 항상 수백이었다."6)라고 하였으며, 마침내 "모여든 사람들로 산을 가득 메웠으며, 절 안의 곳간이 넉넉하였다."7)라고 하였다. 소림사는 처음부터 황제의 적극적인 지지를 받았으며, 이후에 신도들의 적극적인 참여가 있었기 때문에 매우 빠르고 신속하게 발전하여 중국 북방의 유명한 선사(禪寺)가 되었다. 이것은 한 측면에서 봉건왕조의 종교에 대한 태도는 늘 종교의 전파와 발전에 직접적인 영향을 미칠 수 있다는 것을 말해준다. 호적(胡適)은 "보리달마의 소림사 면벽 고사는 바로 이후 사람들이 소림사 불타(佛陀)의 고사를 달마의 고사로 혼동한 것이다."8)라고 제기하였는데, 이것은 분명히 일리가 있다. 불타의 소림사 발전사의 영향에서 비추어 볼 때, 어떤 사람은 달마계의 선이 크게 발전한 후에 선문제가(禪門諸家)가 달마를 추앙하기 위해서, 그리고 소림사를 본종(本宗)의 시조로 하기 위해서 불타의 사적을 달마의 몸에 입혔다고 생각하였다. 이것이 사실인지 아닌지는 아직 더 연구가 진행되어야 알 수 있다. 그러나 이러한 것은 불타가 황실의 경제적인 도움을 받았고, 또한 그 자신이 신

---

5) 此少林精舍別有靈祇衛護, 一立已後, 終無事乏.
6) 四海息心之儔, 聞風響會者, 衆恒數百.
7) 造者彌山, 而僧廩豐溢.
8) 『보리달마고(菩提達摩考)』

통하고 기이한 것을 사용해서 교화하는 수단으로 삼기를 좋아하였음을 말해준다. 또한 이로 인해서 그는 명성을 얻었고 제자가 많아졌으며 사회에 영향을 크게 미쳤음을 설명해 준다.

불타의 수많은 제자 중에서 가장 유명한 이는 혜광(慧光)과 승조(僧稠)이다. 혜광은 바로 위에서 언급하였던 광통율사이다. 그는 이후에 늑나마제(勒那摩提)의 학문을 전승하였으며, 지론학파 남도(南道)의 지도자가 되어 달마선계를 배척하였다. 승조는 바로 불타선법을 전한 유명한 선사이며 그는 더욱 더 북조(北朝)에서 앞장서서 달마선계에 대항하였다.

만약에 불타를 소림사의 제1대 사주(寺主)라고 말한다면, 그 제자 승조가 바로 그의 뒤를 이은 제2대 사주라고 할 수 있다. 『속고승전·승조전(僧稠傳)』의 기록에 의하면, 승조(僧稠; 480-560)는 세속의 경전을 부지런히 배웠고, 경사에 통달하였다고 한다. 이후 그는 승식법사(僧寔法師)에게 출가하였고, 또한 도방선사(道房禪師)에게서 지관(止觀)을 받아 행하였다. 그는 "세간을 궁구하니, 온통 즐거움이란 없다."9), "마음으로 세밀히 힘들게 닦으며"10), "마음이 적연함에 머문다."11)고 하였다. 그는 세 차례나 위(魏) 효명제(孝明帝)의 초청을 거절하고 걸식하며 산에서 도를 행하였고, 힘겹게 선을 닦은 선자(禪者)였다. "항상 『열반경(涅槃經)·성행품(聖行品)』의 사념처법(四念處法)에 의지하여, 잠을 자든 깨어 있든 상념(想念)이 없는 상태에 이르렀다."12) 또한 조주(趙州) 장홍산(漳洪山) 도명선사(道明禪師)에게서 16특승법(十六特勝法)을 받아서, "오래도록 깊이 연구하였으며, 음식을 절제하여 마음을 몰아쳤다."13) 그는 스스로 깨달아 얻은 바가 있어, 곧 "소림사 조

---

9) 究略世間, 全無樂者.
10) 志力精苦.
11) 栖心寂然.
12) 常依涅槃聖行四念處法, 乃至眠夢覺見都無欲想.

사 불타삼장을 예방하여 자기가 증득한 바를 말하였다."14) 이를 들은 불타선사는 "총령(蔥嶺; 파미르고원) 동쪽에서, 선학이 가장 수승한 이는 바로 그대로다."15)라고 칭송하였으며, 곧바로 심요(深要)를 전수하였다. 이후 북제(北齊) 문선제(文宣帝)의 요청에 응해서 승조는 업도(鄴都)로 가서 중생들을 교화하였으며, "황제는 특별히 친히 큰 가마를 타고, 교외로 나가서 그를 맞이하였으며"16), "영접하여 안으로 들어오게 하여, 바른 이치를 논하였고"17), "삼계가 본래 공함을 설하였다."18) 아울러, "사념처법(四念處法)을 널리 설하였고"19), 황제는 바로 선도(禪道)를 받아들였다. 승조는 황제의 각별한 예우를 받은 선승으로, 조정의 공양을 30년 동안 받았다. 북위(北魏)의 효명제(孝明帝)와 효무제(孝武帝)는 모두 그를 존중하였다. 북제(北齊)의 문선왕(文宣帝)은 "돈과 비단과 침구를 보내, 수레가 산을 올라갔으며, 절 중의 창고에 두어서, 공양으로 항상 쓰도록 하였으며"20), 또한 절에 "공양하는 일이 많아서, 여러 산골짜기에 가득하였다."21) 그가 원적(圓寂)한 후 2년이 지나서, 제자 주청(奏請)이 탑을 세웠는데, "천 명의 승려가 재를 올리고, 증물(贈物)이 천 단이나 되었으며, 행적을 기려서, 후대에 가르침으로 삼도록 하였다. 황제는 칙령으로 우복사(右僕射) 위수(魏收)로 하여금 비문(碑文)을 짓도록 하였다."22) 화장하는 날에는, "사부대중이 온 산을 메웠으며, 사람이 수만을 헤아렸고, 향목은 천에 달했다. 해가 중천

---

13) 鑽仰積序, 節食鞭心.
14) 便詣少林寺祖師(佛陀)三藏呈己所證.
15) 自蔥嶺以東, 禪學之最, 汝其人矣.
16) 躬擧大駕, 出郊迎之.
17) 扶接入內, 爲論正理.
18) 因說三界本空.
19) 廣說四念處法.
20) 送錢絹被褥, 接軫登山, 令于寺中登庫貯之, 以供常費.
21) 供事繁委, 充諸山谷.
22) 詔建千僧齋, 贈物千段, 標樹芳迹, 示諸後代, 敕有僕射魏收爲制碑文.

에 떠오르는 정오까지, 분향은 계속되었고, 애통해 하지 않는 사람이 없었으며, 곡소리는 사방으로 울려 퍼졌다."23)고 하였다. 도선(道宣)이 그를 위한 전기를 쓸 때, 감탄하며 "고금에 비할 바가 없다. 부처의 가르침이 동으로 흘러와, 여기에서 성하였구나!"24)라고 언급한 것에서, 당시 승조의 사회적 영향을 알 수 있다.

이와 동시에 승실(僧實; 476-563)은 늑나마제의 선법을 전하였으며 승조와 함께 이름을 날렸다. 『속고승전·승실전』의 기록에 의하면, 그는 어려서부터 출가의 뜻을 가지고 있었으며, 26살이 되자 머리를 깎고, 위대(魏代)에 이름을 날리던 도원법사(道原法師)에게 귀의하였다. 위 효문제 태화(太和; 477-499) 말에 스승을 따라 낙양으로 가서 늑나마제 삼장을 만나 선법을 받았다. 그는 "세속의 일에 관심이 적었고, 물러남을 공으로 삼았다."25), '비록 삼학(三學)을 통람하였어도, 오직 구차(九次)로 마음을 새겼다.'고 하였다. 이것은 승실도 근면하게 선업을 행하는 사람이며, 그가 행하던 선법은 전통적인 구차제정(九次第定)이고, 그 목적은 바로 마음을 새기기[雕心] 위한 것임을 설명해 준다. 그도 신통한 일로 유명하여서, 황제의 존경과 신임을 받았다. 한 번은 그가 강남의 모 사당(寺堂)이 곧 붕괴할 것이라는 것을 알고서, 승려들에게 급히 향을 피우고 관세음(觀世音)을 외도록 하여 재난을 구하였다고 한다. 당시 양(梁)의 도읍에 승려와 속인 수백 명이 강당에 모여서 불법을 담론하고 있었다. 그들은 홀연히 "서북쪽에서 신비로운 향기와 아름다운 음악소리를 듣고서, 모두가 놀라 뛰쳐나와, 함께 그 소리를 들었다."26) 이 때, 강당이 갑자기 붕괴되었으나 사람들은 다치지 않았다. 양(梁) 왕은 상소를 듣고 갖가지 진귀한 보물을 많이 하사하였

---
23) 四部彌山, 人乘數萬, 香柴千計, 日正中時, 焚之以火, 莫不哀慟斷絶, 哭響流川.
24) 通古無倫. 佛化東流, 此焉盛矣!
25) 性少人事, 退迹爲功.
26) 聞西北異香及空中伎樂, 合堂驚出, 同共聞聽.

는데, 승실은 단지 3벌의 옷과 일상 도구만 가졌고, 나머지는 모두 돌려보냈다. 이로 인해서 승실의 이름이 남북에 떨쳐졌다. 승실은 위(魏) 효문제의 예우를 받았을 뿐만 아니라, 북주(北周)에서 더욱 더 존경과 총애를 받아 나라의 삼장(三藏)으로 대접받았다.

도선은 『속고승전·습선편론(習禪篇論)』에서 승조와 승실 두 사람에 대해 상당히 높이 평가하였는데, "승조는 홀로 하북(河北)에서 명망이 높았고, 승실은 관중(關中)에서 교화하여 존중받았으며"27), "오직 이 두 현자에게, 불법의 울타리를 정하고, 강령을 만들도록 하였다."28)라고 언급하였다. 그들의 기세 등등한 상황에 비해, 달마는 제왕의 지지와 보살핌을 받지 못했기 때문에 이름이 세상에 알려지지 않았다. 또한 단지 소수의 몇몇 제자만이 그를 따르고 있어 형세가 몹시 적막한 상황이었다. 이러한 이유는 통치자들과의 친소(親疎)의 차이 이외에, 그들의 선법상에서 다른 점이 있었기 때문이다. 도선은 「습선편론」에서 달마선과 승조선을 다음과 같이 비교하였다.

두 종(宗)을 살펴보면, 곧 두 바퀴 축을 타고 달리는 것이다. 승조는 염처를 품었으며, 청범(淸範)하여 존경할 만하다. 달마 허종은 현지가 그윽하고 깊다. 존경할 만하다는 것은 곧 상황이 쉽게 드러나는 것이고, 그 윽하고 깊다는 것은 곧 이성이 통하기 어렵다는 것이다.29)

도선의 눈으로 볼 때, 달마선은 반야공종(般若空宗)을 숭상하고 언상(言相)에 집착하지 않는 대승선법이었다. 그것은 허망한 집착을 버리고, 형식을 타파하는 것이며, 이치는 현묘하여 알기 어려운 것이었다.

---

27) 高齊河北, 獨盛僧稠; 周化關中, 尊登僧實.
28) 使中原定苑, 剖開綱領, 惟此二賢.
29) 觀彼二宗, 卽乘之二軌也. 稠懷念處, 淸範可崇; 摩法虛宗, 玄旨幽賾. 可崇則情事易顯, 幽賾則理性難通.

그는 승조처럼 사념처(四念處)30)를 추종하지 않았는데, 사념처가 강조하는 것은 마음을 한 곳에 집중시켜 잡념을 일으키지 않는 것으로, 이는 소승선법이다. 그것이 요구하는 것은 명확하며, 현상이 분명하고, 조작하고 흉내내기가 편하다. 반면, 달마의 안심(安心)선법은 간편하게 보이지만 실지로는 선수행자들에게 매우 높은 요구를 제기한다. 이는 불교에 대한 신앙을 견고히 하는 것 이외에, 불법에 대해서 아주 깊은 이해력이 있어야 한다. 그래야 비로소 사상의식의 수련을 통해서 진여불성에 바로 계합할 수 있으며, 인생의 지혜를 파악할 수 있다. 또한 일상생활 중에서 탐착(貪著)하지 않고 고통과 즐거움이 인연에 따를 수 있는 것이다. 불교의 설법에 따르면, 이러한 선법은 단지 상근기(上根器)의 사람만이 닦을 수 있다. 일반인의 입장에서는 현지(玄旨)가 아득하고 깊어서 이성적으로 이해할 수 없다. 이렇기 때문에, 황제로부터 정신적, 물질적 지지를 받았고, 또한 매우 구체적인 선법을 가지고 있었던 승조선계가 한동안 달마선보다 성행한 것을 이해할 수 있다. 이후에 도신과 홍인은 동산법문을 열었다. 그들은 달마선법의 특징을 가지고 있으면서 아울러 좌선관심(坐禪觀心) 등의 수많은 다른 선수행 방법과 행법을 받아들였다. 이렇게 해서, 여래선이 더욱 더 잘 적응할 수 있게 하였으며, 뒤에 위상을 드날릴 수 있도록 하였다.

그러나 달마선은 볼품없었던 사자상전(師資相傳)에서 사람들의 이목을 끄는 여래선계(如來禪係)로 발전하였다. 그 사이에 또한 우여곡절(迂餘曲折)의 과정을 겪었다. 당시 승조와 승실 등은 북조 통치자의 추종을 받는 관선(官禪)으로 민간에서 유행하던 달마선을 더욱 배척하였다. 사적(史籍) 중에 그러한 사실에 관한 기록이 많이 남아 있다. 예를 들면, 『속고승전·보리달마전』에, 달마가 위(魏)의 땅에 이르러서 머무

---

30) 사념처는 몸이 부정하다고 관하는 것, 받아들이는 느낌이 고(苦)임을 관하는 것, 마음이 무상함을 관하는 것, 법에는 아(我)가 없음을 관하는 것이다.

르는 곳마다 선교(禪敎)로 가르쳤으며, "여러 나라에 널리 가르침을 펴고 있을 때, 갑자기 정법(定法)함을 듣고, 여럿이 비방하였다."31)고 언급하였다. 실질적인 상황에서 보면, 당시 북방 정법(定法)은 이미 유행하였으며 조정의 지지를 받고 있었다. 따라서 '갑자기 정법(定法)함을 듣고, 여럿이 비방하였다.'고 한 것은 당연히 달마선을 겨냥한 것이다. 당시 도항선사(道恒禪師) 및 그 수가 천을 헤아리는 문도의 승려들은 혜가가 설한 선법을 미혹되게 하는 말(魔語)이라고 비난하였다. 더 나아가 관청에 뇌물을 주어 혜가를 해치려고 했던 것은 모두 이러한 것을 잘 설명해준다. 달마와 혜가가 독살 당하고, 혜가와 임법사(林法師)가 도적을 만나서 팔이 잘렸으며, 혜가와 승찬이 미친 척 하였고, 더욱이 이들 모두 산중에 은둔한 것 등의 기록은, 여러 면에서 구체적으로 달마계가 북방의 기타 선계의 배척을 받았고, 사회 하층에서 선을 전한 고난의 역정을 반영하는 것이다.

한 마디로 말하면, 달마선계는 위(魏)의 서적에 언급되지 않았고, 또한 관아에서 비이성적으로 시해하려 하였으며, 기타 선계의 비방과 배척을 받았다. 그리고 불타·승조선계와 승실선계 등은 모두 신통을 선양하였기 때문에, 상층 사람들의 원조를 받아서 관선(官禪)의 길을 걸었다. 반면에, 중국 하층 민간 사이에 전파된 달마선계는 결국 전통선법과 다른 특색을 띠고 왕성하게 일어났다. 나아가 다른 선계에 막대한 영향을 끼친 여래선 계통을 형성하였고, 결국 선학종파를 형성하였다. 그 이유는 위에서 언급하였던 것과 마찬가지로, 여래선이 그 발전 과정에서 모든 경전을 흡수하고 모든 선법을 융합하여 더욱 큰 적응성을 갖추게 된 것이다. 또한 이밖에도 당시 사회의 요구 및 시대조건과도 밀접한 관계를 가지고 있다.

---

31) 于時合國盛弘講授, 乍聞定法, 多生譏謗.

달마선이 도신에게 전해졌을 때, 역사는 이미 수당 통일시기로 접어 들었다. 수(隋)의 건국초기에 불교는 이미 크게 성행하였으며, 게다가 "종문(宗門)에 치우친 정문(定門)"32)을 형성하였으며, 선학이 더욱 성행할 수 있게 하였다. 수나라가 멸망하고 당이 흥기하면서 불교는 더욱 크게 발전하였다. 남북조 이후 혼란했던 사회는 대량의 유민과 많은 선승의 대열을 형성하였다. 그들은 "소승(小乘)도 배척하고 대승(大乘)도 버려서, 홀로 일가를 세웠으며"33), 교문(敎門) 제가(諸家)와 구별되었다. 또한 관방에 대해서는 회피하거나 협력하지 않는 태도를 취하여, 소위 말하는 관선(官禪)과 구별되었다. 그들은 생존을 위해 적당한 곳을 찾아서 거주하였으며, 땅을 일구고 생산 활동을 하였다. 이것은 선학이 선종으로 향하는 데 여러 면으로 기초를 제공하였다. 도신은 이 무렵에 태어났으며, 때마침 달마선법이 남으로 이동하는 때를 만나서, 북방의 수행을 중시〔重行〕하는 기풍과 남방의 현묘함을 담론〔談玄〕하는 기풍을 융합하는데 더욱 유리하였다. 도신은 달마선이 발전하는데 비교적 좋은 문화환경이 있는 지역에 도착하였다. 그는 기주(蘄州) 황매(黃梅; 지금의 湖北 황매현) 서북에 있는 쌍봉산(雙峰山)에 안거하여 제자를 받았다. 그는 달마선을 널리 전하였고, 동시에 자가의 문풍(門風)을 창립하였다. 그는 여러 차례 황실의 초청을 거절하였으며, "입산한 30여 년 동안, 각지에서 도를 배우려는 자가, 멀다고 오지 않음이 없었다."34), 결국 달마선이 정체단계에서 벗어나게 하였으며, 다른 선계를 뛰어넘어 여래선 발전의 새로운 단계를 개창하였다

---

32) 偏宗定門.『속고승전(續高僧傳)·습선편론(習禪篇論)』
33) 排小捨大, 獨建一家.
34) 自入山來三十余載, 諸州學道, 無遠不至.『속고승전(續高僧傳)·도신전(道信傳)』

2. 여래선과 일행삼매(一行三昧)

여래선의 발전 및 중국선종의 창립 과정에서 도신이 기여했던 작용과 처했던 지위는 매우 중시할 만하다. 그는 중국 선종의 실질적인 창시자라고 할 수 있다. 도신은 선종의 사상이론의 기초를 견고히 했을 뿐만 아니라, 조직형성과 선행생활의 방면에서 선종이 처음으로 종문의 특징을 갖추게 하였다. 달마에서 도신에 이르는 전승관계는 아직까지 최종적으로 확정된 자료가 하나도 없지만, 도신 이후의 선종의 전승관계는 아주 분명하다. 『능가사자기』에서 도신은 "선문을 열어, 온 세상에 널리 퍼뜨렸다."35)고 하였다. 『속고승전』에서도 역시 도신 문하에는 따르는 무리가 5백여 명이 있었다고 언급하였다. 이것은 모두 달마선이 발전하여 도신에게 이르렀을 때, 이미 상당한 규모를 형성하였음을 나타내는 것이다. 그 원인을 살펴보면, 달마선이 당시의 사회환경에 비교적 적합했던 것 이외에도, 도신이 모든 경교를 통섭하여 형성한 일행삼매(一行三昧)의 선학사상과, 모든 방편을 융합해서 형성한 독특한 선풍 및 전법(傳法)방식의 개혁 등과 매우 밀접한 관계가 있다.

도신(道信; 580-651)의 속성은 사마(司馬)이며 하내(河內; 지금의 河南 沁陽에 있는 도시) 사람이다. 그는 "태어나면서 범상하지 않았으며, 어려서부터 공종(空宗)의 여러 해탈문(解脫門)을 흠모하였으며, 마치 숙세에서 익힌 듯하였다."36) 그는 어려서 출가하였으며, 뒤에 서주(舒州) 환공산(皖公山)에 가서 승찬(僧璨)을 스승으로 모시고 선을 정수(靜修)하였으며, 법을 전해 받았다. 10년이 지나서 다시 길주(吉州)와

---

35) 再敞禪門, 宇內流布.
36) 生而超異, 幼慕空宗諸解脫門, 宛如宿習. 『오등회원(五燈會元)』1권.

강주(江州)37)로 갔으며 여산(廬山) 대림사(大林寺)에서 10년을 살았다. 대림사는 삼론사(三論師)인 법랑(法朗)의 문인 지개(智鍇)에 의해 창건되었으며, 지개는 천태지의(天台智顗)에게서 선법을 수행하였다. 도신은 대림사에서 몇 년 머물면서 삼론종(三論宗)과 천태종(天台宗) 등의 다방면의 영향을 받았다. 그의 사상은 점점 풍부해져 이후에 제가(諸家)를 융합하여 스스로 한 계파를 형성하는데 견고한 기초를 마련하였다. 이후 도신은 신주(蘄州) 도속(道俗)의 청을 받아들여 북으로 가서 황매(黃梅; 지금의 호북 황매현 서북)의 파두산(破頭山; 뒤에 쌍봉산으로 이름이 바뀜)에서 30여 년간 머물면서 달마선법을 널리 전하였다. 아울러 그는 일행삼매(一行三昧)가 핵심이 되는 독특한 선풍을 형성하였으며, 그 영향력은 나날이 커졌다. 당태종이 여러 차례 그를 초청하여 입궐하도록 하였으나, 도신은 그 때마다 나이가 많고 몸이 편치 않다는 핑계로 거절하였다. 이후 당태종은 다시 사신을 파견하여 칼을 들고 위협하여, 선사가 오지 않으면 그의 머리라도 베어 오라고 하였으나, 도신은 여전히 거절하였다고 한다. 영휘(永徽) 2년(651) 어느 날, 갑자기 문인들에게, "일체 제법(諸法)이 모두 다 해탈이다. 너희들은 각자 호념(護念)하여, 장래에 교화하도록 하라."38)고 말하였다. 말이 끝나자 그는 편안하게 앉아서 입적하였다. 당(唐) 대종(代宗)은 그에게 대의선사(大醫禪師)의 시호를 하사하였다. 선문의 통설에 의하면, 도신은 홍인(弘忍)에게 법을 전하였고, 그밖에 법융(法融)이 도신 문하에서 나와서 우두선종(牛頭禪宗)을 창립하였다고 한다.

도신은 호북(湖北) 황매(黃梅)에서 선을 열었다. 그는 비록 달마 이후 여래선이 회통한 공(空)과 유(有)의 사상적 특색을 계승하였지만, 동시에 남방불교의 영향을 깊이 받아서 반야(般若)로 중점이 옮겨갔다.

---

37) 모두 강서(江西)에 있음.
38) 一切諸法, 悉皆解脫. 汝等各自護念, 流化未來. 『오등회원(五燈會元)』 1권.

전하는 말에 의하면, 수(隋) 대업(大業) 13년(617)에 도신은 따르는 무리들을 대리고 길주(吉州)에 도착하였다. 그 때, 그들은 도적의 무리들이 성을 포위하여, 군중들은 70일이나 갇혀서 두려움으로 떨었다. 도신은 사태를 걱정하여 모두에게『마하반야경(摩訶般若經)』을 염불하도록 하였다. 이때 성을 감시하던 도적의 무리들에게는 마치 신병(神兵)이 있는 것처럼 보였으며, 성안에 틀림없이 신인이 있어 공격할 수 없다고 말하였다. 그래서 도적의 무리들은 조용히 철수하였다.39)『반야경』을 염불해서 도적을 물리친 이 이야기는 물론 신화지만, 이것도 한편으로 당시 사람들의『반야』에 대한 신봉 및 도신과『반야경』의 관계를 반영하는 것이다. 도신은『입도안심요방편법문(入道安心要方便法門)』에서 명확하게 말하였다.

나의 법요는『능가경』의 제불심제일(諸佛心第一)에 의지하고, 또한『문수설반야경』의 일행삼매(一行三昧)에 의지한다.40)

『능가사자기』역시 도신이『금강경』을 인용하여 설명한, 중생을 제도함이 공과 같다〔度衆生如空〕는 도리를 기록하였다. 총체적으로 보면, 도신의 선법은 여전히 4권본『능가경』에서 벗어나지 않지만, 그는 동시에『문수설반야경』에 의지하였다. 이렇게 해서, 그는 능가의 진성(眞性)의 뜻을 흐리게 하였으며, 진상(眞常)의 마음을 사람들의 현실적인 마음으로 바꾸었다.

도신이 의지한『문수설반야경』의 요지는 바로 일체법공(一切法空)을 선양하는 반야사상에 있다. 그는 여기에서 출발하여 불성(佛性)과 여래장(如來藏)을 설하였으며, 중생과 불성이 둘이 아님을 논술하였다. 진

---

39)『오등회원(五燈會元)』1권.
40) 我此法要, 依楞伽經諸佛心第一, 又依文殊說般若經一行三昧.

상불성론(眞常佛性論)과 달리, 『문수설반야경』은 중생과 부처가 둘이 아님을 설한다. 또한 이 경은 중생이 모두 불변하는 불성을 가지고 있어서 성불할 수 있다는 내용을 강조하지 않으며, 이를 성공실상(性空實相)의 각도에서 논증하였다. 그것은 부처와 중생을 포함한 내재적인 일체법을 모두 비유비무(非有非無)의 성공실상(性空實相)에 귀결시켜서, "부처와 범부의 두 법의 상(相)은 공(空)하다."41)고 여겼다. 바로 이러한 사상에 근거하여 경 중에서 일행삼매(一行三昧)의 염불법문을 제기하였다.

일행삼매(一行三昧)는 또 일상삼매(一相三昧)라고도 부른다. 그것은 선남선녀들이 반야공관(般若空觀)을 증득하는 방편법문으로 제기되었다. 그래서 경에서는 도를 도와주는 법[助道之法]이라고도 부른다. 일행(一行)은 바로 법계일상(法界一相)이며, 경에서는 일체법공(一切法空)의 불가사의(不可思議)하고 무언설상(無言說相)이라고 해석하였는데, 이는 바로 반야실상(般若實相)이다. 일행삼매는 바로 반야실상을 관상(觀想)의 대상으로 하며, 반야실상을 오직 일행의 상(相)으로 삼는 선정이다. 이러한 것과 『대승기신론』 중의 진여(眞如)를 법계일상으로 삼는 일행삼매와는 다른 것이다. 경에, "마음을 하나의 부처에 모아서, 오로지 그 명호(名號)를 부른다."42)는, 염불을 통하여 곧 이 삼매에 들어가서 불지(佛智)를 증득하고, 부처와 같아짐을 언급하였다. 도신은 바로 이러한 가이면서 공이고[卽假而空], 중생과 부처가 둘이 아니다[生佛不二]는 실상염불(實相念佛) 법문과 『능가경』의 제불심제일(諸佛心第一)을 결합하여, 자신의 안심(安心) 방편법문(方便法門)을 이루었다. 그는 마음을 하나의 부처에 모으는 것[系心一佛]과 생각을 자심에 모으는 것[系念自心]을 연계시켜서, 염불의 대상인 부처가 바로 이 마

---

41) 佛及夫二法相空.
42) 系心一佛, 專稱名字.

음이고, 염불하는 이 마음이 바로 부처임을 강조하였다. 즉, 염불의 주체와 염불의 대상은 모두 마음에서 벗어나지 않으므로 이 마음이 곧 부처라는 것이다. 이처럼, 도신을 대표로 하는 여래선은 해탈과 제도(濟度)의 주도권을 개개인의 수중에 놓아두었다. 생사윤회의 고통을 초월하고자 한다면 염불(念佛)하고, 인생의 번뇌에서 벗어나고자 한다면 염심(念心)해야 한다. 지금 당장 잘못을 뉘우치면 당장 부처가 될 수 있다. 해탈의 실현은 바로 사고의 전변 가운데 있는 것이다. 이것이 바로 도신의 안심(安心)이다. 마음이 편안함을 얻는, 이것이 바로 "여래진실법성의 몸이다. …… 일심 가운데 처하면, 모든 번뇌가 자연히 소멸된다."[43]고 하였다.

도신이 여기에서 말한 마음[心]은 능가의 여래장청정심의 뜻을 가지고 있으며, 또한 반야실상설을 통하여 더욱 더 바로 지금 염불(念佛)하는 현실적인 사람의 마음으로 바뀌었다. 그래서 수행관에 있어서, 그는 한편으로 관심간정(觀心看淨)의 방편법문을 제기하였으며, 또 다른 한편으로, 그는 무소득심(無所得心)에 의지하여 마음에 따라 자재하고[隨心自在], 걸림없이 종횡하는[無碍縱橫] 수행관을 제기하였다. 이것은 바로 이후 남북 선종이 분화되는 중요한 원인이 되었다. 신수북종은 관심간정(觀心看淨)을 계승하여 "언제나 부지런히 먼지와 때를 털고 닦아서, 때가 끼지 않도록 하는 것"[44]을 강조하였다. 반면, 혜능남종은 수심자재(隨心自在)를 발휘하여 무상(無相)과 무념(無念)을 부각시켰으며, 자유로운 해탈을 강조하였다.

도신의 일행삼매는 바로 반야실상으로 능가심성(楞伽心性)을 개조한 것이다. 도신은 이러한 일행삼매를 안심선법으로 삼는 동시에, 또한 마음의 체용(體用)을 둘러싸고 각종 선수행의 방편을 제기하였다.

---

43) 卽是如來眞實法性之身. …… 住是一心中, 諸結煩惱, 自然除滅.『능가사자기』
44) 時時勤拂拭, 莫使有塵埃.

대략 말하면, 다섯 가지가 있다. 첫째는 마음의 본체(心體)를 아는 것이다. 체성(體性)은 청정하여, 본체와 부처는 같은 것이다. 둘째는 마음의 쓰임(心用)을 아는 것이다. 쓰임은 법보(法寶)를 낳고, 영원한 적정을 일으키며, 만혹(萬或)도 일으킨다. 셋째는 항상 각지(覺知)하여 멈추지 않는 것이다. 마음이 앞에 있음을 각지하고, 법이 무상(無相)함을 각지하는 것이다. 넷째는 몸이 공적함을 늘 관하는 것이다. 안과 밖이 하나로 통하므로, 몸이 법계로 들어가도 걸림이 없다. 다섯째는 하나를 지켜 움직이지 않는 것이다. 움직임과 고요함이 항상 머물러서, 배우는 자가 불성을 밝게 볼 수 있고, 빠르게 정문(定門)으로 들어가게 한다.45)

이상 다섯 가지 방편법문은 전통선법의 수심(修心)의 내용을 포용하고 있으며, 또한 반야공관으로 혜가·승찬선법 중의 즉심즉불(卽心卽佛)과 만법일여(萬法一如)의 사상을 드러내고 있다. 일체를 공환(空幻)에 귀결시키는 동시에, 또한 불공(不空)의 청정지심(淸淨之心)을 남겨 놓았다. 이는 도신의 선법이 반야공관을 가르침으로 삼으면서도 능가심성론의 특징을 벗어나지 않았으며, 또한 이후의 여래선에 막대한 영향을 미쳤다는 것을 나타내는 것이다. 홍인은 바로 이러한 기초 위에서 각종 방편선법을 계승하였으며, 특히 그 중의 수일불이(守一不移)를 한층 더 부각시켜 수본진심론(守本眞心論)을 제기하였다. 신수(神秀)의 관심론(觀心論)과 오방편문(五方便門)은 직접적으로 도신을 계승하여 나온 것이다. 그리고 도신의 반야무소득(般若無所得)에 대한 편중이 혜능남종의 이론과 실천에 미친 영향도 분명히 알 수 있다.

도신은 일찍이 "앞에서 언급한 오사(五事)는, 아울러 대승의 바른 이치이고, 모두 경문에 의지하여 나타낸 것으로, 이치 밖의 망설(妄說)

---

45) 略而言之, 凡有五種. 一者, 知心體, 體性淸淨, 體與佛同; 二者, 知心用, 用生法寶, 起作恒寂, 萬惑皆如; 三者, 常覺不停, 覺心在前, 覺法無相; 四者, 常觀身空寂, 內外通同, 入身于法界之中, 未曾有碍; 五者, 守一不移, 動靜常住, 能令學者明見佛性, 早入定門. 『능가사자기(楞伽師資記)』

이 아니다."46)라고 제기하였다. 이것은 도신의 선법이 여전히 교에 의지하여 선을 밝힌 것〔依敎明禪〕으로, 교에 의지하여 종을 깨닫는〔藉敎悟宗〕 울타리를 벗어나지 않았음을 설명해 준다. 그의 『입도안심요방편법문』은 10여 가지의 다른 사상체계에 속하는 불교경전을 확실히 인용하였으며, 특히 선문(禪門)에서 『금강경』을 인용한 전례를 남겼다. 그러나 도신은 뜻에 의지하되 문구에 의지하지 않음〔依義不依語〕을 특히 강조하였으며, 불법의 대의를 증오(證悟)하기 위해서는 단지 한 마디도 필요하지 않다고〔一言亦不用〕 여겼다. 이는 도신이 모든 경교를 아울러 통섭하고, 모든 방편을 융합하여, 모든 것은 나를 위해서 사용되므로, 다시 집착할 바가 없다는 새로운 선풍을 충분히 구현한 것이다. 이것은 도신선법이 빌려온 가르침〔藉敎〕과 달마 이후의 선법이 큰 차이점이 있음을 나타낸다. 또한 동시에 달마 안심법문의 내재적 함의가 아주 크게 변화하였음을 표명하는 것이다. 도신은 달마 이래의 수연소요(隨緣逍遙)하는 수행관을 바로 그 자리에서 나아가는〔當下卽〕 자연적인 마음의 기초 위에 놓았다. 따라서 "몸과 마음의 구석구석과 모든 동작은 항상 도량(道場)에 있는 것이며, 거동 하나하나가 모두 보리(菩提)가 된다."47)라고 하였다. 이러한 일종의 수심자재(隨心自在)하고 무애종횡(無碍縱橫)하는 수행생활은 이후 여래선 및 선종 수행의 기본 태도가 되었다.

전법의 방식상에서, 달마·혜가에서 승찬에 이르기까지는 모두 "행함에 종적이 없고, 활동함에 기록이 없다."48)고 하였으며, 각지를 유람하면서 도처에서 교화를 행하였다. 제자들은 늘 두타행(頭陀行)을 행하였는데, 가사 한 벌과 발우 하나를 지녔으며, 정해진 거처가 없었다.

---

46) 前所說五事, 幷是大乘正理, 皆依經文所陳, 非是理外妄說. 앞의 책.
47) 身心方寸, 擧足下足, 常在道場, 施爲擧動, 皆是菩提. 앞의 책.
48) 行無轍迹, 動無彰記.

이후 도신에 이르러서 비로소 쌍봉산(雙峰山)에서 안거(安居)하기 시작하였다. 그들은 산 속에서 땅을 고르고 살 곳을 마련하였으며, 선을 익히고 도를 닦았다. 그리고 논밭을 경작해서 경제적으로는 자급자족하였고, 정치와는 동떨어져 늘 민중과 함께 하였다. 동시에 단체생활을 위해서 선을 가르치고 계율을 전하였다. 이러한 모든 것은 여래선의 발전을 촉진시키는 데 중요한 작용을 하였다. 또한 각지에서 학인들이 모여 도를 배운 것도 선법의 발전과 영향의 확대에 유리하였다. 도신의 문하에서 비교적 큰 선수행 집단이 나타나서 종문의 모형을 형성한 것은 결코 우연이 아니다. 도신은 홍인에게 법을 전하였고, 홍인은 일행삼매의 선법을 한층 더 발전시켜 동산법문의 건립을 완성하였다. 동산법문의 건립은 중국선종이 정식으로 형성된 중요한 지표이다.

　선문 중에서는 우두종법(牛頭宗法)을 도신 문하에 융합시키는 견해가 있다. 도신 이후 홍인이 동산법문을 열어 그 정종(正宗)을 전한 것 이외에, 삼론계(三論係)의 금릉(金陵) 우두선법(牛頭禪法)의 법융일계(法融一係)도 도신 문하에서 파생되었다고 여겼다. 이러한 견해는 도신 선법의 반야삼론(般若三論)적인 경향과 관계가 있다. 또한 이는 나날이 융성해진 혜능남종과 우두종사상이 서로 관계가 밀접하다는 것과, 우두종이 의도적으로 영향력이 큰 달마선계에 의지하려 했던 것과 관계가 있다.

　도선의 『속고승전・법융전』의 기록에 의하면, 법융(法融; 594-657)은 속성이 위(韋)이고, 윤주(潤州) 연릉(延陵; 지금의 江蘇 丹陽) 사람이다. 그는 어려서부터 학문을 좋아하였으며, 19살 때 "한림경전을 깊이 탐색하였다."[49] 그는 "유도(儒道)와 세속의 글은 믿을 만한 가치가 없고, 반야지관(般若止觀)은 참으로 세상을 구제할 만하다."[50]라고 탄식하며

---

49) 翰林墳典, 探索將盡.
50) 儒道俗文, 信同糠秕, 般若止觀, 實可舟航.

말하였다. 법융은 결국 모산(茅山)에 들어가서 삼론사(三論師)인 영법사(靈法師)를 의지하여 출가하였다. 그는 다시 금릉(金陵) 우두산(牛頭山)으로 가서 불굴사(佛窟寺)에서 8년간 살면서 절 내에 소장되어 있던 내외 경전을 두루 읽었다. 이후에 유서사(幽栖寺)로 이주하여, "고요한 숲에서 마음을 모아 고요히 안거하였으며, 20년을 한결같이 게으르지 않았다."51)라고 하였다. 그는 당태종(唐太宗) 정관(貞觀) 17년(643)에 우두산 유서사의 북쪽 암벽 아래에 풀로 지붕을 엮은 선실을 지어서, "밤낮으로 사택(思擇)하여, 촌음도 어그러짐이 없었다."52)고 하였다. 수년 사이에 그를 따라 선을 행하는 무리들이 백여 명이나 되었다. 그가 선을 수행하고 강경(講經)할 때 여러 가지 신비한 일들이 많았다. 예를 들면, "깊이가 십보(十步)나 되는 석실에서, 법융이 좌선하고 있는데, 갑자기 기괴한 뱀이 나타났다. 그 뱀은 10척(尺)이 넘었고, 눈은 마치 별빛처럼 빛났다. 뱀이 고개를 치켜들고 석실 입구에서 위협하였는데, 한참이 지나도 법융이 꼼짝하지 않음을 보고, 결국 돌아갔다."53)고 하였다. 또한 산중에 호랑이가 많았기 때문에, 나무꾼과 약초 캐는 사람들의 발길이 끊겼는데, 법융이 산에 들어와 머무른 뒤로 사람들의 왕래가 자유로웠다. "또한 사슴의 무리를 감동시켰는데, 이들은 법당 밖에 엎드려 법을 들으면서도 두려워하지 않았다. 두 마리 큰 사슴은 바로 들어와 승려와 자리를 같이 하였으며, 삼 년 동안 법을 듣고 돌아갔다. 인자하고 선한 근력 때문에 금수가 따랐으며, 손위에 올려놓고 먹이를 주어도, 모두 놀라거나 무서워하지 않았다."54) 암벽

---

51) 凝心宴默於空靜林, 二十年中專精匪懈.
52) 日夕思擇, 無缺寸陰.
53) 有石室, 深可十步, 融于中坐, 忽有神蛇, 長丈余, 目如星火, 擧頭揚威于室口, 經宿見融不動, 遂去.
54) 又感群鹿, 依室聽伏, 曾無懼容. 有二大鹿直入通僧, 聽法三年而去. 故慈善根力, 禽獸來馴. 乃至集于手上而食, 都無驚恐.

아래에서 『법화경』을 강의하였으며, 또한 그는 "읍재(邑宰; 현령)의 요청으로 건초사(建初寺)를 나와서 『대품(大品)』을 강의하였는데"55), 경을 강의하는 도중에, "땅이 갑자기 크게 흔들려서 청중이 놀랐으며, 종이 울리고 향 받침 등이 모두 요동하였으나"56), 절 밖의 도속(道俗)들은 여전히 그 뜻을 알지 못하였다. 근거에 의하면, 법융이 입적하기 전에 이미 "금수가 구슬프게 울었고, 달이 멈추었다. 산골의 물과 샘이 바위를 치고 모래를 뿜어, 일시에 방 앞을 가득 채웠다. 큰 오동나무의 줄기가, 5월에 무성하게 잎을 피웠다가, 하루아침에 시들어버렸다."57)는 등의 징조가 있었다고 한다.

법융 선학사상의 중심은 마음과 외경이 본래 적정하므로〔心境本寂〕, 관함을 끊고 지킴을 잊는 것〔絕觀忘守〕이다. 또한 이러한 기초 위에서의 무심이어야 편안할 수 있고〔無心可安〕, 편하지 않음을 편안함으로 삼는〔以不安爲安〕 선수행 방편을 강조하였다. 이것은 분명히 반야삼론의 무소득 사상을 근거해서 나온 것이다. 법융은 『심명(心銘)』58) 중에서, "심성(心性)은 생하지 않는데, 어찌 알아보겠는가? 본래 일법(一法)도 없는데, 누가 단련함을 논하겠는가?"59)라고 단도직입적으로 제기하였다. 여기에는 그의 선법이 심경본적(心境本寂)한 반야삼론사상에 입각하여 전개한 특색이 나타나 있다. 법융의 입장에서 보면, "외경(外境)은 마음을 따라 사라지고, 마음은 외경을 따라 없어지는"60) 것이므로, 마음도 외경도 없고〔無心無境〕, 마음의 적정함이 외경과 같은〔心寂

---

55) 邑宰請出建初講揚大品.
56) 地忽大動, 聽侶驚波, 鐘磬香床, 幷皆搖蕩.
57) 禽獸哀號, 逾月不止, 山澗泉池, 擊石涌沙, 一時塡滿房方, 大桐四株, 五月繁茂, 一朝凋盡.
58) 『심명(心銘)』은 네 자가 한 구이며, 모두 198구 792자이다. 이는 『전당문(全唐文)』 908권과 『경덕전등록(景德傳燈錄)』 30권에 수록되어 있다.
59) 心性不生, 何須知見? 本無一法, 誰論熏煉?
60) 境隨心滅, 心隨境無.

境如], 이것이 바로 세계의 본래 모습이다. 이렇기 때문에, 무심이어야 지킬 수 있고[無心可守], 무경이어야 관할 수 있는[無境可觀] 것이며, 선수행의 실천상에서 관함을 끊고 지킴을 잊는[絶觀忘守] 것이다. 즉, 모든 것을 짓지 말고[一切莫作], 모든 것에 집착하지 말며[一切莫執], 무심으로 공부하라[無心用功]는 이것이 바로 무수(無修)와 무증(無證)이다. 법융은 『절관론(絶觀論)』(돈황본에 있음)에서 "마음이 체(體)가 되고, …… 마음이 종(宗)이 되며, …… 마음이 본(本)이 된다."61)는 사상을 제기하였다. 여기의 마음은 바로 공적(空寂)한 마음을 가리킨다. 이러한 공적(空寂)한 마음으로 닦는 선에 근거하여, 법융은 다시 전통선법이 강조한 안심(安心)과 수심(修心)에 새로운 함의를 부여하였으며, 닦지 않음으로 닦음을 삼고[以不修爲修], 편하지 않음으로 편안함을 삼는[以不安爲安] 것을 강조하였다. 마음과 외경이 본래 적정하며[心境本寂] 관함을 끊고 지킴을 잊는 것[絶觀忘守]으로부터 편하지 않음으로 편안함을 삼는다[以不安爲安]는, 이것은 법융이 반야삼론의 뜻으로 말미암아 해석한 것이다. 이는 선심(禪心)의 증오를 추구하는 선종의 특색을 충분히 구현하였다. 법융은 또한 심성본적(心性本寂)으로부터 심성본각(心性本覺)과 자성각오(自性覺悟)로의 전향을 강조하였다. 이것은 이후의 혜능선에 막대한 영향을 미쳤다. 혜능의 "무념(無念)을 종(宗)으로 하고, 무상(無相)을 체(體)로 하며, 무주(無住)를 본(本)으로 한다."62)는 것과, "본래 일물(一物)도 없다."63)는 게송이 있다. 이는 법융의 "마음이 체(體)가 되고, 마음이 종(宗)이 되며, 마음이 본(本)이 된다."는 것과, "본래 일법(一法)도 없다."는 등과 사상의 대의에 있어서 매우 상통하는 것이다. 법융 이후, 우두선은 "심원을 문득 요달하

---

61) 心爲體 …… 心爲宗 …… 心爲本.
62) 無念爲宗, 無相爲體, 無住爲本.
63) 本來無一物.

고, 불성을 밝게 본다."64)는 등의 사상을 한층 더 발전시켜 혜능 남종선과 합류하였다.

   법융과 도신의 관계와 우두종의 창립 여부에 대해 살펴보도록 하겠다. 『속고승전』의 저자 도선(道宣)과 도신(道信), 법융(法融)은 동시대 사람이다. 도선은 법융의 사적에 대해서 비교적 상세하게 기록하였는데, 그의 기록은 현존하는 법융에 관한 최초의 자료이다. 그러나 도선은 법융과 도신의 관계에 대해서는 전혀 언급하지 않았다. 또한 법융이 우두종을 창립하여 지암(智岩) 등의 사람에게 법을 전하였다는 내용도 기재되어 있지 않다. 그렇기 때문에, 법융이 도신의 인가를 얻어 따로 우두선의 한 종파를 열고, 여섯 대에 걸쳐 전승하였다는 선문 중의 보편적인 견해에 대해, 근대 이후 사람들이 줄곧 의심하고 있는 것이다. 현존하는 기록에서 보면, 여러 다른 전설은 모두 법융이 입적하고 100년이 지난 후에야 나타난 것이며, 종밀 시기가 되어서 비로소 점점 선문의 통설이 되었다. 종밀은 『원각경대소초(圓覺經大疏鈔)』 3권에서, 법융은 선종 5조 홍인대사와 동학(同學)이라고 말하였다. 도신은 홍인에게 이미 법을 전한 후에 법융을 만났다. 법융은 반야공종(般若空宗)에 정통하여 일체법에 대해 모두 집착하지 않았다. 이 때문에, 그는 반야학의 경향을 띤 도신의 신임을 깊이 받아서 그의 인증(印證)을 얻었다. 도신이 법융에게, "이 법은 위에서부터, 일대(一代)에 한 사람에게만 전해졌다. 나는 지금 후계자가 있으니, 너는 스스로 세워라."65)고 말하였다. 그래서 법융은 따로 우두선계를 열었으며, 자신이 제1조가 되어서 6대에 걸쳐 법을 전하였다. 즉, 법융(法融)-지암(智岩)-혜방(慧方)-법지(法持)-지위(智威)-혜충(慧忠)이 그 계보이다. 지위의 제자에는 윤주(潤州) 학림사(鶴林寺)의 현소(玄素)가 있으며, 현소의 제자

---

64) 頓了心源, 明見佛性.
65) 此法從上, 一代只委一人, 吾已有嗣, 汝可自建立.

에는 경산(徑山) 도흠(道欽)이 있다. 이들은 모두 우두선의 종지를 전수 받았으며, 또한 수백 수천에 달하는 신도를 얻었다.

　도신이 황매에서 선을 전하는 30년 동안 따르는 무리들이 수백이었고, 법융이 금릉에 있을 때, "좌선하는 무리가 백 명이 넘었다."66)고 하는 상황에서 보면, 그들이 서로 만나지 않았을 것이라고는 말할 수 없다. 그러나 총체적으로 보면, 법융이 도신의 전수를 받아 따로 한 종파를 개창하여 6대에 걸쳐 전수한 것 등에 관해서는 모두가 사실이라기보다 대부분 후대인이 날조한 것이라고 보는 것이 옳다. 중요한 것은 그 날조의 본의가 무엇인가 하는 것이다. 역사적으로 보면, 우두종의 선법은 강남에서 성행한 반야삼론계에서 나왔다. 이것과 달마계가 승찬·도신 이래로 남쪽으로 이동하여 발전한 사상추세는 일치하는 곳이 있다. 또한 이것과 중국에서 크게 성행한 혜능 남종선의 사상적 특징과는 통하는 부분이 더욱 많다. 그리고 여래선이 남방으로 이동한 후, 남방 반야삼론계의 선법과 접촉할 기회가 많아졌다. 도신·홍인 이후 여래선은 크게 성행하였으며, 동산 문하에서는 서로 법통을 다투었고, 전승(傳承)을 정하는 것이 유행하였다. 이렇게 선문 각계에서 각자 달마선의 정종(正宗)을 전해 받았다고 내세우는 보편적인 상황 아래, 우두종도 당시에 이미 정설로 된 달마의 전승을 빌려 자신을 높일 필요가 있었다. 또한 능가에서 반야로 전향한 혜능남종선은 더욱 더 조사의 인가를 받았다고 말할 필요가 있었다. 혜능남종은 나아가 『능가』의 전수를 계속 유지하고 있었던 신수북종과 서로 대립하였다. 이처럼 도신이 법융의 반야 견해를 인가했다는 것이나 법융이 도신의 전수를 얻었다는 설은 매우 자연스럽게 나타나 전해졌다. 반야삼론사상에서 출발한 우두선을 도신 문하에서 파생되어 나왔다고 말하는 것도 한편

---

66) 息心之衆, 百有餘人.

으로 도신의 일행삼매(一行三昧)의 선학사상과 반야삼론사상의 유사점을 반영하는 것이다.

3. 일행삼매(一行三昧)와 동산법문

도신의 일행삼매 선법은 홍인(弘忍)에게 전해져서 더욱 발전하여 동산법문을 형성하였다. 홍인은 도신이 개창한 새로운 선풍을 계승하여 중국선종의 창건을 완성하였다. 이때부터 달마의 여래선도 하나의 새로운 단계로 접어들었다.

중국선사상에서 차지하고 있는 홍인의 위치 때문에, 그의 생애 사적도 후대인들에 의해서 신비한 색채가 많이 더해졌다. 예를 들면,『오등회원』1권에 다음과 같은 기록이 있다. 홍인(602-675)은 속성이 주(周)이고, 기주(蘄州) 황매(黃梅) 사람이다. 그는 전생에 파두산(破頭山)에서 소나무를 가꾸는 사람이었다. 그는 예전에 4조 도신에게 가르침을 청한 적이 있었으나, 나이가 많아서 법을 받을 수 없었다. 도신은 그에게 만약 그대가 다시 온다면 기다릴 수 있다고 말하였다. 그는 물가에 이르러 한 여인이 빨래하고 있는 것을 보고, 곧 "하루저녁 묶을 수 있겠습니까?"[67]라고 물었다. 여인은 "저는 나이 드신 부모가 계시니, 가서 물어 보시지요."[68]라고 대답하였다. 홍인은 "허락해주면, 바로 가겠습니다."[69]라고 말하자, 여인은 머리를 끄덕여 허락하였다. 그는 여인이 승낙하자, 곧 길을 떠났다. 여인은 집으로 돌아간 후 바로 임신

---

67) 寄宿得否?
68) 我有父兄, 可往求之.
69) 諾我, 卽敢行.

하였다. 그녀는 부모의 심한 미움을 받아서 곧 집에서 쫓겨났다. 그 뒤에 아들을 낳았는데, 상서롭지 않은 것 같아 강에 버렸다. 다음날 여인은 아기가 강을 거슬러 올라오는데, 기력이 선명함을 보고 마음속으로 매우 놀라 아기를 품에 안고 집으로 돌아와 부양하였다. 아기는 점점 자라났으며, 어미를 따라다니면서 밥을 구걸하였다. 어떤 사람이 그를 보고 이 아이는 용모가 비상하나, 일곱 가지 대인(大人)의 상이 부족하여 부처에 미치지 못한다고 하였다. 이후에 소년은 도신을 만났으며, 두 사람 사이에는 다음과 같은 한 단락의 문답이 있었다.

  4조 도신이 하루는 황매현에 갔는데, 길에서 우연히 한 소년을 만났다. 그는 골상이 기이하고 빼어났으며, 일반 아이들과 달랐다. 조사가 아이에게 "너의 성(姓)이 무엇이냐?"라고 묻자, 그 아이는 "성은 있으나, 흔한 성이 아닙니다."라고 대답하였다. 다시 조사가 "무슨 성인가?"라고 묻자, 아이는 "불성(佛性)입니다."라고 대답하였다. 조사가 "그럼 너는 성이 없느냐?"라고 하자, 아이는 "성(性)은 원래 공(空)하므로 없는 것입니다."라고 대답하였다.70)

도신은 그의 법기(法器)를 알아보았으며, 바로 그의 어미가 있는 곳으로 가서 당장 출가할 것을 권하였다. 그 어미는 숙세의 인연 때문에 흔쾌히 승낙하였다. 이 아이가 바로 홍인이다. 그는 결국 도신의 제자가 되었으며, 법을 받고 가사를 얻어 선종의 5조가 되었다.
  이러한 기록에는 비록 전설적인 성분이 있지만, 그 중에서 어느 정도의 새로운 정보를 엿볼 수 있다. 예를 들면, 홍인은 어려서부터 생활이 빈곤하여 공부할 기회가 없었다는 것 등과 같은 것이다. 이것은 이후 문자를 모르는 혜능과 유사한 점이 있는 것이며, 또한 이것은 아마

---

70) (四祖道信)一日往黃梅縣, 路逢一小兒, 骨相奇秀, 異乎常童. 祖問曰: 子何姓? 答曰: 姓卽有, 不是常姓. 祖曰: 是何姓? 答曰: 是佛性. 祖曰: 汝無姓邪? 答曰: 性空, 故無.

이후에 홍인이 혜능을 특별히 신임하고 그에게 법을 전한 원인 중의 하나일 수도 있다.

『능가사자기』, 『역대법보기』, 『송고승전・홍인전』 등의 기록에 의하면, 홍인은 7살 때 바로 도신을 따라 출가하였으며, 30년 간 대사를 떠나지 않고 그의 곁에서 보좌하였다고 한다. 그는 낮에는 노동하고, 밤에는 좌선하였으며, 성정(性情)이 돈독하여 사람과 다투지 않았고, 세상과는 동떨어진 생활을 하였다. 그는 홀로 몸을 가다듬고, 정진을 게을리하지 않았으며, 비록 배운 것이 적었고, 읽은 경은 많지 않았지만, 불법의 대의를 계오(契悟)할 수 있었다. 따라서 도신의 신임을 깊이 받았으며, 도신은 최선을 다해서 그에게 이치를 전하였다. 도신의 뒤를 이은 홍인은 조사의 의복과 발우를 받아서 황매 쌍봉산(雙峰山)에서 동쪽으로 멀지 않은 풍묘산(馮墓山; 동쪽에 있기 때문에 東山이라고도 함)에 가서 정착하였다. 그는 이곳에서 널리 법을 전하고 선을 열었으며, 법문을 크게 열었는데, 문하생들이 매우 많았으며, 그 규모가 전대 미문이었다. 그의 문하생들은 700여 명에 달하였으며, 사방에서 와서 도를 배우는 자들이 매달 천 명이 넘어서, "도를 배우는 자의 수를 헤아릴 수 없었다."[71]라고 하였다. 홍인은 동산(東山)에서 20여 년간이나 제자를 받고 법을 전하였다. 『전법보기』에서는, "배움을 받은 승속(僧俗)이, 천하의 십중팔구였으며, 동토(東土)에 선장(禪匠)이 가르침을 전한 이래로, 이보다 나은 적이 없었다."[72]라고 묘사하였다. 여기에서, 홍인의 당시 선문 중의 특수한 지위 및 사회에 미친 영향이 평범하지 않았음을 살필 수 있다. 홍인이 세상을 떠난 후, 당 대종(代宗)은 대만선사(大滿禪師)라는 시호를 하사하였으며, 탑(塔)을 법우(法雨)라고 불렀다.

---

71) 學道者千萬余人.
72) 道俗受學者, 天下十八九, 自東夏禪匠傳化, 乃莫之過.

홍인의 선법은 도신을 계승하여 나온 것이지만, 도신선법 중의 수심법문(守心法門)을 더욱 부각시켰다. 이것은 홍인이 『능가경』과 『대승기신론』에 편중한 것과 밀접한 관계가 있다. 『대승기신론』은 고대 인도의 마명(馬鳴)이 저작한 것이라고 전해진다. 그러나 이 책은 바로 중국인이 이름을 사칭하여 저작한 위경(僞經)이라고 생각하는 학자도 있다. 중국에서는 두 권의 역본이 있다. 하나는 남조 진제(眞諦)가 번역한 것이고, 다른 하나는 당대(唐代) 실차난타(實叉難陀)가 번역한 것이다. 진제의 번역본이 중국에서 비교적 유행하였으며, 많은 사람들이 그것을 대승불교의 입문서로 보았다. 『대승기신론』은 능가심성론을 한층 더 발전시켜, 마음을 본체의 위치까지 끌어 올려서 일체 현상의 근본으로 여겼다. 또한 마음을 지혜·이치·불성·진여·여래장의 동의어로 생각하였다. 그래서 일체의 불법은 모두 마음 안에 있는 것이며, 세계만유는 모두 진여가 현현(顯現)한 것이라고 본다. 불교에 대한 신앙과 숭배는 결국 자심자성(自心自性)에서 체현되므로 이론적 논증을 거쳐 불교의 수행을 수심(修心)에 귀결시켰다. 또한 "일체 중생은 본래 상주(常住)하며 열반으로 들어간다."[73]라고 여겼다. 다만, 진여불성(眞如佛性)과 불(佛)·법(法)·승(僧)의 삼보(三寶)를 믿고, 성실하게 육도(六度)를 수행하기만 하면 바로 열반을 획득할 수 있다고 보았다. 이러한 사상은 홍인의 선법에 매우 큰 영향을 미쳤다. 홍인은 『대승기신론』에 근거하여 대대적으로 도신의 일행삼매 선법 중의 수심법문(守心法門)을 부각시켜서 마음이 만법의 근본임을 강조하였다. 선가의 입장에서 본다면, 반야(般若)에 편중하거나 진심(眞心)에 편중하는 것은 방편시설이 다를 뿐이다. 또한 증오(證悟)하는 선경(禪境)에서 말하자면, 이들은 조금도 다를 것이 없다. 하지만, 홍인의 선법은 결국 도신과는 다른

---

73) 一切衆生, 本來常住入于涅槃.

몇 가지 특색을 나타내었다.
　첫째, 선법사상에서 보면, 홍인의 선법사상 중에는 진심(眞心)의 요소가 크게 증가하였다. 본래, 도신은 달마 이래 축도생(竺道生)이 진공묘유(眞空妙有)의 사상 특징을 회통하여 선법에 도입시킨 경향에 대해, 이론상의 논증과 종결을 지었다. 또한 무득무착(無得無著)의 반야사상을 더욱 더 부각시켰고, 이러한 사상으로 여래장불성의 뜻을 회통하였다. 따라서 일행삼매의 염불법문을 통해서 여래장심(如來藏心)과 당하(當下)에 염불하는 마음을 연계시켰다. 이로 인해, 홍인은 선수행의 실천상에서 마음에 따라 자재(自在)할 것을 강조하였으며, 또한 관심간정(觀心看淨)·섭심수심(攝心守心) 등의 방편을 겸용하였다. 홍인의 기본사상은 바로 이것을 계승하여 나온 것이다. 그러나 그는 섭심수일(攝心守一)을 수본진심(守本眞心)으로 분명히 하였으며, 내 마음이 바로 진심(眞心)이며, 진심의 성(性)이 바로 불생불멸(不生不滅)의 진여법성(眞如法性)이라고 생각하였다. 이것은 홍인 선법이 빌려온 교〔藉敎〕는 『대승기신론』의 영향을 아주 많이 받았으며, 화엄종의 진심연기론(眞心緣起論)에 접근하였음을 표명하는 것이다. 자심(自心)이 바로 진심(眞心)이며, 자심(自心)이 바로 불성(佛性)이고, "일체의 공덕이 저절로 원만하며"[74], "나의 본심(本心)을 지키면, 바로 피안에 도달한다."[75]고 하였다. 그렇다면, 선수행의 근본은 바로 수심(守心)으로, "이 마음을 지키는 것이, 바로 열반의 근본이며, 입도(入道)의 요문(要門)이다."[76] 이러한 자성원만청정심(自性圓滿淸淨之心)을 굳게 지키는 것이 바로 해탈성불하는 것이다. 그래서 홍인은 "삼세의 모든 부처는 모두 심성(心性)을 좇아서 생(生)한다. 먼저, 진심(眞心)을 지켜서 망념(妄念)이

---

74) 一切功德自然圓滿.
75) 守我本心, 則到彼岸.
76) 此守心者, 乃是涅槃之根本, 入道之要門.

일어나지 못하게 하면, 나의 마음이 멸하고, 다음으로 성불을 얻게 된다."77)라고 말하였다. 그는 심지어 "만약 한 사람이라도 진심을 지키지 않고서 성불한 사람이 있다면, 이는 옳은 것이 아니다."78)라고 여겼다. 홍인에게 있어서 수본진심(守本眞心)은 바로 열반을 증득하는 충분조건이며, 해탈성불의 필요조건이다.

둘째, 수본진심(守本眞心)의 방편인 수선의 형식상에서 보면, 홍인은 도신이 『입도안심요방편법문』에서 말한 다섯 가지 방편법문, 특히 그 중의 수일불이(守一不移)의 선법을 계승하고 발전시켰음을 분명히 알 수 있다. 도신은 일행삼매의 염불법문을 통하여 선수행자는 자심(自心)에 의지하여 수행하고, 이로써 자아해탈에 도달할 것을 강조하였다. 또한 그는 초학자(初學者)들의 좌선조식(坐禪調息)에 대한 수도방법을 여러 차례 구체적으로 설명하였다. 도신은, "만약 좌선을 처음 배운다면, 고요한 곳에서, 일체법이 평등하여 둘이 없음을 관해야 한다."79)고 하였다. 또한, 그는 "처음 좌선간심을 배운다면, 한적한 장소에 혼자 앉아서, 먼저 몸을 단정히 하고 바르게 앉는다. 옷매무새를 고르고 몸에 묶은 띠를 풀어서 몸을 이완시킨다. 몸을 일곱 번이나 여덟 번 정도 두드리고 주물러서, 뱃속에 남아 있는 가스를 모두 배출시킨다. 이렇게 하면 곧 심신이 맑고 고요하여 편안해진다."80)고 하였다. 즉, 서서히 마음을 모으고, 본성이 깨끗해지게 하는 것이다. 이것이 바로 도신이 말한 수일불이이다. 형식상에서 보면, 홍인 역시 여러 차례 이와 비슷한 선수행 방법을 제기하였다. 예를 들면, 그는 『최상승론』에서 다음과 같이 제기하였다.

---

77) 三世諸佛皆從心性中生, 先守眞心妄念不生, 我所心滅, 後得成佛. 『최상승론(最上乘論)』.
78) 若有一人不守眞心得成佛者, 無有是處. 앞의 책.
79) 若初學坐禪時, 于一靜處, 觀一切法平等無二.
80) 初學坐禪看心, 獨坐一處, 先端身正坐, 寬衣解帶, 放身縱體, 自按摩七八翻, 令腹中嗌氣出盡, 卽滔然得性, 清虛恬靜.

만약 처음 좌선을 배우려는 사람은, 『관무량수경』에 의지하여, 단정히 앉아 몸을 바르게 하고, 눈을 감고 입을 다물며, 마음으로 앞을 응시하여, 뜻을 원근에 따라 하나의 일상〔日想觀〕을 지어 진심(眞心)을 지키고, 생각마다 머무르지 않게 하라. 호흡을 잘 다스려서, 갑자기 거칠거나 갑자기 미세하게 하지 말라. 그렇지 않으면 곧 병을 얻게 된다. 밤에 좌선할 때, 일체 선악의 경계를 보거나, 혹은 청황적백(靑黃赤白) 등의 제삼매에 들거나, 혹은 여래의 진상을 보거나, 혹은 여러 가지로 변화되더라도, 다만 마음을 거두어들일 뿐, 집착하지 말라. 아울러 모든 것이 공하니, 이는 헛된 생각으로 보게 되는 것이다.81)

여기의 수심(守心)과 도신의 수일불이(守一不移)는 매우 흡사하다. 수일(守一)은 바로 수심(守心)이다. 당연히 홍인은 도신의 선법을 발전시켰다고 말할 수 있다. 도신이 말한 수일(守一)의 일(一)은 주로 텅비고 깨끗한 마음〔空淨之心〕을 가리킨다. 그가 요구한 것은 바로 허공을 관하여 섭심입정(攝心入定)하는 것이다. 여기에 대해서 도신은 『입도안심요방편법문』에서 명확하게 "수일불이란 공정(空淨)의 눈으로, 의식을 모아 일물(一物)을 간(看)하며, 낮과 밤의 구별이 없이, 전정(專精)으로 항상 움직이지 않게 하는 것이다. 마음이 흩어질 듯할 때는, 바로 다시 거두어들인다."82)라고 지적하였다. 도신이 말한 마음은 여래장청정심의 성향을 여전히 가지고 있다. 하지만, 그는 능연(能緣)과 소연(所緣)이 모두 공환(空幻)하다는 도리를 밝게 요달할 것을 주장하였다. 이러한 공환의 도리를 바탕으로, 그는 망념(妄念)이 일어나지 않고, 정념(正念)이 끊이지 않아서, 저절로 공정(空淨)한 마음이 되는 것을 강조

---

81) 若有初心學坐禪者, 依觀無量壽經, 端坐正身, 閉目合口, 心前平視。隨意近遠, 作一回想守眞心, 念念莫住, 卽善調氣息, 莫使乍粗乍細, 則令人成病苦. 夜坐禪時, 或見一切善惡境界, 或入靑黃赤白等諸三昧, 或見身出大光明, 或見如來身相, 或種種變化, 但知攝心, 莫著, 幷皆是空, 妄想而見也.

82) 守一不移者, 以此空淨眼, 注意看一物. 無問晝夜時, 專精常不動. 其心欲馳散, 急手還攝來.

하였다. 이것으로 섭심(攝心)하게 되며, 그 반야공관의 특색도 매우 분명한 것이다. 그리고 홍인은 오히려 도신의 수심(守心)을 명확하게 수진심(守眞心)이라고 하였다. 『관무량수경(觀無量壽經)』을 인용한 홍인의 염불법문이 강조하는 것도 늘 진심에서 벗어나지 않는 것이다. 따라서, 이는 도신이 경을 인용하여 강조한 '무념으로 마음을 염하는 것〔無念而念心〕'이 아니다. 이것은 홍인의 방편법문이 좌선(坐禪)과 조식(調息)에서 염불(念佛)에 이르기까지, 형식상으로는 모두 도신과 매우 비슷하나, 내용상으로 약간 다른 점이 있음을 설명하는 것이다.

홍인은 도신이 "힘써 좌선하고, 좌선을 근본으로 여겼던 것"[83]을 몸소 실천하였을 뿐만 아니라 이를 한층 더 강조하였다. 이들 두 사람의 입각점은 비록 다르지만, 모두 수행의 방편법문으로 좌선을 중시하였으며, 정좌(靜坐)와 조식(調息) 등의 방편을 반복해서 언급하였다. 이러한 점은 일면으로, 수선자가 수행과정 중에서, 법에 의지할 수 있고 문장을 따를 수 있게 하여, 달마선법의 전개에 유리하게 작용하였다. 또다른 일면으로, 만약에 수선자가 법의(法義)를 깨닫지 못하면, 좌선안심(坐禪安心)은 쉽게 형식화의 진부한 길로 가게 된다. 홍인이 좌선을 강조한 것은 뒤에 신수 북종이 발전하는 계기도 되었으며, 또한 혜능 남종이 명백히 좌선에 집착함을 반대하는 계기가 되었다. 중국선 발전의 역사는 바로 이처럼 우여곡절을 많이 가지고 있다.

셋째, 수행의 태도상에서 보면, 홍인은 도신의 마음에 따라 자재함〔隨心自在〕을 계승하고 더욱 발전시켰으며, 일상생활이 바로 수선의 도량(道場)이라고 제창하였다. 그래서 진심(眞心)이 바로 내 마음〔我心〕이고, 내 마음은 저절로 있는 것이며, 밖에서 온 것이 아니다. 따라서 "마음을 식별하는 자는 그것을 지키므로 곧 피안에 이르고, 마음에

---

83) 努力勤坐, 坐爲根本.

미혹한 자는 그것을 버리므로 곧 삼악도에 떨어진다."84)라고 하였다. 그래서 홍인은 구원과 해탈은 모두 자심을 깨달음에 있다고 외쳤으며, 특히 중생이 마음을 식별하여 스스로 제도〔識心自度〕할 것을 강조하였고, 부처는 중생을 제도할 수 없다고 여겼다. 만약 부처가 중생을 제도할 수 있다면, "과거 제불(諸佛)이 항하사(恒河沙)처럼 헤아릴 수 없이 많았는데, 어째서 우리들은 부처가 되지 못했는가?"85)라고 하였다. 중생이 만약 "스스로 이 마음이 부처임을 식별할 수 있으면, …… 행주좌와(行住坐臥) 중에 언제나 본래의 진심(眞心)을 확실하게 지킨다."86)고 하였다. 바로 이렇게 해서 저절로 득도(得度)할 수 있는 것이다. 사람들은 쉽게 속된 것을 따라서 명리(名利)를 추구한다. 이러한 것을 꼬집어서, 홍인은 단지 일상생활을 수선으로 끌어올려 놓기만 하면, 신도들이 항상 자각하여 세속의 명리에서 멀어지게 할 수 있으며, 물욕을 가장 하찮은 것으로 떨어뜨릴 수 있다고 생각하였다. 그는 일찍이 "떨어진 옷을 입고, 거친 밥을 먹으며, 본래의 진심을 확실히 지킨다. 어리석은 체하고 말로 해명하지 않으며, 기력을 잘 아껴서 공을 이룰 수 있다. 이것이 크게 정진하는 사람이다."87)라고 제시하였다. 물욕과 정욕이 사람의 마음에 침범하여 어지럽히는 것을 제거하면, 자연히 번뇌가 영원히 사라지는 경지에 도달할 수 있다. 이것이 바로 선수행자들이 언제나 추구하던 목표이다. 그리고 이러한 목표의 실현은 늘 수행을 필요로 한다. 홍인 자신은 평소의 일상생활 중에서, "옳고 그름을 가리는 일에 입을 다물고, 마음을 색공(色空)의 경계에 모은다. …… 사의(四儀)가 모두 도량이고, 삼업(三業)이 모두 불사(佛事)이다."88)라

---

84) 若識心者, 守之則到彼岸, 迷心者, 棄之則墮三途.
85) 過去諸佛恒沙無量, 何故我等不成佛也?
86) 自識本心是佛, …… 但于行住坐臥中常了然守本眞心.
87) 但能著破衣, 飧粗食, 了然守本眞心, 佯痴不解語, 最省氣力而能有功, 是大精進人也.『최상승론(最上乘論)』

고 하였다. 즉, 일상생활의 행주좌와(行住坐臥)의 사의(四儀)를 선수행의 도량으로 삼았고, 신구의(身口意) 삼업(三業)을 불사(佛事)로 여겼다. 홍인은 달마에서 도신에 이르기까지의 선을 세속생활 중에 표현하는 방식으로 발전시켰다. 그는 나아가서 생활을 선으로 바꾸었으며, 선수행을 생활 중의 자각행동으로 변화시켰다. 이것은 인생의 이상에 대한 추구를 지금 당장의 현실생활 중에 융합시키는 방법이다. 이는 생동감 넘치고 뚜렷한 개성을 갖춘 사람들의 생활을 중시하는 여래선의 특징을 반영한 것이다. 바로 스즈끼 다이세쓰는 "선의 최종 목적은 근본적으로, 정신적인 황홀함을 야기하는 선정공부에 생명을 소모하는 것이 아니라, 우리들 자신의 생명을 보거나 깨달음의 눈〔悟眼〕을 여는 것이다."89)라고 묘사하였다. 여래선의 발전방향은 중국선의 이러한 특색을 점점 체현해 내는 것이다.

넷째, 교단의 건설에서 살펴보면, 홍인은 도신의 산림(山林)불교의 선풍을 계승하고 발전시켰다. 그는 산 속에서 제자들을 모으고 살 곳을 마련하였으며, 자급자족 생활을 하였고, 나아가 농선병작(農禪並作)을 제창하여, 선수행과 생산노동을 서로 결합하였다. 따라서 홀로 산림에 처하여 걸식하며 고행하는 달마선의 수행방식을 근본적으로 바꾸었다. 또한 일행삼매를 수행하는 이들을 위해서 생활과 경제적인 보장을 해주었으며, 선학의 종파 형성을 위한 기초를 제공하였다. 또한 달마선의, 인연에 따라 자재〔隨緣自在〕하는 수행관이 실질적인 수행생활 중에서 구체적으로 시행되도록 하였다. 홍인이 도신을 계승하여 동산법문의 창건을 완성한 것은, 그 자신이 스승의 가르침을 엄격히 준수하고, 오랫동안 산중에서 양생(養性)하며, 깊은 골짜기에 머물면서, 산에서 나오지 않은 것과 관계가 깊다.

---

88) 緘口於是非之場, 融心於色空之境, …… 四儀皆是道場, 三業咸爲佛事.『능가사자기』
89)『선과 생활〔禪與生活〕』, 광명일보출판사(光明日報出版社), 1988년, 70쪽.

기록에 의하면, 현경(顯慶) 년간에, 당 고종(高宗)은 홍인의 명성을 듣고 여러 차례 사신을 파견하여 홍인에게 입경(入京)하여 전법(傳法)해 줄 것을 청하였으나 모두 거절당했다고 한다. 홍인은 통치자와 상층인물들과는 협력하지 않는 태도를 취했다. 어떤 사람이 홍인에게 호기심을 가지고, "학문은 어째서 큰 마을이 아닌, 산 속에서 해야 합니까?"90)라고 물었다. 홍인은 "큰 건물의 재목은 본래 심산유곡에서 나오는 것이지, 세속 가운데 있는 것은 아니다. 사람과 멀리 떨어져 있기 때문에, 칼이나 도끼로 찍히지 않으며, 하나하나 큰 재목으로 자라서, 후에 마룻대와 대들보로 쓰이게 된다. 그러므로 심산유곡에 머물러 속진(俗塵)을 멀리 여의고, 산중에서 양성(養性)하며, 세속의 일을 버려야 함을 알아라. 눈앞에 아무 것도 없어야 마음이 저절로 편안하게 된다. 이렇게 해서, 도(道)의 나무에 꽃이 피고, 선의 숲에 열매가 열리게 된다."91)라고 대답하였다. 홍인은 '속진을 멀리 여의고, 산중에서 양성하는 것'을 선수행의 필요조건으로 생각하였으며, 범속(凡俗)을 떠난 선자의 풍모를 나타내었다. 바로 이러한 청렴하고 고상한 탈속의 경향은, 당시에 점점 더 많은 신도들을 매료시켰다. 『역대법보기』의 기록에 의하면, 홍인에게서 "도를 배우는 자가 아주 많았다."92)고 한다. 동산법문은 인기가 왕성하였으며, 비교적 고정적인 신도들이 매우 많았다. 그 활동영역도 나날이 광대해졌는데, 황매를 중심으로 하여 호북(湖北)까지 그 영역이 미쳤으며 전국으로 점차 확산되었다.

다섯째, 경전을 대하는 태도에서 보면, 홍인은 달마 이후의 자교오종(藉敎悟宗)을 발전시켜, 교외별전(敎外別傳)의 문을 열었다. 달마 이

---

90) 學問何故不向城邑聚落, 要在山居?
91) 大廈之材, 本出幽谷, 不向人間也. 以遠離人故, 不被刀斧損斫, ──長成大物, 後乃堪爲棟梁之用, 故知栖神幽谷, 遠避囂塵, 養性山中, 長辭俗事, 目前無物, 心自安寧, 從此道樹花開, 禪林果出也. 『능가사자기(楞伽師資記)』
92) 學道者千萬餘人.

후 여래선은 줄곧 자교오종, 즉 경교(經敎)를 방편으로 삼아 불교의 궁극적인 이치를 깨닫도록 하였다. 도신 역시 비록 여전히 교에 의지하여 선을 밝히고〔依敎明禪〕, 교를 빌려 종을 깨달았지만〔藉敎悟宗〕, 그는 "백천의 법문이라도 모두 마음으로 돌아가고, 항하사와 같은 묘덕도 모두 심원(心源)에 있다."93)라고 하였다. 여기에서 출발하여, "경전을 읽지 말고, 사람과 함께 말하지 말라."94)고 가르쳤으며, 자증자오(自證自悟)를 더욱 부각시켰다. 홍인은 이것을 다시 한층 더 발전시켰으며, 그는 "마음은 만법의 근본이며, 마음은 12부경의 으뜸이다"는 관점에서 출발하여, "수많은 경론(經論)이라도, 본래의 진심(眞心)을 지킴에 미치지 못한다."95)는 것을 강조하였다. 또한 부처의 일체 언설교법(言說敎法)은 모두 중생이 수본진심(守本眞心)하도록 인도하는 방편이며, 언설교법 그 자체는 별다른 의의가 없는 것이다. 그것의 의의는 사람의 내심세계에서 찾아야 하며, 자심(自心)에 의지하여 깨달아야 한다. 그래서 중생은 반드시 경교에 의지할 필요가 없으며, 단지 일심(一心)만 지키면 불법의 진리를 체오(體悟)하고 파악할 수 있다. 홍인의 입장에서 보면, 경교는 기껏해야 수심(守心)을 인증(印證)하기 위해 필요한 방편이지, 오종(悟宗)의 필요조건이 아니다. 따라서 그의 선법은 결코 경교의 힘을 빌어 이치의 깨달음〔理悟〕에 도달하도록 요구하지 않는다. 그것은 마음이 만법의 근본이어서, "만약에 이 심원(心源)을 깨달으면, 일체의 심의(心義)는 저절로 보인다."96)라고 강조하였다. 따라서 곳곳에서 심성에 바로 계합하는〔直契心性〕 특색을 나타내었으며, 교외별전(敎外別傳)을 위한 마음의 기초를 확립하였다. "일체법은 자심을 벗어나지 않는다. 오직 마음만이 스스로 마음에 형색(形色)이 없음

---

93) 百千法門, 同歸方寸; 河沙妙德, 總在心源.
94) 莫讀經, 莫共人語.
95) 千經萬論, 莫過于守本眞心.
96) 若了此心源者, 一切心義自現 『최상승론(最上乘論)』

을 안다. 제불은 마음에서 마음으로 전하여, 요달한 자를 인가했을 뿐이니, 다시 다른 법은 없다."97)

결국, 홍인은 풍묘산(馮墓山)에서 20여 년간 법을 전하였는데, 도신의 선학사상과 선법방편을 계승 발전시켰다. 그는 법문을 크게 열어, 그 규모가 전대미문이었고, 풍묘산이 당시에 전국 선학의 중심지가 되게 하였다. 풍묘산은 도신이 널리 선법을 전했던 쌍봉산(雙峰山)에서 동쪽으로 멀리 떨어지지 않은 곳에 있기 때문에 동산(東山)이라고 부르며, 그래서 홍인의 선법도 동산법문이라 불려졌다.

사실 동산법문은 단지 홍인 한 사람의 선법을 가리키는 것은 아니며, 도신과 홍인 두 사람의 선법을 모두 포함한다. 왜냐하면, 홍인의 선법은 바로 도신 선법을 계승하고 더욱 발전시킨 것이기 때문이다. 『능가사자기』에, 신수와 측천무후(則天武侯) 사이에 오고갔던 일단의 문답을 기록하고 있다.

신수는 형주 옥천사(玉泉寺)에 주석하였는데, 대족(大足) 원년(701), 황실의 부름을 받고 낙양으로 들어갔으며, 가마를 타고 장안과 낙양을 오가며 교화하였고, 황제의 스승이 되었다. 측천무후가 신수에게 "전하시는 법은 어느 가(家)의 종지(宗旨)입니까?"라고 묻자, "신주(薪州)의 동산법문을 전해 받았습니다."라고 답하였다. 다시 "어떤 경전에 의지하여 가르칩니까?"라고 묻자, "『문수설반야경』의 일행삼매(一行三昧)에 의지합니다."라고 답하였다. 측천무후는 "수도(修道)를 논한다면, 다시 동산법문을 넘을 수가 없겠구나!"라고 말하였다.98)

---

97) 一切法行不出自心, 唯心自知心無形色. 諸佛只是以心傳心, 達者印可, 更無別法. 『종경록(宗鏡錄)』 97권.
98) (神秀)居荊州玉泉寺, 大足元年(701), 召入東都, 隨駕往來二京敎授, 躬爲帝師. 則天大聖皇後問神秀禪師曰: 所傳之法, 誰家宗旨? 答曰: 稟薪州東山法門. 問: 依何典誥? 答曰: 依文殊說般若經一行三昧. 則天曰: 若論修道, 更不過東山法門.

여기에 나오는 홍인의 상수(上首) 제자인 신수는 『문수설반야경』의 일행삼매에 의지하는 것을 동산법문의 근본이라고 여겼다. 또한 이 일행삼매는 바로 도신이 먼저 제창하고, 홍인이 더욱 발전시킨 것이라고 보았다. 당대(唐代)의 이지비(李知非)는 정각(淨覺)의 『주반야바라밀다심경(注般若波羅蜜多心經)』을 위해서 쓴 『약서(略序)』에서, "신주(薪州)의 도신선사를 원근에서 모두 동산법문이라고 불렀다."99)라고 명확하게 지적하였다. 그리고 『송고승전·신수전』에도 "홍인과 신수는 모두 동산(東山)에 주석하였기 때문에, 그 법을 동산법문이라고 한다."100)라고 말하였다. 이러한 견해는 비교적 사실에 부합한다. 따라서, 동산법문은 도신에 의해서 개창되고, 홍인에 의해서 완성되었다고 말해야 한다.

홍인은 동산법문을 크게 발양하였는데, 이는 선학이론과 선수행 방편의 발전상에서 나타내었으며, 또한 일행삼매를 실제 선행(禪行)생활 중으로 끌어들인 것이다. 그는 이러한 생활의 전개를 위해 경제와 조직상의 보장을 제공하여, 동산법문이 전국적인 범위로 전개되도록 촉진 작용을 하였다. 이것은 일면으로, 종교란 초자연적인 존재나 피안세계에 대한 신앙과 숭배를 통하여 구원과 승화(昇華) 혹은 해탈을 추구하는 것임을 보여준다. 또한 종교란 하나의 문화역사 현상이며, 일종의 관념형태일 뿐만 아니라, 사상과 행위가 유기적으로 결합되어 사회활동으로 나타남을 볼 수 있다. 종교 관념형태는 단지 특정한 조직제도와 행위활동을 통해서 구현되고 유지되어야 비로소 유구한 생명력을 가질 수 있다.

일행삼매는 반야공관을 증득하는 선정이다. 이는 본래 일종의 개체행위이며, 개인의 영혼 깊숙한 곳의 영오력(領悟力)과 숭배하는 대상

---

99) 薪州東山道信禪師, 遠近咸稱東山法門.
100) 忍與信俱住東山, 故謂其法爲東山法門.

사이의 신비한 교류이다. 이러한 개인의 행동은 아직 종교라고 할 수 없다. 개인의 내재된 종교신앙과 종교감정이 각종 종교활동을 통해서 나타나고, 개인의 신앙이 단체의 신앙으로 발전하여, 사회활동으로 나타나야 비로소 실질적인 사회적 의의가 있는 것이다. 홍인은 바로 이러한 점으로부터 여래선의 일행삼매를 발전시키고, 동산법문의 건립과 중국선종의 창건을 완성하였다.

4. 중국선종의 창립과 분화발전

중국선종의 창립에 대해, 학술계에는 여러 가지 다른 견해가 있다. 우리가 보는 견해는 다음과 같다. 중국선종은 달마가 전한 여래선을 근원으로 하여 혜가와 승찬에게 전수되어서 발전하였다. 다시 도신과 홍인의 동산법문에 이르러, 선법사상이나 전법방식은 모두 여래선의 발전을 새로운 단계로 진입시켰으며, 처음으로 선학종파를 창립하였다. 그 후 동산문하의 남능북수(南能北秀)는 또 다른 면에서 한층 더 발전시켰다.

어떤 기준으로 불교종파의 형성을 판단하는가? 또한 종파형성의 주요 지표는 무엇인가? 이것은 비교적 복잡한 문제이다. 여기에 대해서 학술계에서는 지금까지도 완전히 일치하는 견해가 없다. 일반적으로 말하면, 불교종파는 모두 자기의 독특한 종교이론 체계와 종교규범 제도가 있으며, 독립적인 사원경제(寺院經濟)가 있다. 또한 자기 세력의 범위가 있고 고정적인 신도들과 전법세계(傳法世系) 및 판교설법(判敎說法) 등이 있다.[101] 여기에 비추어서, 우리는 중국선종의 창시자를 혜능이라고 보는 전통적인 견해에 찬성하지 않는다. 중국선종의 시작은 마땅히 동산법문이 되어야 한다고 생각한다. 그 주요 근거는 다음과 같다.

첫째, 동산법문은 이후의 선종 각계의 기본사상과 방편법문을 이미 포함하고 있다. 선종의 양대 기본 파벌인 남종과 북종은 모두 동산법문의 정전(正傳)이라고 주장한다. 동산법문을 창도한 도신의 일행삼매는 남북선종의 공통 선법이 되었다.102) 북종의 신수는 일행(一行)을 진여(眞如)와 진심(眞心)으로 해석하고, 남종의 혜능은 실상(實相)과 자심(自心)으로 해석하여 그 사상적인 경향은 서로 다르다. 하지만, 그들은 모두 진공묘유(眞空妙有)에 기초하여, 무간(無間) 및 진심과 인심이 본래 둘이 아니라는 입장에 계합하였다. 또한 "마음을 불심(佛心)에 계합하여, 근본으로 돌아간다."103)는 선수행의 노선을 준수하고 선양하였다. 동시에 북종이 관심(觀心)을 중시하고, 남종이 수연(隨緣)을 중시하는 것도 모두 동산법문에서 그 근원을 찾을 수 있다. 그들은 모두 숭고한 외재적인 부처를 사람 자신으로 끌어 들였으며, 지극히 선미(善美)한 도덕적 완전한 경지에 도달함을 청정(淸淨)한 불성의 체현으로 여겼다.

둘째, 동산법문은 이미 선종의 생산과 기본적인 생활방식을 견고히 하였으며, 중국선종 특유의 선풍을 개창하였다. 홍인에서 도신에 이르기까지 모두 비교적 고정적인 신도들이 있었다. 그들이 집단적인 생활을 하고 농사와 선을 병행하여 경제적으로 자급자족을 실현한 것 등은 모두 선행생활의 기본 규범이 되었다. 이는 중국선종 총림제도의 기본 법식이 되었으며, 어느 정도 초보적 단계를 이루었다. 서기 667년에 입

---

101) 임계유(任繼愈)가 주편한 『중국철학사(中國哲學史)』 제3편, 곽명(郭明)이 쓴 『수당불교(隋唐佛敎)』와 『탕용동학술논문집(湯用彤學術論文集)』 참조.
102) 돈황본, 『단경(壇經)』 제14절 및 『능가사자기(楞伽師資記)』 등 참조.
103) 心契佛心, 返本還源. 종밀(宗密), 『화엄원인론(華嚴原人論)』

적한 도선(道宣)은 『속고승전』에서 그가 만난 선자의 행적에 대해서 묘사하고 있다. 그 중에서 언급한, '선문을 형성하고, 자력으로 끼니를 해결하며, 수선과 노동을 하나로 묶은 것' 등은 바로 중국선종의 기본 특색이다. 당시 혜능은 아직 출가하지 않았으므로, 도선이 가리키는 것은 혜능남종 이하 그 문하가 아니다.

셋째, 동산법문은 이미 신주 황매가 중심이 되어 호북 일대에서 상당한 정도의 세력범위를 형성하였다. 홍인은 "법문(法門)을 널리 열어, 많은 사람들을 접인하였으며"104), "평생 가르친 사람은 셀 수 없을 정도다."105)라고 하였다. 그 제자들은 각자 따로 흩어져서 형주(荊州), 수주(隨州), 양주(襄州), 업주(業州) 등에서 선을 전하였으며, 이들도 상당한 영향을 미쳤다. 바로 이곳을 근거지로 삼아서, 동산법문은 광동(廣東), 호북(湖南), 강서(江西) 및 전국 각지로 점차 전파되었다.

넷째, 동산법문은 이미 부처의 심인을 전하는[傳佛心印] 교외별전(敎外別傳)의 깃발을 올리기 시작하였으며, 선종 특유의 판교설(判敎說)을 형성하였다. 도신의 '만법은 마음에 근원하므로 경을 읽지 말라'는 것과, 홍인의 '마음은 12부 경전의 으뜸이 된다'는 등의 경교에 대한 견해 및 마음에 대한 강조는 모두 선문종파의 특징을 기본적으로 갖추고 있다. 이러한 특징은 선종의 마음으로 종지를 표시하는 기조를 확립하여, 교문의 각파와 구별되는 종문적 특색을 분명하게 나타내었다. 동산문하의 각파는 모두 언어를 끊고 경전을 떠나서 심인(心印)을 드러내는 종풍을 견지하였는데, 이것으로부터 당시의 다른 교문(敎門)의 각파와 구별되었다. 도선이 『속고승전』에서, 당시 선수행자들이 "의문(義門)을 해침이 많다."106), "바른 경전은 드물게 읽었다."107), "소승

---

104) 廣開法門, 接引群品. 『역대법보기(歷代法寶記)』.
105) 一生敎人無數. 앞의 책.
106) 多削義門.
107) 正經罕讀.

(小乘)도 배척하고 대승(大乘)도 버려서, 홀로 일가를 세웠다."108)라고 말하였다. 이는 바로 당시에 이미 계통을 이룬 선가종문이 있었다는 사실을 반영한다.

다섯째, 동산법문은 이미 선종의 전법정조(傳法定祖)의 설을 완성하였으며, 동토오조(東土五祖)의 전법세계(傳法世系)도 홍인 시기에 대체로 정설로 되었다. 홍인이 열반에 든 이후 얼마 지나지 않아서 만들어진 『당법여선사비(唐法如禪師碑)』중에, 이미 달마에서 법여(法如; 홍인의 대제자)에 이르는 전승(傳承)을 기록하고 있다. 또한 "보리달마의 종지를 이어서 발양하였다."109)라는 표현이 있는데, 이는 달마선이 이미 상당히 발전하여서 기본적인 종파를 이루었음을 나타내는 것이다. 이후 동산문하의 각계는 서로 법통(法統)을 다투었으며, 그들은 한결같이 자기들이 동산법문의 정종(正宗)이라고 자랑하였다. 그들이 논쟁했던 것은 모두 육조의 월계관이지 오조홍인의 지위에 대해서는 서로 어떠한 이견도 없었다. 이것은 달마에서 홍인에 이르는 오조(五祖)의 설을 이미 모두가 공인하였음을 나타낸다. 선가들은 줄곧 사승(師承)을 중시하였지만, 시조(始祖)를 정하고 법통을 다투며, 전법세계(傳法世系)를 확립하는 것은 오히려 종파가 가지고 있는 고유한 특징이다. 이러한 전법세계의 확립은 바로 선종 창립의 중요한 지표이다.

여섯째, 동산 문하의 각계, 특히 남종과 북종 사이에 있었던 법통 경쟁의 역사적 사실은 일면으로 동산법문 시기에 이미 선종이 창립되었음을 반영하는 것이다. 현존하는 사료에 의하면, 정통을 차지하려는 선문의 경쟁은 홍인 문하의 각 파에서 시작하였다. 특히, 혜능의 정통임을 자처하던 신회(神會)가 북상하여 낙양으로 가서 신수북종을 공격한 이후, 정통을 차지하려는 선문의 경쟁은 남북선종 사이에서 매우

---

108) 排小捨大, 獨建一家.
109) 菩提達摩, 紹隆此宗

격렬하게 진행되었다. 결국 양가(兩家)가 "만나면 서로 원수를 보는 듯 하였고"110), "초(楚)와 한(漢)이 서로 대치하는 것 같았다."111)는 상태까지 발전하였다. 지금의 어떤 견해에 의하면, 중국선종은 혜능에 의해서 창립되었다고 한다. 그렇다면, 신수북종 등의 선계는 바로 선종 밖으로 배척되어야 한다. 이것은 어떤 각도에서 보더라도 모두 적합하지 않다. 또한 당시에 선종이 없었다면, 신회가 혜능의 정통을 세우기 위해 구태여 먼저 북종을 깨뜨릴 필요가 있었겠는가? 바로 홍인이 실질적인 종파를 먼저 형성하였기 때문에, 이후 그 문하에서 정통을 다투는 일이 생긴 것이다. 그래서 우리는 동산법문을 중국선종의 시초로 여기는 것이 비교적 합당하다고 생각한다.

홍인은 "법문(法門)을 크게 열었으며, 근기(根機)를 가리지 않고"112), 천하의 학인을 폭넓게 받아들였기 때문에, 수많은 대사들이 배출되었다. 따라서 "사람들의 스승이 될 수 있는"113) 이들은 모두 널리 퍼져 각자 일방(一方)의 유명한 인물이 되어, 중국선이 왕성하게 발전할 수 있게 하였다.

홍인의 제자에 관해서, 선문 중에는 10대 제자설이 보편적이다. 홍인의 제자 현색(玄賾)의 『능가입법지(楞伽入法志)』의 기록에 의하면, 홍인은 임종시기에 깊은 애정으로 10대 제자에게 각각 평론을 해주었다.

"나는 평생토록 많은 사람들을 가르쳤는데, 뛰어난 자가 없었다. 나의 도를 전수 받은 이는 겨우 10명뿐이다. 나는 신수와 『능가경』을 논하였는데, 그는 현리(玄理)를 빠르게 이해하여, 사람들에게 많은 이익을 줄

---

110) 相見如仇讐. 종밀(宗密), 『선원제전집도서(禪源諸詮集都序)』.
111) 相敵如楚漢. 앞의 책.
112) 法門大啓, 根機不擇.
113) 堪爲人師.

것이다. 자주지선(資州智詵)과 백송산(白松山)의 유주부(劉主簿)는 모두 문장에 밝다. 재주혜장(宰州慧藏)과 수주현약(隨州玄約)은 기억한 것은 다시 보지 않았으며, 숭산노안(嵩山老安)은 도를 깊이 행하였다. 노주법여(潞州法如)와 소주혜능(韶州惠能)과 고려승려 양주지덕(揚州智德)은 모두 사람들의 스승이 될 수 있어서, 일방(一方)의 인물이 되며, 월주의방(越州義方)은 강설을 잘하였다." 다시 현색(玄賾)에게, "너는 아울러 행하고, 소중히 잘 간직하여라. 내가 열반에 든 후, 너와 신수는 불법의 빛을 다시 밝히고, 심등(心燈)을 다시 비출 것이다."라고 말하였다.114)

여기에서 현색은 자신을 비교적 특수한 위치에 두었으며, 동시에 홍인의 다른 10대 제자를 열거하였다. 선문의 다른 전적(典籍) 중에는 홍인의 10대 제자의 구체적인 인물에 관해서 또 다른 견해가 있다. 하지만, 홍인이 "나의 도를 전수 받은 이는 겨우 10명뿐이다."라고 한 견해는 모두가 인정하는 것이다. 선문제자는 동산법문을 전국 각지로 전하는 동시에 내부에서도 분화를 조성하여 점점 다른 계파를 형성하였다. 그 중에 중요하면서도 고찰할 만한 것은 신수와 혜능 이외에도 법여계(法如系), 노안계(老安系), 현색계(玄賾系), 지선계(智詵系) 등이 있다. 그들은 서로 다른 면에서 홍인의 선법을 발전시켰으며, 여래선의 전개를 추진시켰다.

법여계는 홍인의 상수제자 법여(法如)를 대표로 하는 선계이다. 법여는 홍인이 입적한 이후 얼마동안 매우 높은 명성을 누렸다. 기록에 의하면, 법여(638-689)는 속성이 왕(王)이고, 상당(上黨; 지금의 山西 長治市) 사람이다. 그는 "19살에 출가하였으며, 경론(經論)을 폭넓게 탐구

---

114) 如吾一生, 教人無數, 好者幷亡, 後傳吾道者, 只可十耳. 我與神秀, 論楞伽經, 玄理通快, 必多利益. 資州智詵, 白松山劉主簿, 兼有文性. 宰州慧藏, 隨州玄約, 憶不見之. 嵩山老安, 深有道行. 潞州法如, 韶州惠能, 揚州高麗僧智德, 此幷堪爲人師, 但一方人物. 越州義方, 仍便講說. 又語玄賾曰: 汝之兼行, 善自保愛. 吾涅槃後, 汝與神秀, 當以佛日再暉, 心燈重照. 『능가사자기(楞伽師資記)』

하였고, 각지를 유력하면서 도를 구하였다."115) 그는 이후에 홍인 문하로 갔는데, "조사가 침묵으로 선기를 밝히자, 곧 그 가르침을 받았으며, 부처의 밀의를 열어서, 문득 일승(一乘)에 들었다."116)고 하였다. 그는 홍인의 곁에서 홍인이 입적할 때까지 16년간 보좌하였다. 이때 이후, 숭산 소림사에 주석하면서 선을 열었는데, "배우는 사람들이 나날이 늘었으며, 천리에서 모여들었다."117)라고 하였다. 법여는 소박하고 꾸밈이 없으며 행증(行證)을 중시하는 선사이다. 그의 선학사상은 달마 이후의 능가심성론(楞伽心性論)과 반야실상설(般若實相說)을 융합한 사상 경향을 계승하고 발전시켰다. 동산법문은 일행삼매로 유명하다. 법여는 '세계불현(世界不現)'을 법계일상(法界一相)으로 삼았으며, '공중의 달 그림자〔空中月影〕'로 수선의 법을 비유하였다. 또한 그는 본심을 스스로 체득함을 선수행의 경지로 삼았으며, 도신이 중시한 『문수반야(文殊般若)』의 선법과 홍인이 중시한 수본진심(守本眞心)의 선법적 특색을 함께 전하였다. 법여가 말하는 본심(本心)은 망념(妄念)을 없앤 청정심(淸淨心)이다. 따라서 수선(修禪)은 망상(妄想)을 없애고 본심을 얻는 것이다. 만약 마음을 일으켜서 수선하면, 여전히 집착하는 바가 있는 것이다. 마음에 따라 행하면, 도는 그 가운데 있다. 법여의 선법은 입으로 말함을 중시하지 않고 마음으로 행함을 중시하며, 동시에 돈오심성(頓悟心性)의 특색을 갖추고 있다. 이것은 혜능남종의 수행 노선과 매우 비슷하다. 법여는 수많은 문하생이 있었다. 그러나 그는 전법에 매우 신중을 기하였으며, 또한 기회와 인연이 닿지 않아 쉽게 전해줄 사람을 찾지 못하였다. 또한 법여는 허영을 중시하지도 않았으며, 제자가 많음을 영광스럽게 생각하지 않았고, 제왕을 포함한

---

115) 年十九出家, 博窮經論, 游方求道.『전법보기(傳法寶記)』
116) 祖師默辯先機, 卽接其道, 開佛密意, 頓入一乘.『법여선사행장(法如禪師行狀)』
117) 學侶日廣, 千里向會.

사람들의 찬양을 받는 것으로써 자신을 과시하지도 않았다. 그는 명성과 자취를 감추고 드러내지 않았고, 세상의 헛된 영화를 버렸으며, 줄곧 도신 이후의 산림불교의 검소하고 소박한 선풍을 유지하였다. 이로 인해서 법여는 이후의 선사상에서 남능북수(南能北秀)처럼 그렇게 빛나는 지위를 차지하지 못하였고, 거대한 명성도 남기지 않았다.

현색(玄賾)은 바로 홍인의 말년 제자이며, 출생 시기는 자세히 알 수 없다. 그의 제자 정각의 『능가사자기』에 의하면, 현색은 함형(咸亨) 원년(元年; 670)에 쌍봉산에 왔다. 그는 "가르침을 삼가 받들어, 몸소 부지런히 행하였고, 5년 동안 자주 가서 참알하였으며, 도속이 모두 모여, 홍인을 정성껏 공양하였다. 홍인이 『능가』의 뜻을 가르칠 때, '이 경은 오직 마음으로 증득하여 요지하는 것이고, 문소(文疏)로 이해할 수 있는 것이 아니다.'라고 말하였다."118)고 하였다. 홍인이 임종할 때 신수와 혜능 등의 제자는 모두 곁에 없었기 때문에, 현색이 홍인을 위해서 탑을 세웠다. 홍인은 현색을 매우 높이 평가하였는데, '너와 신수는 불법의 빛을 다시 밝히고, 심등(心燈)을 다시 비출 것이다.'라고 하였다. 이는 현색이 홍인 문하에서 얼마나 중요한 위치에 있었는지를 암시해주는 것이다. 현색계의 선법을 지금은 자세하게 알 수 없지만, 『능가사자기』의 관련된 기록에서 몇 가지를 알 수 있다. 대체적으로 말하면, 현색계도 반야와 능가사상을 융합한 달마 여래선계의 사상경향을 계승하여, 전체 세계의 본질을 진여실상(眞如實相)으로 귀결시켰다. 또한 이러한 진여실상을 심성(心性)과 심체(心體) 위에 통일시켜, 청정한 자심(自心)은 "본성을 좇아 일체 공덕을 스스로 만족한다."119)라고 여겼다. 일체중생도 "움직이는 곳마다 고요하여 구함이 없고, 생

---

118) 恭承教誨, 敢奉驅馳, 首尾五年, 往還三觀, 道俗齊會, 仂身供養. 蒙示楞伽義云, 此經唯心證了知, 非文疏能解.
119) 從本性自滿足一切功德.

각하는 것마다 참되어 더러움에 물들지 않으면"120), 바로 해탈성불할 수 있으며, 보리를 증득할 수 있다고 생각하였다. 이것과 동산문하에서 강조한 자성각오(自性覺悟)의 발전추세는 서로 일치하는 것이다. 동시에 현색계는 또 "무법(無法)이어야 얻을 수 있고, 무상(無相)이어야 구할 수 있음"121)을 강조하였다. 또한 일체는 모두 비유비무(非有非無)라고 여겨서, "무법(無法)이어야 설할 수 있고, 무심(無心)이어야 말할 수 있으며, 자성이 공한(空閑)하여, 근본으로 돌아간다."122)라고 주장하였다. 선법상에서, 바로 청정심(淸淨心)을 유지하는 좌선에 의한 자증(自證)을 언급하였으며, 또 무위(無爲)와 무사(無事) 및 득무소득(得無所得)을 제창하였다. 이는 모든 방편을 융합한 동산법문의 특색을 나타내는 것이다.

노안계의 대표인물은 노안(老安; 582-709)이며, 도안(道安)·혜안(慧安)이라고도 불린다. 그는 홍인의 제자 중에서 나이가 가장 많았는데, 홍인보다도 20살이 많았다. 그래서 노안(老安)이라고 불려졌다.『송고승전』의 기록에 의하면, 그의 속성은 위(衛)이고, 형주(荊州) 지강(支江; 지금의 湖北 枝江) 사람이다. 그의 "천성은 너그럽고 관대하였으며, 속진(俗塵)에 물들지 않았다. 그는 법문(法門)을 수학하여서, 널리 통하지 않음이 없었다."123)라고 하였다. 그는 수양제(隋煬帝)의 부름을 피해서 태화산(太和山)으로 숨어들었으며, 얼마 되지 않아 또 지팡이를 집고 형악사(衡岳寺)에 올라서 두타법을 행하였다. 당 태종(太宗) 정관(貞觀) 중에, 그는 신주(蘄州)로 가서 홍인 대사를 참알하였다. 노안계의 선법도 지금은 자세하게 알 수 없다. 다만, 그와 제자들 간의 교류에서 그 선풍이 혜능 남종선과 비슷하다는 것을 알 수 있다. 그의 선

---

120) 動處常寂, 寂卽無求, 念處常眞, 眞無染着.
121) 無法可得, 無相可求.
122) 無法可說, 無心可言, 自性空閑, 返歸於本.
123) 受性寬裕, 不染俗塵, 修學法門, 無不該貫.

풍은 점수(漸修)를 중시하지 않고, 당하(當下)의 돈오자각(頓悟自證)을 중시하였으며, 행위와 동작으로써 학인(學人)이 언상의 집착에서 벗어나도록 하였다. 예를 들면, 『경덕전등록』 4권에, 다음과 같은 내용이 있다. 탄연(坦然)과 회양(懷讓) 두 사람이 노안을 참알하여, "조사가 서쪽에서 온 뜻은 무엇입니까?"라고 물었다. 노안은 "어째서 자기의 뜻은 묻지 않는가?"124)라고 답하였다. 그들이 다시 "어째서 자기의 뜻입니까?"125)라고 묻자, 노안은 "비밀한 작용을 보아라."126)고 대답하였다. 그들이 다시 "무엇이 비밀한 작용입니까?"127)라고 물었는데, 노안은 '눈을 깜빡여 보였다.'128) 『역대법보기』에도 노안의 제자가 "돈교법(頓敎法)을 설하였고"129), 아울러 "조용히 심법(心法)을 전하였다."130)는 것 등의 기록이 있다. 이는 동산 문하의 돈오심성(頓悟心性)의 발전 추세를 반영하는 것이다.

지선계는 정중계(淨衆系)와 보당계(保唐系)로 분화되었기 때문에, 홍인 문하에서 중시할 만한 중요 계파가 되었다. 지선(智詵: 609-702)선사는 속성이 주(周)이며 여남(汝南) 사람이다. 그는 조부(祖父)의 관직을 따라 촉(蜀)에 갔다. 10세에 불교를 좋아하게 되었고, 훈신(薰莘)을 먹지 않았으며, 지조(志操)가 있고 인품이 고상하였다. 13세에 부모와 하직하고 도량(道場)에 들어갔다. 처음에는 현장법사(玄奘法師)를 모시고 경론을 배웠으며, 이후 경론을 버리고 홍인 문하로 들어갔다. 여기에서 지선은 의학(義學)에서 선문(禪門)으로 방향을 바꾼 것을 알 수 있다. 홍인은 임종시기에, '문장이 밝다'라고 지선을 평가하였는데, 이

---

124) 何不問自己意?
125) 如何是自己意?
126) 當觀密作用.
127) 如何是密作用?
128) 以目開合示之.
129) 說頓敎法.
130) 默傳心法.

것은 지선의 특징을 반영한 것 같다. 지선은 홍인에게서 법을 얻은 후에 사천(四川) 자주(資州)의 덕순사(德純寺)로 돌아가 중생을 제도하여 그 명성이 널리 퍼졌다. 만세통천(萬歲通天) 2년(697) 7월에, 측천무후가 사람을 파견하여 그를 초청하자, 지선은 요청을 받아들여 입경하였으며, 도량에 들어가 공양을 받았다. 이후 병 때문에 표를 올려 덕순사로 다시 돌아가서 중생을 교화하였다. 그는 측천무후가 하사한 선종의 전법가사(袈裟)를 대제자인 처적(處寂)에게 전하였다. 처적 문하에는 정중사(淨衆寺)의 무상선사(無相禪師)가 있었는데 처적은 그에게 가사를 전하였다. 무상선사는 다시 보당사(保唐寺)의 무주선사(無住禪師)에게 가사를 전하였다. 정중계와 보당계는 모두 당시에 영향이 비교적 컸던 선종계파이다. 지선계의 선법은 '무억(無憶), 무념(無念), 막망(莫妄)'을 특징으로 하며, 혜능선과 비슷한 즉심즉불(卽心是佛)과 돈오심성(頓悟心性)이 있었다. 또한 신수선과 비슷한 좌선입정(坐禪入定)과 식념거망(息念去妄)이 있었다. 지선선계는 중국 남방에서 한때 성행하였으며 당대 종밀(宗密)에 이르기까지 전승이 끊이지 않았다.

 이상의 각파 이외에, 동산문하에서 영향력이 가장 컸던 것은 바로 혜능을 대표로 하는 남종과 신수를 대표로 하는 북종이다(다음 장에서 자세히 논함). 신수북종은 주로 북방인 숭산(嵩山)과 낙양(洛陽) 일대에서 성행하였다. 사적(史籍) 중에, "숭산의 점문(漸門)은 장안(長安)과 낙양(洛陽)에서 성행하였다."131), "두 수도 사이에는 모두 신수를 으뜸으로 여겼다."132)는 말이 있는데, 여기에서 당시 그들의 세력과 영향력이 어느 정도였는지를 짐작할 수 있다. 혜능남종은 처음에는 주로 광주(廣州) 등의 남방지역에서 널리 전해졌으며 이후에 북방으로 전파되었다. 이처럼 동산법문은 홍인의 수많은 제자들의 노력에 의해서 전파

---

131) 嵩岳漸門盛行于秦洛.
132) 兩京之間皆宗神秀.

범위가 호북(湖北) 일대에서 하남(河南), 안휘(安徽), 사천(四川), 광주(廣州) 등지로 크게 넓어졌다.

처음에 동산 문하의 각 파는 공존하며 서로를 용인하였다. 그러나 사람과 지역에 따라 전하는 선법이 차이를 나타내었기 때문에, 각계 사이에서 법통 논쟁과 권세를 다투는 투쟁이 나타나기 시작하여 나날이 격렬해져 갔다. 특히 신회가 개원(開元) 8년(720)에 낙양으로 들어가서, 신수계의 "법문은 점(漸)이고, 전한 것은 방계(傍系)이다."[133]라고 공격하여, 혜능을 위하여 6조의 정통성을 다투었다. 이때 이후부터 동산문하 각 파의 공존하는 상황은 근본적인 변화가 일어났다. 남능북수 사이의 정통을 차지하려는 경쟁은 물과 불처럼 서로 융합할 수 없는 극단적인 상황에까지 도달하였다. 혜능계의 선이 주로 중국 남방에서 전파되었기 때문에, 신회는 혜능선이 바로 보리달마의 남천축일승종(南天竺一乘宗)을 전수 받았다고 스스로 자부하였으며, 신수 문하가 함부로 남종이라고 부르는 것을 용납하지 않았다. 남방에서 전파된 혜능계는 남종이라는 칭호를 얻게 되었으며, 주로 중국북방에서 전파된 신수계는 북종이라고 불려졌다. 신수를 대표로 하는 북종과 혜능을 대표로 하는 남종은 중국 선종의 양대 기본 종파가 되었으며, 그들의 출현은 여래선의 발전방향에 지대한 영향을 미쳤다. 일반적으로, 신수북종이 전통여래선의 특색을 더 많이 유지하고 있으며, 혜능남종은 여래선에 대해 큰 변혁을 일으켰다고 본다. 이렇게 해서 뒷날 조사선(祖師禪)과 여래선(如來禪)의 대칭(對稱)이 있게 된 것이다.

안사(安史)의 난 이후, 한동안 크게 유행했던 신수북종은 점점 쇠락하는 추세가 되었지만, 여전히 백년이나 지속해서 발전하였다. 당 무종(武宗)의 멸법(滅法)을 당하여, 주로 사원(寺院)에 의지하던 북종선은

---

133) 法門是漸, 傳承是傍.

완전히 몰락하게 되었다. 하지만 산림불교의 특색을 유지하던 혜능 남종계는 전국에 막대한 영향을 점차 미치게 되었다.

혜능선은 처음에 남방에서 유행하였다. 이후에 그가 창도한, 식심견성(識心見性)과 돈오성불(頓悟成佛)의 간편한 법문과 신회의 노력으로 북방에 전파될 수 있었으며, 점점 신수북종의 지위를 대체하게 되었다. 신회가 일으킨 남북선종의 정통논쟁은, 당 덕종(德宗) 정원(貞元) 12년(796)에, 조정이 신회를 7조로 세운 이후 기본적으로 일단락 짓게 되었다. 이때부터 혜능남종의 세력은 나날이 커져갔고, 나아가서 "무릇 선은 모두 조계(曹溪)를 근본으로 한다."134)라는 정도에까지 이르렀다. 당 무종의 멸불(滅佛) 이후, 사원경제와 불교 경적(經籍)의 외부 의존성이 컸던 교문(敎門)의 각 종파는 계속해서 희미해졌다. 반면, 혜능문하는 남종의 간편한 법문을 전하는 동시에 산림불교의 특색을 유지하였다. 또한 그들은 농선병작(農禪幷作)을 창도하는 등 중국 봉건사회의 수행생활에 적응하였으며, 심지어 모든 사람들이 참여하는 노동의 보청법〔普請之法〕을 선문의 청규(淸規)로 편입시켜 선종의 중요 규범이 되게 하였다. 백장선사(百丈禪師)의 "하루 일을 하지 않으면, 하루 먹지 않는다."135)는 말이 선문 중에 널리 전송(傳誦)되었다. 그래서 혜능선종은 하층민중 가운데에서 계속 전파 발전되었다. 만당(晚唐) 오대(五代) 때는 남종 문하에서 오가칠종(五家七宗)이 나와 전국에 파급되었다. 또한 당송(唐宋) 이후, 혜능남종은 신수북종을 포함한 홍인 문하의 기타 각 파를 소멸시켰을 뿐만 아니라, 중국선종의 유일한 정종(正宗)이 되었으며, 중국불교의 대명사가 되었다. 혜능남종의 궐기는 중국선종이 새로운 발전단계, 즉 여래선이 종결되고 조사선이 시작되는 단계로 접어들었음을 상징하는 것이다.

---

134) 凡言禪, 皆本曹溪. 유종원(柳宗元), 『조계대감선사비(曹溪大鑑禪師碑)』
135) 一日不作, 一日不食.

여기에 설명을 요하는 두 가지 문제가 있다. 하나는 능가선(楞伽禪)의 한 가지인 여래선계가 그 발전과정 중에서, '언제부터『금강경(金剛經)』으로 법을 전하기 시작하였는가?'이다. 또 하나는, '심인(心印)을 전한 경전이 다르다는 것은 선법사상이 근본적으로 다른 것을 의미하는가?'이다.

첫 번째 문제에 관해서 지금 학술계에 몇 가지 견해가 있다. 달마계 여래선이『능가경』으로 심인(心印)을 전하는 것에서,『금강경』으로의 전환은 홍인에서 시작하였다고 생각한다.136) 이러한 견해는 주로 혜능 문하에서 전해 오는 말에 근거한다.『단경(壇經)』에서, 홍인은 도속(道俗)에게 "단지『금강경』한 권만 수지하면, 바로 견성(見性)할 수 있고, 직접 깨달아 성불할 수 있다."137)고 권고하였다. 또한 홍인이 혜능에게 법을 전할 때도 "혜능을 법당 안으로 불러,『금강경』을 설하였다."138)고 한다. 그러나 이러한 내용은 의심의 여지가 있는데, 아마도 신회가 혜능의 정통성을 표방하기 위해서 혜능사상의『금강경』적인 성향에 근거하여,『단경』에 이와 같은 내용을 첨가하고 수정했을 가능성이 매우 높다. 신회의 말에 의하면, '홍인은『금강경』에 의지하여 여래지견(如來知見)을 설했을 뿐만 아니라, 혜능으로 하여금 언하(言下)에 곧 증득하게 하였다. 또한 달마로부터 시작해서 역대조사는 모두『금강경』에 의지하여 여래지견을 설한 것이며, 혜가와 승찬 및 도신도 모두『금강경』을 듣고 언하에 증오(證悟)한 것이다.'139)고 하였다. 그러나 실질적인 상황에서 보면, 홍인 선법사상의 핵심은『능가』심성론에 가까우며,

---

136) 일본학자 홀활곡쾌천(忽滑谷快天)은 심지어 여기에서 출발하여,『최상승론(最上乘論)』과『금강경(金剛經)』사상의 불일치를 들어서, 홍인이『최상승론』을 저작하였다는 것을 부정하였다.
137) 但持金剛經一卷, 卽得見性, 直了成佛. 돈황본(敦煌本),『단경(壇經)』제2절.
138) 喚惠能堂內, 說金剛經. 앞의 책. 제9절.
139)『신회어록(神會語錄)』50-54절.

홍인 선법을 전한 상수제자인 신수와 법여 등도 모두『능가』를 신봉하였다.『단경』에 홍인이 사람을 청해서 복도의 벽에 능가변(楞伽變)을 그리려고 했던 기록이 남아있다. 이러한 내용을 고려해 보면, 홍인은 여전히『능가』로써 심인을 전하였을 가능성이 매우 크다. 신수북종은 홍인의 관심수심(觀心守心)을 부각시켰고, 게다가 "『능가』를 수지하고 받들어, 심요(心要)로 삼았다."140)고 하였다. 그러나 혜능은 달마선 중의 반야(般若)적인 성향을 부각시켰기 때문에, 신회는 혜능의 정통을 논쟁하기 위해서『금강경』을 역대조사가 상전하고 의지한 경전이라고 말한 것이다. 이것은 신회의 입장에서 보면, 확실히 매우 훌륭한 방법이다. 이는 혜능 이전에도 여래선 중에『금강경』이 인용되었다는 가능성을 배제하지 않는다. 사실상,『능가사자기』의 기록에 의하면, 적어도 도신 시기에 이미『금강경』이 선문(禪門)에 인용되었다.

  그렇다면 심인(心印)을 전한 경전이 다르다는 것은 선학사상이 근본적으로 다르다는 것을 의미하는가? 우리는 그렇지 않다고 생각한다. 호적(胡適)은, "신회는 과감하게『금강경』으로『능가경』을 완전히 대체하였다. 능가종의 법통이 뒤집어졌으며, 능가종의 심요(心要)도 바뀌었다. 그래서, 혜능과 신회의 혁명은, 남종이 북종의 운명을 바꾼 것이 아니라, 사실 반야종(般若宗)이 능가종(楞伽宗)의 운명을 바꾼 것이다."141)라고 생각하였다. 신회가『금강경』으로 혜능의 정통을 논쟁하였다고 보는 것이 역사적 사실에 비교적 부합한다. 하지만, 반야종과 능가종의 표현법은 우리가 볼 때 합당하지 않다. 그 이유는 다음과 같다. 체오심증(體悟心證)을 중시하는 것은 줄곧 선과 교의 중요한 차이점 중의 하나이며, 여래선이 달마로부터 강조한 자교(籍敎)는 오종(悟宗)의 방편이다. 그 빌린 바의 교[藉敎]는 바로 중국불학 발전의 추세에

---

140) 持奉楞伽, 遞爲心要. 장설(張說),『대통선사비(大通禪師碑)』
141)『능가종고(楞伽宗考)』

순응하는 것이고, 반야학과 심성설에서 줄곧 벗어나지 않았다. 이렇기 때문에, 여래선의 계통 중에 『금강경』과 『능가경』의 사상이 모두 녹아 들어 있다고 말할 수 있다. 어떤 경으로 심인(心印)을 전한다는 것은, 선자의 입자에서 보면, 이는 일종의 외재적인 기호일 뿐이고, 완전히 그 사상을 대표하는 것은 아니다. 당연히 이것은 선의 발전과 관련된 정보를 나타낼 수는 있다. 그러나 만약에 달마가 전한 『능가』와 혜능이 전한 『금강』으로, 달마선의 전후기 구별이 유종(有宗)과 공종(空宗)에 있다고 여긴다면, 이것은 역사적 사실에 부합하지 않는 것이다. 그리고 만약에 여래선의 이론을 한결같이 반야삼론적인 의미나 능가심성설로 본다면, 이것도 사실이 아니다.

탕용동(湯用彤) 선생은 그의 명저인 『한위양진남북조불교사』에서 다음과 같이 제기하였다. 즉, "선종은 홍인 이후, 『금강반야(金剛般若)』를 받드는 것으로 전환되었으며, 이로 인하여 남방의 풍격이 영향을 받았다. 또한 달마는 『능가경』에 연원하여 무상(無相)의 허종(虛宗)을 드러내고 가르쳤다. 그 후 이 종문의 선사는 모두 『능가경』에 의지하여 설법하였다. 그러나 세상 사람들이 뜻을 아는 자가 드물었으며, 문구에 막히는 자가 많았다. 이렇게 해서, 이 종문은 뒤에 무상(無相)의 본의를 잃어버리고, 마음에 착상(着相)함을 야기하였다[만선사(滿禪師)가 질책한 내용]. 4세 후에 이르러, 이 경은 명상(名相)으로 바뀌었다[이는 가선사(可禪師)의 기록]. 그래서 철인(哲人)의 지혜는 경사(經師)의 학문으로 일변하였다. 이렇게 해서, 달마의 종지는 점점 멀어졌다. 『금강반야(金剛般若)』는 언설이 간단하고 뜻이 깊다. 뜻이 깊다는 것은 허종의 묘한 종지(宗旨)로 개괄되고, 언설이 간단한 것은 곧 자유로워서 문자에 얽매이지 않는 것으로 해석한다. …… 따라서 대감선사(大鑒禪師)는 『능가』를 버리고 『금강』을 취한 것이며, 또한 이것은 학문이 발전해 가는 자연적인 추세이다. 이것으로 말하면, 육조는 혁명이라고 할 수 있고, 또한 중흥이라고도 칭할 수 있다. 혁명은 다만 북종 경사(經師)의 명상(名相)적인 학문을 배척한 것이다. 그리고 중흥은 위로 달마를 좇아서 영종득의(領宗得意)를 구하고, 남천축일승종(南天竺一乘宗)의 본래 정신을 발양(發揚)하는 것이다."142)라고 하였다. 탕선생은 달마계 선이 줄곧 무상(無相)의 허종(虛宗)이라고 생각하는 경향이 있는데, 이는 다시 토론해 볼 여지가 있다. 그러나 그는 선자가 경전을 전수하는 것은 단지 경전을 빌려서 종지를 발양하는 것이며, 그들이 경전에 대해 자유롭게 해석하여 문자의 상(相)에 구애받지 않는다고 여겼다. 이것은 깊고 예리한 이론으로, 이후 혜능의 '마음이 경을 굴리나[心轉經] 경에 의해 굴려져서는 안 된다.'는 설법에 부합하는 내용이다. 또한 도신의 "널리 경론을 섭하고"143), 신수의 "방편으로 통경하는"144) 등의 역사적 사실과 서로 일치하는 것이다.

---

142) 『한위양진남북조불교사(漢魏兩晋南北朝佛敎史)』 하권, 569-570쪽.
143) 廣攝經論.
144) 方便通經.

제7장
여래선과 조사선(祖師禪)

동산법문은 선종 창립을 완성하였고, 동산 문하에서 출현한 남능북수(南能北秀)의 두 파는 여래선을 새로운 발전단계로 접어들게 하였다. 일반적으로, 신수북종의 관심간정(觀心看淨)과 방편통경(方便通經)은 여래선의 안심수심(安心守心)과 자교오종(籍敎悟宗)의 특징을 더 많이 계승한 것으로 여긴다. 또한 혜능남종의 돈오심성(頓悟心性)과 불립문자(不立文字)는 여래선의 수연임성(隨緣任性)과 불수언교(不隨言敎)를 창조적으로 표현한 것이다.

혜능은 중국선사상에서 새로운 선풍을 연 선사이다. 그의 출현은 자교오종의 여래선을 자사자오(藉師自悟: 스승을 통하여 스스로 깨달음)의 조사선(祖師禪)으로 변화시켰다. 6조혜능은 비록 달마선의 계승인으로 칭송되지만, 그의 종교이론과 실천은 달마 이래의 여래선을 근본적으로 변혁시켰다. 문자를 모르는[不識文字] 혜능이 어떻게 하나의 철학세계관에서 종교해탈론 및 수행관에 이르기까지, 중국적인 특색을 갖춘 비교적 완전한 불교사상체계를 이룩할 수 있었을까? 전통여래선의 특색을 비교적 많이 유지하고 있는 신수북종과 서로 비교할 때, 혜능남종은 다른 어떤 특징을 구비하고 있는가? 조사선의 제기는 전통 여래선의 함의(涵意)에 어떠한 새로운 변화를 일으켰는가?

1. 조사선의 제기와 여래선의 새로운 함의

여래선은 본래 인도불교의 전적(典籍)인 『능가경』에서 나왔으며, 여실히 여래지(如來地)에 들어가는 선이다. 이는 모든 선 중에서 가장 높은 단계의 선이다. 중국선사상에서 여래선은 최초에 보리달마가 전한 남천축일승종(南天竺一乘宗)의 선과 연관되어 있었다. 그것은 달마가 전한 여래장선(如來藏禪)을 최상승선(最上乘禪)으로 삼음을 가리키는 것이다. 당대 종밀(宗密)은 선을 외도선(外道禪), 범부선(凡夫禪), 소승선(小乘禪), 대승선(大乘禪), 여래청정선(如來淸淨禪)으로 구분할 때, 다음과 같이 분명하게 말하였다.

> 만약 자심이 본래 청정하여, 원래 번뇌가 없고, 무루지성(無漏智性)이 본래 갖추어져 있음을 깨달으면, 이 마음이 부처로 나아가, 결국 부처와 다름이 없다. 이것에 의지하여 수행하는 것을 최상승선이라 하고, 또한 여래청정선이라고 하며, 일행삼매라고도 하고, 진여삼매라고도 한다. 이것은 일체 삼매의 근본이어서, 생각마다 수습하면, 저절로 백천삼매(百千三昧)를 점차 얻는 것과 같다. 달마 문하에서, 전전 상전된 것이 바로 이 선이다.1)

종밀은 화엄종 5조이며, 사상적으로 진심불성설(眞心佛性說)에 편중하였다. 그래서 그는 『능가경』으로 상전하고, 『능가경』의 여래장자성청정심(如來藏自性淸淨心)의 사상경향을 갖춘 달마선을 특히 숭상하여 최상승선이라고 칭송하였다. 동시에 종밀은 스스로 혜능의 제자인 하택신회(荷澤神會)의 제4대 법사(法嗣)라고 칭하였다. 따라서 그는 신회의 하택종(荷澤宗)을 높이 끌어올렸는데, "달마의 마음이 하택으로 흘렀으며"2), "하택종은 모두 조계의 법으로, 다른 가르침이 없다."3)라고

---

1) 若頓悟自心本來淸淨, 元無煩惱, 無漏智性本自具足, 此心卽佛, 畢竟無異. 依此而修者, 是最上乘禪, 亦名如來淸淨禪, 亦名一行三昧, 亦名眞如三昧. 此是一切三昧根本, 若能念念修習, 自然漸得百千三昧. 達摩門下, 展轉相傳者, 是此禪也. 『선원제전집도서』
2) 達摩之心流至荷澤.
3) 荷澤宗者全是曹溪之法, 無別敎旨.

강조하였다. 또한 그는 하택종을 "달마에서 전하여진 본의"[4]라고 주장하였다.[5] 이와 같은 종밀의 견해에 따른다면, 최상승의 여래선은 달마 문하에서, "전전 상전되었으며", 적어도 신회까지는 전해졌다. 다시 말하면, 달마에서 신회까지 전해진 선은 모두 여래선이다.

달마가 전한 선을 최상승의 여래선이라고 부르는 것은 사람들의 달마선법에 대한 추앙을 반영한다. 이와 관련된 기록에 의하면, 혜능 자신도 여래선으로 자신을 표방하였다. 종보본(宗寶本) 『단경(壇經)·선조품(宣詔品)』에 다음과 같은 대화가 있다.

> 설간(薛簡)은, "성내의 선덕(禪德)은 모두 '도에 회합하려면 반드시 좌선(坐禪)하고 습정(習定)해야 하며, 선정을 통하지 않고, 해탈을 얻을 수는 없다.'고 합니다. 대사는 어떻게 설법하시는지 모르겠습니다."라고 말하였다. 이에 혜능선사는, "도는 마음으로 말미암아 깨닫는 것인데, 어찌 앉음에 있겠습니까! 경에 이르기를, '만약 여래가 앉거나 누웠다고 말한다면, 이것은 바르지 못한 도〔邪道〕를 행하는 것이다. 무슨 까닭인가? 온 곳도 없고 가는 곳도 없으며, 생도 없고 멸도 없기 때문이다.'라고 하였는데, 이것이 바로 여래청정선(如來淸淨禪)입니다. 제법이 공적(空寂)한 이것이 여래의 청정한 앉음〔如來淸淨坐〕입니다. 결국 증득할 것도 없는데, 하물며 어찌 앉음이겠습니까?"라고 대답하였다.[6]

『조계대사별전(曹溪大師別傳)』에도 이와 비슷한 기록이 있다. 사자 설간(薛簡)이 천자의 명령을 받들고 혜능을 맞이하러 갔는데, 혜능은 병 때문에 거절하였다. 이때 설간은 혜능에게 좌선에 대한 그의 견해

---

4) 達摩遠來之本意.
5) 『중화전심지선문사자승습도(中華傳心地禪門師資襲圖)』
6) 薛簡曰: 京城禪德皆云, 欲得會道, 必須坐禪習定, 若不因禪定而得解脫者, 未之有也. 未審師所說法如何? 師曰: 道由心悟, 豈在坐也! 經云: 若言如來若坐若臥, 是行邪道. 何故? 無所從來, 亦無所去, 無生無滅, 是如宋淸淨禪. 諸法空寂, 是如來淸淨坐. 究竟無證, 豈況坐耶?

를 물었다. 이에 혜능이 다음과 같이 대답하였다.

> 도는 마음으로 말미암아 깨닫는 것인데, 어찌 앉음에 있겠습니까!『금강경』에 이르기를 '만약 여래가 앉고 눕는다고 말하는 사람이 있다면, 이 사람은 내가 말한 뜻을 알지 못한 것이다. 여래는 온 곳도 없고 가는 곳도 없기 때문에, 여래라고 한다.'라고 하였습니다. 온 곳이 없음을 생(生)이라 하고, 가는 곳이 없음을 멸(滅)이라고 합니다. 이와 같이 생멸이 없는, 이것을 여래청정선이라고 하며, 제법의 공(空)함이 곧 앉음입니다. …… 도(道)는 결국 얻음도 없고 증(證)함도 없는데, 하물며 어찌 좌선이겠습니까!7)

여기에서, 혜능은 여래선을 해설함에 있어서, 무득무증(無得無證)의 반야사상으로 달마선사상의 핵심과 다른 점을 나타내고 있다. 하지만, 그는 결국 여래선을 가장 높은 여래(如來)의 선(禪)이라고 여겼으며, 자기가 신봉하고 제창하는 선으로 삼았음을 알 수 있다. 한 걸음 물러나서 말하면, 비록 이상의 기록이 혜능의 후학들이 첨가하고 보충한 것이고, 혜능의 친설이 아니라고 하더라도, 그것은 적어도 혜능남종 문하에서 처음에는 여래선을 추앙하였고, 또한 혜능의 선을 여래선이라고 여겼음을 표명하는 것이다.

혜능남종선은 돈오(頓悟)를 표방하였는데, 남돈북점(南頓北漸)은 남북선종의 선법 차이에 대한 중요 지표가 되었다. 이와 관련된 기록에 의하면, 혜능시대의 사람들은 확실하게 돈오선을 여래선이라고 불렀다. 예를 들면, 혜능과 동시대 사람인 영가현각(永嘉玄覺)은『영가증도가(永嘉證道歌)』에서, "문득 깨달음이여, 여래선은 육도 만행 중에 원만

---

7) 道由心悟, 豈在坐耶! 金剛經: 若人言如來若坐若臥, 是人不解我所說義. 如來者, 無所從來, 亦無所去, 故名如來. 無所從來曰生, 亦無所去曰滅, 若無生滅, 而是如來淸淨禪, 諸法空卽是坐. …… 道畢竟無得無證, 豈況坐禪.

하구나."⁸)라고 말하였다. 혜능의 제자 신회는 혜능선이 가지고 있는 반야의 사상경향을 계승하였으며, 혜능의 무념(無念)의 선법을 부각시켰다. 그는 "무념(無念)은 바로 일념(一念)이고, 일념(一念)은 바로 일체의 지혜이며, 일체의 지혜는 바로 깊고 깊은 반야바라밀(般若波羅蜜)이고, 반야바라밀은 바로 여래선이다."⁹)라고 말하였다. 또한 "무념을 보는 것이 바로 자성을 요달하는 것이다. 자성을 요달하는 것이 바로 무소득(無所得)이라고 한다. 이 무소득이 바로 여래선이다."¹⁰)라고 말하였다. 반야무소득(般若無所得)과 무념법(無念法)으로 여래선을 말하였는데, 이것은 분명히 혜능선을 여래선이라고 칭한 것이다. 『역대법보기(曆代法寶記)』의 기록에도, 신회는 신수북종의 관심간정선(觀心看淨禪)을 타파하고 여래선(如來禪)을 세웠다고 하였다. 여기서 여래선을 세웠다는 것은 바로 혜능의 무념법을 말하는 것이다.

　총괄적으로 말하면, 여래선은 인도불교나 초기 중국불교에서 모두 불지(佛智)를 증득하는 최상승선을 가리켰다. 그러나 혜능남종의 번영과 조사선의 출현에 따라, 여래선을 폄하하는 경향이 나타났다. 조사선과 상대되는 여래선에 예전과는 다른 새로운 함의가 부여된 것이다. 이때부터 여래선은 최상승선을 가리키는 것이 아니라, 혜능남종 이외의 각종 선을 지칭하는 것이 되었다. 혜능선이 부처의 심법(心法)을 전하는 진정한 최상승선이 된 것이다.

　이와 관련된 기록에서 보면, 조사선은 위산영우(潙山靈祐) 문하에서 처음으로 제기된 것으로 보인다. 위산영우는 혜능의 4대 법사(法嗣)이며, 선종 오가선(五家禪)의 위앙종(潙仰宗) 창시자 중의 한 사람이다. 『오등회원(五燈會元)』 9권에 다음과 같은 기록이 있다. 향엄지한(香嚴

---

8) 頓覺了, 如來禪, 六度萬行體中圓.
9) 無念卽是一念, 一念卽是一切智, 一切智卽是甚深般若波羅蜜, 般若波羅蜜卽是如來禪. 『신회어록(神會語錄)』 제42절.
10) 見無念者, 謂了自性. 了自性者, 謂無所得. 以其無所得, 卽如來禪. 앞의 책, 제21절.

智閑) 선사는 청주(靑州) 사람이며, 속세를 싫어하였고 부모를 떠나 도 닦기를 원했다고 한다. 그는 백장회해(百丈懷海)의 문하에 있을 때, 의지가 굳고 영리하였지만 참선으로 얻은 바가 없었다. 백장이 입적한 이후, 다시 위산영우를 참알하였다. 위산이 "내가 듣기로는 네가 백장선사(先師)의 처소에 있을 때, 하나를 물으면 열을 답하고, 열을 물으면 백을 답했다고 들었다. 이는 네가 총명하고 영민하여, 의념(意念)으로 생사의 근본을 해석한 것이다. 부모가 아직 태어나기 이전의 일을 한 마디로 말해보아라."11)라고 물었다. 갑자기 질문을 받은 지한은 매우 당황하여 어떻게 대답해야 할지 몰랐다. 그는 예전에 그가 지내던 곳으로 돌아가 평소에 보았던 문자를 처음부터 뒤지기 시작하였다. 그는 거기에서 해답을 찾기를 바랐으나 찾을 길이 없었다. 그래서 그는 '그림의 떡으로는 굶주린 배를 채울 수 없구나.'라고 탄식하며 말하였다. 그는 여러 차례 위산을 찾아가 자신에게 질문한 이유를 설파(說破)해 줄 것을 청하였으나, 위산은 그에게 "내가 만약 너에게 말한다면, 너는 뒷날 나를 욕할 것이다. 내가 이것이라고 말하는 것은 나의 일이므로, 끝내 너의 일을 찾지 못하는 것이다."12)라고 말하였다. 지한선사는 문자가 아무런 도움이 되지 않는다고 생각하고서, 평소에 보았던 문자를 모두 태워버리고, "지금까지 불법은 배우지 않고, 오히려 승려가 되어 오래도록 밥만 축내며, 심신의 수고로움만 면하였구나."13)라고 말하였다. 그래서 그는 눈물을 흘리면서 위산과 이별하고 홀로 산에 들어가 절을 세우고 밭을 갈았다.

지한선사가 하루는, 풀을 베다가 우연히 기왓돌을 던졌는데, 이것이

---

11) 我聞汝在百丈先師處, 問一答十, 問十答百. 此是汝聰明靈利, 意解識想, 生死根本. 父母未生時, 試道一句看.
12) 我若說似汝, 汝已後罵我去. 我說底是我底, 終不干汝事.
13) 此生不學佛法也, 且作箇長行粥飯僧, 免役心神.

대나무에 부딪히는 소리를 듣고서, 문득 깨닫게 되었다. 급히 돌아가 목욕하고 향을 사르고서, 멀리 위산을 참알하였다. 지한선사는 찬탄하며 말하기를, "화상의 큰 자비와 은덕은 부모보다 크고 깊습니다. 그 때 저를 위해 설파(說破)하셨다면, 어찌 오늘과 같은 일이 있겠습니까?"라고 하였다. 바로 게송을 지어, "한 번 부딪침에 알음알이를 잊어버리고, 다시 수지(修持)함을 빌리지 않네. 움직임에 옛 사람의 길을 내세우며, 근심스러운 근기(根機)에 떨어지지 않네. 곳곳에 종적은 없으나, 성색(聲色)은 밖으로 위의(威儀)를 갖추고 있다. 제방의 도(道)에 통달한 사람들은 모두 상상기(上上機)를 말하는구나."라고 말하였다.14)

위산은 이를 들은 후, 자기의 다른 제자 앙산혜적(仰山慧寂)에게, "이 사람은 철오하였다."15)라고 말하여, 지한선사가 깨달음에 이르렀다고 하였다. 그러나 앙산은 오히려 "이것은 심기(心機) 의식이 만들어서 이루어진 것입니다. 제가 직접 만나서 시험해 보겠습니다."16)라고 말하였다. 앙산은 지한선사를 만나서 그에게, "화상께서 사제가 대사(大事)를 밝혔다는데, 다시 한 번 말해보게."라고 말하였다. 지한선사는 '한 번 부딪쳐 알음알이를 잊어버렸다'는 그 게송을 다시 말하였다.

앙상은, "이는 평소의 훈습(薰習)에 의해 이루어진 것이다. 바른 깨달음이 아니니, 다시 달리 말해보게."라고 말하였다. 지한선사는, "작년 가난은 가난이 아니고, 금년 가난이 비로소 가난이다. 작년 가난은 송곳 세울 땅이 없었으나, 금년 가난은 송곳조차 없구나."라고 다시 게송으로 말하였다. 앙산은 "사제가 여래선은 알았으나, 조사선은 꿈에서도 보지 못했구나."라고 말하였다. 지한선사는 다시 "나에게 하나의 기틀이 있어,

---

14) 一日, 芟除草木, 偶抛瓦礫, 擊竹作聲, 忽然省悟. 遽歸沐浴焚香, 遙禮潙山. 贊曰: 和尙大慈, 恩逾父母. 當時若爲我說破, 何有今日之事? 乃有頌曰: 一擊忘所知, 更不假修持. 動容揚古路, 不墮悄然機. 處處無踪迹, 聲色外威儀. 諸方達道者, 咸言上上機.
15) 此子徹也.
16) 此是心機意識, 著迹得成. 待某甲親自勘過.

눈을 깜빡여 그대를 보네. 만약 이 뜻을 모른다면, 사미를 부르지 말게나."라고 게송으로 말하였다. 앙산은 바로 위산에게 가서 "지한 사제가 조사선을 알아서 기쁩니다."라고 말하였다.17)

이처럼 선문 중에 바로 여래선과 조사선이라는 구분이 있었다. 분명한 것은 조사선이 여래선보다 높은 것으로 여겨서 제기되었다는 것이다.

그렇다면 여래선과 조사선 사이에는 도대체 어떠한 차이가 있는 것일까? 지금까지 논한 내용에서 보면, 매우 중요한 점은 바로 문자(文字)와 점수(漸修)를 빌리지 않는 자증자오(自證自悟)이다. 지한선사는 문자를 통하여 해답을 찾으려는 것을 그림의 떡으로 배를 채우는 것이라고 여겼으며, 결국 평소에 보던 문자를 모두 태워버렸다. 그는 백장회해의 문하에 있을 때, 총명하고 영리한 것에 의지하여 참선하였으나 끝내 깨달음을 얻지 못했다. 그래서 위산에게 가르침을 받길 원했으나, 위산은 그에게 단지 자기의 마음에 의지해서 깨달아야 한다고 하였다. 또한 다른 사람이 말하는 것은 모두 결국 다른 사람의 것이지 자기의 것이 아니며, 게다가 말로 할 수 있는 것과 마음속으로 깨달은 것도 동일한 것이 아니라고 가르쳐 주었다. 결국 지한선사는 문자교법에 대한 탐구와 이지(理智)에 대한 추구를 버렸다. 그는 평소의 노동생활 중에서 생각지도 않은 우연한 외연(外緣)의 자극에 의해서 갑자기 깨달았다. 이러한 깨달음은 알음알이에 의한 사려를 빌리지 않으며[不假知慮], 닦음을 빌리지 않는[不假修持] 것이다. 이것이 바로 이른바 '한 번 부딪침에 알음알이를 잊어버리고, 다시 닦음을 빌리지 않는 것이

---

17) 仰曰: 此是夙習記持而成, 若有正悟, 別更說看. (智閑禪)師又成頌曰: 去年貧未是貧, 今年貧始是貧. 去年貧, 猶有卓錐之地; 今年貧, 錐也無. 仰曰: 如來禪許師弟會, 祖師禪未夢見在. (智閑禪)師復有頌曰: 我有一機, 瞬目視伊. 若人不會, 別喚沙彌. 仰乃報溈山, 曰: 且喜閑師弟會祖師禪也.

다.' 이러한 자심(自心)의 증오는 불가사의하여 말로 다할 수가 없다. 그래서 '한 번 부딪침에 알음알이를 잊어버리고, 다시 닦음을 빌리지 않는다'고 할지라도, 이는 여전히 '평소의 훈습(薰習)에 의해 이루어진 것'으로 여겨진 것이다. '작년 가난은, 송곳을 꽂을 만한 땅도 없었지만, 금년 가난은 송곳조차 없다'고 하는 이러한 견해는 "있는 바도 없고, 집착함도 없음"[18]을 강조한 것이다. 하지만, 이는 문자에 의한 직접적인 표현이므로, 여전히 자교오종(藉敎悟宗)을 벗어나지 않았다. 따라서 여래선이면서 불완전한 불립문자의 조사선이라고 말하는 것이다. 조사선은 당하(當下)에 바로, '나에게 하나의 기틀이 있어, 눈을 깜빡여 그대를 보네'라는 것처럼, 어떠한 언어문자에 의지하지 않고 스스로 심성을 드러내는 것이다. 이렇게 해야 비로소 조사선이라 불려질 수 있다. 조사선에서 언어문자는 기껏해야 일종의 비유나 상징을 나타낼 때 사용되는 것이다.

지한선사는 깨달음을 얻은 이후 당에 올라 설법할 때, "도는 깨달아서 요달하는 것이고, 언어 문자에 있지 않으며, 숨기고 드러낸다고 한들, 어찌 간격이 없겠는가? 심의를 수고롭게 하지 않고, 잠시 회광반조(回光返照)를 빌리며, 날마다 심신을 다해, 미혹한 무리와 스스로 멀어질 뿐이다."[19]라고 말하였다. '심의를 수고롭게 하지 않음'과, '언어문자에 있지 않음'을 강조하였기 때문에, 어떤 사람이 법을 물을 때, 지한은 늘 대답하지 않고 동작으로 그것을 나타내거나, 동문서답하는 식의 간단한 말로 문제를 제기하는 사람의 생각을 끊어버렸다. 예를 들면, 어떤 사람이 "무엇이 불법의 큰 뜻입니까?"[20]라고 묻자, 그는 "올해 서리가 일찍 내려서, 메밀을 모두 거두지 못하겠구나."[21]라고 대답하

---

18) 一無所有, 一無所執.
19) 道由悟達, 不在語言. 況是密密堂堂, 曾無間隔. 不勞心意, 暫借回光. 日用全功, 迷徒自背.
20) 如何是佛法大意?

였다. 또 어떤 사람이 "무엇이 부처가 인(印)한 간명(簡明)한 근원입니까?"22)라고 묻자, 그는 주장자(拄杖子)를 내던지고 물러가버렸다. 그는 자기의 체험을 종합해서 대중들에게 아래와 같이 말하였다.

　　이 일을 논하자면, 마치 사람이 나무를 오르는 것과 같다. 입으로는 나뭇가지를 물고, 발을 디딜 가지도 없으며, 손으로 잡을 가지도 없다. 이때 나무 아래서 어떤 사람이 갑자기 '무엇이 조사가 서쪽에서 온 뜻인가?'라고 묻는다. 만약 그에게 답하지 못하면, 질문을 어기는 것이고, 그에게 답하면 목숨을 잃게 된다.23)

　선도(禪道)는 언어와 무관한 것이다. 답하지 않으면 묻는 이는 알지 못할 것이고, 답하면 선도에 어긋나는 것이다. 목숨을 잃게 된다〔喪身失命〕고 말하는 것은 언어문자는 장애가 있으며 심지어 불법의 대의를 깨뜨린다는 엄중성을 표명하는 것이다.24)

　선문 중에서 여래선과 조사선의 차이에 대해서 구체적으로 설명한 것은 매우 적다. 『오등회원』 12권에 다음과 같은 조항이 하나 기록되어 있다. 석상초원(石霜楚圓) 선사는 분양선소(汾陽善昭) 문하에서 득오(得悟)하였다. 한 번은 그가 주장자로 선상(禪床)을 내려치고 대중들에게 말하였다.

　　대중들이여, 알겠는가? 도(道)를 보지 못했구나. "한 번 부딪쳐 알음알이를 잊어버리고, 다시 수지(修持)함을 빌리지 않네. 제방의 도를 통달한 사람들은 모두 상상기(上上機)를 말하는구나." 향엄(香嚴)은 이렇게 깨달

---

21) 今年霜降早, 蕎麥總不收.
22) 如何是直截根源佛所印?
23) 若論此事, 如人上樹, 口銜樹枝, 脚不踏枝, 手不攀枝. 樹下忽有人問: 如何是祖師西來意? 不對他, 又違他所問. 若對他, 又喪身失命.
24) 이상은 『오등회원(五燈會元)』 9권 「향엄지한선사(香嚴智閑禪師)」에서 인용함.

았으니, 분명 여래선을 얻었을 뿐, 조사선은 꿈에서조차 보지 못한 것이다. 다시 말하면, 조사선은 어떤 좋은 점이 있는가? 만약 말을 쫓아가면, 곧 뒷사람들을 속이는 것이고, 바로 몽둥이〔棒〕에 의해 인정하면, 옛 성인을 저버리는 것이다. 만법은 본래 한가로운데, 오직 사람이 분주할 뿐이다.25)

여기에서 말하는 것은 언어에서 취하는 것이 아니라, 자연에 맡겨서 자증자오(自證自悟)한다는 뜻이다.

태허법사는 달마계 선에서, 혜능 문하로부터 오가분등(五家分燈) 이전까지의 선을 초불조사선(超佛祖師禪)이라고 하였다. 또한 그는 "각 시기의 선은 원래 일맥상통하여 나누어질 수 없는 것이다. 그것은 어느 한 부분을 빌려서 이름을 세운 것에 불과하며, 구별하는 부호로 여겼을 뿐이다."26)라고 제기하였다. 그는 여래선과 조사선의 차이에 대해서 아래와 같은 견해를 발표하였다.

여래선과 조사선의 차이점이 어디에 있는지 고찰해보자. 간단하게 요약하면, 그렇게 어렵지도 않다. 이른바, '작년 가난은 가난이 아니고, 금년 가난이 비로소 가난이다.'라고 한, 이것은 수증의 단계를 말로써 나타낸 것이다. 그러나, '만약 이 뜻을 모른다면, 사미를 부르지 말게나.'라고 한, 이것은 본래 드러나 있음을 밝게 요달하여, 당하(當下)에 계합(契合)함을 가리킨다. 그래서, 여래선은 성과가 점차적인 것에 떨어지는 것이고, 조사선은 본연(本然)을 문득 깨닫는 것이다. 앙산이 누르고 치켜세운 뜻도 여기에서 알 수가 있다. 다만, 이것은 입으로만 말하는 것이 아니고, 스스로 계오(契悟)해야 하는 것이다.27)

---

25) 大衆還會麼? 不見道, 一擊忘所知, 更不假修持. 諸方達道者, 咸言上上機. 香嚴恁麼悟去, 分明悟得如來禪, 祖師禪未夢見在. 且道祖師禪有甚長處? 若向言中取, 則誤賺後人, 直饒棒下承當, 辜負先至. 萬法本閑, 唯人自鬧.
26) 태허(太虛),『불학입문(佛學入門)』33쪽.
27) 앞의 책, 50쪽.

여래선과 조사선의 차이에 대해서 다른 어떤 견해가 있든지 간에, 어느 정도 분명한 것은 바로 태허법사가, "앙산은 처음에 향엄이 여래선을 얻었으나, 조사선은 얻지 못했다고 하였다. 이는 조사선이 여래선을 초월하는 부분이 있음을 비유한 것이다."28)라고 말한 것이다. 이렇게 조사선을 높이고 여래선을 폄하한 것은 혜능남종 문하의 사람들이 스스로를 내세우는 방법이다.

실질적으로 말하면, 조사선의 제기는, 혜능선이 보리달마의 자교오종에서 발전하여 자사자오(藉師自悟)를 강조한 것과 밀접한 관계를 가지고 있다. 혜능선은 자심자오(自心自悟)를 강조하는 동시에 선사의 지적과 계발을 매우 중시한다. 혜능 이후부터, 달마 이래의 역대조사의 지위는 선문 중에서 나날이 중요해졌다. 따라서 참선하는 자는 모두 '무엇이 조사가 서쪽에서 온 뜻인가?'를 참구하였다. 비록 조사의 뜻이 바로 불조의 심법(心法)이라고 여겨졌을지라도, 불조(佛祖)의 뜻은 묻지 않았다. 그래도 불조의 심법은 역대조사에 의해서 이심전심(以心傳心)으로 전해 내려왔으며, 달마조사에 의해서 중국에 전해졌다. 다음으로, 여래선은 바로 경문(經文)에서 나온 것이며, 조사선처럼 혜능선의 불립문자와 이심전심과 교외별전의 특색을 부각시키지 못했다. 조사선도 그것이 제기된 이후, 그 내포된 의미가 아주 분명했던 것은 아니다. 표면적으로 보면, 조사선은 달마이래 역대조사들이 전한 선을 가리키지만, 실제로 혜능의 남종선을 주로 가리킨다. 그리고 조사선에 혜능을 포함시키는가의 여부는 근대 이래로 여러 가지 다른 견해가 있다.29) 그러나 이 개념은 한 측면에서 중국선의 일정 시기 동안의 발전과 그 특징을 반영하였기 때문에 계속해서 사용되었다. 태허법사는 조사선의

---

28) 仰山初許香嚴會得如來禪, 而不許其會祖師禪, 便是以祖師禪猶有超過如來禪處. 앞의 책, 50쪽.
29) 이 책의 서론 부분 참조.

개념을 사용하는 것에 대해서 말할 때도, "왜 초불조사선(超佛祖師禪) 이라고 부르는가? 예를 들어 단하(丹霞)는, '부처라는 말을 나는 즐겨 듣고 싶지 않다.'라고 말하였고, 조주(趙州)도, '부처를 한 번 부르고서, 삼일이나 입을 씻었다.'고 하였다. 또한 남전보원은 항상, '마조(馬祖)가 즉심즉불(卽心卽佛)을 말하나, 나는 마음도 아니고〔不是心〕, 부처도 아니며〔不是佛〕, 물건도 아니다〔不是物〕.'라고 말하였다. 이러한 것은 모두 초불을 말하는 것이다. 당시 의문을 제기한 사람들은, 모두 '조사가 서쪽에서 온 뜻'을 물었는데, 여기에서 우리는 부처를 한 쪽으로 내몰았다는 것을 살필 수 있다. 오직, '조사의 뜻'이 중심이 되었다. 다시 육조 아래에서도, 종풍이 크게 일어나서 조사가 전한 선은 이미 당시 일반 학인들이 받드는 것이 되었음을 살필 수 있다. '조사가 서쪽에서 온 뜻'은 배우는 자가 먼저 밝혀야 할 목표가 되었다. 따라서, 초불하여, 조사를 중심으로 하는 선법을 이루었다."30)라고 말하였다. 비록 우리가 말하는 조사선이 포함하고 있는 내용이 태허법사와 완전히 일치하지는 않더라도, 중국선의 발전을 반영하는 하나의 역사적 개념으로 사용하면 바로 일치한다.

　이처럼, 우리는 한편으로 조사선과 여래선을 대립시키고, 억지로 두 가지의 높고 낮음을 구분 짓는 것에 찬성하지 않는다. 그러나 또 다른 한편으로, 특정한 역사적 개념으로 제기되는 선의 특색은 다른 점이 있다고 본다. 이러한 다른 점은 바로 우리가 말하는 여래선의 새로운 함의를 내포하고 있는 두 가지 의미이다. 첫째, 단계적인 수행의 틀에 얽매이지 않고, 바로 요달하여 돈오하는 조사선과 상대적인 의미의 여래선과, 교에 의지하여 수증하고 심성에 바로 계합할 수 없는 선의 대명사가 된 여래선이다. 전자는 달마가 서쪽에서 와서 역대조사가 차례

---

30) 태허(太虛), 『불학입문(佛學入門)』, 33쪽.

대로 전한 심법이라고 말해지며, 후자는 전통의 종문(宗門) 이외의 여래가 말하는 각종 선법을 광범위하게 가리키는 것으로 사용되었다. 이러한 선법은 단지 교내 문자이며 선의 최고 경지가 아니라고 여겨진다. 둘째, 우리가 앞에서 논하였던, 달마 이래의 대대로 전한 선을 여래선이라고 한다. 약간 다른 점이 있다면, 홍인 문하에 이르러 분화가 일어난 이후, 이 파의 선 중에서 단지 혜능계 이외의 선을 여래선이라고 부르는데, 주로 신수북종선을 가리키는 것이다. 그래서 우리는 달마에서 신수북종에 이르는 선을 여래선이라고 부른다.

그렇다면, 혜능남종의 조사선과 달마에서 신수에 이르는 여래선은 선학사상과 선법상에서 어떠한 차이를 가지고 있는가? 조사선은 달마여래선에서 발전되어 나온 것이지만, 분명히 많은 면에서 변화하고 발전하였다. 그것은 전통달마선의 기초 위에서 더 나아가 각종 외재적이고 형식적인 것들을 버리고 사람의 자성각오(自性覺悟)를 강조하였다.

비록 혜능선과 달마선이 모두 마음의 해탈을 강조할지라도, 혜능선은 즉심즉불(卽心卽佛)의 강조를 통한 당하(當下)의 현실적인 마음을 부각시켰다. 또한 혜능선은 외재하는 숭고함과 신성한 부처를 사람의 마음속으로 끌어들였으며, 동시에 사람의 개성을 더욱 더 부각시켜, 마음이 벽과 같고〔心如壁立〕, 도와 명부하는〔與道冥符〕 선수행의 경지를 근본적으로 변모시켰다. 아울러 수연이행(隨緣而行)과 자재해탈(自在解脫)을 더욱 더 발양하였다. 혜능이 말하는 마음은 언제나 당하(當下)의 일종의 심념활동(心念活動)이나 심리상태(心理狀態)를 가리킨다. 그 기초는 바를 수도 있고 바르지 않을 수도 있으며, 깨끗할 수도 있고 깨끗하지 않을 수도 있는 마음이다. 이러한 마음 위에서 사심(邪心)과 망심(妄心) 및 집착하는 마음을 없애면 "심지(心地)는 항상 부처의 지견(智見)을 스스로 열 수 있고"[31], "스스로의 심지 위에서 각성여래가, 큰 지혜의 광명을 드리울"[32] 수 있는 것이다. 그래서 당하(當下)의 일념의 마음[一念之心]이 바로 중생의 해탈의 마음[解脫之心]인 것이다. 남종의 근본 경전인 『단경』에서 늘 말하는 자심의 미혹[自心迷]과 자심의 깨달음[自心悟] 등은 사실상 모두 이것을 말하는 것이다. 이렇게 마음의 미(迷)와 오(悟)는 해탈 여부의 중요한 지표가 되었으며, "마음이 깨끗하기만 하면, 서방은 여기에서 멀지 않고, 마음이 깨끗하지 않으면, 염불하여 왕생하기가 어렵다."33)라고 하였다. 그리고 미(迷)와 오(悟)는 모두 당하(當下)의 일념지심(一念之心)에 의지하여, "전념(前念)이 미혹하여 범부였더라도, 후념(後念)에 깨달으면 곧 부처인 것이다."34) 혜능에 있어서, 마음과 심성(心性)은 실체적 의의를 갖추고 있지 않은데, 청정심(淸淨心)은 단지 중생의 마음이 망념을 일으키지 않는 일종의 자연적인 상태이다. 바로 이러한 점 위에, 혜능남종은 신수 북종의 기심간정(起心看淨)을 비판하여, 일종의 망기집심(妄起執心)의 표현이라고 생각하였다. 혜능은 일체의 집착할 만한 것을 부정한 이후, 당하(當下)의 심념(心念)만 남겨놓았으며, 자정기심(自淨其心)과 자심각오(自心覺悟)를 선수행의 최고경계로 삼았다. 이것은 실제로 생동감 있는 모든 사람의 자신(自身)을 가장 중요한 위치로 올려놓은 것으로, 사람을 중시하는 혜능선의 특징이 충분히 표현되었다.

  당하(當下)의 마음의 기초 위에 건립된 혜능선이 달마여래선과 다른 것은, 그것이 추구하는 해탈의 경지가 어떠한 사려(思慮)를 제거하는 심주일경(心注一境)이나 관심간정(觀心看淨)이 아니라는 것이다. 또한 심념(心念)을 끊는 여도명부(與道冥符)나 반본귀진(返本歸眞)도 아니다. 이는 바로 생각마다 머무르지 않고, 생각마다 이어지는 무착무박(無著無縛)이고 임심자운(任心自運)이다. 혜능은 이것을, 직심을 행하는 것

---

31) 心地常自開佛知見. 돈황본(敦煌本) 『단경(壇經)』 제42절.
32) 自心地上覺性如來, 放大智惠光明. 앞의 책, 제35절.
33) 心但無不淨, 西方去此不遠; 心起不淨之心, 念佛往生難到. 앞의 책.
34) 前念迷卽凡, 後念悟卽佛. 앞의 책, 제26절.

〔行直心〕이라고 불렀다. 그는 일행삼매를 해석할 때 다음과 같이 말하였다.

> 일행삼매(一行三昧)는 모든 때에, 가고 머물고 앉고 눕는 가운데, 항상 직심(直心)을 행하는 것이다. …… 다만 직심을 행하여, 일체법에 집착함이 없는 것을 일행삼매라고 한다. 미혹한 사람은 법상(法相)에 집착하고, 일행삼매를 고집하여, 직심(直心)으로 앉아서 움직이지 않고서, 망념을 제거하여 마음을 일으키지 않는 것을 일행삼매라고 한다. 만약 이와 같다면, 이 법은 무정(無情)과 같은 것으로, 이는 오히려 도의 인연에 장애가 된다.35)

여기에 나오는 직심(直心)을 혜능은 집착하지 않는 마음으로 해석하였다. 그는 또한 여기에서 동산법문의 일행삼매를 발전시켜, '모든 때에, 가고 머물고 앉고 눕는 가운데', '일체법에 집착함이 없는 것을' 곧 일행삼매라고 생각하였다. 이러한 항상 직심을 행하는 일행삼매는 분명히 "일체 만물을 생각하지 않고서, 생각을 다하는 것"36)이 아니다. 왜냐하면 그러한 것은 죽은 사람과 같은 것이며, 일념이 단절됨은 목석(木石)과 같은 것이기 때문이다. 사람이 존재하지 않는데, 다시 무슨 해탈을 이야기할 수 있겠는가?

혜능은 항상 직심(直心)을 행함을 해탈수행의 근본으로 여겼는데, 이렇게 하기 위해서는 달마 이래의 좌선으로 점수하는 수행법을 반드시 고쳐야만 했다. 또한 그는 식심견성(識心見性), 자성돈오(自性頓悟), 당하해탈(當下解脫)을 창도하였으며, 여기에 따라서 독경(讀經), 좌선(坐禪), 출가(出家) 등의 전통적인 수행방법에 대한 자기의 견해를 제

---

35) 一行三昧者, 於一切時中, 行住坐臥, 常行直心是. …… 但行直心, 于一切法, 無有執著, 名一行三昧. 迷人著法相, 執一行三昧, 直心坐不動, 除妄不起心, 即是一行三昧. 若如是, 此法同無情, 却是障道因緣. 돈황본(敦煌本)『단경(壇經)』제14절.
36) 百物不思, 念盡除却.

시하였다.

독경(讀經)에 관해서, 혜능은 "삼세 제불의 십이부경(十二部經)이 사람의 성품 중에 본래 갖추어져 있다."37)고 생각하였다. 그리고 자성이 반야관조(般若觀照)를 일으키는 것은 문자를 빌릴 수 없는 것[不假文字]38)이며, 단지 마음을 식별하여 성품을 보고[識心見性] 집착하는 마음만 제거하면[却除執心], 바로 깨달아 부처가 될 수 있다고 생각하였다. 그래서 혜능의 입장에서 보면, 경을 읽고 읽지 않는 것은 중요하지 않으며, 기껏해야 단지 사람이 개오(開悟)할 수 있도록 이끌어주는 일종의 외연(外緣)에 불과한 것이다. 그에게 있어서 중요한 것은 모든 사람들이 스스로 깨닫는 것이다. 또한 그는 설사 경을 읽는다고 하더라도, 마땅히 마음이 경을 굴려야지 경에 마음이 굴려져서는 안 된다고 하였다. 선사(禪史)의 기록에 의하면, 법달(法達)이라는 승려가 있었다. 그는 처음으로 혜능의 가르침을 듣고 혜능에게, "만약 글의 뜻만 얻으면, 송경(誦經)할 필요가 없습니까?"39)라고 물었다. 혜능은 "경에 무슨 허물이 있어서, 너의 생각을 막겠는가? 다만 미오(迷悟)는 사람에게 있을 뿐이어서, 잃고 얻음은 너에게 달린 것이다."40)라고 대답하였다. 그런 다음 바로 법달을 위해서, "마음이 미혹하면 『법화』에 굴려지고, 마음이 깨달으면 『법화』를 굴린다."41)라는 유명한 게송을 들려주었다. 법달은 여기에서 혜능의 종지를 깨달은 이후에도 "쉬지 않고 외워서 지녔다."42)고 하였다. 이러한 내용이 설명하는 것은 다음과 같다. 즉, 혜능은 경교를 절대적으로 배척하지 않았으며, 또한 영종득의(領宗得

---

37) 三世諸佛, 十二部經, 亦在人性中, 本自具有. 돈황본(敦煌本) 『단경(壇經)』 제31절.
38) 앞의 책, 제28절.
39) 若然者, 但得解義, 不勞誦經邪?
40) 經有何過, 豈障汝念? 只爲迷悟在人, 損益由汝.
41) 心迷法華轉, 心悟轉法華.
42) 亦不輟誦持. 『오등회원(五燈會元)』 2권.

意)하고, 문자에 집착할 수 없음을 강조한 것이다. 사실상 송경(誦經)에 집착하는 것도 물론 유념(有念)이고, 송경하지 않는 것에 구애받는 것도 일종의 집착이다. 혜능의 관점에 의하면, 경을 읽고 안 읽고는 마음에 맡겨 자연스러워야 하며, 생각마다 집착하지 않으면 곧 해탈하는 것이다. 그러나 혜능의, '경을 반드시 읽을 필요가 없다'는 이러한 관점은 전통적인 자교오종(藉教悟宗)과 차이를 나타내는 것이다. 바로 여기에서 출발하여 뒤의 남종 문하에서 완전히 경교를 배척하는 태도를 드러내었으며, 불교의 십이분교(十二分敎)를 귀신부(鬼神簿)나 종기를 닦아내는 종이로 폄하하였다.43)

출가수행의 여부에 대해서도, 혜능의 견해는 형식에 집착하지 않는 것이며, 중요한 것은 스스로 그 마음을 깨끗하게 하여, 자성을 깨닫는 것이다. 그는 "만약 수행하고자 한다면, 사원에서가 아니라, 집에서도 할 수 있다. 사원에 있으면서도 수행하지 않으면, 서방(西方)에 있으면서 마음이 악(惡)한 사람과 같다. 집에 있어도 수행한다면, 동방(東方) 사람이 선(善)을 닦는 것과 같다. 다만 자신의 집에서 청정을 닦기만 하면, 곧 서방인 것이다.44)라고 말하였다. 혜능의 입장에서 보면, 이처럼 출가(出家)와 재가(在家)는 결코 다른 것이 아니다. 혜능의 집착을 부수는 것을 통하여, 전통여래선의 수행은 객관상으로 어떠한 형식에도 구애받지 않게 되었다. 이것은 달마선이 광범위하게 전파될 수 있도록 추진작용을 하였다.

좌선에 대한 견해에 있어서, 혜능은 전통 달마선과 다른 특색을 더욱 많이 나타내었다. 보리달마 이후 이 계파의 선법은 줄곧 수연이행(隨緣而行)을 중시하였으나, 좌선조식(坐禪調息) 등의 전통적인 선수행

---

43) 『오등회원(五燈會元)』 7권 「덕산선감선사(德山宣鑒禪師)」 등 참조.
44) 善知識, 若欲修行, 在家亦得, 不由在寺, 在寺不修, 如西方心惡之人, 在家若修行, 如東方人修善, 但愿自家修淸淨, 卽是西方. 돈황본(敦煌本) 『단경(壇經)』 제36절.

의 형식을 완전히 배척하지도 않았다. 도신과 홍인의 선수행방식은 모두 여전히 좌선의 여지를 남겨놓았다. 그러나 혜능 시기가 되어서 이러한 상황은 아주 크게 변화되기 시작하였다. 혜능은 언제나 집착하지 않는 일행삼매에 의지하여, 좌선을 일상의 행주좌와(行住坐臥) 가운데로 융입(融入)시켰다. 그는 분명하게, "도는 마음으로 말미암아 깨닫는 것인데, 어찌 앉음에 있겠는가?"[45]라고 제기하였다. 이는 바로, 깨달음은 자심(自心)이 헛된 생각과 집착을 일으키지 않는 데 있으며, 좌와(坐臥)의 형식에 있지 않음을 말하는 것이다. 만약에 행주좌와(行住坐臥) 중에 생각마다 집착하지 않을 수 있다면, 그것은 바로 항상 정에 드는 것[時時入定]과 같은 것이다. 이처럼 선수행을 행주좌와(行住坐臥) 중으로 융입시키는 것이 혜능선의 기본 수행태도가 되었다. '도는 마음으로 말미암아 깨닫는 것이므로 좌와(坐臥)에 있지 않다.'는 것은, 조사선이 좌선을 기본 입각점으로 삼지 않게 된 것을 나타낸다. 혜능 이후, 비록 남종이 좌선을 절대적으로 배척한 것이 아니어서 좌선을 수행하는 사람이 여전히 많았지만, 좌선이 다시는 조사선의 기본 특색 중의 하나가 되지 않았다. 선문 중에서 널리 전해지고 있는 남악회양(南岳懷讓)과 마조도일(馬祖道一) 사이의 "선은 앉고 눕는 것이 아니다."[46]라고 한 대화가 이러한 문제를 잘 설명해 주고 있다. 『고존숙어록(古尊宿語錄)』1권과 『오등회원』3권 등의 기록에 의하면, 마조는 남악 전법원(傳法院)에 있을 때, 홀로 암자에서 살면서 오직 좌선만 하였으며, 찾아오는 사람이 있어도 거들떠보지 않았다. 그러던 어느 날, 혜능의 대제자 회양이 찾아 왔는데도 그는 여전히 돌아보지 않았다. 회양은 그의 기색과 풍채가 뛰어난 것을 보고 6조가 자기에게 말했던, "너의 뒤에 망아지 한 마리가 나와서, 천하 사람을 밟아서 죽일 것이

---

45) 道由心悟而不在坐臥.
46) 禪非坐臥.

다."⁴⁷⁾라는 예언이 떠올라서, 여러 면으로 그를 가르침으로 이끌었다. 하루는 회양이 좌선만 하고 있는 마조에게, "대덕(大德)은 좌선으로 무엇을 하고자 하는가?"라고 묻자, 마조가 "부처가 되려고 합니다."라고 말하였다. 회양은 바로 기왓장 하나를 주워 돌 위에서 계속 갈았다. 그래도 마조는 상관하지 않았다. 오랜 시간이 흘러 마조는 마침내 "그걸 갈아서 무엇을 만들려고 하십니까?"라고 물었다. 회양은 "이걸 갈아서 거울을 만들려고 한다네."라고 대답하였다. 마조는 알 수 없다는 듯이 "기왓장을 간다고 거울이 되겠습니까?"라고 말하였다. 회양은 이 기회를 놓치지 않고서, "기왓장은 아무리 갈아도 거울이 될 수 없듯이, 좌선을 한다고 어찌 부처가 될 수 있겠는가?"라고 계도하여 말하였다. 마조는 자리를 털고 일어나며 "그러면 어떻게 해야 옳습니까?"라고 물었다. 회양은 마조에게 아래와 같은 유명한 말을 남겼다.

> 그대는 좌선을 배웠는가? 좌불(坐佛)을 배웠는가? 만약 좌선을 배웠다면, 선은 앉고 눕는 것이 아니고, 만약 좌불(坐佛)을 배웠다면, 부처는 정해진 상(相)이 아니다. 법에 있어서 머물지 않고, 마땅히 취하거나 버리지 않아야 한다. 그대가 만약 좌불하면, 곧 부처를 죽이는 것이다. 만약 앉는다는 상(相)에 집착하면, 그 이치를 요달(了達)하지 못한다.⁴⁸⁾

마조는 이 말을 듣고 문득 깨달았다고 한다. 여기에서 남종 문하는 좌선에 집착하는 것을 반대했을 뿐만 아니라, 좌선에 집착하는 것은 부처를 죽이는 것이라고 보았다. 이는 조사선의 선수행관이 밖으로 닦음을 빌리지 않고[不假外修], 취하지도 버리지도 않으며[不取不捨], 집착함이 없음[無執無著]을 특징으로 한다는 것을 생동감 있게 표현한

---

47) 汝向後出一馬駒, 踏殺天下人.
48) 汝學坐禪, 爲學坐佛? 若學坐禪, 禪非坐臥. 苦學坐佛, 佛非定相. 于無住法, 不應取舍. 汝若坐佛, 卽是殺佛, 若執坐相, 非達其理.

것이다. 마조도 바로 이것을 따라서 '평상심(平常心)이 도(道)'라고 하는 유명한 관점을 제기하였다.

이상에서 볼 수 있는 것은, 직료돈오(直了頓悟)와 자재해탈(自在解脫)은 조사선의 중요특징이며, 자심각오(自心覺悟)의 목적에 도달하기 위해서 어떤 형식적 선수행을 채택하는 것은 반드시 낡은 규범만은 아니라는 것이다. 조사선은 수선(禪修)·오경(悟境)과 일상생활과의 결합을 통하여, 출세(出世)를 설하는 불교를 확실히 현실의 토지 위에 뿌리내리게 하여 인간불교로 변화시켰다. 따라서 동산법문이 제창하였던 농선병작의 전통도 결국은 이론적으로 입증할 수 있게 되었다. 한편, 여래선은 새로운 개조와 발전을 통해서 결국 혜능 이후에 중국의 장강(長江) 남북으로 두루 전해지게 되었다. 이와 동시에, 여래선 그 자체의 함의(涵義)도 새로운 변화가 나타났으며, 최상승의 지위를 조사선에 넘겨주었다. 이렇게 해서, 조사선만이 바로 교외별전의 지극한 최상승선(最上乘禪)이 되었다.

2. 자사자오(藉師自悟)와 조사선

조사선은 바로 조사가 전한 심법(心法)을 깨닫는 것을 핵심으로 하는 선이다. 위에서 언급했던, 혜능이 보리달마 이래의 자교오종을 자사자오로 발전시켰고, 혜능 이후 조사의 지위가 남종 중에서 나날이 중요해졌다는 것 등의 사실에서 보면, 조사선을 혜능남종선이라고 보는 것도 무리가 없을 듯하다. 그렇다면, 조사선이 어째서 자사자오를 강조했는가? 이러한 특징이 나타나게 된 것은 혜능 본인의 경력 및 불교를 배워 체득한 것과 어떤 관계가 있는가?

혜능(惠能; 慧能이라고도 함, 638-713)은 오랫동안 조계(曹溪)에서 살았기 때문에 조계대사(曹溪大師)라고도 불려졌다. 그는 속성이 노(盧)이고, 본적은 범양(範陽; 지금의 북경 涿縣)이다. 그의 부모는 원래 관리였는데, 후에 좌천되어 영남(嶺南)으로 이주하여 신주(新州; 지금의 廣東 新興縣) 백성이 되었다. 혜능이 3살 때 아버지가 돌아가셨으며, 이후 어머니를 따라서 남해(南海)로 갔다. 노모(老母)는 어린 혜능을 데리고 살았으며, 늙어서 일할 힘도 없어서 가정환경이 매우 빈곤하였다. 혜능은 나이가 들면서 바로 나무를 해서 시장에 팔아 가정을 돌보았다. 그러던 어느 날, 한 손님이 나무를 사서, 객잔(客店)까지 가져다 줄 것을 부탁하였다. 혜능은 나무를 배달해 주고, 나무 값을 받아서 막 집으로 돌아가려고 하는데, 갑자기 한 손님이 불경 외는 소리를 들었다. 그때 혜능은 "한 번 듣고, 마음을 밝게 깨달았다."49)고 하였으며, 곧 그 사람에게, 무슨 경을 읽고 있는지 묻자, 손님은 『금강경(金剛經)』을 읽고 있다고 대답하였다. 혜능은 그에게, 어디서 왔으며 어디서 경전을 얻었는지를 물었다. 그 사람은 혜능에게, 신주 황매현(黃梅縣) 동산사(東山寺)의 선종 5조 홍인의 처소에서 왔다고 하였다. 혜능은 그 말을 듣자마자, 숙세(宿世)의 인연이 있음을 느끼고, 바로 노모와 이별하고 황매로 가서 홍인대사를 배알하였다.

『단경』의 기록에 의하면, 혜능은 집을 떠난 후 30여 일 동안 산을 넘고 물을 건너 바로 황매에 도착했다고 한다. 그러나 『조계대사별전(曹溪大師別傳)』에, 혜능은 먼저 소주(韶州) 조계에 도착해서 그 마을 사람인 유지략(劉志略)과 의형제를 맺었다고 한다. 유지략은 출가해서 승려가 된, 무진장(無盡藏)이라고 부르는 고모가 있었는데, 늘 『열반경

---

49) 惠能一聞, 心明便悟.

(涅槃經)』을 암송하였다. 혜능은 문자를 모르나 이치를 깨달은 것에 의지하여 오히려 비구니를 위해서 경의 뜻을 해석해 주었다. 그는 낮에는 일하고 밤에는 무진장이 경을 읽는 것을 들었으며, 게다가 그를 위해서 강해하였다. 향리(鄕里) 사람들은 모두 그의 빠른 이해력에 탄복하였다. 이후에 그는 보림사에 가서 지원선사(智遠禪師)에게서 좌선을 배웠다. 그 후 혜기선사(惠紀禪師)가 『투타경(投陁經)』을 읽는 것을 듣고 공좌(空坐)의 쓸모 없음을 느끼고, 바로 혜기선사의 지시를 따라 동산으로 가서 홍인대사를 찾았다. 이것은 혜능이 홍인을 만나기 전에 이미 어느 정도 부처를 배운 적이 있음을 말하는 것이다. 특히 그는 『열반경』에 대해서 상당한 이해를 갖고 있었다. 혜능이 비록 불학(佛學) 방면에서 상당한 정도의 천부적인 재질이 있었다고 하지만, 그가 처음 홍인을 만났을 때 불성에 대해서 한 차례 이야기했던 그의 견해에서 보면, 이 말이 더욱 더 믿을 만하다.

혜능이 홍인을 만났을 때, 홍인은 바로 혜능에게 "너는 어디 사람이냐? 내가 있는 이곳에 와서 무엇을 얻으려고 하느냐?"라고 물었다. 혜능은 "저는 영남(嶺南) 신주(新州)에서 먼길을 왔습니다. 다른 것을 구하려는 것이 아니라, 오직 부처가 되기 위해서입니다."라고 말하였다. 홍인이 꾸짖으며 "너는 영남 사람이며, 또한 갈요(獦獠)50)인데, 어찌 감히 부처가 될 수 있겠느냐?"라고 말하였다. 혜능은 바로, "사람은 남쪽 사람과 북쪽 사람이 있으나, 불성에는 본래 남과 북이 없습니다. 갈요의 몸과 화상의 몸은 다르지만, 불성이 어디 차별이 있겠습니까?"라고 대답하였다.51)

홍인은 혜능의 대답이 비범한 것을 보고 그를 매우 신임하였다. 본

---

50) 갈요(獦獠)는 남방의 소수민족을 말하는 것이며, 혜능이 홍인을 만났을 때, 그는 아마 소수민족의 복장은 하고 있었을 것이다.
51) 돈황본(敦煌本) 『단경(壇經)』 제3절.

래 그와 더욱 심오한 얘기를 나누고 싶었으나, 주위에 사람들이 많았기 때문에 더 이상 말하지 않고 바로 그를 절에 머물게 하였다.

혜능은 홍인 문하에서 다른 사람들과 함께 일을 하였는데, 8개월 정도 방아를 찧으면서 지냈다. 한번은 홍인이 혜능에게 와서 "너의 생각이 매우 쓸만하였으나, 혹 나쁜 사람들이 너를 시기하여 해칠까봐 걱정되어, 너와 많은 이야기를 나누지 못하고, 네가 여기에서 이런 일을 하도록 하였다. 너는 이 사실을 알았는가?"라고 물었다. 이에 혜능이 "제자는 스승의 뜻을 깊이 이해하였습니다. 그렇기 때문에 평소에 감히 스님이 계시는 당(堂)에 얼씬도 하지 않았으며, 다른 사람들이 주시하지 못하도록 하였습니다."라고 하였다. 여기에서 홍인과 혜능 사이에는 처음부터 일종의 묵계가 있음을 알 수 있다.

홍인은 어느 날 법과 가사를 전해주기 위해 사람들을 불러 모아놓고, 모두 각자 게송을 한 수 지어 바치라고 하였다. 만약에 불법의 대의를 깨달은 자가 있으면, 그에게 6조의 자리를 잇도록 하겠다는 것이었다. 방으로 돌아간 사람들 사이에는 의견이 분분하였으며, 대부분 '나는 성심 성의껏 게송을 지을 필요가 없다. 신수(神秀) 상좌가 교수사(教授師)인데, 그 분이 법을 얻을 때를 기다린 후에 우리는 그에게 의지하면 된다.'라고 말하였다. 홍인의 상수제자 신수는 대중들의 의론을 듣고 마음속으로 다음과 같이 생각하였다. "나는 마땅히 게송을 지어 바쳐야 한다. 그렇지 않으면 5조께서 내 마음속의 견해가 깊고 얕음을 어떻게 아시겠는가? 내가 게송을 지으려는 것은 법을 구하기 위함이지, 6조를 다투기 위함이 아니다. 법을 구하기 위한 것은 옳은 일이지만, 조사의 지위를 다투는 것은 옳지 않다. 나는 조사의 지위를 다투고 싶지도 않다. 그러나 만약에 내가 게송을 바치지 못하면, 결국 법을 얻지 못한다. 어떻게 할 것인가?" 그는 오랫동안 생각하고, 몇 번이나 주저하다가 겨우 게송 한 수를 지었다. 그러나 그는 여러 차례 이 게송을 바치려고 하였으나 바치지 못하고 4일이나 망설였다. 결국 신수는 마음속으로, "차라리 복도의 벽에다 게송을 적어버리자. 만약에 5조께서 보시고 잘 지었다고 하시면, 내가 나서서 바로 내가 쓴 것이라고 밝히자. 만약 이 게송이 좋지 않다고 말한다면, 나도 헛되이 절에서 수년간 사람의 존경을 받으며 살았는데, 다시 무슨 도를 닦겠는가?"라고 생각하였다. 이렇게 결심한 신수는 늦은 밤 3경에 홀로 등불을 들고 불당 남쪽 복도의 벽에 은밀히 자기가 쓴 게송을 적어놓았다.

> 몸은 보리수이고, 마음은 밝은 거울과 같으니, 때때로 부지런히 털고 닦아서, 진애(塵埃)를 없게 하네.[52]

신수는 게송을 다 적은 이후 낙관을 찍지 않고, 불안한 마음으로 자기 방으로 돌아갔다. 그 다음 날 홍인이 복도에 와서 이 게송을 본 후, "중생들이 만약에 이대로 수행하면, 비록 근본적으로 해탈할 수는 없지만, 삼악도(三惡道)[53]에 떨어지는 것은 면할 수 있고, 내세에 다시는 고통을 받지 않으리라."고 말하였다. 홍인은 바로 문인들을 불러모아, 그들에게 향을 피우고 예경하며 그 게송을 외우도록 하였다.

그리고 나서 홍인은 신수를 불러서, "이 게송은 네가 지은 것이냐?"라고 물었다. 이에 신수는 "예, 저는 감히 조사의 지위를 바라지는 않습니다. 단지 화상의 지적을 바랄 뿐입니다. 제가 불법의 대의를 알고 있습니까?"라고 말하였다. 홍인은 "너의 이 게송은 단지 문 앞에까지 이르렀고, 문 안에 들어와서 자기의 본성을 보지는 못하였다. 너는 돌아가서 다시 잘 생각해보아라, 만약 다시 쓴 게송을 봐서, 본성을 보았

---

52) 身是菩提樹, 心如明鏡臺; 時時勤拂拭, 勿使有塵埃. 돈황본 『단경』 제6절.
53) 삼악도(三惡道): 불교에서 설하는 육도윤회 중에서, 선업에 상응하는 천·인·아수라를 삼선도(三善道)라고 하며, 악업에 상응하는 축생·아귀·지옥을 삼악도라고 한다.

다면, 나는 가사와 법을 너에게 전할 것이다."라고 말하였다. 신수는 돌아가서 심사숙고하였으나 끝내 게송을 짓지 못하였다.

이틀이 지난 후, 한 동자가 신수가 쓴 게송을 크게 외면서 방앗간을 지나갔다. 혜능은 그 게송을 한번 듣고, 바로 그것은 본성을 본 것이 아님을 알았으며, 동자를 따라서 남쪽 복도로 갔다. 그리고 게송 하나를 지어 다른 사람에게 부탁해서 벽 위에 쓰게 하였다.

  보리(菩提)는 본래 나무가 없으며, 밝은 거울도 그 받침이 없다. 불성(佛性)은 항상 청정한데, 어디에 진애(塵埃)가 끼겠는가.54)

신수와는 완전히 다른 경지를 나타낸 혜능의 이 게송은 당시에 큰 파문을 일으켰다. 대중들은 방앗간에서 잡일을 하던 사람이 이런 게송을 지을 수 있음을 보고 놀라지 않을 수 없었으며, 이구동성으로 "신기한 일이다! 정말로 겉만 보고는 사람을 대해서는 안 되는 일이야!"라고 말하였다.

홍인은 혜능의 게송을 보고, 그가 이미 불법의 대의를 깨달은 것을 알아차렸다. 그러나 대중들이 놀라서 이상하게 여기는 것을 보고, 시기하는 무리들이 혜능을 해칠까봐 걱정되어, 신발 짝으로 황급히 게송을 지워버리고, "이것도 성품을 보지 못한 것이다."라고 말하였다. 그러나 그 다음 날 홍인은 몰래 방앗간에 가서 혜능에게, "쌀이 얼마나 익었느냐?"라고 물었다. 혜능이 "쌀이 익은 지는 이미 오래되었으나, 키질을 아직 하지 못하였습니다."라고 대답하였다. 그러자 홍인은 지팡이로 방아대를 세 번 치고는 돌아갔다. 혜능은 그 뜻을 알아차리고, 밤 3경에 조심스레 홍인의 조실로 갔다. 홍인은 바로 그에게 몰래 불법을 전

---

54) 菩提本無樹, 明鏡亦非臺; 佛性常淸淨, 何處有塵埃. 이 게송의 3구 佛性常淸淨은 이후에 本來無一物으로 바뀌어져 더욱 광범위하게 전해졌다. 돈황본 『단경』 제8절.

수하였으며, 게다가 달마가 인도에서 가지고 와서 역대조사에게 차례로 전했다고 하는 법의(法衣)도 그에게 전하였다. 혜능은 바로 정통으로 전해진 선종 6조가 되었다.

혜능은 법과 가사를 받은 후, 사람들의 법의(法衣) 쟁탈을 막기 위해 홍인이 '삼년 후에 나는 세상을 떠날 것이다. 너는 남방으로 가되 때가 되기 전에 말하지 말라.'고 한 교훈을 받들어, 영남으로 돌아가서 사냥꾼 사이에서 15년 간이나 은둔생활을 하였다. 그 이후 광주 법성사(法性寺)에 도착했는데, 마침 인종법사(印宗法師)가 『열반경』을 강의하고 있었다. 이때 바람이 불어 깃발이 펄럭이는 것을 보고, 한 승려가 깃발이 움직인다고 하자 옆에 있던 승려가 그게 아니라 바람이 움직이는 것이라고 반박하여, 이 논쟁이 끊이지 않았다. 이것을 듣고 있던 혜능이 "바람이 움직이는 것도 아니고, 깃발이 움직이는 것도 아니며, 오직 그대들의 마음이 움직이는 것이다."55)라고 말하였다. 이 한 마디는 사람을 매우 놀라게 하였으며, 인종법사의 주의를 끌게 되었다. 인종법사는 불법이 남으로 온 것을 알았으며, 곧 혜능을 위해 머리를 깎아 주었고, 스승으로 섬기도록 하였다. 그리고 지광율사(智光律師)를 청하여 그에게 수계(授戒)하였다. 이때가 의봉(儀鳳) 원년(676)이었으며, 혜능의 나이 39세였다. 법성사는 지금의 광주 광효사(光孝寺)이며 절에는 아직도 예발탑(瘞髮塔), 풍번당(風幡堂) 등의 유적이 남아 있다.

혜능은 출가수계(出家受戒)한 이후, 바로 법성사의 보리수 나무 아래에서 대중들을 위해 동산법문을 열었다. 그 후 얼마 지나지 않아 조계(曹溪)로 돌아가서, 근 40년간 행화(行化)하였으며 제자들이 수천 명에 달하였다. 신수 등의 추천에 의해서 측천무후와 당 중종(中宗)은 모두 혜능을 궁으로 불렀으나, 병을 핑계로 삼아 모두 거절하여 동산법

---

55) 不是風動, 不是幡動, 仁者心動. 종보본(宗寶本) 『단경(壇經)・행유품(行由品)』

문의 산림불교적 특색을 견지하였다고 한다. 혜능의 언행과 교설은 모두 제자들에 의해서 수집되고 정리되어 『단경(壇經)』이라는 한 권의 책으로 편집되었는데, 이는 혜능남종의 대표저작이 되었다. 경(經)이라는 것은 본래 부처의 설법이 담긴 책을 전적으로 가리키는 용어인데, 중국승려의 어록을 경이라고 높여 부르는 것은 유일하게 혜능의 어록 밖에 없다. 여기에서 중국불교사 상에서 혜능의 위치와 영향력이 어느 정도였는지를 알 수 있다.

혜능선의 특색은 즉심즉불(卽心卽佛)과 자재해탈(自在解脫)에서 출발하여, 수행관상에서 식심견성(識心見性)과 돈오성불(頓悟成佛)을 강조한다. 선오(禪悟)를 중시하는 것은 여래선과 조사선의 공통점이다. 어떻게 선오에 도달하는가? 이것은 역대 선사들이 이론과 실천상에서 관심을 가졌던 부분이며, 또한 조사선이 여래선을 계승하고 발전시킨 중요한 부분이다.

달마 이후의 여래선은 『능가경』으로 심인을 전하는 주요 경전으로 삼았다. 여래선은 자교오종을 주장하였는데, 경교(經敎)로써 사람들을 깨닫게 하는 중요 수단으로 삼았다. 5조 홍인 시기에 이르러 수본진심(守本眞心)과 식심자도(識心自度)를 강조하기 시작하였다. 그러나 여전히 경교는 수심(守心)의 중요성과 필요성을 인식하는 데 도움을 주었다. 따라서 자각적으로 식심(識心)하고 수심(守心)하여, 깨달음에 이를 수 있다고 생각하였다. 문자를 모르는 혜능은 바로 자성반야(自性般若)와 중생과 부처가 본래 둘이 아니라는 기초 위에, 더 나아가 달마의 자교오종(藉敎悟宗)을 자사자오(藉師自悟)로 발전시켰다.

혜능이 강조한 자성자도(自性自度)와 자성자오(自性自悟)는 홍인사상을 새롭게 부각시킨 것이다. 홍인도 식심자도(識心自度)를 제기하였지만, 그는 주로 사람들이 "수심(守心)을 요달하여 아는 것이 제일가는 도(道)이다."[56]라고 하였다. 따라서 그는 세속을 따라 명리(名利)를 추구하지 말고, 최선을 다해서 수본진심(守本眞心)할 것을 요구하였다. 혜능은 오히려 사람들이 일상생활 중에서 "생각마다 자성을 스스로 보고"57), "자성의 공덕을 스스로 깨닫고 스스로 닦을 것"58)을 요구하였다. 그는 중생의 본성이 깨달음이므로, "반야는 항상 존재하여, 자성을 떠나지 않는다."59)라고 생각하였다. 다만 마음이 망념을 일으키지 않고, 순간마다 집착하지 않으면, 바로 "지혜 관조를 일으켜, 스스로 부처의 지견을 연다."60)고 할 수 있으며, 중생 본성의 반야지혜가 지혜 관조를 일으키는 것은 문자를 빌릴 수 없는 것이라고 하였다.61) 그래서 개오해탈(開悟解脫)의 관건은 자심(自心)이 망념을 일으키지 않는 데 있으며, 경을 읽어야 하는지의 여부나 경으로 심인(心印)을 전하는 것은 그다지 큰 관계가 없다.

혜능은 사람을 깨달음으로 나아가게 하는 경교의 작용을 절대적으로 배척하지는 않았다. 하지만, 앞에서 말한 것처럼, 그는 단지 문자에 코가 꿰어 끌려 다니지 않고, 마음이 경을 굴리나 경이 마음을 굴려서는 안 된다고 강조하였다. 이는 바로 지거선사(智炬禪師)의 다음과 같은 말과 같다.

> 문자의 속성은 다르고, 법(法)과 법체(法體)는 공(空)하다. 미혹하면 글귀마다 부스럼이고, 깨달으면 문구마다 반야다. 참으로 취하고 버릴 것이 없으니, 무엇이 원만(圓滿)함을 해치겠는가?62)

---

56) 了知守心是第一道.
57) 念念自性自見. 종보본(宗寶本)『단경(壇經)·참회품(懺悔品)』
58) 自悟自修自性功德. 앞의 책.
59) 般若常在, 不離自性. 돈황본(敦煌本)『단경(壇經)』제27절.
60) 起智慧觀照, 自開佛知見. 앞의 책, 제42절.
61) 앞의 책, 28절.
62) 文字性異, 法法體空. 迷則句句瘡疣, 悟則文文般若. 苟無取捨, 何害圓伊?『오등회원(五燈會元)』30권.

그러나 혜능은 밝은 스승의 지적을 이해하는 것을 더욱 중시하였다. 그는 "교는 선성(先聖)이 전한 것이고, 혜능이 스스로 알게 된 것이 아니다."63)라고 생각하였으며, 선성의 뜻을 알지 못할 때, 어떻게 마음이 경을 굴리나 경이 마음을 굴리지 못하게 할 수 있겠는가? 그래서 밝은 스승의 지적이 매우 중요한 것이다. 그는 다음과 같이 말하였다.

> 보리반야지(菩提般若智)는 세인(世人)이 본래 스스로 가지고 있다. 마음이 미혹함을 연해서, 스스로 깨달을 수 없는 것이니, 반드시 대선지식의 가르침을 구하여 성품을 보도록 하라.64)

이는 비록 모든 사람들이 보리달마의 지혜를 본래 가지고 있다고 하더라고, 모두 저절로 스스로 깨달을 수 있는 것이 아님을 설명하는 것이다. 그렇지 않으면, 세계에는 중생은 없고 부처만 있을 것이다. 중생이 스스로 미혹되어 경을 따라서 어지럽게 굴려지면 어떻게 할 것인가? 혜능은 대선지식의 가르침을 구하여 성품을 볼 수 있으면, 자기의 안팎을 밝게 통찰하여, 자성을 돈오할 수 있다고 생각하였다. 따라서 "자성을 밝힐 수 없기 때문에, 선지식을 만나서 참된 법을 열고, 미망을 없애야 한다."65)고 하였다. 자기가 미망(迷妄)에 처해 있을 때, 경을 읽으면 문자에 의해서 자기의 본성이 가로막힐 수 있다. 만약 지혜가 있는 선사의 정확한 지도를 받는다면, 자기의 미망을 없애고, 자성을 돈오할 수 있다.

외연(外緣)의 힘을 빌어서 자기의 본성을 각오(覺悟)하는 것은, 여래선과 조사선의 공통점이다. 그러나 이 외연이 경전인지 스승인지에 따

---

63) 教是先聖所傳, 不是惠能自知.
64) 菩提般若之知, 世人本自有之, 卽緣心迷, 不能自悟, 須求大善知識示道見性. 돈황본(敦煌本)『단경(壇經)』제12절.
65) 自性不能明, 故遇善知識開眞法, 吹却迷妄. 앞의 책. 제20절.

라서 양자가 구별되어 나타난다. 이러한 구별은 혜능남종선이 선학이
론과 선수행의 실천상에서 여래선을 진일보 발전시킬 수 있도록 하였
다.
　그러나 지적할 필요가 있는 것은, 혜능은 자사(藉師)를 강조하는 동
시에 특별히 자오(自悟)를 중시하였다는 사실이다. 혜능의 관점에서 보
면, 외연의 개발은 결국 일종의 보조적 작용일 뿐이며, 그것이 각자 내
심의 자오자도(自悟自度)를 대신할 수 없다. 만약에 스스로 노력하지
않고 다른 사람의 도움을 통해서 해탈에 도달하고자 한다면, 그것은
불가능한 일이다. 외연(外緣)은 변화의 조건이며, 내인(內因)은 변화의
근거이다. 자사(藉師)는 여전히 자오(自悟)에 의지해야 하며, 외연은 반
드시 내인을 통해서 작용이 일어난다. 혜능은 명확하게 다음과 같이
제기하였다.

　　도를 배우는 사람이 보리(菩提)를 돈오(頓悟)하고, 자기의 본성(本性)
　을 문득 깨닫도록 한다. 만약 스스로 깨닫지 못하는 이는, 반드시 대선지
　식을 찾아서, 도를 교시(敎示) 받아 자성을 보아야 한다. 어떤 이를 대선
　지식이라고 하는가? 최상승법을 알고서, 올바른 길을 바로 가르쳐주는
　이가 대선지식이다. …… 삼세제불(三世諸佛)과 십이부경(十二部經)은 모
　두 사람의 성품 가운데 본래 스스로 갖추어져 있다. 스스로 깨닫지 못하
　면, 반드시 선지식을 찾아서 교시를 받고 자성을 보아야 한다. 또한 스스
　로 깨친 이라면, 밖으로 선지식을 빌리지 않는다. 밖으로 선지식을 구하
　여, 해탈을 얻고자 한다면, 이는 옳은 것이 아니다. 자심(自心) 안의 선지
　식을 알면, 곧 해탈을 얻는다. 만약 자심이 바르지 않고 미혹하여, 망념
　(妄念)이 전도(顚倒)되면, 밖에서 선지식의 가르침이 있더라도, 그 가르침
　을 얻을 수 없다.66)

---

66) 令學道者頓悟菩提, 令自本性領悟. 若不能自悟者, 須覓大善知識, 示道見性. 何名大善知
　　識? 解最上乘法, 直示正路, 是大善知識. …… 三世諸佛, 十二部經, 亦在人性中, 本自具
　　有. 不能自悟, 須得善知識示道見性; 若自悟者, 不假外善知識, 若取外求善知識, 望得解

이처럼, 외재적인 계발(啓發)을 자심각오(自心覺悟)의 기초 위에 적용하였다. 모든 사람의 자성자도(自性自度)와 자성각오(自性覺悟)를 부각시키는 것은 남종선의 주요 특색 중의 하나이다. 이는 남종선이 자사자오(藉師自悟)에서 나아가 월조분등선(越祖分燈禪)으로 발전하게 된 중요한 내재적 계기이다.

혜능은 '불립문자(不立文字)와 보리(菩提)는 마음을 향하여 찾는 것'이라는 사상 등에 근거하여, 그는 달마의 자교오종(藉敎悟宗)을 자사자오(藉師自悟)로 발전시켰다. 또한 이론에서 실천에 이르기까지 모두, 동산법문 시기에 출현하였던 조사숭배를 한층 더 부각시켰다. 따라서, 제자를 인도하는 선사의 지위는 나날이 중요성을 더해 갔다. 이것은, 뒤의 사람들이 혜능선을 조사선이라고 하여, 달마의 여래선과 구별하는 중요 원인이 되었다.

조사선과 여래선은 연관이 있다. 혜능이 강조하는 식심견성(識心見性)과 돈오성불(頓悟成佛)의 선법에서 보면, 『능가경』이 설한 여래선과 서로 통한다. 다만, 조사선은 달마 이후의 여래선을 더욱 발전시켰을 뿐이다. 조사선에 있어서, 즉심즉불(卽心卽佛)은 헛되고 실속 없는 환상이 아니며, 선수행자가 선사의 지도 아래 노력하고 추구하는 실질적인 목표가 되었다. 이후 선문 중에서는 수많은 선사들이 활용한 융통성 있고 다채로운 수단으로 제자를 개시(開示)한 이야기들이 전해졌다.

예를 들면, 앞에서 언급하였던 회양은 '기왓장을 아무리 갈아도 거울이 될 수 없듯이, 좌선을 한다고 어찌 부처가 될 수 있겠는가?'라는 말로 마조를 깨우쳐 활연히 개오(開悟)하도록 하였다. 혜능선은 마조에 이르러 크게 성하였다. 마조는 혜능의 선학사상을 계승하고 발전시켰을 뿐만 아니라, 또한 법을 전하고 접기(接機)하는 방식에 있어서 더

脫, 無有是處. 識自心內善知識, 卽得解脫. 若自心邪迷, 妄念顚倒, 外善知識卽有敎授, 救不可得. 앞의 책. 제31절.

두각을 나타내었다. 그는 특별히 일상생활 중에서 사람이 자신의 가치를 발견하고, 모든 사람들이 자기를 아주 진귀한 보물로 생각하도록 계몽하는 것에 주의하였다. 대주혜해(大珠慧海)가 처음 마조를 만나 불법을 구하고자 하였다. 마조가 그에게, "여긴 아무 것도 없는데, 무슨 불법을 구하겠는가? 자신의 집에 있는 보물은 돌보지 않고, 왜 집을 나와 여기 저기 돌아다니는가?"67)라고 말하였다. 혜해는 그 뜻을 이해하지 못하고, "어느 것이 혜해의 보물 창고입니까?"68)라고 물었다. 마조는 "지금 나에게 묻는 것이 바로 너의 보물 창고다. 일체는 갖추어져 있으며, 조금도 부족하지 않으므로, 자재함을 사용하면 된다. 어찌 밖에서 구함을 빌리겠는가?"69)라고 말하였다. 혜해는 마조의 계몽 아래 결국 돈오(頓悟)하였다.

수행자의 상황이 각각 다르므로, 중생 각자의 돈오를 위해, 마조는 접기(接機) 방식에 있어서도 후세에 등장한 기봉봉할(機鋒棒喝)의 선풍(禪風)을 열었다. 방거사(龐居士)가 마조에게, "만법과 더불어 같이 하지 않는 자가 누구입니까?"70)라고 물었다. 마조는 "그대가 서강의 물을 한 입에 마셔 없앤다면 말해주겠다."71)라고 답하였다. 또 어떤 승려가 그에게, "어떻게 해야 도에 합할 수 있습니까?"72)라고 묻자, 마조는 "나도 아직 도에 합하지 못했네."73)라고 대답하였다. 또 "무엇이 조사가 서쪽에서 온 뜻입니까?"74)라고 묻자, 마조는 갑자기 그를 때리면서, "내가 너를 때리지 않는다면, 제방의 사람들이 나를 비웃을

---

67) 我這里一切也無, 求什麼佛法? 自家寶藏不顧, 抛家散走作麼?『오등회원』 3권.
68) 阿那个是慧海寶藏? 앞의 책.
69) 卽今問我者, 是汝寶藏. 一切具足, 更無欠少, 使用自在, 何假外求? 앞의 책.
70) 不與萬法爲侶者是什麼人? 앞의 책.
71) 待汝一口吸盡西江水卽向汝道. 앞의 책.
72) 如何得合道? 앞의 책.
73) 我早不合道. 앞의 책.
74) 如何是西來意? 앞의 책.

것이다."75)라고 말하였다. 백장회해(百丈懷海)가 마조를 만났을 때, 마조가 기세 등등하게 고함을 질러서〔一喝〕 백장은 3일 동안 귀가 먹었다. 또 한 번은 한 무리의 들오리 떼가 날아가고 있었는데, 마조가 그것을 보고 백장에게 "저것이 무엇이냐?"76)라고 물었다. 이에 백장은 "들오리입니다."77)라고 대답하였다. 마조는 다시 "어디로 갔는가?"78)라고 물었다. 백장은 "그냥 날아가 버렸습니다."79)라고 답하였다. 그러자 마조가 느닷없이 백장의 코를 잡아 비틀었으며, 백장은 아파서 자기도 모르게 비명을 질렀다. 이때 마조는 "그래, 날아갔다고 다시 말해봐라."80)고 말하였다. 백장은 이 말에서 깊이 깨달았다.

마조가 민첩하고 준열한 선기로써 학인을 접인한 것은, 주로 배우는 사람들의 알음알이〔情解〕를 끊어버려서 스스로 깨닫게 하기 위해서이다. 이것은 자사자오(藉師自悟)의 정신과 서로 통하는 것이다. 이때 이후, 선사들은 선오(禪語), 화두(話頭), 고함〔喝〕, 때림〔打〕, 불자 들기〔豎拂〕, 원상(圓相) 등의 민첩하고 다변적인 방식을 광범위하게 운용해서, 그때 그때 배우는 사람들이 스스로 깨닫도록 계도하였는데, 이것이 하나의 풍조가 되었다. 이러한 것은 오가칠종(五家七宗) 시기에 남긴 사료(史料)의 어디서나 볼 수 있다. 만약 기봉봉할(機鋒棒喝)의 종교적 허울과 구체적 형식을 벗어버리고, 교학방법상에서 보면, 사람에 따라 가르침을 베풀고〔因人施敎〕, 근기에 따라 계도하는〔隨機啓發〕 정신은 여전히 긍정할 만한 것이다.

조사선이 부각시킨 자사(藉師)와 자오(自悟)의 변증관계는 인간 자

---

75) 我若不打汝, 諸方笑我也. 앞의 책.
76) 是什麽? 앞의 책.
77) 野鴨子. 앞의 책.
78) 甚處去也? 앞의 책.
79) 飛過去也. 앞의 책.
80) 又道飛過去也. 앞의 책.

신에 대한 긍정을 내포하고 있다. 선사의 작용은 바로 학인(學人)을 인도하여, 지금 여기서 말하고 행동하는 중에서, 자기가 본래 부처이고, 부처는 바로 자연스럽게 존재하는 자신 전체임을 증오하도록 인도하는 것이다. 즉, "모든 마음이 부처이고, 모든 부처가 사람이며, 사람과 부처는 다르지 않다."[81]는 것을 증오하도록 하는 것이다. 다만, "처하는 곳마다 자재(自在)하면"[82], 곧 "불지(佛地)에 오르는"[83] 것이다. 이러한 선법이 광범위하게 유전될 수 있었던 것은 분명히 우연이 아니다.

3. 관심간정(觀心看淨)과 북종선

홍인 문하에서 가장 먼저 홍기한 것은 혜능남종선이 아니라 바로 신수북종선이다. 일반적으로 신수북종이 달마 이후 여래선의 특색을 더욱 많이 계승하였다고 여긴다.

북종의 창시자인 신수(神秀; 606-706)는 속성이 이(李)이고 개봉(開封) 위씨(尉氏; 지금의 河南 尉氏縣) 사람이다. 그는 어려서부터 경사(經史)를 보아서 박학다식하였으며, 뜻을 펼치기 위해서 출가하여 머리를 깎고 수법(受法)하였다. 그는 노장현학과 불교삼장 등 통달하지 않은 것이 없었다. 이후에 신주 쌍봉산 동산사(東山寺)에서 오조 홍인을 만나, 자기의 진정한 스승이라고 탄복하였다. 홍인도 신수를 매우 신임하여, "동산의 법은, 모두 신수에게 있다."[84]라고 하였다. 또한 그를 상좌

---

81) 全心卽佛, 全佛卽人, 人佛無異.
82) 處處自在. 『오등회원(五燈會元)』 3권.
83) 便登佛地. 앞의 책.
84) 東山之法, 盡在秀矣. 장설(張說)의 『대통선사비(大通禪師碑)』

(上座)에 임명하였고, 교수사(敎授師)로 삼았다. 홍인이 입적한 이후, 신수는 형주(荊州) 당양산(當陽山) 옥천사(玉泉寺)에 머물면서 법을 전하였는데, 천하의 승려들이 소문을 듣고 사방에서 모여들었다. 구시년(久視; 700년, 일설에는 大足元年인 701년)에 측천무후는 신수에게 입경(入京)을 명하였다. 무후는 "신수가 가마를 타고 입궐하자, 친히 무릎을 굽혀 예를 올렸다. 도량에 보시하여 풍족하게 하였으며, 때때로 찾아서 도를 물었다. …… 왕공(王公) 이하, 낙양의 사대부는 다투어 찾아와 예를 올렸는데, 그 수는 먼지만큼이나 많았으며, 날마다 만을 헤아렸다. 중종 효화제가 즉위하자, 그를 더욱 받들고 중히 여겼다."[85] 신수는 "마침내 양경(兩京)의 법주이자, 삼제(三帝)의 국사가 되었으며"[86], 산림 속에서 나와 입경하여 조정과 귀족 속에서 활동하였다. 그는 황실의 존숭(尊崇)과 예우를 받았으며, 동산법문의 산림불교적 특색을 변화시켰을 뿐만 아니라 북종선의 사회적 영향을 넓혔다. 신수는 신룡(神龍) 2년(706)에 입적하였으며, 대통선사(大通禪師)라는 시호를 받았다.

신수는 홍인의 10대 제자 중의 한 사람으로서, 그 자신의 뛰어난 재능으로 홍인의 수많은 제자 중에서 특수한 지위에 올랐으며, 선학의 이론가로 공인되었다. 홍인이 법사(法嗣)를 선발하여 법(法)과 가사를 전할 6조를 정할 때, 대중들은 한결같이 교수사(敎授師)인 신수 상좌가 법과 가사를 받을 것이라고 생각하였다. 여기에서 당시 홍인의 문하에서 신수의 지위와 명망이 어느 정도였는지를 알 수 있다. 홍인 이후, 신수계는 북방의 숭산과 낙양 지역에서 성행하였다. 달마 이래의 여래선은 신수를 대표로 하는 북종과 혜능을 대표로 하는 남종의 양대 분

---

85) 肩輿上殿, 親加跪禮, 內道場豐其供施, 時時問道. …… 時王公已下, 京邑士庶, 競至禮謁, 望塵拜伏, 日有萬計. 洎中宗孝和帝卽位, 尤加寵重. 『송고승전(宋高僧傳)』 8권 「신수전(神秀傳)」

86) 遂推爲兩京法主, 三帝國師. 앞의 책.

파로 발전하였다.

 신수북종은 동산법문의 전통을 계승하여, "『능가』를 수지하고 받들어, 심요(心要)로 삼았다."87)고 하였다. 이옹(李邕)의 『대조선사탑명(大照禪師塔銘)』에서도, 보적(普寂)이 신수를 참알하자, 신수는 "먼저 『사익』을 보게 하고, 다음으로 『능가』를 보게 하였다. 그 까닭은 이 2부의 경전이 선학의 종요(宗要)이기 때문이다."88)라고 기록하였다. 정각의 『능가사자기』에서도, 홍인이 "나는 신수와 『능가경』을 논하였는데, 그는 현리(玄理)를 빠르게 이해하여서, 사람들에게 많은 이익을 줄 것이다."89)라는 말을 기록하였다. 이러한 것은 신수계의 선법이 『능가경』과 밀접한 관계가 있음을 나타내는 것이다. 그러나 총체적으로 보면, 신수의 선법은 주로 『대승기신론』의 사상에 근거하여 이루어진 것이며, 방편법문으로 상당한 정도의 반야사상을 융입하였다. 『능가사자기』에서 인용한 『능가인법지(楞伽人法志)』에 의하면, 신수도 황제에게 자기가 이어 받은 것은 『문수설반야경』에 의지하는 일행삼매라고 표명하였다.

 비록 사전(史傳)상에 신수의 선법에 관한 간략한 기록이 있지만, 각종 기록은 선학과 관련된 신수의 전문적인 저작이 세상에 존재하는지 언급하지 않았다. 『능가사자기』에, 신수는 "선등을 묵묵히 비추었으며, 언어로 나타낼 수 없고, 심행(心行)이 멸하였으며, 문자로 기록하지 않았다."90)고 분명하게 언급하였으며, 세상에 유전한 신수의 저작이 있었음을 부정하였다. 그러나 근대에 발굴된 돈황석굴(敦煌石窟) 장경동(藏經洞)의 돈황 경전군 중에 신수가 지은 것으로 생각되는 몇 권의 판본이 발견되었다. 그것은 모두 제자들에 의해서 기록되고 정리된 것

---

87) 持奉楞伽, 遞爲心要. 장설(張說) 『대통선사비(大通禪師碑)』
88) 令看思益, 次楞伽, 因而告曰: 此兩部經, 禪學所宗要者.
89) 我與神秀, 論『楞伽經』, 玄理通快, 必多利益.
90) 禪燈默照, 言語道斷, 心行處滅, 不出文記.

으로 보이며, 신수북종의 선법을 대표할 수 있는 것으로 여겨진다. 그 중에 『대승무생방편문(大乘無生方便門)』과 『북종오방편문(北宗五方便門)』과 『관심론(觀心論)』 등이 있다. 이들 자료를 참고하고 기타 다른 자료들을 종합하면, 신수의 선법을 대체적으로 알 수 있다고 본다.

신수북종의 선법은 주로 『대승기신론』의 일심이문(一心二門)에 의지하여 이론을 내세웠다. 그 내용은 대체로 두 가지 방면이 있는데, 하나는 관심(觀心)의 선학이론이고, 다른 하나는 오종 방편법문(方便法門)이다. 전자는 홍인의 수본진심(守本眞心)의 이론을 중점적으로 발휘하였으며, 후자는 도신의 수심오방편(修心五方便)을 발휘한 것이다.

신수의 『관심론』은 체용상즉(體用相卽)에서 출발하여, 진심(眞心)과 망심(妄心)의 근원이 같고 서로 상생(相生)하지 않음을 논증하였다. 또한 식망수심(息妄修心)의 관심(觀心) 수행법의 가능성과 필요성을 한층 더 강조하였다. 『관심론』은 행(行)에 근거하여 홍인의 수본진심(守本眞心)을 발휘하였다고 말할 수 있다. 그 중에서 다음과 같이 제기하였다.

> 마음은 만법의 근본이다. 일체 제법은 오직 마음이 낳은 것이다. 만약 마음을 요달하면, 만행이 갖추어진다.[91]

마음은 만법의 근본이며, 만화(萬化)의 근원이다. 따라서, 오직 관심법(觀心法)과 총섭제행(總攝諸行)이 불도를 구하기 위한 가장 요긴한 수행방법인 것이다. 신수는 또한 마음은 염정(染淨)이 일어나는 두 마음이 있다는 도리를 특별히 강조하였다. 그는 청정한 진여(眞如)의 마음과 오염된 무명(無明)의 마음은 모두 사람이 본래부터 갖추고 있는 것이라고 생각하였다. 깨끗한 마음(淨心)은 항항 선업을 좋아하고, 오

---

91) 心者, 萬法之根本也. 一切諸法, 唯心所生, 若能了心, 萬行具備.

염된 마음[染心]은 늘 악업(惡業)을 생각한다. 깨끗한 마음에 의지하면 모든 고뇌에서 벗어나 영원한 즐거움을 누릴 수 있지만, 오염된 마음을 따르면 삼계에 빠져 각종 고통을 받는다. 그래서 자심(自心)은 모든 선(禪)의 근원일 뿐만 아니라, 또한 모든 악의 주체이다. 관심(觀心)의 법은 바로 헛됨을 없애고 참됨을 드러내며, 오염을 제거하고 깨끗함을 돌이키고, 마음을 거두어 깨끗함을 지키는 것이며, 이렇게 해서 모든 고통이 단멸되어, 자연 해탈하는 것이다.[92] 그는 중생이 "마음은 출세간의 문이고, 마음은 해탈의 관건이다."[93]는 도리를 알고 있으면, 자각적으로 관심수행(觀心修行)을 할 수 있다고 생각하였다. 또한 신수의 관심론은 진여의 실체가 무명망심(無明妄心)으로 가려져 있기 때문에, 중생이 윤회하여 고통을 받는다는 견해를 제기하였다. 따라서 그의 선법 중심은 망심을 제거하는 점수적 특색에 있음을 알 수 있다. 그는 사람들이 시시각각 주의하여 자기의 감정과 욕망을 없애고, 언제나 물욕이 사람의 마음에 침입하는 것을 막도록 하였다. 또한 그는 진세(塵世) 생활의 가치와 의의(意義)를 부정하는 것을 통해서 심지(心地)의 자연청정(自然淸淨)을 지킬 것을 요구하였다. 이는 종교금욕주의의 경향을 나타낸 것이다. 바로 그의 유명한 게송인, "몸은 보리수이고, 마음은 밝은 거울과 같으니, 때때로 부지런히 털고 닦아서, 진애(塵埃)를 없게 하네."라는 말에서, 정욕과 물욕을 없애고, 청정한 본연의 마음을 회복하고 지키는 것을 인생의 제일 요지로 삼았다. 이러한 의의상에서, 이후 종밀은 『선원제전집도서(禪源諸詮集都序)』에서 신수북종의 선법을 식망수심종(息妄修心宗)에 포함시켰다. 그는 다음과 같이 말하였다.

식망수심종은, 중생이 비록 본래 불성(佛性)을 갖고 있으나, 오랜 세월

---

92) 去妄顯眞, 除染還淨, 攝心守淨, 從而斷滅諸苦, 自然解脫.
93) 心爲出世之門戶, 心是解脫之關津.

무명(無明)으로 덮여 있어 볼 수가 없기 때문에, 생사(生死)에 윤회(輪廻)한다고 설한다. 제불은 이미 망상을 끊었기 때문에, 성품을 보아 밝은 것이며, 생사를 벗어나고, 신통이 자재한 것이다. 범부와 성인의 효용이 같지 않음을 알아야 한다. 외경(外境)과 내심(內心)은 각각 구분이 있기 때문에, 반드시 스승의 가르침에 따라, 외경을 뒤로 하고, 마음을 관(觀)해야 한다. 망념(妄念)을 그쳐서 없애고, 염(念)이 다하면 깨달으니, 모르는 바가 없다. 마치 거울에 때가 묻어 잘 보이지 않으면, 반드시 부지런히 털어서, 때가 없어져서 밝음이 드러나, 곧 모든 것을 비추는 것과 같다. 또한 반드시 선경에 취입하는 방편을 밝게 알아야 한다. 심란(心亂)하고 번잡함을 멀리 여의고, 한가로운 정처(靜處)에서 몸과 마음을 고르며, 가부좌하여 고요히 한다. 혀는 입천장에 붙이고, 마음은 하나의 경계에 집중한다. 남선(南詵), 북수(北秀), 보당(保唐), 선습(宣什) 등의 문하는 모두 이 유형이다.94)

여기에서 알 수 있는 것은, 신수북종은 확실히 전통여래선의 선법을 비교적 많이 계승하였다는 것이다. 그것이 의지하는 것은 사람들이 본래 가지고 있는 청정심(淸淨心)이며, 또한 '스승의 가르침에 따라, 외경을 뒤로 하고, 마음을 관(觀)'하는 점수이다.

관심(觀心)·섭심(攝心)·거제염악(去除染惡)의 중요성과 필요성을 강조한 이후, 신수는 또 관심(觀心)과 염불(念佛)을 함께 연관지었다. 그는『대승기신론(大乘起信論)』의 사상에 의지하여, 염불을 "마음의 근원을 살펴 깨닫고, 악(惡)이 일어나지 않게 하며"95), 자심의 청정함을 깨닫는 것으로 해석하였다. 여기의 마음은 바로 자성청정심이며, 또한

---

94) 息妄修心宗者, 說衆生雖本有佛性, 而無始無明覆之不見, 故輪回生死. 諸佛已斷妄想, 故見性了了, 出離生死, 神通自在. 當知凡聖功用不同, 外境內心各有分限, 故須依師言敎, 背境觀心, 息滅妄念. 念盡卽覺悟, 無所不知. 如鏡昏塵, 須勤勤拂拭, 塵盡明現, 卽無所不照. 又須明解趣入禪境方便, 遠離憒鬧, 住閑靜處, 調身調息, 跏趺宴默, 舌拄上齶, 心注一境. 南詵, 北秀, 保唐, 宣什等門下, 皆此類也.
95) 覺察心源, 勿令起惡.

본각(本覺)의 진여 본체이다. 신수가 이러한 마음을 부처와 동일시할 때, 그가 말한 염불은 사실상 바로 마음을 관하고 깨끗함을 살피는[觀心看淨] 것이다. 이러한 염불은 밖으로 향하여 부처를 구하는 것에서 자심을 되돌아보는 것으로 방향을 바꾸었다. 형식상에서 보면, 도신의 "염불(念佛)이 곧 염심(念心)이다."96)는 사상을 계승한 것이다. 또한 내용상에서 보면, 홍인의 수본진심(守本眞心)의 이론을 더욱 더 발휘한 것이다.

이렇게 자신을 돌이켜 내면으로 향하고, 제행을 총섭(總攝)하는 관심론에 근거하여, 신수는 "절을 짓고, 형상을 만들며, 향을 사르고, 꽃을 뿌리며, 장명등(長明燈)을 켜는"97) 등의 외재하는 형식적인 행위로 불도를 추구하는 것에 반대하였다. 그는 "재물을 많이 써서, 산해진미를 많이 쌓아 놓고, 헛되이 형상과 탑을 조성하는"98) 것 등은 모두 바름을 등지고 바르지 못함으로 돌아가는[背正歸邪] 행위이며, "진성(眞性)에는 조금도 이익이 없다."99)고 생각하였다. 이처럼, 신수선법의 특색은 밖에서 애써 구하지 않고, 자심 위에서 수련하는 것이다. 이것과 혜능남종이 강조한 "절을 짓고 보시하고 공양하는 것은 단지 복을 닦는 것이다. 복은 공덕이 될 수 없다."100)는 것은 서로 일치한다. 이는 동산 문하에서 다양한 각도로, 여래선이 중시하는 수선(修禪)의 전통을 공통적으로 발전시켰음을 나타내는 것이다. 이것은 동시에 동산 문하에서 심성의 돈오를 중시하는 것과 일치하며, 신수의 관심법문도 돈오를 주장하였다. 이를 위해서 신수는 이론상에서 전문적으로 설명하였

---

96) 念佛卽是念心.
97) 修伽藍, 鑄形像, 燒香, 散花, 燃長明燈.
98) 廣費財寶, 多積水陸, 妄營像塔.
99) 修伽藍, 鑄形像, 燒香, 散花, 燃長明燈, 廣費財寶, 多積水陸, 妄營像塔, 背正歸邪, 于眞性一無利益." 『觀心論』.
100) 造寺布施供養, 只是修福, 不可將福以爲功德. 돈황본(敦煌本) 『단경(壇經)』 제34절.

다. 그는 부처가 말한 삼대아승지겁(三大阿僧祗劫)을 삼독심(三毒心)으로 해석하였다. 따라서 관심(觀心)을 통해서 일념 중의 삼독심(三毒心)을 제거하는 것이 바로 삼대아승지겁을 제도하는 것이라고 여겼다. 이렇게 해서, 요원한 미래에 있는 해탈을 현실세계로 옮겨 놓았다. 다만, 신수는 돈오를 언급하면서 동시에 마음에 의지하는 점수를 강조하였다. 그는 때때로 밝은 거울을 닦아서 먼지가 끼지 않도록 하는 것처럼, 언제나 자기 본각의 진심을 지켜야 한다고 보았다. 또한 그는 '스승의 가르침에 따라, 외경을 뒤로 하고', '망념을 식멸한다.'고 하여, 돈오를 점수의 기초 위에 배치하였다. 그렇기 때문에 신수가 말하는 돈오와 혜능이 말하는 돈오는 다른 점이 있다. 신수선이 말하는 돈오는 점수의 각종 관심의 선정방편법문의 기초 위에서 건립된 것이고, 혜능선처럼 직료견성(直了見性)과 당하즉시(當下卽是)를 주장하지 않는다. 신수의 점수돈오설은 『능가경』의 사상을 더욱 계승하고 발휘한 것이다.

  제기할 필요가 있는 것은, 신수와 혜능 시기의 돈점(頓漸)은 단지 서로 다른 선법이 나타내는 각기 다른 경향일 뿐이었다. 이때의 돈점은 분명하게 나누어지지 않았으며, 심지어 계파의 논쟁으로까지 대립되지도 않았다. 이후에 혜능의 제자 신회가 북으로 가서 신수북종의 법문이 점법(漸法)이라고 공격하자, 사람들은 비로소 남돈북점으로 남북선종 선법의 특징을 구별하기 시작하였다. 여기에 대해서 근대의 어떤 학자는 남종도 점수를 버리지 않았고, 북종도 돈오를 주장하였으므로, 선종을 남돈북점으로 구분하는 것에 반대하였으며, 그러한 구분은 적절하지 않다고 여겼다.101) 우리는 이러한 견해에 동의한다. 역사적으로 보면, 신수와 혜능의 시대에 그들은 결코 돈점(頓漸)으로 대립하지 않았다. 만약 남북선종의 입각점에서 보면, 남돈북점(南頓北漸)으로

---

101) 『중국사상통사(中國思想通史)』, 후외려(侯外廬) 주편, 제4권, 상, 인민출판사, 1959년판, 270쪽.

남북선종의 선법 차이를 나타내어서, 남종이 돈오를 중시하고, 북종이 점수를 중시하였다고 말하는 것은 합당하지 않다.

종밀은 『원각경대소초』에서 불진간정(拂塵看淨)과 방편통경(方便通經)으로 신수북종의 선법특색을 개괄하였다. 불진간정은 바로 언제나 부지런히 먼지를 털고 닦는 관심수심(觀心守心)이다. 그렇다면 방편통경은 무슨 뜻인가? 여기서 방편(方便)은 신수가 도신 이래의 오종방편 선법을 계승한 것을 말하고, 통경(通經)은 바로 신수가 방편과 경교를 진일보하여 회통한 것을 가리킨다. 구체적인 내용은 다음과 같다.

첫째, 불체를 밝히는 것〔總彰佛體〕이다. 이것은 『대승기신론』의 심체본각(心體本覺)의 입론에 근거한다. 중생은 모두 본각진심(本覺眞心)이 있는데, 무명망념(無明妄念)에 의해 가려지고 덮여져 알지 못한다는 것이다. 따라서, 심체(心體)가 생각을 떠나면〔離念〕, 바로 본각(本覺)을 회복하고, 깨달아 부처가 되는 것이다. 따라서, 총창불체(總彰佛體)는 무념문(無念門)이라고도 한다. 둘째, 지혜를 여는 문〔開智慧門〕이다. 이는 『법화경』에 의지하여, "부처의 지견(智見)을 열어 보이고 깨달음에 들게 하는"102) 것이다. 여기서 말하는 것은 정(定)으로 말미암아 혜(慧)를 발하는 방편이다. 즉, 본각의 심체가 부동(不動)하고 무념(無念)하여서 부처의 지견〔佛知見〕의 쓰임〔用〕을 얻는 것이다. 따라서, 이 문을 부동문(不動門)이라고도 한다. 셋째, 불가사의함을 나타내는 문〔顯不思議門〕이다. 이는 『유마경』에 의지해서 관심(觀心)과 수심(守心)으로부터 불가사의한 해탈의 경지에 이르는 것을 말한다. 넷째, 제법의 바른 성품을 밝히는 문〔明諸法正性門〕이다. 이는 『사익범천소문경(思益梵天所問經)』에 의지해서, 일체의 법은 언제나 평등하여 제법의 바른 성품을 나타내므로, 이러한 제법의 바른 성품을 밝혀서 심식이 일

---

102) 第二開智慧門, 依法華經開示悟入佛知見也. 종밀(宗密) 『원각경대소초(圓覺經大疏鈔)』 3권, 하.

어나지 않고, 심식이 일어나지 않아서 지혜의 쓰임을 얻으며, 따라서 불도를 성취하게 된다는 것을 강조한 것이다. 다섯째, 자연과 다름없는 무애해탈을 요달하는 문〔了無異自然無碍解脫門〕이다. 이는『화엄경』의 원융무애(圓融無碍)의 사상에 의지해서, 각종 선수행의 방편과 깨달음의 대상 경계를 모두 자심 가운데로 융섭시켜서, 마음이 분별이 없으면 곧 일체법이 다름이 없으므로, 자연히 무애해탈할 수 있다고 여기는 것이다.

신수의 다섯 가지 방편에서, 우리는 그 내용이 관심선법의 전개를 벗어나지 않았으며 그 이론의 근거는 바로『대승기신론』의 일심이문체용설(一心二門體用說)을 벗어나지 않았다는 것을 알 수 있다. 만약에 신수의 관심론이 마음의 체용에 대한 이해를 통해서 관심수심(觀心守心)의 필요성을 강조하였다면, 오방편(五方便)은 바로 체용불이(體用不二)설이 선수행의 실천 중에서 구체적으로 관철된 것이다.『능가사자기』는 신수의 말을 인용하여, "나의 도법(道法)은 모두 체용(體用) 두 차에 모아진다."103)라고 하였다. 우리의 분석에 의하면, 체용의 두 자로 신수 선법의 강령을 확실히 이해할 수 있다고 생각한다.

신수북종과 혜능남종은 모두 동산법문의 전통을 계승하여, 마음에 의지하여 이론을 내세웠고, 자심(自心)을 통하여 깨달음에 도달할 것을 강조하였다. 하지만, 마음에 대한 이해가 달라서, 어떻게 마음을 닦아야 하는가에 따라 크게 달라졌으며, 아울러 수행방법상에서의 차이를 초래하였다.

신수선이 말하는 마음은 본각의 진심을 가리킨다. 이는 하나의 청정한 심체의 존재를 긍정하는 것이며, 망념정욕(妄念情欲)이 항상 그것을 오염시킬 수 있다고 생각하였다. 혜능선이 말하는 마음은 바로 지금

---

103) 我之道法, 總會歸體用兩字.

당장의 현실적인 순간마다의 일념심(一念心)을 가리킨다. 그는 마음이 언제나 유동하고 변화하는 가운데 놓여 있으므로, 망념(妄念)이 없는 것이 바로 참[眞]이고, 망정(妄情)이 없는 것이 바로 자연이라고 생각하였다. 이렇기 때문에, 그는 관(觀)할 수 있고, 수행할 수 있으며, 털고 닦을 수 있는 청정심이란 존재하지 않는다고 보았다. 이와 같이 수심(修心)의 유무(有無)는 신수선과 혜능선의 근본적인 차이가 되었다. 여기에서 출발하여, 마음을 수행하는 방법상에서 두 선법은 서로 다르게 주장하고 있다. 즉, 신수는 "망념을 떠나고 정욕을 제거하며, 증득함이 있고 닦음이 있으며"104), "마음을 관하고 깨끗함을 살피며, 때때로 털고 닦는"105) 점수(漸修)를 통한 청정심의 깨달음을 주장하였다. 혜능은 "무념(無念)으로 정욕(情欲)을 그치며, 증득함도 닦음도 없다."106)고 주장하였다. 그는 진심(眞心)과 망심(妄心)은 모두 지금 당장의 일념심(一念心)에서 벗어나지 않는다고 보았다. 또한 마음을 일으켜 수증(修證)함이 있는 것은 바로 마음에 함이 있는 것이기[安心有爲] 때문에, 도리어 청정한 본연의 마음을 잃어버린다고 주장하였다. 따라서 그는 신수북종의 기심간정(起心看淨)의 수행법을 비판하였다. 즉, 혜능은 "만약 간정(看淨)을 말하자면, 사람의 성품은 본래 깨끗한데, 망념이 진여(眞如)를 덮고 있다. 따라서 망념을 떠나면, 본성은 깨끗해진다. 자성이 본래 깨끗함을 보지 못하고서, 마음을 일으켜 간정(看淨)하면, 오히려 정망(淨妄)이 일어난다. 허망함은 있는 곳이 없다. 이런 까닭에 살핀다고 하는 것[看]은 오히려 허망함을 알아야 한다. 깨끗함은 형상이 없는데, 오히려 깨끗하다는 상[淨相]을 세워서, 이것을 공부라고 말하고, 이렇게 지어서 보는 자는, 본성에 걸림이 있어, 오히려

---

104) 離念去情, 有證有修.
105) 觀心看淨, 時時勤拂拭.
106) 無念息情, 無證無修.

깨끗함에 묶이게 된다."107)라고 보았다. 남종문하에서 혜능의 득법게(得法渴)인, "보리(菩提)는 본래 나무가 없으며, 밝은 거울도 그 받침이 없다. 불성(佛性)은 항상 청정한데, 어디에 진애(塵埃)가 끼겠는가."108)라는 게송이 널리 유행하였다. 이 게송은 남종선법의 특색을 아주 생동감 있게 설명하고 있다. 단지 자심(自心)으로 하여금 무상(無相)·무념(無念)·무주(無住) 가운데서 자연에 맡겨 따르는 것〔自然任運〕이 바로 해탈의 근본인 것이다.

　남북선종의 두 선법이 사회에 끼친 영향에 대해 말하자면 다음과 같다. 신수북종은 전통불교의 수행방법을 더 많이 유지하고 있어서 일정한 수행형식을 중시하였다. 따라서 항상 부지런히 수행하고, 물질적인 이익을 버려서 정신상의 초월과 해탈을 추구하도록 하였다. 이것은 의심의 여지없이 믿음이 두터운 신도들에게 상당한 흡인력을 갖고 있었다. 그들은 때때로 털고 닦으면서 끊임없이 자기의 종교신앙을 견고히 하였으며, 자기의 종교감정을 고취하였고, 돈오 시기의 도래를 위해 노력하였다. 반면, 혜능남종선은 중국의 노장 자연주의 철학과 인생관을 더 많이 융입하였다. 따라서 좌선에 집착하고, 경을 읽는 등의 형식에 반대하였으며, 마음이 생각을 일으키지 않을 것과〔心不起念〕, 심지어 정욕(情欲)을 끊는다는 생각조차도 일으키지 말 것을 강조하였다. 단지 자연에 맡겨 인연에 따르는 생활, 즉 배고프면 먹고, 잠오면 자는 것으로, 사람이 근본적으로 가지고 있는 원만자족(圓滿自足)의 본심을 유지하도록 하였다. 표면적으로 보면, 혜능선은 행주좌와(行住坐臥)가 모두 선이므로, 자연적인 본성에 따라 생활할 것을 강조한다. 이것은 마치 인생에 대한 변혁과 사람의 욕망에 대한 속박을 느슨하게 하는

---

107) 若言看淨, 人性本淨, 爲安念故, 蓋覆眞如, 離妄念, 本性淨. 不見自性本淨, 起心看淨, 却生淨妄, 妄無處所, 故知看者却是妄也. 淨無形相, 却立淨相, 言是功夫, 作此見者, 障自本性, 却被淨縛』돈황본(敦煌本)『단경(壇經)』제18절.
108) 菩提本無樹, 明鏡亦非臺;本來無一物, 何處惹塵埃.

것처럼 보인다. 하지만 이는 실제로 혜능이 지금 당장의 매 일념심(一念心) 위에, 망념이 일어나는 것을 철저히 단절시키도록 한 말이다. 그 종교금욕주의는 신수선과 비교해서 더했으면 더했지 덜하지는 않다. 그래서 혜능남종선의 자연주의 경향을 분석할 때, 혜능의 신분이 종교인이라는 것을 잊어서는 안 되며, 그 선법의 특징이 만들어낸 부정적인 영향도 무시할 수 없다.

신수북종선은 황제의 지지 아래 한 때 크게 성행하여, 홍인 문하에서 가장 세력이 있는 한 종파가 되었다. 하지만, 얼마 후 혜능남종선에 그 자리를 양보하였다. 그 이유는 혜능선이 가지고 있는 간단하고 쉬운 법문과 반전통적인 특색이 많은 신도들을 매료시켰기 때문이다. 이뿐만 아니라, 혜능선이 정치와 결탁하지 않고, 도시와 왕실에서 멀리 떨어져서, 산림불교의 선풍과 속세를 초월하는 생활태도를 계속해서 유지하였기 때문이다. 이는 그 교단의 지속적 발전을 위한 기초를 견고히 하였다. 중당(中唐) 이후 혜능선계는 대성황을 이루었는데, 그 세력은 매우 커졌고, 범위는 매우 광대하였으며, 북종의 지위를 완전히 대체하여 선문 중의 유일한 정종(正宗)이 되었다. 이후에 혜능남종 문하는 또 강서 마조(馬祖)와 호남 석두(石頭)의 양대파를 배출하였다. 또한 계속적인 변화와 발전을 거듭하여 오가칠종(五家七宗)이 출현하였으며, 전국에 거대한 규모를 형성하였다. 결국 "무릇 선은 모두 조계(曹溪)를 근본으로 한다."109)는 것처럼, 혜능선이 중국선종의 주류가 되었다. 혜능선의 영향력이 신수선을 덮어버릴 때, 여래선도 조사선으로 대체되어 역사의 무대에서 점점 사라져 갔다.

---

109) 凡言禪, 皆本曹溪. 유종원(柳宗元)『조계대감선사비(曹溪大鑑禪師碑)』

4. 여래선・조사선과 선문제자

　중국선사상에서 여래선과 조사선이라는 이 두 가지 개념의 사용은 통일적이지 않다. 특히 근대 이후 사람들은 조사선을 제기할 때, 혜능 남종선을 조사선이라고도 하고, 혹은 혜능 문하의 선을 조사선이라고도 하였다. 여래선은 주로 달마계의 선을 가리켰지만, 혜능선을 포함하는가의 여부도 일치하지 않는다. 불교 본래의 뜻에서 말하자면, 여래선은 외도(外道)와 이승보살(二乘菩薩)이 행하는 제불여래선(諸佛如來禪)과 구별된다. 이는 중국선사상에서 달마 문하에서 처음 전개되어 전해진 선을 가리켰으며 혜능선을 포함하였다. 이후 그것은 조사선과 상대되는 뜻이 되어 다시는 혜능선을 포함하지 않았다. 학자들의 여러 가지 견해들이 병존하는 상황 아래, 우리가 말하는 여래선은 보리달마에서 신수선에 이르는 선을 가리키고, 또한 조사선은 바로 혜능선을 가리킨다.
　우리는 조사선과 여래선의 대립을 주장하지 않는다. 선문 중에서도 사실상 혜능선과 달마선을 대립시킨 견해가 나타나지 않았다. 남북선종이라고 하더라도 공통점이 전혀 없는 것은 아니다. 반면, 그들이 내수심오(內修心悟)를 중시하고, 정혜등학(定慧等學)을 주장하는 것 등의 여러 면에서 모두 동산법문 이후 달마계 선의 보편적인 발전추세를 나타내었다. 이른바 "돈점(頓漸) 문하는 만나면 서로 원수를 보는 듯 하였고, 남북종은 초(楚)와 한(漢)이 서로 대치하는 것 같았다."110)는 것은 대부분 파벌 싸움과 법통의 다툼 때문에 일어난 것이다. 그래서 우리는 남북선종을 여래선이 동산 문하에까지 발전한 이후에 출현한 양

---

110) 頓漸門下, 相見如仇讎, 南北宗中, 相敵如楚漢. 종밀(宗密)『선원제전집도서』

대 분파라고 생각한다. 또한 그들의 선학사상과 선법방편상에서의 차이는 여래선계 중에 줄곧 존재하던 반야무상(般若無相)과 능가심성(楞伽心性)의 두 가지 경향에 대해서 서로 다르게 해석한 결과라고 본다. 신수북종은 능가청정심(楞伽淸淨心)에 더 많이 의지하였고, 혜능남종은 반야의 무소득(無所得)을 더 부각시켰다. 그들은 모두 중국선종의 다양한 특색을 구성하였으며, 서로 다른 방면에서 사회와 일부 민중의 요구에 부합하였다.

   남북선종의 대립과 분쟁은 주로 신회에서 시작되었다. 이와 관련된 기록에 의하면, 홍인의 많은 제자는 각 지역으로 퍼져서 널리 홍화(弘化)하였다. 그들은 사람과 지역에 따라, 교화하는 것이 달라서 선법과 선풍상에서 점점 차이를 보이기 시작하였으며, 나아가 서로 다른 학파를 형성하였다. 그러나 처음에는 각파 사이에 얽힌 편견이 그렇게 깊지 않았고, 법통의 경쟁도 격렬하지 않았다. 이후에 물과 불의 관계처럼 되었던 남능북수 사이에도 서로 공격하고 배척하는 일은 없었다. 기록에 의하면, 신수와 노안(老安) 등이 황실의 예우를 받고 있을 때, 그들은 여러 차례 혜능을 조정에 추천하였으며, 더욱이 자기의 제자를 혜능에게 소개하여 선수행을 배우도록 하였다. 개원(開元) 8년(720)에 신회는 북쪽에서 혜능선을 전하였으며, 더욱이 혜능을 위해 6조의 정통을 다투었다. 당시 실제로 신회가 홍인 문하의 주맥으로 공인되었던 신수선계를 공격한 이후, 상황은 근본적인 변화를 일으켰다. 신회는 남양(南陽)에 10년간 살면서 혜능의 선을 널리 전하였을 뿐만 아니라, 혜능의 득법수의(得法受衣)의 일을 대대적으로 선전하기 시작했다. 신회의 살기 등등한 공세에 대해, 숭산과 낙양 일대를 근거로 하는 신수 문하는 당연히 자기들의 약점을 남에게 보이고 싶어하지 않았다. 그래서 그들은, "보적선사(普寂禪師)가 숭산에서 비명을 세울 때, 칠조당(七祖堂)을 만들고, 『법보기(法寶紀)』를 지어서, 7대를 나열하였는데,

혜능선사는 보이지 않았다."111)는 등의 내용을 주장하였다. 이는 분명히 신회의 공격에 대한 일종의 반응이다.

신회는 혜능의 6조 지위를 확립하기 위해, 개원(開元) 20년(732)을 전후하여 활대(滑臺)에서 혜능남종의 시비사정(是非邪正)에 관한 변론대회를 열었다. 여기서 신회는 신수의 학파를 "전승(傳承)은 방계이고, 법문은 점법이다."112)고 공개적으로 비난하였다. 그는 선문의 사자전수(師資傳授)는 일대(一代)에 단지 한 사람에게만 인정되며, 많은 사람들이 동시에 제6대가 될 수 없다고 주장하였다. 따라서 그는 혜능대사만이 역대조사가 이심전심으로 전한 보리달마의 법과 가사를 얻었기 때문에 진정한 6조라고 강조하였다. 또한 그는 대대적으로 혜능의 돈오법문이 역대조사의 심전(心傳)이라고 선양하였으며, 신수의 점수법문은 그 뜻을 잘 알지 못한다고 폄하하였다. 아울러 그는 북방에서 유행하는 신수계가 함부로 남종이라고 칭하는 것을 허용하지 않았다. 활대(滑臺) 대회 이후, 남돈북점(南頓北漸)은 점점 남능북수 대립의 중요한 지표가 되었다.

이후, 신회와 북종 문인 사이의 투쟁은 점점 격렬해졌다. 서로가 비(碑)를 세워 표지로 삼았을 뿐만 아니라, 스승을 논하고 시조를 정하였다. 게다가 모두 정치세력의 힘을 빌려서 자기를 높이려고 시도하였으며, 심지어 애석하게도 서로를 사지에 몰아넣는 상황에 처하게 되었다. 그래서 신회도 모함에 빠져 조정에 의해 낙양(洛陽)에서 쫓겨났었다. 그후 안사(安史)의 난이 발생하여 신회는 주지도승(主持度僧)으로 천거되어, 향수전(香水錢)을 거두어서 조정의 군비로 충당하였다. 신회는 이렇게 해서 당왕조의 전쟁평정과 왕조의 재건에 큰 공로를 세웠다.

---

111) 普寂禪師在嵩山豎碑銘, 立七祖堂, 修法寶紀, 排七代數, 不見著能禪師. 『보리달마남종정시비론(菩提達摩南宗定是非論)』

112) 傳承是傍, 法門是漸.

따라서 신회는 황제의 신임을 받았으며, 천자의 명령으로 입궁하여 공양을 받았다. 신회는 입적한 후에 진종대사(眞宗大師)라는 시호를 받았다. "정원(貞元) 10년(796), 황태자의 명령으로 모든 선사를 불러모아, 선문의 종지를 정하였는데, 마침내 신회선사를 제7조로 세웠다."113) 이렇게 조정의 관여 아래 남북선종의 논쟁은 일단락을 고하였다. 이때부터 남종선은 비교적 빠르게 발전하여 선종의 주요 지역을 차지하였고, 북종선은 점점 그 기세를 잃게 되었다.

그러나 남종선의 성행이 결코 북종선의 소멸을 의미하지는 않는다. 사료(史料)가 나타내듯이, 안사의 난 이후, 신수의 수많은 제자들은 여전히 여래선을 천양하고 계속 전파하였으며, 제자를 받아들이고 법을 전하였다. 그리고 사승상속(師承相續)을 하여 면면히 100년의 세월동안 유지하였다. 신수의 수많은 제자 중에서 보적(普寂; 651-739)과 의복(義福; 658-736)이 가장 유명하다. 그들은 황제의 부름에 응하여 입경(入京)하였으며, 왕공사서(王公士庶)의 예우를 받았고, 조정과 재야의 중시를 받았다. 신수 이후, 그들은 제왕의 지지 아래에 대중들을 이끌고 북종선을 널리 전하였으며, 신회와 정통논쟁을 전개하였다.

북종 문하 각계의 전법(傳法)은 전승된 기간이 서로 같지 않고, 사승관계는 여러 가지로 뒤엉켜 복잡하다. 그나마 대부분 현존하는 자료의 결핍으로 인해서 자세하게 고찰하기도 어려운 실정이다. 그 중 보적계가 영향력이 가장 크고 비교적 광범위하게 유전되었는데, 그 법맥의 전승기간은 지금 남아 있는 약간의 자료에서 고찰할 수 있다. 그 중에서 북종선의 전파발전과 관련된 상황들을 볼 수 있다.

이옹의 『대조선사탑명』과 『송고승전』 9권 등에 보적에 관한 다음과 같은 기록이 있다. 보적은 속성이 풍(馮)이고, 포주(蒲州) 하동(河東;

---

113) 貞元十二年, 救皇太子集諸禪師, 楷定禪門宗旨, 遂立神會禪師爲第七祖. 종밀(宗密) 『원각경대소초(圓覺經大疏鈔)』 3권 하.

지금의 山西 永濟) 사람이다. 어려서부터 각종 전적을 숙독하고 불교를 동경하였다. 그래서 그는 사방으로 스승을 구하였으며, 『법화경』, 『유식론(唯識論)』, 『대승기신론』 등을 배웠고, 또한 수계(受戒)를 받고 규율을 익혔다. 그는 소림사 법여선사(法如禪師)의 명성을 듣고 그에게 가서 귀의하려고 하였으나, 그가 도착하기도 전에 법여는 이미 세상을 떠났다. 그 후 신수가 형주(荊州) 옥천사(玉泉寺)에 있다는 소문을 듣고 그에게 가서 스승으로 받들었으며, 6년간이나 부지런히 수행하였다. 신수는 그것을 기특하게 여겨 적극적으로 도를 전수하였다. 보적은 신수 문하에서 깊이 인정받아서 신수의 상수제자 중의 한 사람이 되었다. 그의 법맥은 계속되었으며 매우 성행하였다. 북종(北宗)의 문인 독고급(獨孤及)이 대력(大曆) 7년(772)에 쓴 『서주산곡사각적탑수고경지선사비명병서(舒州山谷寺覺寂塔隋故鏡智禪師碑銘幷序)』에서 보적선계를, "보적선사의 문도는 만 명에 달했으며, 승당자(昇堂者)가 60여 명이었고, 자재(自在)지혜를 얻은 자가 한 명 있었는데, 이름이 홍정(紅晶)이다. 홍정의 거처에는 용과 코끼리가 있었다. 그는 낙양에서 교화하기도 하고, 형오(荊吳)에 가기도 하였다."114)라고 언급하였다. 비록 여기에 어느 정도 과장된 말이 있다고 하더라도, 적어도 보적이 열반한 이후에 그 문하에서 전법활동이 여전히 활발했음을 반영한 것이다. 보적은 제자가 많이 있었다. 『경덕전등록』 4권에서는 보적의 제자가 24명이라고 기록하고 있으며, 『송고승전』 상권에도 보적의 제자에 관한 상황이 적지 않게 기록되어 있다.

현존하는 사료에서 보면, 신수북종의 제자들은 모두 서로 다른 생활태도를 가지고 있었다. 어떤 사람은 산림 속에 은둔하여 홀로 선을 수행하였으며, 궁중의 부름도 거절하였다. 예를 들면, 석장(石藏; 718-

---

114) 寂公之門徒萬人, 升堂者六十有三, 得自在慧者一, 曰弘正. 正公之廊廡, 龍象又倍焉. 或化嵩洛, 或之荊吳.

800)은 어려서부터 부처를 좋아하였으며, 불자가 되기를 원하였다. 그는 머리를 깎고 수계(受戒)하였으며, 예숭산(禮嵩山)의 보적선사를 스승으로 삼아서 선법을 깨달았다. 그는 중산(中山) 대상봉(大像峰) 사이의 석실(石室)에 들어가서 몇 년 동안 홀로 고요히 좌선하였는데, 선에 뜻을 품은 사람들이 소문을 듣고 모여들어 큰 무리를 이루었다. 주수(州帥) 이공탁(李公卓)이 성으로 들어와 살도록 명하였으나, 사양하고 따르지 않았다. 반면, 북종의 어떤 제자는 여전히 신수가 황제와 조정 고관들과 관계가 밀접했던 전통을 유지하였으며, 상층인물들의 예우를 받았다. 유정(惟政; 757-843)은 보적에게서 법을 얻었으며, 궁중의 부름을 받고 입궐하여 답문(答問)하였고, 궁중 도량(道場)에 머물게 되었다. 비록 그는 여러 번 입산의 뜻을 밝혔으나, 번번이 거절당해서 성수사(聖壽寺)에 머물렀다. 또 혜공(慧空; 696-773)은, 학문이 깊은 가문에서 태어났으며, 이후에 보적의 문하에 들어가 크게 개오(開悟)하였다. 당대종(唐代宗)은 그가 학덕이 있다는 소식을 듣고, 서울의 광복사(廣福寺)에서 살도록 했으며, 조정관료들이 성심을 다하여 그를 받들었다. 현존하는 자료에서 보면, 북종 중의 마지막 한 사람은 국사(國師)의 지위에 있었던 보적의 재전(再傳) 제자인 담진(曇眞; 704-763)이다. 그는 당왕조의 극진한 예우를 받았으며, 현종(玄宗)·숙종(肅宗)·대종(代宗) 삼대에 걸친 왕조에서 모두 국사로 우대되었다. 여기에서 알 수 있는 것은, 북종은 신수가 열반한 반세기 이후에도 경성(京城)과 사회에서 여전히 상당한 세력을 형성하고 있었으며 큰 영향을 미쳤다는 것이다. 이외에도 보적계는 또한 신수북종의 선법을 멀리 한국과 일본에까지 전파하였다.

당무종(唐武宗)의 멸법(滅法; 845년) 이후 주로 사원에 의탁하던 북종선은 완전히 소멸되어 버렸다. 신수북종의 쇠락과 더불어 여래선은 사상적으로 점점 잠잠하게 되었을 뿐만 아니라, 조직상에서도 완전히 와해되어 갔다.

　북종의 쇠락과 동시에 혜능남종은 오히려 나날이 발전해 갔다. 기록에 의하면, 혜능은 많은 제자가 있었는데, 그 중에서 하택신회(荷澤神會)·청원행사(靑原行思)와 남악회양(南岳懷讓)의 삼계가 독자적으로 선계를 형성하여 비교적 영향력이 컸다. 그 중 신회계는 북종과 마찬가지로 제실(帝室)정치에 의존하는 길을 걸었기 때문에, 무종의 멸법 이후 한번 좌절을 겪고 다시는 일어나지 못했다. 당말 오대(五代)에 걸쳐 흥성하였던 남종선은 산림불교의 특색을 견지하였던 회양계(懷讓係)의 강서 마조(馬祖)문하와 행사계(行思係)의 호남 석두(石頭)문하이다.

　신회(神會; 684-758)는 혜능의 만년(晚年) 제자이며, 어려서부터 총명하고 배우기를 좋아하였다. 그는 먼저 유가오경(儒家五經)을 배웠으며, 또한 노장현리(老庄玄理)를 배웠고, 이후에 『후한서(後漢書)』를 읽고 부처의 가르침을 알았으며, 불교에 관심을 가졌지만 그 뜻을 알 수 없었다. 그는 출가 이후 많은 경을 외웠다. 일찍이 형주 옥천사(玉泉寺)에 가서 신수선사를 알현하였고, 신수가 입경(入京)하자, 조계로 가서 혜능을 스승으로 받들었다. 혜능이 열반한 이후 그는 각지를 유람하였다. 이후에 그는 혜능선을 북방에 전하였으며, 신수 문하의 보적(普寂), 의복(義福) 등과 법통을 위해서 장기적인 논쟁을 하였다. 이후 최고통치자의 신임을 받았으며, 하택사(荷澤寺)에 선실을 만들어 자기가 만든 일계(一係)를 전승(傳承)하였는데, 하택종(荷澤宗)이라고 불려졌다. 신회의 선학사상은 주로 혜능선의 무념법(無念法)을 전개한 것인데, "무념법은 성인의 법이다. 범부가 만약 무념법을 닦는다면, 곧 범부가 아니다."[115]라고 생각하였다. 동시에 그는 혜능의 반야로 자성을

---

115) 無念法者是聖人法, 凡夫若修無念法者, 卽非凡夫也. 『신회어록(神會語錄)』제20절.

설하는 기초 위에, 더 나아가 자성반야의 공적(空寂)의 체(體)나 지견
(知見)의 성(性)을 강조하였으며, 게다가 체성(體性) 위에 지견(知見)의
쓰임〔用〕을 확립할 것을 강조하였다. 이러한 사상은 화엄종 사람인 종
밀(宗密)의 찬양을 받았으며, 종밀은 화엄종의 입장에서 신회의 사상을
더욱 널리 알렸다. 특히 "일자(一字)를 아는 것이 중묘(衆妙)의 문이
다."116)라는 것을 부각시켰다. 적지(寂知)를 심체(心體)로 삼고, 마음이
공적하고 정신이 어둡지 않음을 강조하는 것은 모두 송명이학(松明理
學)과 심학(心學)에 상당한 영향을 미쳤다. 그러나 하택신회의 일파는
비록 한때 명성이 매우 빛나고, 종밀 등이 그 사상을 널리 알렸지만,
사실 유전된 시기는 그렇게 길지 않았다. 신회의 제자는 많았으나 대
부분 종적이 분명하지 않으며, 단지 법여계는 종밀이 스스로 그 문하
의 제3대라고 칭하여 어느 정도 전승을 믿을 만하다. 여기에 대해, 호
적(胡適)은 '그 전승관계는 종밀 자신이 날조한 것이어서, 결코 믿을
수 없다.'고 고증하였다. 현존하는 자료에서 보면, 당무종의 멸법(宗滅)
과 당말 농민봉기를 거치면서, 황실과 관계가 밀접했던 하택신회 일파
는 신수북종과 마찬가지로 쇠락의 길을 걸었다.

북방선종이 나날이 쇠락하는 것과 대조적으로 남악회양(南岳懷讓)과
청원행사(靑原行思)의 두 파는 남방에서 신속히 발전하였다. 만당(晚
唐) 오대(五代)에 한 시기 동안 번영하였던 5가 7종선은 모두 바로 이
두 계파에서 분화되어 발전하였다. 이것은 한편으로 전란으로 인한 피
해가 남방이 북방보다 상대적으로 적었으며, 다른 한편으로 이 두 파
의 선법이 더욱 더 간편해졌고 신축성이 있었으며, 산림불교의 특색을
계속해서 유지했던 것과 밀접한 관계가 있다.

현존하는 자료에서 보면, 남악회양과 청원행사는 사실상 마조도일

---

116) 知之一字, 衆妙之門.

(馬祖道一)과 석두희천(石頭希遷) 때문에 유명하게 되었다. 남악회양 (677-744)은 처음에 유명하지 않아서, 각본(各本)『단경』에서도 모두 혜능의 10대 제자에 포함시키지 않았다. 회양의 문하에서 법을 얻은 자는 모두 9명이 있었는데, 그 중에서 마조가 가장 유명하다. 마조 (709-788)는 이름이 도일(道一)이며, 처음 지선(智詵) 문하에서 출가하였고, 이후 회양에게서 선을 배웠다. 그는 회양의 '기왓장은 아무리 갈아도 거울이 될 수 없듯이, 좌선을 한다고 어찌 부처가 될 수 있겠는가?'라는 가르침으로 개오(開悟)하였다. 그는 만년에 종릉(鐘陵; 지금의 江西 南昌)에서 선을 널리 전하였으며, 홍주종(洪州宗)을 창시하였다. 그 선법은 혜능선의 당하즉시(當下卽是)를 자심자성(自心自性)의 전체적인 활용 위에서 더욱 더 발휘한 것이 특색이다. 또한, 고함〔喝〕·때리기〔打〕·불자 들기〔豎拂〕등의 임기응변적이고 민첩한 방식으로 그 때 그때 개시(開示)하여 가르쳤다. 또한 그의 '평상심이 도'라는 것은 중국선사상에 심오한 영향을 미쳤다. 마조의 입실제자는 239명이며, 모두 각 방면에서 종주(宗主)가 되었다고 한다. 그 중 가장 유명한 사람은 백장회해(百丈懷海; 749-814, 혹은 720-814), 서당지장(西堂智藏; 735-814), 남전보원(南泉普願; 748-834)이며, 그들은 늘 마조 문하의 3대사(大士)라고 불렸다. 이 세 사람 중에서 백장회해의 지위와 영향이 가장 크다. 마조선은 백장회해를 지나서 위앙종(潙仰宗)과 임제종(臨濟宗)으로 분화 발전되었으며, 임제 문하에서는 다시 황룡(黃龍)과 양기(楊岐)의 두 파가 분화되어 나와서 종맥을 계승하였으며, 지금까지도 이어지고 있다.

청원행사(靑原行思; ?-740)도 각본『단경』에서 혜능의 십대제자 중의 한 사람에 들지 않았으며,『송고승전』도 단지 「의복전(義福傳)」에서 그에 관한 간략한 전기 하나를 덧붙였을 뿐이다. 그의 전기를 단독으로 기록하지 않은 것은 그가 처음에 그리 유명하지 않았음을 설명해

주는 것이다. 그러나 그는 석두희천(石頭希遷; 700-790)이라는 뛰어난 제자 한 명을 얻었다. 희천은 혜능 말년에 그의 문하에 들어갔으며, 혜능이 입적하는 것을 보고, 행사를 찾아갔다. 희천은 오랫동안 행사를 찾아다녔으나 찾지 못하였다. 이후에 어떤 사람이 행사가 있는 곳을 알려주어서 비로소 행사를 찾을 수 있었으며, 사형(師兄) 행사를 찾아가서 그를 스승으로 받들었으며, 행사의 상수제자가 되었다. 그는 형산(衡山) 남사(南寺)에 있을 때, 절 동쪽의 큰 바위 위에 암자를 지어서 살았기 때문에, 사람들은 그를 석두화상(石頭和尙)이라고 불렀다. 석두희천도 혜능의 직지인심(直指人心)과 당하(當下)에 해탈하는 돈오를 한층 더 발전시켰다. 그러나 그는 화엄종과 관련된 사상을 흡수하여, 심(心)과 물(物), 이(理)와 사(事)의 관계 중에서 사람의 지위와 사람의 당하(當下) 해탈을 더욱 강조하였다. 이것은 이후의 선학 및 송명이학에 아주 큰 영향을 미쳤다. 접기(接機) 방식에 있어서, 석두는 마조 및 그 문하처럼 예리하고 강렬한 말과 경책(警策)으로 때리고 고함쳐서 깨닫게 하지는 않았다. 그는 다만 간단하고 소박하며 신축성 있고 자유로운 선풍으로 스스로의 특색을 이루었다. 석두희천의 제자도 매우 많은데, 그 중에서 천황도오(天皇道悟; 748-807)와 약산유엄(藥山惟儼; 751-834, 혹은 759-828)이 가장 유명하다. 천황도오에서 운문종(云門宗)과 법안종(法眼宗)이 나왔으며, 약산유엄에서 조동종(曹洞宗)이 나왔다. 조동종은 수 천년 동안 계속해서 발전하였다. 송(宋) 이후 위앙(潙仰), 법안(法眼), 운문(云門) 삼종은 차례로 전승이 끊어졌으며, 단지 조동종과 임제종만이 선종의 법맥을 이어나갔다. 당연히, 조동의 법맥은 임제만큼 성행하지 않았다. 그렇기 때문에 선의 역사에서, '임제 천하[臨天下], 조동 일각[曹一角]'이라는 말이 있는 것이다.

선종의 견해에 의하면, 남종 문하의 오가분종(五家分宗)은 달마조사가 이미 예견했던 것이다. 달마는 전법을 2조 혜가에게 전할 때, "내가 본래 이 땅에 온 것은, 법을 전하여 어리석은 이를 구제하기 위해서이다. 한 송이의 꽃에서 다섯 꽃잎이 피니, 열매는 자연히 맺어지리라."117)라고 하였다. 여기의 한 송이 꽃에서 다섯 꽃잎이 피어난다는 것은 바로 선종오가(禪宗五家)의 분파를 암시한 것이다.

---

117) 吾本來茲土, 傳法救迷情; 一花開五葉, 結果自然成.『오등회원(五燈會元)』1권.

제8장
여래선과 중국 불교문화

앞에서 우리는 여래선에 대해서 여러 면으로 고찰하였으며, 여래선을 가리고 있던 신비한 베일을 벗겼다. 이렇게 해서, 우리는 여래선이란 중국 불교문화의 화원에서 꽃망울을 터뜨린 풍부한 색채를 띠는 한 송이 사유의 꽃이며, 중국 문화의 토양 위에서, 중국 민족문화의 비와 이슬을 맞았음을 알 수 있었다. 또한 여래선은 마음에 대한 독특한 체오(體悟)와 인생에 대한 관조를 통하여, 종교적인 각도에서 영원한 행복을 추구하고 현실 생활을 이해하려 했던, 중국인과 중국문화의 특징을 표현하였음을 알 수 있었다.

1. 중국·인도 여래선과 사회문화적 배경

여래선의 근원은 인도에 있다. 이러한 여래선이 중국에서 뿌리를 내리고, 계속해서 성장·발전하여, 인도 여래선과는 다른 여러 가지 특징을 나타낼 수 있었던 까닭은 바로 중국문화가 가지고 있는 개방성과 포용성 및 중국 전통문화의 사유특징과 인생태도 등과도 관계가 있다.

여래선은 원래 인도불교의 발전에 따라서 출현한 선법의 일종이다. 비록 이 선이 여래의 경지에 들어가는 최상승선(最上乘禪)이라고 칭송되더라도, 다만 이것도 불교수행법의 하나일 뿐으로 소승선과 대승선의 기초 위에 제기된 것이다. 여래선은 인도불교의 전통을 계승하였고, 출세(出世)와 해탈(解脫)의 기본정신을 추구하였다. 이러한 인도의 여래선과 중국의 여래선은 다양한 수행방법을 융합하여 거의 불교 전체 내용을 개괄하였다. 더욱이 불교의 출세(出世)정신을 현실생활 속에 융입시켜, 입세(入世)로써 정신적 초월을 추구하는 것과 분명히 구별된다. 중국과 인도 여래선의 차이는 중국과 인도의 서로 다른 문화배경과 밀접한 관계가 있다. 중국에서 형성된 여래선은 중국화라는 특색을 띠고 있다. 이것과, 유교와 도교 등의 전통 사상문화의 영향 아래서 형성된 중국불교의 특징은 기본적으로 일치하며, 중국전통문화의 특징과도 기본적으로 일치한다.

  여래선의 중국화 특색은 여러 면으로 나타났는데, 분명한 것은 바로 불교의 공(空)·유(有) 양대 파의 사상을 회통하였으며, 불교 선수행의 각종 방편법문을 융섭한 것이다. 인도에서 소승선은 사선(四禪)·사무량(四無量)·팔해탈(八解脫)·팔승처(八勝處) 등 많은 종류가 있으며, 대승선도 실상선(實相禪)·염불선(念佛禪) 등의 많은 법문이 있다. 이러한 서로 다른 선은 각자가 상응하는 선학사상을 이론 기초로 하며, 또한 각자 독특한 선수행 방법을 갖추고 있다. 중국의 여래선은 달마에서 신수까지의 선을 가리킨다. 비록 사상경향에서 서로 다른 점이 있고, 선수행 방법도 각자의 특색이 있을지라도, 모두 소상현성(掃相顯性)과 마음의 해탈 등 대·소승의 공종(空宗)과 유종(有宗)의 이론을 동시에 포함하고 있으며, 또한 좌선입정(坐禪入定)과 수연수심(隨緣修心) 등의 각종 행법을 포함하고 있다. 여래선의 이러한 특징은 불교의 전입과 중국문화의 포용성·융합성과 연관되어 있는 것이다. 인도불교는 소승에서 대승, 공종(空宗)에서 유종(有宗)으로의 발전과정이 있으며, 불교선도 끊임없이 변화 발전하는 과정이 있다. 인도불교의 각종 이론과 선법은 한대(漢代)에 거의 동시에 중국으로 유입되었다. 이는 이론상에서, 불교 그 자체가 가지고 있는 여러 가지 차이점에 대한 설명을 요구하였다. 따라서 전통문화의 특정한 영향을 받은 중국불교 중에서 불설(佛說)과 경교(經敎)를 해석하고 분별하는 교판(敎判)이 출현하였다. 교판의 방법은 중국에서 먼저 창립되지 않았지만, 중국 교판은 나름대로 특징을 가지고 있으며, 중국불교에서 특수하고 중요한 위치를 차지하고 있다. 그것은 불교 그 자체가 가지고 있는 각종 다른 설법과 행법을 원만하게 해석했을 뿐만 아니라, 이후에 중국불교 종파의 형성을 촉진시켰다. 여래선이 제창하는 불수언교(不隨言敎)·수연이행(隨緣而行)은 실질적으로 여래선이 불교에 대해서 행한 일종의 교판이다. 바로 여기에 근거해서, 여래선은 그 발전 중에서 끊임없이 모든 경교와 방편을 회통할 수 있었다. 이후의 선종도 바로 이러한 기초 위에서 더 나아가 교외별전(敎外別傳)을 제기하였다. 이는 선종이 일사일설(一師一說)에 구속받지 않게 되는 이론적 기초를 제공하였다. 역사적으로 보면, 여래선은 하나의 동태(動態)적인 집합체이며, 마치 작은 개울과 같아서, 그것이 흐르는 과정 중에서 수원(水源)이 모여들어 결국 하나의 거세고 장대한 큰 강을 이룬 것이다.

중국 여래선이 심성의 깨달음을 중시하는 것도 유가사상과 밀접한 관계가 있다. 불교의 근본목표는 출세해탈을 구하는 것이다. 그래서 그 이론은 세계가 허환(虛幻)되고 인생이 고통이라는 사실을 설명하여, 해탈의 필요성을 논증하는 데 있다. 인도불교선이 주로 추구하는 것도 심지(心地)의 청정(淸淨)이며, 세계 만물에 대해 집착하지 않는 것이다. 인도불교 중의 심성본정(心性本淨)은 심성이 본래 고요함[寂]을 중시하는 것이며, 이 고요함[寂]은 바로 적멸(寂滅)이다. 선학이론상에서 말하면, 이는 주로 심성의 공적(空寂)을 강조하는 것이다. 또한 인도불교 중의 수선입정(修禪入定)은 바로 심념(心念)을 그치고, 만물이 모두 공(空)임을 증오하는 것이다. 이와 달리, 중국불교는 유가(儒家) 성선론(性善論)의 영향을 받았는데, 심성본정은 본래의 깨달음[本覺]이 있음을 중시하는 것으로, 이러한 내용이 여래선 중에 체현되었다. 따라서 의심수선(依心修禪)의 핵심은 본각(本覺)인 자심(自心)에 의지하는 것이며, 여기서의 마음은 절대적인 공적(空寂)이 아니다. 달마에서 신수나 신회에 이르기까지, 모두 만물의 공(空)과 심성의 불공(不空)을 동시에 주장하였고, 또한 반야로써 상(相)을 제거하면서 자심의 본각도 함께 부각시켰다. 따라서 수선(修禪)의 핵심은 자성의 이러한 반야작용을 부각시키는 것이며, 인생의 본질을 철저하게 깨닫는 것이다. 이것은 여래선의 좌선입정(坐禪入定)에 대한 새로운 견해를 결정하였는데, 행주좌와(行住坐臥)가 모두 선수행의 도량이고, 수연이행(隨緣而行)으로도 심성을 깨달을 수 있다고 여겼다. 이러한 견해는 혜능남종에 이르러, 좌선에 대한 집착을 반대하는 것으로 명확하게 표출되었다. 유가는 현실적인 각각의 개인에게 관심을 가질 뿐만 아니라, 모든 사회의 사람들에게 관심을 가진다. 이렇기 때문에, 유가는 인생이상의 실현을 사회의 배경 아래 놓고 진행하였으며, "사람마다 모두 요순(堯舜)이 될 수 있고, 길가는 사람도 우(禹) 임금이 될 수 있다."[1]고 강조하였다. 이는 개인이 수신제가(修身齊家)를 통하여 더욱 잘 치국평천하(治國平天下)할 수 있다는 것이다. 이러한 유가문화의 분위기 속에 젖은 여래선의 문화가 가리키는 것은 허무하고 아득한 천국이나 개인의 독수독행(獨修獨行)이 아니며, 바로 당시 사회 속의 현실적인 사람이었다. "일체 중생이 모두 불성을 가지고 있어서"[2], 모든 사람이 성불할 수 있다는 것은 더 이상의 공허한 구호가 아니며, 점점 선수행자들의 현실 사회생활 중의 실질적인 행동으로 자리잡았다. 이렇게 해서, 수연이행(隨緣而行), 즉심즉불(卽心卽佛)은 일상생활 중에서 자심을 일깨우는 지혜의 문이 된 것이다. 또한 자아 본성(本性)의 깨달음을 실현하는 것이 여래선 발전의 방향이 되었다.

여래선이 노장사상의 영향을 받은 것도 소홀히 할 수 없다. 노장현

---

1) 人人皆可爲堯舜, 塗之人可以爲禹.
2) 一體衆生悉有佛性.

학이 나타내는 순응자연(順應自然)과 적성소요(適性逍遙)의 경계와, 사물을 응해도 사물에 얽매이지 않는[應物而無累于物] 정신의 추구는 중국인들이 자연과의 화합을 통하여 인생이상의 목적 실현을 희망한 것이다. 여래선은 그 발전과정 중에서 이러한 영향을 깊이 받았다. 달마의 안심무위(安心無爲)와 수연이행(隨緣而行)에서 혜가·승찬의 신불불이(身佛不二), 임성소요(任性逍遙) 및 신수의 자연무애해탈(自然無碍解脫)에 이르기까지 자연적인 변화의 정신에 순응하였다. "자연스럽게 놓아두면, 근본[體]은 가고 머무름이 없다. 성품에 맡겨 도에 합하며, 소요하여 번뇌를 끊는다."3)는 청정한 본심의 자연자족(自然自足)의 확립을 통해서 일종의 무구무득(無求無得)·임성소요(任性逍遙)의 자연수행생활을 확립하였다. 이는 도가의 자연주의철학과 인생태도를 융합한 것이다. 이처럼, 여래선은 당하(當下)의 자연생활 중에서, 선리(禪理)의 장악과 진성(眞性)의 체오를 제창하였는데, 이것이 여래선의 도가적(道家的) 풍격을 이루었다. 이후의 혜능남종은 바로 이러한 특색을 계승하여 선의 중국화(中國化)라는 새로운 경지로 올려놓았다.

여래선이 번잡한 전통 선법을 개조한 것은 중국인들이 간단하고 쉬운 것을 숭상하는 심리와 부합한다. 여래선은 사람의 자연본심(自然本心)을 중시하며, 진성(眞性)의 체오와 자성의 깨달음을 강조한다. 또한 해탈의 목표를 실현하기 위하여 모든 방편을 겸융(兼融)하고, 아울러 모든 법문을 흡수하였다. 이렇게 해서, 수행방법을 점점 간단하게 하였으며, 수습(修習)을 빌리지 않고, 사람의 마음을 바로 가리키는 혜능남종선이 분화 발전되어 나온 것이다. 통치자나 지식계층이나 평민백성할 것 없이 모두 간편하고 행하기 쉬운 종교에 자기의 정신을 의탁하여 심신을 안정시키려고 하였다. 조사선은, 마음을 식별하여 스스로 제

---

3) 放之自然, 體無去住, 任性合道, 逍遙絶惱.『신심명(信心銘)』

도한다〔識心自度〕는 것을 표방함으로써, 사람들의 정신적 요구를 만족시킬 수 있었다. 조사선의 직료심성(直了心性)과 돈오성불(頓悟成佛)이라는 간편한 법문은 많은 신도들을 매료시켰다. 여기서 지적할 필요가 있는 것은, 여래선이 수행방법상에서 마음에 바로 계합하는〔直契心性〕 경향을 가지고 있으며, 또한 모든 경교와 모든 방편을 아울러 채용하고 있다는 것이다. 또 한편으로, 여래선은 중국문화의 정신을 융합하였을 뿐만 아니라, 전통불교의 특색을 상당히 유지하고 있음을 반영하는 것이다.

특별히 제기할 만한 가치가 있는 것은, 여래선이 발전하면서 점차 중국 소농경제의 생산방식과 결합하여, 농선병작(農禪幷作)을 제창하였다는 것이다. 또한, 인도선이 중국선의 과도기로 향하기 위한 튼튼한 사회기초와 경제기초를 제공하였다는 것이다. 스스로 생산하고 스스로 소비하는, 이러한 경제상의 자급자족(自給自足)은 이후 선종의 총림(叢林) 생활의 주류가 되었다. 임계유(任繼愈) 선생은 "선종사상의 중국화는, 우선 생산과 생활을 중국화 하였으며, 소농경제의 유기체적 구조를 사원경제 생활에 운용하였다."4)라고 제기하였다. 이것은 매우 식견이 있는 견해이다.

2. 여래선과 조사선의 구분 및 그 문화의의

혜능을 대표로 하는 조사선이 중국문화의 무대에 등장할 때, 중국의 여래선은 중국문화의 무대에서 점점 사라지게 되었다. 여래선과 조사

---

4) 『선종사상적형성여발전(禪宗思想的形成與發展)』 서문(序文), 강소고적출판사(江蘇古籍出版社), 1992년.

선은 아무런 상관도 없는 두 문화현상이 아니라, 동일한 중국선의 흐름에서 그 조성부분을 달리했을 뿐이다. 여래선과 조사선의 구분은, 역사의 발전적인 면에서 보면, 중국선의 다른 발전단계에 대한 역사적 구분이다. 또한 사상문화상에서 보면, 다른 사상경향의 문화의의가 있다. 철학사유적인 면에서 보면, 선은 '어떻게 주관과 객관을 대하느냐?', 또 '어떻게 자아와 외부세계를 하나로 융합하여, 유한에서 무한으로 향하는가?' 하는 문제에 직면해 있다. 바로 일본의 선사 스즈끼 다이세쓰가, "선의 탐구방법은 직접 사물 그 자체에 들어가서, 내부에서 그것을 보고, 그것을 느끼며, 그것을 깨달아서, 결국 자신으로 하여금 대상과 하나가 되게 하는 것이다."라고 형용한 것과 같은 것이다.

여래선과 조사선의 구분을 대체적으로 말하면 다음과 같다. 우선, 여래선은 자아(自我)가 천지만물(天地萬物)과 하나가 되는 사로(思路)를 따르고 있다. 여기서, 자아는 하나의 주동자로서, 객관 외경(外境)의 변화를 주동적으로 캐묻고, 적극적인 수행활동을 통하여 진성(眞性)을 체오하며, 도와 더불어 부합〔與道冥符〕한다. 또한 주동자인 자아는 소아(小我)를 대아(大我)의 가운데 융입시켜, 여래의 경지를 증득하고, 무한과 영원을 획득한다. 다음으로, 조사선은 마음을 만물의 근본으로 삼고, 반야무소득(般若無所得)을 지도사상으로 삼아서, 안과 밖으로 집착함이 없고, 저절로 자재하는〔任運自在〕해탈수행관을 제창한다. 또한, 자성자오(自性自悟)와 자아해탈(自我解脫)을 부각시켜서, 기본적으로 천지만물과 자아가 하나가 되는 사로(思路)를 따르고 있다. 이러한 사로(思路)는 바로 자심이 청정하고, 만법이 문득 드러나며〔頓現萬法〕, 선관의 경지가 밖에서 안으로 향하고, 실상(實相)과 자성(自性)이 합일하며, 마음과 경계가 원만자족(圓滿自足)한 자심자성(自心自性)에 섞여 드는 것이다.

언어문자적인 면에서 보면, 선은 '언어문자를 통하여 진리를 깨달을 수 있는가?' 하는 문제를 가지고 있다. 언어문자는 사유를 표현할 수 있는 도구이며, 언어문자를 사용하는 것은 인류가 문화교류를 진행하는 중요한 방식이다. 언어문자의 함의가 확정된 이후, 동일한 언어문자를 사용하는 사람들은 바로 사회적으로 약속된 문화의식 가운데 놓이게 되며, 일종의 공통적 사유규칙을 형성하게 된다. 이것은 사람들이 서로 편리하게 교류할 수 있게 할 뿐만 아니라, 반면에 사유의 창조성을 어느 정도 속박할 수 있다. 여래선의 자교오종(藉敎悟宗)은 언어문자의 중요한 작용과 그것이 가지고 있는 제약성과 한계성을 간파하였다고 말할 수 있다. 자교오종은 개체 자아(自我)의 불리(佛理)에 대한 이해와 파악을 중시하며, 불타(佛陀)의 가르침을 통하여 불법 대의의 근본적인 깨달음에 도달할 것을 시도하였다. 여래선은 『능가경』으로 상전(相傳)한다. 불타는 『능가경』에서, 문자에 집착하지 말라고 가르치고 있다. 즉, 중생이 언어문자의 구속을 받지 않도록 이끌어서, 언어문자 뒤에 숨어 있는 진리를 파악하도록 하였다. 그는 "명신(名身)과 구신(句身) 및 형신(形身)은 차별이 있다고, 범부는 어리석게 집착한다. 이는 마치 코끼리가 깊은 수렁에 빠진 것과 같다."5)라고 생각하였다. 달마는 불타의 종지를 깊이 깨달았는데[悟宗], 여기서 오종(悟宗)은 경교와 완전히 관계를 끊는 것이 아니라, 교를 빌리나[藉敎] 교에 집착하지 않는 것으로, 이는 자심(自心)의 증오(證悟)를 강조하는 것이다. 그 특징 중의 하나가 바로 다시는 엄중한 논리, 이성적 사고, 정확한 언어를 중시하지 않는 것이다. 이러한 속박을 초월해서 내심(內心)의 체험에 의지하여 총체적이고 직접적으로 불법의 진제(眞諦)를 깨닫고 도와 더불어 부합[與道冥符]하기를 희망하는 것이다. 한편으로, 이것은 달마계 여래선이 중국 기타 불교종파와 다른 점이 있음을 반영하는 것

---

5) 名身與句身, 及形身差別, 凡夫愚計著, 如象溺深泥.

이다. 기타 불교종파는 대부분 어떤 전문적인 경전교의를 둘러싸고 자기의 이론학설을 구성하였다. 그들은 이것으로 그 종(宗)의 사상적 지위를 높였으며, 그 종의 전통과 권위를 확립시켰다. 예를 들면, 천태종은 『법화경(法華經)』을 주요 경전으로 신봉하여서 법화종이라고 불렸으며, 삼론종은 용수(龍樹)의 『중론(中論)』과 『십이문론(十二門論)』 및 제바(提婆)의 『백론(百論)』을 주요경전으로 삼아서 이름을 떨쳤고, 화엄종은 『화엄경』을 주요경전으로 하여서 화엄종이라고 불려졌다. 이와 달리 달마여래선은 오히려 언어교법의 도움을 통한 오도(悟道)를 선양하였으며, 또한 언어교법을 맹목적으로 믿고 집착하는 것에 반대하였다. 이것은 석가의 교법을 계승하고 발전시킨 것이다. 조사선은 바로 이러한 기초 위에서 더 나아가, 낡은 틀에 얽매이고 경전을 고수하는 것 등에 반대하였으며, 불립문자(不立文字)와 교외별전(敎外別傳)을 강조하였다. "어떤 언어로 해석할 필요도 없고, 또한 어떤 신성(神聖)한 교의(敎義)도 없다. 네가 긍정하고 부정하는 것에 상관없이 서른 대를 맞는다. 침묵을 지켜서도 안 되고, 이치로 논증해서도 안 된다."6) 조사선은 진리란 내심의 체험이라고 강조한다. 이것은 세계와 생활 그 자체를 직접적으로 파악하는 것이며, "사람이 물을 마시는 것과 같이, 차갑고 따뜻함을 저절로 아는 것이다."7) 이성적인 것과 분석적인 방법은 사용할 수 없고, 언어문자를 사용할 수 없으며, "설령 일물(一物)이라고 해도 맞지 않는 것"8)이다. 조사선은 여래선의 기초 위에서 진일보하여 사람들이 일상적으로 언어문자를 사용해서 사상감정을 표현하고, 심리활동을 진술하는 습관을 근본적으로 타파하였다. 또한 조사선은 특출한 방식과 활발한 언어를 사용하여 사람들의 독립적 사고를 개발

---

6) 『선종입문(禪宗入門)』 49쪽, 『선종여정신분석(禪宗與精神分析)』(日), 스즈끼 다이세쓰(鈴木大拙) 저, 요녕교육출판사(遼寧敎育出版社), 1988년, 143쪽.
7) 如人飮水, 冷暖自知.
8) 說似一物卽不中.

하고, 경전교법에 구속받지 않고서 영종득의(領宗得意)하는 것을 중시하였다. 아울러 불법의 진리를 일상생활 가운데로 융입시켜 마음의 돈오(頓悟)로 변화시켰다.

종교수행상에서 보면, 신앙이라는 것은 단지 어떤 것에 대한 절대적인 믿음뿐만이 아니라, 또한 일종의 생활이나 생존의 태도이다. 사람은 늘 신앙을 통해서 자기의 생존의의를 중시하고 자신의 존재가치를 중시한다. 이것은 종교수행의 중요한 목적이다. 여래선은 관심간정(觀心看淨)과 좌선섭심(坐禪攝心)의 점수(漸修)를 통하여 돈오(頓悟)에 도달하며, 정신적 자유와 행복을 획득할 것을 주장한다. 종백화 선생은 『미학산보』에서, "선은, 중국인이 불교의 대승적인 뜻을 접한 후에, 자기 마음의 깊은 곳을 인식하여, 철학경계와 예술경계에 찬란히 드러낸 것이다. 안정적인 관조와 비약적인 생명은 예술의 양원(兩元)을 구성하였고, 또한 선의 정신상태를 이루었다."9)라고 말하였다. 미묘하고 지극히 깊은 선경(禪境) 중에서, 정신상에 있어서의 신성(神性)과 인생(人生)을 동등하게 놓았으며, 차안(此岸)의 세계와 피안(彼岸)의 세계를 원용하여 소통시켰다. 마음을 일단 깨닫기만 하면, 바로 자아초월을 실현할 수 있으며, 곧 부처와 동등하게 될 수 있는 것이다. 다시는 해탈을 고통스럽게 사방에서 구할 필요가 없게 되었으며, 자기의 마음에 의지하여 해탈을 획득하는 것이 가능하게 되었다. 이는 도탄에 빠져 생활하며, 눈앞의 고통에서 벗어날 능력이 없는 보잘것없는 중생들에게 아주 매력적인 것이었다. 그리고 일심으로 현실의 각종 번뇌의 속박에서 벗어나기를 원하며, 성불의 희열을 맛보기 위해 수행하는 사람에게도 흡인력을 갖추고 있다. 조사선은 여래선의 기초 위에서 진일보하여 당하(當下)의 현실생활 중에서, 점수를 빌리지 않는 돈오를 강조하였으며,

---

9) 『미학산보(美學散步)』, 종백화(宗白華) 저, 상해인민출판사(上海人民出版社), 1981년, 65쪽.

심성을 바로 요달하는 각오성불(覺悟成佛)을 주장하였다. 더 나아가서 외재적인 권위와 외재적인 수행형식을 타파하였으며, 각 사람들의 자아가치와 자연생활 그 자체를 부각시켰다. 사람의 본성자유와 창조력의 선양을 통하여, 마음에 따라 자재하는 생활을 제창하였다. 본심 중으로 돌아가서 즉심즉불(卽心卽佛)의 진제(眞諦)를 드러내 보이는 것은 불교와 여래선의 출세정신을 변모시켰을 뿐만 아니라, 또한 종교와 세속의 차별을 와해시켰다. 이렇게 종교와 세속의 차별을 없애는 것은 종교의 영향을 넓히는 동시에 필연적으로 종교의 영향력이 엷어짐을 초래하였다. 조사선은 전체 중국사상계에서 영향을 크게 미쳤으며, 동시에 중국불교가 장차 쇠락의 길을 걷게 될 것을 예시하였다.

조사선이 여래선을 대체한 것은 역사적 발전의 우연이 아니다. 중국문화 발전의 틀에서 생각해보면, 그것이 가지고 있는 중대한 원인을 발견할 수 있다. 그 중에는 사람의 생명존재의 현실상태에 대한 선사들의 비판적인 사고가 포함되어 있다. 이뿐만 아니라, 번잡한 명상(名相)과 경사(經師)의 학문에 대한 반동 등의 내재적 원인이 있으며, 또한 현학의 득의망언(得意忘言)과 유가의 인생을 중시하는 학설 등의 외재적 영향이 있다. 조사선은 여래선에 대한 혁신을 통하여 중국선을 새로운 면모로 발전시켰으며, 결국 전국적으로 거대한 규모를 형성하였다. 그렇지만 하나의 사물이 극단의 단계까지 발전하면 언제나 자신의 이면(裏面)으로 향하기 마련이다. 조사선은 사람의 성품과 사람의 가치관, 그리고 사람의 자아각오(自我覺悟)를 부각시켰다. 이렇게 해서, 권위와 우상을 대담하게 타파하였는데, 개인의 체험으로 부처의 권위와 불전(佛典)의 계시(啓示)를 반대하였다. 심지어 불교의 신앙과 숭배에서 벗어나려 하였으며, 부처를 똥 닦는 막대기〔乾屎橛〕, "부처를 한번 부르고서, 삼일이나 입을 씻었다."10)라고 하였다. 이러한 반전통적 특색은 불교계와 전체 중국 사상계를 강렬하게 흔들어 놓았으며, 동시에 안으로부터 불교발전에 상당한 파괴작용을 하였다. 이후 선문 중의 어떤 사람들은 더욱 더 말장난을 즐겼으며, 속임수를 써서 사람을 미혹시키거나 아무런 창의성 없이 단순히 명사(名師)를 모방하였다. 이렇게 해서, 기봉(機鋒) 시대의 임제할(臨濟喝)과 덕산봉(德山棒)이 가졌던 그 처음의 의미는 흐려져 갔다. 이는 중국불교의 쇠락과 관계가 깊다.

3. 여래선과 중국불교

　여래선은 중국불교의 중요한 조성부분이며, 불교의 중국화와 함께 발전하였으며, 그것이 가지고 있는 풍부한 내함(內涵)과 특색으로써 불교의 중국화 과정을 촉진시켰다. 한위(漢魏) 소승선학의 유전에서 위진(魏晋) 대승반야학의 성행에 이르기까지, 다시 남북조 시기의 불성론과 수당불교의 심성론에 이르기까지, 이것은 모두 중국불교 역사의 발전과정이다. 또한 이것은 여래선이 형성되고 발전되어 중국선종으로 분화 발전된 불교문화의 전체적인 배경이기도 하다.
　여래선의 발전과 특색은 일면으로, 선을 포함하는 불교의 중국화 및 중국불교문화의 특징을 체현하였다. 불교의 발전에서 보면, 여래선은 자신의 내재적인 논리를 가지고 중국에서 전개되었다. 즉, 한위(漢魏) 선학은 수행에 있어서 해탈방식의 소개를 중시하였으며, 위진(魏晋) 반야학은 그 사상이론의 기초에 대한 토론과 연구로 방향을 바꾸었고, 남북조(南北朝) 불성론은 해탈의 주체와 해탈의 경과단계 등의 문제를

---

10) 念佛一聲, 漱口三日.

부각시켰다. 여래선의 형성과 발전에서 보면, 이것은 바로 한대(漢代)의 형식화된 선수의 학문〔禪數之學〕에서, 위진 반야성공(般若性空)의 영향을 받았으며, 다시 남북조 불성론과 결합하여 최종적으로 이언소상(離言掃相)과 심성(心性)을 중시하는 여래선의 과정을 형성하였다. 이론상에서 보면, 중국 초기불교의 발생에 실질적으로 영향을 미쳤던 것은 주로 윤회전생(輪回轉生)과 인과응보(因果報應)의 교의이다. 또한 선이 실질적으로 사회에 영향을 미친 것은 바로 수식수의(數息守意)와 신통묘용(神通妙用)이다. 무(無)와 유(有)를 논하는 위진현학이 성행하면서 가유(假有)와 성공(性空)을 변석(辨析)하는 불교 반야학도 크게 성행하였다. 선이 발전하게 되자, 선과 지혜를 함께 운용하는 시대적 요구가 나타났는데, 그것은 반야사상으로써 전통적인 선학을 개조하고 발전하는 것으로 표현되었다. 이렇게 해서 반야학이 한때 크게 성행하였다. 중국 전통철학의 중심이 본체론에서 심성론으로 이동함에 따라, 중국불교는 반야진공(般若眞空)에서 열반묘유(涅槃妙有)의 단계로 넘어갔다. 불성과 심성의 문제를 부각시킬 때, 선학(禪學)도 마음을 밝히고〔明心〕 마음을 닦아서〔修心〕 편안한 마음〔安心〕에 이르렀으며, 마음의 근원을 돌이켜 보는 자성해탈(自性解脫)을 부각시켰다. 불교의 중국화와 함께 발전하였던 여래선은 불교의 기본정신을 견지하는 동시에, 전통유가의 심성학설과 도가의 자연이론을 융합시켰다. 따라서, 여래선은 중국사회의 요구에 부합하기 위해서 불교의 중국화를 추진하였으며, 불교를 중국문화의 틀 속으로 융입시키기 위해 특별히 노력하였다.

여래선은 선종의 초기형태로, 불교선이 중국화 되는 과정 중에서 나타난 단계별 성과이며, 중국불교와 공통적인 특징을 많이 보여주고 있다. 중국불교는 이론상에서 불교의 여러 학설과 각종 교판(判敎)이론을 포용하여, 대·소승과 공·유종(空有宗)에게 다른 지위를 부여하였다. 비록 과장해서 평가하는 경향은 있었지만 배척하지는 않았는데, 특히 진송(晋宋) 시기의 축도생(竺道生)은 공(空)으로써 유(有)를 융합하였고, 반야실상설과 열반불성론을 회통하여서 중국불교의 새로운 풍격을 열었다. 이때 이후 반야성공의 학과 열반불성의 설은 중국불학의 양대 이론의 맥이 되었으며, 전체 중국불교이론의 골격이 되었다. 이러한 이론의 특색도 여래선 중에서 충분히 체현되었다. 보리달마에서 시작하여, 바로 중국불교의 발전방향에 따라서, 반야의 실상무상(實相無相)과 청정한 인심불성(人心佛性)을 결합하였으며, 아울러 이것을 전체 중국 선학의 이론 기초로 삼았다. 달마 이후, 이 하나의 이론 특색은 전체 여래선의 처음에서 끝까지 일관되었고, 아울러 혜능조사선의 출현을 촉진시켰다. 혜능선의 기본이론은 바로 공(空)으로 유(有)를 융합하여, 공과 유가 서로 융섭되는 것이며, 만법의 성공(性空)과 무상(無相)을 강조하였고, 또한 심성의 본정(本淨)을 부각시켰다. 따라서 일체의 집착을 타파하고, 마음을 식별하여 성품을 보고〔識心見性〕, 자재해탈(自在解脫)을 실현하기 위한 튼튼한 기초를 쌓았다. 동시에 여래선은 자교(藉敎)를 단지 오종(悟宗)의 수단으로 간주하였으며, 게다가 점점 심오(心悟)를 부각시키고 이교(離敎)의 경향을 나타내었다. 이는 여래선이 각종 방편과 행법을 채택하는 동시에 모든 경전을 더욱 잘 회통하기 위해서이고, 또한 조사선의 일사(一師)와 일설(一說)에 구속받지 않는, 교외별전을 위한 도로를 개척한 것이다. 이외에, 여래선과 조사선이 돈오를 중시하고, 간편하고 쉬운 것을 좋아하며, 사회와 사람으로 향하는 것 및 심성해탈을 부각시키는 것 등은 모두 중국불교의 기본 특색을 나타내는 것이다.

   여래선은, 인도불교의 대·소승불교를 융합한 것에서부터 반야와 능가를 관통하는 공·유종(空有宗)의 이론에 이르기까지, 마음의 지혜의 문을 여는 기초 위에서 제기된 새로운 선의 흐름이다. 또한 그것은 새로운 방식으로 사람들의 생존상태에 새로운 문화 전경을 가져다주었고, 사람들의 공허한 마음을 위로하였을 뿐만 아니라, 중국에서의 불교 발전을 촉진시켰다. 여래선 자체도 결국 대성황을 이루었으며, 중국불교 발전의 주류인 선종으로 분화 발전되었다.

여래선은 중국불교의 발전과 함께 하며, 또한 중국불교의 발전을 새로운 단계로 진입시켰다. 그것은 불법의 대의를 중시하는 중국불교를 교에 의지하는 수행〔依敎修行〕으로 발전하도록 이끌었으며, 수행을 수심(修心)에 귀결시켜서 마음의 깨달음을 통해서 불타의 정신을 파악하도록 하였다. 따라서 여래선은 중국인들이 불교의 기초 위에, 정신적 정원(庭園)을 이루도록 인도하였으며 일종의 진정한 종교적 정신을 체현하였다. 이는 바로 모든 현실적인 사람들의 영혼의 승화 및 초월과 해탈로 관심을 돌린 것이다. 혜능의 조사선은 바로 이것을 따라서 더욱 더 발전하여 이후 중국불교의 천하를 통일하였다. 여래선과 조사선은 사람의 자심자성(自心自性)을 부각시켜서, 사람들이 모두 불성을 가지고 있음을 강조하였다. 따라서 그들은 사람들이 이념(離念)이나 무념(無念)으로 청정한 본심에 돌아가면, 바로 깨달아 부처가 될 수 있으며, 해탈을 실현할 수 있다고 주장하였다. 이러한 해탈은 어떠한 외재적인 것을 바꿀 필요도 없으며, 단지 인연에 따르는 수행활동 중에서 원만한 자심자성(自心自性)이 현현(顯現)되도록 하면 된다. 이렇게 해탈의 주도권을 모든 사람들의 수중으로 넘겨주었는데, 이는 불성과 해탈 앞에서 모든 사람이 평등하다는, 일종의 평등과 자유를 쟁취하는 합리적 사상을 포함하고 있다. 아울러 이러한 사상으로 수많은 사람들을 매료시켰다.

4. 여래선과 중국문화

 내용이 풍부하고 형태가 다양한 중국 전통문화는 수천 년의 세대교체와 발전을 통해서, 유가(儒家)를 근간으로 하고 불교(佛敎)와 도교(道敎)가 서로 보충하는 삼교합일(三敎合一)의 기본골격을 점점 형성하였다. 밖에서 들어온 불교는 끊임없는 중국화를 통하여 유·도(儒道)와 나란히 하는 문화형태 중의 하나로 발전하였다. 이처럼 불교는 중국 전통문화 중에서 중요한 위치를 차지하게 되었고, 중국문화에 지대한 영향을 미치게 되었다.
 여래선은 중국 불교문화의 주류 중의 하나로써, 불타가 창교(創敎)한 기본정신을 계승하였으며, 또한 정신적 초월과 인심(人心)의 해탈추구를 종교수행의 종지로 삼았다. 이와 동시에, 여래선은 중국 전통문화의 분위기 속에서 인도불교와는 다른 분명한 특색을 형성하였다. 달마선은 인도에서 중국에 들어와 자연스럽게 중국문화의 영향을 받았으며, 점점 중국화의 노선을 걷기 시작하였다. 그것은 공맹유가(孔孟儒家)·노장도가(老莊道家)·위진현학(魏晉玄學) 등의 사상과 방법을 흡수하고 융합하여, 인심과 불성의 각도에서 사람의 해탈문제에 대해서 탐구하였다. 이러한 탐구는 안심(安心)을 특색으로 하는 종교 실천 중에 구체적으로 실현되었다. 여래선은 중국철학이 본체론에서 심성론으로 넘어가도록 촉진하였으며, 또한 혜능 이래 조사선의 출현을 위한 기초를 견고히 하였다. 중국선종은 위로 불교의 중국화적 전통을 계승하고, 아래로 송명이학(宋明理學)의 시작을 열었다. 또한 그것은 문화와 예술 및 민간풍속 등의 모든 면에 광범위하고 깊은 영향을 미쳤다. 이처럼 중국선종이 중국 전통문화 중에서 큰 배역을 맡을 수 있었던 까닭은, 바로 여래선이 중요한 문화근원으로써 장대하게 성장한 것과 떼어놓을 수 없는 것이다.

여래선은 일종의 불교문화 현상으로써, 자기의 독특한 풍격을 가지고 있으며, 동시에 기타 문화형태 및 사회현상과 서로 연관되어 존재한다. 그것들은 서로 다른 각도에서 인류 자아의 생존문제나 정신적 해탈의 문제를 탐구하였으며, 중국문화가 인생에 대한 학설이 풍부하도록 하였다. 여래선의 교를 빌려 종지를 깨닫는 안심법문(安心法門)과, 자수자증(自修自證), 점수돈오(漸修頓悟)의 수행방편과, 선을 좇고 악을 제거하며, 더러움에서 깨끗함으로 전화하는 도덕적 추구와, 시끄러운 세상에서 멀리 벗어나서 산림에 안거하는 생활태도와, 농선병작의 생산과 생활방식 등은 모두 다음과 같은 하나의 주제를 둘러싸고 있다. 즉, 이러한 것들은 인연에 따라 마음을 닦는[隨緣修心] 기초 위에, 자아의 선(善)한 본성으로 돌아가서, 자아 지혜의 잠재적인 능력을 개발하고, 따라서 "생사를 멸하여 다하고, 본성에 계합하여 이치에 들어가는"11) 경지에 도달하는 것을 둘러싸고 있다. 이 모든 것은 혜능선종이 충분히 계승하고 함께 발전시킨 것이며, 다방면에서 중국 전통문화에 영향을 미쳤다.

지금 사람들은 선종이 사회문화에 미친 영향을 말할 때, 대부분 혜능을 대표로 하는 남종선, 즉 조사선에 주의를 기울이고 여래선을 소홀히 한다. 사실, 우리가 만약 선종 형성과 발전의 역사 및 그 특징에 대해서 더욱 깊이 있게 이해한다면, 바로 조사선의 많은 문화정신은 모두 여래선을 계승하고 발휘한 것임을 알 수 있다. 또한 여래선의 수심(修心)과 안심(安心)의 문화적 정수(精髓)가 조사선 속으로 깊이 스며들어갔을 뿐만 아니라, 조사선과 함께 중국문화에 여러 면으로 영향

---

11) 滅盡生死, 冥心入理.

을 미쳤음을 알 수 있다.

여기에 대해서, 우리는 선종이 뒤의 송명신유학(宋明新儒學) 발생에 미친 영향을 예로 들 수 있다. 송명신유학은 유가 논리사상을 핵심으로 하여 아울러 각종 학설을 종합하였다. 이는 유불도의 삼교(三敎)를 하나로 혼합하여 형성한, 내용이 풍부하고 규모가 웅대한 학술사상체계이다. 송명신유학은 이치[理]의 근본범주를 제기하였는데, 이치[理]는 우주의 본원이고, 인생의 근본이며, 사회의 최고 원칙이라고 생각하였다. 그렇기 때문에, 이치[理]에 본체의 의의를 부여한 것이다. 그러나 이치[理]를 성(性)과 천도(天道)와 같은 것으로 연관지어 이해하는 가운데, 송명신유학은 또 정주이학(程朱理學)과 육왕심학(陸王心學)의 다른 사상 경향으로 나타났다. 이러한 다른 사상 경향의 출현은 그들이 영향을 받았던 선학이 각각 달랐다는 것과 큰 관련이 있다. 만약 정주이학과 여래선이 서로 비슷하다고 본다면, 육왕심학은 조사선과 서로 통한다. 정주이학은 성이 곧 이치임[性卽是理]을 강조하였는데, 주희(朱熹)는 "우주의 사이에, 하나의 이치[理]가 있을 뿐이다. 하늘[天]은 그것을 얻어서 하늘이 되고, 땅[地]은 그것을 얻어서 땅이 된다. 또한 모든 것은 천지의 사이에서 태어나며, 다시 각각은 그것을 얻음으로써 성(性)이 된다. 그것을 넓히면 삼강(三綱)이 되고, 그것의 실마리를 잡으면 오상(五常)이 된다. 대개 모두 이 이치가 널리 행해진 것으로, 가서 머무르지 않음이 없다."[12]라고 하였다. 그래서 이학(理學)은 격물치지(格物致知), 궁이진성(窮理盡性), 적습이관통(積習而貫通)을 중시하였다. 이는 여래선의 관심간정(觀心看淨), 자교오종(藉敎悟宗), 점수이돈오(漸修而頓悟)와 아주 비슷하다. 그리고 육왕심학은 이치[理]

---

12) 宇宙之間, 一理而已. 天得之而爲天, 地得之而爲地, 而凡生于天地之間者, 又各得之以爲性. 其張之爲三綱, 其紀之爲五常, 蓋皆此理之流行, 無所適而不在.『주문공문집(朱文公文集)』70권.

를 가장 높은 범주로 여기는 동시에, 더욱 더 마음이 곧 이치[心卽理]
임을 부각시켰다. 육구연(陸九淵)은, 바로 "사람은 모두 이 마음을 가
지고 있으며, 마음은 모두 이 이치[理]를 갖추고 있다. 따라서 마음이
곧 이치이다."13)라고 말하였다. 왕양명(王陽明)은 한 걸음 더 나아가,
"마음 밖에 사물(事物)이 없고, 마음 밖에 언어가 없으며, 마음 밖에
이치가 없고, 마음 밖에 뜻이 없다."14)라고 제기하였다. 왕양명은 마음
이 우주의 근본이며, 또한 이치의 근본이라고 보았을 뿐만 아니라, 마
음을 사람이 선천적으로 갖추고 있는 도덕관념, 즉 양지(良知)로 간주
하였다. 그는 양지(良知)가 곧 천리(天理)라는 것에서 출발하여, 자기의
학문을 치양지(致良知) 위에 귀결시켰다. 이러한 치양지(致良知)는 바
로 자신이 원래 갖추고 있는 천리(天理)를 인식하고 회복하는 것이며,
그런 후에 그것을 모든 사물에 미치게 하는 것이다. 여기에 근거해서,
육구연과 왕양명은 "본심을 밝혀서"15), "먼저 근본으로 세울 것"16)을
강조하였으며, "하나가 옳으면 모두가 옳고, 하나가 밝으면 모두가 밝
다."17)고 여겼다. 조사선은 만법(萬法)이 자심(自心)에 있으므로, 내 마
음이 바로 부처이고, 일체의 모든 것은 사람의 마음이 만든 것이라고
본다. 따라서 "본심(本心)을 스스로 식별하고, 본성(本性)을 스스로 보
면"18), 바로 일념 중에 진정으로 반야관조(般若觀照)를 일으켜서 돈오
성불(頓悟成佛)할 수 있다고 한다. 이러한 조사선의 사상과 육왕(陸王)
의 사상이 서로 통한다는 것을 명백히 알 수 있다. 이는 마치 심학(心
學)이 이학(理學)의 기초 위에 건립된 것과 같다. 즉, 이학의 풍부한

---

13) 人皆有是心, 心皆具是理, 心卽理也.『상산선생전집(象山先生全集)』11권.
14) 心外無物, 心外無言, 心外無理, 心外無義.『여왕순보(與王純甫)』
15) 發明本心.
16) 先立乎其大者.
17) 一是卽皆是, 一明卽皆明.『상산선생전집(象山先生全集)』34권.
18) 自識本心, 自見本性. 돈황본(敦煌本)『단경(壇經)』제15절.

이론적 기초가 없었더라면, 바로 심학이 유창하게 발휘될 수 없었을 것이다. 이와 같이 조사선도 여래선의 기초 위에 건립되었다. 즉, 여래선이 100여 년 동안 힘겹게 창조한 선학이론이 없었더라면, 조사선도 중국문화의 무대 위에서 1000여 년간의 시원스러웠던 풍경이 없었을 것이다.

총괄적으로 말하면, 여래선은 중국선학사상의 중요한 발전단계이며, 중국불교문화의 중요한 조성부분 중의 하나이다. 여래선은 독특한 방식으로 중국문화사상에서 찬란한 한 페이지를 장식하였으며, 중국 전통문화의 귀중한 산물이 되었다.

주요참고목록

『佛說般舟三昧經』1卷〔后漢〕支婁迦讖譯『大正藏』第13卷
『佛說首楞嚴三昧經』2卷〔姚秦〕鳩摩羅什譯『大正藏』第15卷
『楞伽阿跋多羅寶經』4卷〔劉宋〕求那跋陀羅譯『大正藏』第16卷
『入楞伽經』10卷〔元魏〕菩提流支譯『大正藏』第16卷
『楞伽師資記』敦煌本『大正藏』第85卷
『道行般若經』10卷〔后漢〕支婁迦讖譯『大正藏』第8卷
『維摩詰所說經』3卷〔姚秦〕鳩摩羅什譯『大正藏』第14卷
『大乘起信論』〔梁〕眞諦譯 金陵刻經處刻本
『大般涅槃經』40卷〔北涼〕曇無讖譯『大正藏』第12卷
『金剛經』1卷〔姚秦〕鳩摩羅什譯『大正藏』第8卷
『中論』4卷〔姚秦〕鳩摩羅什譯『大正藏』第30卷
『信心銘』1卷〔隋〕僧璨作『大正藏』第48卷
『最上乘論』1卷「唐」弘忍述『大正藏』第48卷
『觀心論』1卷 敦煌本『大正藏』第85卷
『大乘無生方便門』敦煌本『大正藏』第85卷
『大乘五方便門』(北宗)等 敦煌本『敦煌寶藏』第113冊
『壇經校釋』〔唐〕惠能著 郭朋校釋 中華書局 1983年版
『壇經對勘』郭朋著 齊魯書社 1981年版
『敦煌新本·六祖壇經』楊曾文校寫 上海古籍出版社 1993年版
『曆代法寶記』1卷 敦煌本『大正藏』第51卷
『景德傳燈錄』30卷〔宋〕道原纂『大正藏』第51卷
『古尊宿語錄』48卷〔宋〕頤藏主集『卍續藏經』第118卷

『五燈會元』20卷〔宋〕普濟著 中華書局 1984年版
『宗鏡錄』100卷〔宋〕延壽集『大正藏』第48卷
『高僧傳』〔梁〕釋慧皎撰 湯用彤校注 中華書局 1992年版
『高僧傳合集』〔梁〕慧皎等撰 上海古籍出版社 1991年版
『宋高僧傳』〔宋〕贊寧撰 範祥雍点校 中華書局 1987年版
『中國佛教思想資料選編』第1-3卷 石峻等編 中華書局出版
『禪宗語錄輯要』上海古籍出版社 1992年版
『佛典精解』陳士强撰 上海古籍出版社 1992年版
『論語譯注』楊伯峻譯注 中華書局 1980年版
『孟子譯注』楊伯峻譯注 中華書局 1960年版
『荀子集解』王先謙撰 中華書局 1988年版
『老子注釋』高亨注 河南人民出版社 1980年版
『莊子今注今譯』陳鼓應注譯 中華書局 1983年版
『朱子語類』〔宋〕朱熹撰 中華書局 1983年版
『象山先生全集』上海商務印書館縮印明刊本
『王陽明全集』上海古籍出版社 1992年版
『漢魏兩晋南北朝佛教史』上下册 湯用彤著 中華書局 1983年版
『印度佛學源流略講』呂微著 上海人民出版社 1979年版
『中國佛學源流略講』呂微著 中華書局 1979年版
『中國佛教』(1, 2, 3, 4) 中國佛教協會編 知識出版社
『中國佛教史』(1, 2, 3) 任繼愈主編 中國社會科學出版社
『中國佛教思想史』(上, 中, 下) 郭明著 福建人民出版社 1994年版
『中國禪宗史』印順著 上海書店 1992年版
『佛學入門』太虛著 浙江古籍出版社 1990年版
『禪宗思想的形成與發展』洪修平著 江蘇古籍出版社 1992年版
『中國禪學思想史綱』洪修平著 南京大學出版社 1994年版
『中國佛教文化歷程』洪修平著 江蘇教育出版社 1995年版
『中國禪宗通史』杜繼文 魏道儒著 江蘇古籍出版社 1993年版

『中國哲學史稿』(上, 下) 孫叔平著 上海人民出版社 1980年版
『中國哲學發展史』(隋唐卷) 任繼愈主編 人民出版社 1994年版
『宋明理學史』侯外廬主編 人民出版社
『中國哲學的特質』牟宗三著(臺) 學生書局 1970年版
『說一切有部爲主的論書與論師之研究』印順著(臺) 慧日講堂 1978年版
『禪宗史實考辨』張曼濤主編 『現代佛敎學術叢刊』第4冊
『禪宗思想與歷史』張曼濤主編 『現代佛敎學術叢刊』第52冊
『中國禪學思想史』〔日本〕忽滑谷快天著 朱謙之譯 上海古籍出版社 1994年版
『禪與生活』〔日本〕鈴木大拙著 劉大悲譯 光明日報出版社 1988年版
『禪與中國』〔日本〕柳田聖山著 毛丹靑譯 三聯書店 1988年版
『禪風禪骨』〔日本〕鈴木大拙著 耿仁秋譯 中國靑年出版社 1989年版
『胡適禪學案』〔日本〕柳田聖山編(臺) 正中書局 1975年版
『禪者的思索』〔日本〕鈴木大拙著 中國靑年出版社 1989年版
『禪宗與精神分析』〔日本〕鈴木大拙等著 洪修平譯 遼寧教育出版社 1988年版
『禪宗・歷史與文化』張文達 張莉編 黑龍江教育出版社 1988年版
『佛敎與中國傳統文化』方立天著 上海人民出版社 1988年版
『西方哲學著作選讀』(上下) 商務印書館 1981年版
『20世紀西方宗教哲學文選』(上下) 劉小楓主編 上海三聯書店 1991年版
『當代文化哲學沈思』李鵬程著 人民出版社 1994年版
『中國傳統文化精神』龐朴 劉澤華主編 遼寧人民出版社 1995年版

후기

고요한 밤, 컴퓨터 앞에 앉아서 『여래선』의 마지막 한 자를 수정하였을 때, 시간은 이미 1996년 초여름이었다. 원고를 넘겨주어야 하는 예정된 시간보다 꼬박 다섯 달이나 지났다.

『여래선』을 쓰기로 한 것은 1994년 미국에 방문학자로 가기 전의 일이었다. 그 때는 『중국불교문화역정(中國佛敎文化曆程)』(江蘇敎育出版社, 1995년판)의 저작으로 바쁜 시간을 보내고 있었다.

이 때는 중국 초기선(初期禪)에 대해서 비교적 숙지하였고, 관계자료의 수집도 대체적으로 충분하였다. 또한 『선학(禪學)과 현학(玄學)』을 집필할 때, 양쑤잉(楊淑英) 여사와 함께 편집한 것이 매우 만족스러웠다. 그러므로 라이용하이(賴永海) 교수가 나에게 절강인민출판사(浙江人民出版社)의 『여래선』을 집필해 줄 것을 부탁했을 때, 나는 흔쾌히 승낙하고, 글의 대강을 써서 출판사에 넘겼다.

출판사는 처음 1995년 10월까지 원고를 넘겨줄 것을 요구하였다. 그러나 나는 얼마 지나지 않아서 출국하였기 때문에, 원고 마감 날짜를 어느 정도 연기해 줄 것을 요청하였다. 그때, 나는 미국에 도착한 이후 시간을 내어 어느 정도 초고를 완성할 수 있을 것이라고 마음속으로 계산하고 있었다. 그러나 일이 마음먹은 대로 되지 않았다.

미국에 있을 때는 매일매일 아주 바쁘게 시간을 보냈다. 스스로를 향상시키기 위해, 교과과정과 관련이 있는 수업을 신청해서 들어야 했으며, 미국 교수와 함께 연구하기로 했던 중서철학(中西哲學)과 종교 비교연구의 과제에 충실하여야 했다. 또한 학술회의에도 참여하고, 다방면의 학술교류 활동을 진행하여야 했다. 하반기에는 강의와 몇몇 강좌를 개설하여 많은 시간을 소비하였기 때문에, 근본적으로 『여래선』을 돌아볼 틈이 나지 않았다.

이렇게 1995년 여름에 귀국할 때까지 나는 『여래선』을 한 자도 쓰지 못하였다. 귀국한 이후에도 몸이 좋지 않아서 한동안 필요한 수업 이외에, 기본적으로 휴식을 취하는 것이 주가 되었으며, 연구와 저작활동에 쏟을 여력이 없었다.

시간은 부지불식간에 지나갔다. 총서(叢書)의 출판에 영향을 미치지 않기 위해서, 나는 이 책의 저작을 다른 사람에게 부탁하려고도 하였다. 그러나 적당한 사람을 찾을 수가 없어서 다른 방법을 강구할 수밖에 없었다. 나의 반려자인 쑤언이핑(孫亦平)이 『여래선』을 함께 쓰기를 원하여서 이 책을 완성할 수 있었다. 그에게 지면을 빌려 감사드린다.

쑤언이핑(孫亦平; 현재 남경대 철학과 부교수로 재직중)의 당시 전공은 중국철학이었고, 현재는 주로 종교학 방면의 강의와 연구활동을 하고 있으며, 중국사에 대해서도 밝은 편이다. 당시 건강이 별로 좋지 않았던 나의 실제적 상황과 우리들 각자의 장점을 고려한 후에 분담하여 작업하기로 하였다.

나는 이 책의 대체적인 글의 구상을 쓰고, 지금까지 수집한 각종 자료와 예전에 써놓았던 선과 관계되는 글들을 제공해주었다. 쑤언이핑은 자기의 연구에 기초해서 이 책의 전체적인 초고를 쓰고, 그 다음 내가 수정하여 최종적으로 원고를 마무리짓기로 하였다. 글을 쓰는 도중에 어떤 문제에 부딪히면, 우리는 수시로 함께 토론하였다. 이렇게 어느 정도의 시간이 지난 후에, 우리는 공동집필의 성과와 진도에 만족스러웠기 때문에 그렇게 계속 집필하여 마무리지을 수 있었다.

시간이 비교적 긴박하였고, 우리의 수준도 한계가 있었다. 따라서, 이 책에 타당하지 않은 곳이 많이 있을 것으로 본다. 독자 여러분의 비판과 지적을 바란다.

1996년 5월 22일 남경대학 철학과에서
홍씨우핑(洪修平)

역자후기

『여래선』은 중국 남경대학교 철학과에서 박사생을 지도하고 계신 홍씨우핑(洪修平) 교수님과, 같은 대학에서 석사생을 지도하고 계신 쑤언이핑(孫亦平) 교수님께서 공동집필하셨다. 홍씨우핑 교수님은 삼교(三敎)관계 연구에 많은 업적이 있으며, 쑤언이핑 교수님은 중국인의 종교인 도교(道敎) 방면의 연구에 정열을 쏟고 있다. 먼저 역자의 미흡함에도 불구하고『여래선』의 번역을 흔쾌히 허락해주신 두 분 교수님께 깊은 감사를 올린다.

이 책은 앞서 운주사에서 출간한『불교(佛敎)와 유학(儒學)』,『선학(禪學)과 현학(玄學)』,『선(禪)과 노장(老莊)』,『조사선(祖師禪)』및 출간을 준비중인『분등선(分燈禪)』,『선(禪)과 시학(詩學)』,『선(禪)과 예술(藝術)』,『불도시선(佛道詩禪)』으로 구성된《선학총서(禪學叢書)》중의 한 부분이다.《선학총서》는 남경대학교 철학과에서 박사생을 지도하고 계시는 라이용하이(賴永海) 교수님께서 주편(主編)하셨으며, 이미 중국대륙과 대만에서 출간되어 큰 반향을 불러일으킨 책이다.

이 책『여래선』의 서술 범위는 보리달마의 전승에서 육조혜능의 선종창립까지이며, 혜능남종선과 신수북종선을 포괄하고 있다. 또한 저자는 중국선종사의 초기에 속하는 능가사(楞伽師)와 동산법문 등에 대해 비교적 상세히 논하고 있다. 저자가 서술하는 여래선의 형성과 전개과정은 대략 다음과 같다. 양한(兩漢)의 정치와 사회적인 혼란 속에서 초기불교는 쉽게 전파되었으며, 안세고 등이 전한 소승 선수학(禪數學)은 일종의 도술로 여겨져 중국문화와 빠르게 교류하며 여래선 형성의 길을 마련하였다. 이후 달마계 여래선도 유교와 도교 등의 중국문화와 교류하며 당시의 불교 중에서 점차 두각을 나타내었고, 도신과 홍인에 이르러 찬란한 꽃을 피워 중국선종으로의 새로운 도약을 준비하였다. 저자는 특히 중국선종사에서 동산법문의 중요성을 지적하면서 중국선종의 진정한 창립을 혜능이 아닌 동산법문으로 보고 있다. 이러한 동산법문의 튼튼한 기초 위에 육조혜능의 조사선이 등장할 수 있었으며, 여래선은 조사선에 자리를 넘겨주고 역사의 길에서 점점 멀어지게 되었다. 끝으로 저자는 '여래선이 100여 년 동안 힘겹게 창조한 선학이론이 없었더라면, 조사선도 중국문화의 무대 위에서 1000여 년의 시원스러웠던 풍경이 없었을 것이다.'는 말로 『여래선』을 끝맺고 있다.

  이 책의 번역은 남경대학교 철학과 석사과정에 재학중인 이승모군과 본인이 분담하여 진행하였다. 인용문을 제외한 본문의 1차 번역은 이승모군이, 인용문과 2차 번역은 본인이 담당하였다. 많은 시간과 정열을 쏟았지만 그래도 오류가 발견된다면 역자들의 미흡함이 원인일 것이다. 눈밝은 이들의 질정(叱正)을 바랄 뿐이다.

  이 지면을 빌려 여러 사람에게 고마운 마음을 전하고자 한다. 먼저 《선학총서》 번역을 허락해주신 본인의 지도교수 라이용하이 교수님께 깊은 감사를 올린다. 백천만겁이 지나도 만나기 어려운 불교에 대한 눈을 틔워주신 동국대학교 선학과 법산 스님과 여러 교수님께도 진심으로 머리 숙여 예를 올린다. 중국 유학의 길을 열어주고 이 책이 나오기까지 많은 도움을 준 김진무 선배(남경대학교 철학박사)에게도 깊은 감사를 드린다. 외로운 유학의 길에서 힘이 되어 주시는 남경대학교 철학과 박사과정의 지엄 스님께도 감사의 말을 전한다. 어려운 유학의 길에 동참하여 부족한 본인을 묵묵히 뒷바라지 해주는 아내에게도 미안하고도 고마운 마음을 전한다.

끝으로 이 책을 출판하는 운주사의 전 직원 및 언제라도 만나면 정다운 김시열 선생에게 깊은 감사를 드리면서 역자후기를 마친다.

2001년 12월 16일
중국 남경대학교 철학과에서
노선환

【저자】

홍씨우핑(洪修平)

1954년생. 중국 강소성(江蘇省) 소주시(蘇州市) 출신.

철학박사, 미국과 독일에서 방문학자로 연구하였음.

현재 남경대학 철학과 교수, 박사 연구생 지도교수, 남경대학 중국철학(中國哲學)과 종교문화(宗敎文化)연구소 소장, 중국철학사교연실(中國哲學史敎硏室) 주임, 중국사회과학원 특별연구원, 서북대학(西北大學) 겸직 교수, 중국인민대학(中國人民大學) 겸직 연구원, 중국종교학회 이사역임.『중국사상가평전총서(中國思想家評傳叢書)』부주편, 중국 국문원의 '정부특수격려금'과 교육부 '21세기 우수인재 배양기금' 획득자.

주요저작으로『선학과 현학〔禪學與玄學〕』,『선종사상의 형성과 발전〔禪宗思想的形成與發展〕』,『중국선학사상사(中國禪學思想史)』,『중국불교문화역정(中國佛敎文化歷程)』,『조론주석(肇論註釋)』등이 있고, 공저로『혜능평전(惠能評傳)』등이 있으며, 역저로『선종과 정신분석〔禪宗與精神分析〕』이 있다. 기타 국내외 발표논문 70여 편 등이 있음.

쑤언이핑(孫亦平)

1955년생, 중국 강소성(江蘇省) 남경시(南京市) 출신.

철학박사, 현재 남경대학 철학과 부교수, 석사 연구생 지도교수, 종교학교연실주임(宗敎學敎硏室主任).

저작으로『두광정평전(杜光庭評傳)』이 있으며, 공저로『십대명승(十大名僧)』과『혜능평전(惠能評傳)』등이 있고, 국내외에 발표한 논문 30여 편이 있다.

【역자】

노선환(盧善煥)

경남 함양 출생. 동국대학교 선학과를 졸업하였으며, 현재 중국 남경대학교 철학과 석사과정(종교학전공)에 재학중이다. 공역으로『조사선(祖師禪)』(운주사)이 있다.

E-mail: rohzen@hanmail.net

이승모(李承模)

경남 울산 출생. 안동대학교 동양철학과를 졸업하였으며, 현재 중국 남경대학교 철학과 석사과정(중국철학전공)에 재학중이다. 논문으로「周易思想的現代意義-以繫辭傳爲中心」(중문)이 있다.

E-mail: bindel@i5425.com / bindel@hanmail.net

여래선(如來禪)

2002년 1월 25일 초판인쇄
2002년 2월 5일 초판발행

저자 · 홍씨우핑(洪修平), 쑤언이핑(孫亦平)
역자 · 노선환(盧善煥), 이승모(李承模)
펴낸이 · 김시열
펴낸곳 · 도서출판 운주사

등록 · 제2-754호
주소 · 서울 성북구 동소문동 6가 25-1 청송빌딩 3층
전화 · 02)926-8361, 팩스 · 926-8362

값 20,000원

잘못된 책은 바꾸어 드립니다.